"十二五"普通高等教育本科国家级规划教材
普通高等教育"十一五"国家级规划教材

电子文件管理学

(第三版)

金 波 丁华东 杨 鹏 编著

上海大学出版社
·上海·

图书在版编目(CIP)数据

电子文件管理学 / 金波,丁华东,杨鹏编著. —3版. —上海:上海大学出版社,2024.5
ISBN 978 - 7 - 5671 - 4968 - 7

Ⅰ.①电… Ⅱ.①金… ②丁… ③杨… Ⅲ.①电子档案-档案管理-高等学校-教材 Ⅳ.①G276

中国国家版本馆 CIP 数据核字(2024)第 101064 号

责任编辑　石伟丽　盛国誉
封面设计　缪炎栩
技术编辑　金　鑫　钱宇坤

电子文件管理学
(第三版)
金　波　丁华东　杨　鹏　编著

上海大学出版社出版发行
(上海市上大路99号　邮政编码200444)
(https://www.shupress.cn　发行热线 021 - 66135112)
出版人　戴骏豪

*

南京展望文化发展有限公司排版
句容市排印厂印刷　各地新华书店经销
开本 710mm×1000mm　1/16　印张 26.75　字数 494 千字
2024 年 5 月第 3 版　2024 年 5 月第 1 次印刷
ISBN 978 - 7 - 5671 - 4968 - 7/G·3622　定价　58.00 元

版权所有　侵权必究
如发现本书有印装质量问题请与印刷厂质量科联系
联系电话: 0511 - 87871135

目 录

绪论 ······ 1

第一章 电子文件概述 ······ 21

第一节 电子文件的概念和种类 ······ 21

第二节 电子文件的特点和作用 ······ 30

第三节 电子文件的原始性和价值形态 ······ 36

第四节 电子档案与档案数据 ······ 44

第二章 电子文件管理 ······ 57

第一节 电子文件管理内容 ······ 57

第二节 电子文件管理理论体系 ······ 66

第三节 电子文件管理模式 ······ 84

第四节 电子文件管理理论与实践问题 ······ 89

第三章 电子文件的形成积累 ······ 95

第一节 电子文件的形成 ······ 95

第二节 电子文件的制作 ······ 102

第三节 电子文件的收发 ······ 106

第四节 电子文件的积累 ······ 109

第四章　电子文件的捕获归档 …… 115

第一节　电子文件的捕获 …… 115

第二节　电子文件归档程序与组织管理 …… 123

第三节　电子文件归档前的整理 …… 127

第四节　电子文件的归档 …… 132

第五章　电子文件的鉴定 …… 141

第一节　电子文件鉴定概述 …… 141

第二节　电子文件内容价值鉴定 …… 146

第三节　电子文件技术价值鉴定 …… 149

第四节　电子文件鉴定标准 …… 153

第五节　电子文件鉴定与纸质文件鉴定的比较 …… 156

第六节　电子文件的销毁 …… 159

第六章　电子文件的整序 …… 163

第一节　电子文件整序概述 …… 163

第二节　电子文件著录 …… 172

第三节　电子文件标引 …… 178

第七章　电子文件的保管 …… 184

第一节　电子文件保管概述 …… 184

第二节　电子文件信息存储 …… 189

第三节　电子文件物理载体的保护 …… 196

第四节　电子文件内容信息的保护 …… 210

第八章　电子文件的利用 …… 221

第一节　电子文件利用概述 …… 221

第二节　电子文件利用方式与管理 ………………………………………… 226

  第三节　电子文件检索 ……………………………………………………… 233

  第四节　电子文件开发 ……………………………………………………… 241

  第五节　电子文件传播 ……………………………………………………… 249

第九章　电子文件管理系统 …………………………………………………… 256

  第一节　电子文件管理系统概述 …………………………………………… 256

  第二节　电子文件管理系统开发与设计 …………………………………… 263

  第三节　电子文件管理系统运行及维护 …………………………………… 272

第十章　电子文件管理元数据 ………………………………………………… 280

  第一节　电子文件管理元数据理论 ………………………………………… 280

  第二节　电子文件管理元数据标准和研究项目简介 ……………………… 290

  第三节　电子文件管理元数据设计与实施 ………………………………… 299

  第四节　电子文件管理元数据集成 ………………………………………… 309

第十一章　数字档案馆 ………………………………………………………… 316

  第一节　数字档案馆的形成 ………………………………………………… 316

  第二节　数字档案馆的特征与功能 ………………………………………… 323

  第三节　数字档案馆与传统档案馆、数字图书馆的比较 ………………… 328

  第四节　数字档案馆建设 …………………………………………………… 334

  第五节　数字档案室建设 …………………………………………………… 351

第十二章　电子文件宏观管理 ………………………………………………… 356

  第一节　电子文件宏观管理概述 …………………………………………… 356

  第二节　电子文件管理规划 ………………………………………………… 358

  第三节　电子文件管理法律制度建设 ……………………………………… 368

  第四节　电子文件管理标准化建设 ………………………………………… 375

第十三章　电子文件管理实践 ·· 383

　第一节　电子文件管理理论与方法探索 ································· 383

　第二节　国外电子文件管理实践 ·· 387

　第三节　我国电子文件管理实践 ·· 400

　第四节　电子文件管理国际合作 ·· 406

后记 ·· 415

绪　　论

当前,人类加速迈入"数化万物、智化生存"的数智时代,大数据、人工智能、云计算、物联网、区块链、互联网等现代信息技术飞速发展,成为数字中国建设的新质生产力,驱动人类生产方式、国家治理方式和经济运行方式全方位变革。信息技术革命引发并带动了人类社会的管理革命和记录革命,使电子文件这一新生事物以其无可争议的生命力成为社会记录、传达、留存信息的重要工具和未来社会文件的主导形态。建立完善的电子文件管理理论和方法,将电子文件管理好、开发利用好,使人类活动的真实记录在数智时代得以长期保存,推动档案工作"走向依法治理,走向开放,走向现代化",是档案工作者义不容辞的时代责任。

一、信息技术对电子文件管理的影响

自 1946 年世界上出现第一台通用电子数字计算机 ENIAC 以来,尤其是 20 世纪 90 年代以来,信息技术的发展可谓日新月异,呈现出"信息传递交换的网络化、高速化、双向化、多媒体化,信息存储的大容量化,信息处理的实时化与智能化"趋势。与此同时,其应用也愈加广泛,渗透到人类活动的各个领域,日益作用和改变着人们的工作方式、生活方式甚至思维方式,并逐渐成为现代社会正常运转不可缺少的工具和条件之一。

进入 21 世纪以来,信息技术已经成为高科技的强大引擎,推动着社会生产力的快速发展,拓展了人类信息的处理技术、传播渠道和存储方式。在信息技术的牵引下,信息基础设施建设正在飞速发展,如网络技术增强了信息传播的能力;多媒体技术丰富了信息的种类;嵌入技术扩展了信息技术渗透的领域;云技术扩大了信息的存储范围;大数据技术改变了信息的处理能力和服务方式;区块链技术优化了信息的共享途径和保护策略;数字孪生技术拓展了信息的展演呈现方式;人工智能技术提升了信息的开发效率效能。由此可见,信息技术推动着整个信息业的变革和发展,同时也给电子文件管理带来了深远的影响。其主要表现在:

(一) 数字档案资源日益丰富

随着计算机技术、网络技术、数字化技术、大数据技术、人工智能技术等的蓬勃发展和普遍应用,信息的生产、存储和传递方式发生了革命性的变化,改变了信息资源的存在形态,数字信息资源大量产生。数字化数据化的触角深入社会的各个方面,推动档案资源形态加速从纸质记录"模拟态"向磁光电记录"数字态""数据态"质变,形成并累积了越来越多的数字档案、档案数据。数字档案资源主要来源于归档电子文件的接收、传统载体档案的数字化数据化、数字档案信息的采集与捕获。

1. 归档电子文件的接收

随着电子政务、电子商务、电子事务等各类数据化业态的蓬勃发展,数据日益成为信息的主要存在形式和重要来源形态,电子公文、电子证照、电子发票、电子合同、电子病历、电子卷宗、电子图纸等大量原生电子数据急剧增长,成为社会活动记录新的信息形态,倒逼电子文件单套制与电子档案单轨制深化实施,接收归档电子文件成为数字档案资源建设的重要任务。档案部门应当根据档案的接收范围,建立电子文件归档接收制度和机制,从源头上保证数字档案信息的真实、完整、安全、可用。2024年全国数据工作会议上的最新信息表明我国已成为全球数据大国。在规模巨大的海量数据中如何鉴定留存、存储保管和开发利用具有价值的电子档案成为档案事业高质量发展面临的时代之问。

2. 传统载体档案的数字化数据化

传统载体档案数字化数据化是数字档案资源建设的重要途径。要想借助现代信息技术和网络技术实现档案信息的高速流动和资源共享,就必须将传统载体档案转换成数字信息形式。传统载体档案的数字化数据化主要包括纸质档案、照片档案、声像档案、胶片档案等的转换,各级档案馆应通过数字化技术,将传统载体档案的模拟信息变成数字信息、数据信息,将沉睡在档案库房中的社会记忆变为流动的信息和知识,推动档案馆变为"信息聚集地"、"档案数据仓储"和"城市大脑智库"。

3. 数字档案信息的采集与捕获

网络采集与捕获的数字档案信息资源是馆藏档案资源的有效补充,是丰富档案信息资源的有效途径之一。通过网络连接政府信息资源库、各行业专业数据库、社会公共服务网站、个人网站及其他数字档案馆,动态地采集所需的数字档案信息;通过网络有针对性地捕获具有区域、地方特色的档案以及关系公众利益的民生档案等,这都有利于馆藏特色档案、专题档案的建设。数字档案信息的采集与捕获是优化馆藏结构、丰富馆藏内容的一种有效形式。[1]

---

[1] 金波,《论数字档案信息资源建设》,《档案学通讯》2013年第5期,第45—49页。

信息技术的广泛应用,使得以电子文件为代表的数字档案资源急剧增长,一方面数字档案信息在组织、传播、利用等方面表现出前所未有的便捷,另一方面数字档案信息在真实、完整和长期保存等方面受到前所未有的挑战。机遇与挑战并存,保管国家档案资源、为社会延续历史记忆、为公众提供档案信息服务的档案部门,必然要承担起这一历史责任和使命。

(二)电子文件管理系统广泛开发应用

电子文件管理系统(ERMS)建设成为每个形成和保管电子文件部门重要的工作内容。然而,在电子文件种类繁多、业务系统架构各异以及包括人才在内的专业资源有限的情况下,如何建设适用的电子文件管理系统,成为文件和档案管理部门亟待解决的现实问题。国际档案理事会(the International Council on Archives, ICA)2008年颁布的《电子办公环境中文件管理原则和功能要求》,提供了业务系统中产生的文件的管理方案:在业务系统内部实现文件管理功能;将文件元数据输出到ERMS中,而文件还保存在业务系统中;将文件及其元数据直接输出到ERMS中加以管理。

随着信息技术的发展,办公自动化、文档一体化系统得到广泛应用,各类电子文件管理系统的研制、开发和使用也广泛开展,使得电子文件管理系统的结构不断完善、功能不断增强、种类不断拓展。如北京量子伟业时代信息技术股份有限公司开发的"PDE数字档案管理系统"和"PDE数字档案馆平台"、上海中信信息发展股份有限公司开发的"光典档案信息资源管理软件"、南京大学开发的"南大智星"档案管理软件等电子文件管理系统在政府部门、金融机构、企业单位、高等学校等档案部门广泛应用。电子文件管理系统开发使用为电子文件的形成积累、捕获归档、鉴定、整序、保管、利用等业务活动提供了管理平台,电子文件只有依赖电子文件管理系统才具有生命力,才能安全保管,才能有效发挥作用。

(三)电子文件信息存储技术不断完善

随着信息化的进程,档案数据库面临的存储空间问题日益严峻。在档案数据库使用过程中,类似于传统档案管理中的"胀库"问题不断出现,对电子文件的存储与备份提出了巨大的挑战。数字技术高速发展的时代,信息存储技术也在飞速发展,涌现出存储区域网络、网络附属存储、云存储、磁盘阵列、磁带库、光盘塔、光盘库等新型存储技术和存储设备,呈现出信息存储功能强、容量大、存取速度快、性价比高等特点,从而极大地推动了电子文件信息存储和备份工作的开展。

云计算作为现代信息技术,为电子文件的存储提供了新的解决方案,通过集群应用、网络技术和分布式文件系统等功能,将网络中大量不同类型的存储设备通过应用软件集合起来协同工作,共同对外提供存储和业务访问功能,即实现电子文件的云存储。采用云计算技术,电子文件存储的日常维护工作,如备份、数据复制或增加存储设备等都由云存储提供商负责。此外,云存储还具备电子文件的容灾备份、系统分析等功能,可以提升电子文件信息存储的质量与效率。

区块链是近年来的前沿热点技术,具有点对点、去中心化、链式数据结构、加密算法、不可篡改等特点,核心技术主要包含共识机制、数据存储、网络协议、加密算法、智能合约等。区块链是一个高度可信的数据库技术,能有效满足对电子文件的监管和安全审计,保障电子文件信息安全、完整可信,实现电子档案有效整合和安全存储。

(四)电子文件利用传播方式便捷多元

进入20世纪90年代,档案管理部门的计算机应用由以往的单机使用向网络化方向发展,网络将办公室、档案馆(室)有机地联系在一起,将不同行业、不同地区的档案工作有机地联系在一起。特别是随着互联网的应用,世界各国各级各类档案馆和档案组织都在互联网上建立起网站,将馆藏档案和档案目录输入计算机,实现了档案的远程在线检索和利用。现代信息技术在档案管理领域的应用改变了档案工作传统的作业方式,促进了档案信息资源的开发利用,推动了世界档案事业的发展。

数字时代,信息流动速度加快,信息交流便捷,信息传播方便,数字信息以其"积极""动态""便捷"的特性,改变着长期以来信息的传播、利用和管理方式,给利用者带来前所未有的轻松和便利,有利于建立数字信息资源共建共享体系,加速推动整个社会信息化进程。随着新媒体的出现,信息传播的速度更加简便快捷,传播的方式更加灵活多样,传播的内容更加丰富多彩。为此,档案部门需要充分利用新媒体的优势,通过各种媒介进行多途径、多形式、多层次、大范围的传播,扩大电子文件信息的传播途径,改善电子文件信息的利用服务方式,提高电子文件信息的传播质量和传播效果,实现电子文件信息资源的社会共享。

多媒体技术的发展,使白纸黑字的统治地位受到冲击,与此相对应,多媒体信息能更有效地反映现实世界。一是现实世界本来就是图文声像并茂的多媒体世界,利用多媒体方式获取、存储、传递和表达信息当然更生动有效,也更具直观性和原始性。二是多媒体技术的使用日趋便捷、大众化,普通百姓可以利用手机等设备随时随地记录工作、生活中发生的事件,许多珍贵的影像成为馆藏档案的稀缺资源。三是多媒体信息主要记录声音和图像,具有直观、强烈的视听效果,深受大众的欢迎。

大数据作为一种新兴的理念与技术,正在改变世界,是"正在到来的数据革命"。大数据也是一种服务变革,具有大量(volume)、速度(velocity)、多样

(variety)、价值(value)等特征。利用需求是信息服务机构的原动力和逻辑起点，代表着信息服务的价值取向，也决定着信息服务机构的未来。数字时代，档案工作只有在保证资源丰裕度、凝聚度的同时，于服务上不断创新，为利用者提供高质量的信息服务，才能更好地促进自身的发展。帮助利用者从海量的档案信息资源中快速发现、提取所需信息资源；深度挖掘利用者行为特征，提供个性化、智能化的信息服务；从档案信息与利用者的各种关联中获得洞察力，并进行有效的利用预测……大数据技术的应用为数字档案信息资源价值的提升、满足利用者的信息需求提供了一条解决之道。

（五）数字档案馆建设全面推进

20世纪90年代以来，随着计算机技术、数字存储技术与网络技术的迅速发展，档案信息的记录方式、存储方式、利用方式、传播方式都发生了根本性的变化。同时，随着电子政务、电子商务、电子事务的广泛开展，电子文件大量产生，数字档案信息资源急剧增长，给传统的档案信息资源组织和管理带来了巨大冲击，使建立在档案实体管理基础上的档案馆难以适应数字时代的要求。为适应这些变化，满足数字档案信息资源有效管理和在线开发利用的要求，数字档案馆建设在我国国家综合档案馆率先启动并逐步推开。深圳、青岛是我国最早进行数字档案馆建设项目规划和试点的两个城市，完成数字档案馆基础设施和系统平台建设后，开始对传统档案进行数字化处理，并取得了大量的实践经验和研究成果。此后，北京、上海、天津、浙江、福建、江苏、重庆等省市先后开展数字档案馆的规划和建设，逐步形成"试点突破、全面发展"的良好局面。

数字档案馆是随着现代信息技术发展而出现的新型档案信息管理模式和组织形式，是未来档案馆的发展方向，关系到档案馆在档案事业中的主体地位及功能发挥。在现代信息技术深刻影响和社会信息化全面推进的时代发展格局中，数字档案馆建设已成为我国档案事业发展的重点和关键性工作，在档案事业发展规划、档案工作年度部署上不断得到强化，正在稳步实施。2020年修订的《中华人民共和国档案法》（以下简称《档案法》）第四十条规定，"档案馆负责档案数字资源的收集、保存和提供利用。有条件的档案馆应当建设数字档案馆"，从国家法律层面确立数字档案馆的地位；2021年，《"十四五"全国档案事业发展规划》提出加速数字档案馆（室）建设，要求"各级国家档案馆全面建成档案信息管理系统，大力推进数字档案馆建设，建设中央档案馆数字档案馆，新增150家高水平的数字档案馆。加强大数据、人工智能等新一代信息技术在数字档案馆（室）建设中的应用，推动数字档案馆（室）建设优化升级"；2024年，根据《档案法》制定的《中华人民共和国档案法实施条例》（以下简称《档案法实施条例》）第四十三条规定，"档案馆应当积极创造条件，按照国家有关规定建设、运行维护数字档案馆，为不同网络环境中的档案数字资源的收集、长期安全保存和有效利用提供保障"，有力推动数字档案馆高质量建设。在法规政策引领下，数字档案馆建设持续发展、成果丰硕，截至2022年年底，通过省级及以上档案主管部门认证的数字档案馆328个，共有56家档案馆被认定为"全国示范数字档案馆"，122家档案馆通过"国家级数字档案馆"测试。①

信息技术的发展，不仅给电子文件管理带来新的技术和思路，也引发了新的挑战，如电子文件的安全保密问题、管理风险问题、长期保存问题等，这些都需要我们不断探索思考，深化研究对策方案。

二、电子文件管理学的创建

随着现代信息技术的广泛应用，面对信息记录方式、记录形态、记录载体的转变，电子文件的大量产生，档案学界应当主动采取措施，一方面要坚持基础理论、应用理论与应用技术的研究，另一方面要完善档案学学科体系建设。在这一时代背景下，创建电子文件管理学已成为历史的必然。

（一）建立电子文件管理学的必要性

1. 建立电子文件管理学是信息技术发展的必然趋势

计算机及其相关信息技术的运用已把大量新问题摆在档案工作者面前。在计算机辅助档案管理时期，由于主要运用计算机模拟人工管理，因而对档案学理论的冲击还不那么剧烈。随着信息技术的广泛应用，其在改善人们的工作方式和手段、提高工作效率的同时，也为人类带来了新的"附产品""衍生物"：一是电子政务、电子商务、电子事务等的开展促使电子文件大量产生，电子文件的记录方式、记录载体与传统纸质文件完全不同，只能由计算机等数字设备生成、读取、检索、加工和处理，电子档案成为档案部门管理的"新物种"。二是信息技术在档案工作领域应用的范围全面扩展，档案工作的管理方式、技术方法发生了质的变化，随之而来的是原有的一些理论、模式要重新审视，原有的管理思想、管理原则、管理流程也应更新或补充。这是电子文件大量形成的时代，是档案管理技术方法更新的时代，也是档案学理论需要发展的时代。

2. 建立电子文件管理学是档案学专业人才培养的时代要求

现代信息技术对档案事业的影响尚难精确测定和描绘，但可以肯定的是这种影响必将逐步加深。因此，不仅要关注、研究这种影响，更应该去培养适应这一社会发展趋势的人才，自觉地融入信息技术的发展洪流中。可以说，在档案学专业教

---

① 黄玉明：《深化数字档案馆建设 提升档案工作信息化水平》，《中国档案报》2023年9月4日第1版。

育中增加信息技术知识、电子文件管理知识以及数字档案馆知识,乃时代的急务。必须培养学生获得采集、存取、管理、利用电子文件所需的专业知识和技能,实现数字时代档案学专业教育和人才培养的转变和突破。

3. 建立电子文件管理学,保护电子档案,留存数字记忆,是档案工作的历史使命

档案工作是维护历史真实面貌的重大事业,有着同其他信息学专业不同的特点,"我们不单了解保护信息的重要性,而且还深知保护信息产生的来龙去脉的重要性,保护昔日'证据'的重要性,保护历史真迹的重要性"[①]。因此,档案工作必须完全承担起对文件形成演化过程中出现的电子文件这一最新成果的管理职责。在这一领域的任务是艰巨的,只有充分掌握电子文件信息的形成积累、捕获归档、鉴定、整序、保管、利用等方面的管理理论与技术,才能在电子文件管理领域发挥作用并对电子文件管理系统实施有效的管理;才能保证档案工作者在数字时代管理和保护具有永久保存价值的数字信息;才能全面地规划和控制档案管理的业务活动,履行和完成档案工作的历史使命。信息时代,电子文件作为当代社会的数字记忆,是记录历史、传承文明的重要形式,也是社会的宝贵财富。保存数字记忆、传承数字文化,档案部门只能迎接,无法逃避。

4. 建立电子文件管理学是档案学理论发展和学科建设的内在需要

档案学理论不是一套永恒不变的固化规则,档案学者也不是固有规则的捍卫者。档案学理论是不断发展变化的,以适应文件性质、文件形成结构、文件记录方式、文件存在形态、文件保管系统和文件利用传播等方面的剧烈变化。信息技术的应用、电子文件的产生,要求档案学理论随时代和技术的进步作出相应的调整和发展。"既然管理对象发生了如此深刻的变化,管理方法、管理模式以至管理思想的更新当然就是不可避免的了。"[②]

在这种情况下,迫切需要建立一门系统的电子文件管理学,在为越来越普遍的电子文件管理工作实践提供理论指导的同时,进一步充实和完善原有的档案学学科体系,使档案学焕发出勃勃生机。

(二)建立电子文件管理学的可行性

电子文件管理学是根据电子文件的特点和形成规律在传统文件、档案管理的理论基础上构建而成的,以档案学的视野来投射和考察电子文件的管理。传

[①] [加拿大] M. 斯威夫特:《本世纪末的档案工作——回顾与展望》,《第十三届国际档案大会文件报告集》,中国档案出版社 1997 年版,第 41 页。

[②] 冯惠玲:《认识电子文件——〈拥有新记忆——电子文件管理研究〉摘要之一》,《档案学通讯》1998 年第 1 期,第 47 页。

统文件、档案管理的理论为电子文件管理学的建立提供了理论指导和参考性框架,电子文件管理的理论研究与实践经验也为电子文件管理学的建立创造了条件。

1. 有大量的电子文件管理研究文献和较为成熟的理论作为基础

20世纪90年代以来,关于电子文件研究的文章如雨后春笋般出现在报纸杂志上。尤其是中国人民大学冯惠玲的博士论文《拥有新记忆——电子文件管理研究》,更是电子文件研究具有开创性的系统之作。同时国内也出版了许多研究电子文件/电子档案管理的著作,如国家档案局的《电子文件归档与电子档案管理概论》,国家档案局外事办公室的《永久保护真实的电子文件国际学术报告会报告集》,冯惠玲的《电子文件管理教程》、《政府电子文件管理》、《电子文件管理国家战略》、《电子文件风险管理》和《中国电子文件管理:问题与对策》,刘越男的《建立新秩序——电子文件管理流程研究》,刘家真的《电子文件管理导论》、《电子文件管理理论与实践》和《电子文件管理——电子文件与证据保留》,王萍的《电子档案管理基础》,丁海斌的《电子文件与电子档案管理》,姚乐野的《电子文件归档与管理》,周耀林的《电子文件管理概论》,丁德胜的《电子档案管理理论与实务》等。此外,国家和地方各级各类电子文件管理研究课题立项,形成了一批研究成果和实践案例。这表明档案学界高度关注电子文件/电子档案管理理论的创建以及电子文件/电子档案对档案工作实践带来的影响和挑战。

2. 有电子文件/电子档案管理实践的支持

国家档案局于1996年成立了电子文件归档和电子档案管理研究领导小组,以此组织力量,开展电子文件归档和电子档案管理研究,指导我国电子文件管理工作实践。同时,国家档案局还开展电子文件管理标准研制工作,颁布了一批标准和规范,用来指导和规范电子文件和电子档案的管理工作,如《CAD电子文件光盘存储、归档与档案管理要求》(GB/T 17678—1999)、《CAD电子文件光盘存储归档一致性测试》(GB/T 17679—1999)、《CAD电子文件管理》(GB/T 17825—1999)、《基于XML的电子公文格式规范》(GB/T 19667—2005)、《信息与文献—文件管理—文件元数据 第1部分:原则》(GB/T 26163.1—2010)、《信息与文献—文件(档案)管理元数据 第2部分:概念化及实施》(GB/T 26163.2—2023)、《党政机关公文格式》(GB/T 9704—2012)、《电子文件管理系统通用功能要求》(GB/T 29194—2012)、《电子文件归档与电子档案管理规范》(GB/T 18894—2016)、《党政机关电子公文归档规范》(GB/T 39362—2020)、《电子档案管理系统通用功能要求》(GB/T 39784—2021)、《政务服务事项电子文件归档规范》(GB/T 42727—2023)等国家标准、《电子档案管理基本术语》(DA/T 58—2014)、《纸质档案数字化规范》

(DA/T 31—2017)、《录音录像类电子档案元数据方案》(DA/T 63—2017)、《文书类电子档案检测一般要求》(DA/T 70—2018)、《电子档案存储用可录类蓝光光盘(BD-R)技术要求和应用规范》(DA/T 74—2019)、《档案数据存储用 LTO 磁带应用规范》(DA/T 83—2019)、《公务电子邮件归档管理规则》(DA/T 32—2021)、《产品数据管理(PDM)系统电子文件归档与电子档案管理规范》(DA/T 88—2021)、《电子档案单套管理一般要求》(DA/T 92—2022)、《电子档案移交接收操作规程》(DA/T 93—2022)、《电子会计档案管理规范》(DA/T 94—2022)、《电子档案证据效力维护规范》(DA/T 97—2023)等行业标准。此外,全国各地开展了大量的电子文件管理实践和试点工作,探索电子文件管理经验,制定适合本地区要求的电子文件管理办法。如 2017 年浙江省人民政府办公厅印发的《浙江政务服务网电子文件管理暂行办法》,2021 年北京市档案局联合北京市密码管理局印发的《北京市电子文件归档与电子档案管理办法》,2023 年上海市档案局颁布的《上海市电子公文归档和电子档案管理实施细则》等,这些地方电子文件管理的行政法规有力地推动了当地的电子文件管理工作。

近年来,档案部门积极开展电子档案的收集与管理工作,数字档案馆(室)建设全面铺开,数字档案备份中心建设广泛展开,成效显著。这些实践经验为电子文件管理学的创建提供了宝贵的实践支持。

3. 可借鉴国际上相关的管理理论、经验和方法

第一,国际档案理事会成立了专门的电子文件委员会,该委员会在成立后的四年时间里取得了三项成果——出版了《电子文件规划:1994—1995 调查报告》、《电子文件:文献评述》和《电子文件管理指南》,表现出对电子文件的极大关注。

第二,从 20 世纪 80 年代至今的历次国际档案大会、档案圆桌会议、国际性及地区的专题研讨会都对电子文件和电子档案进行了积极的探讨,形成了一批有重要价值和探索精神的研究成果。

第三,国外政府和档案部门对电子文件和电子档案管理问题也高度重视,在充分研究的基础上,制定了相关政策和措施。如英国公共档案馆制定《电子文件管理指南》;美国国家档案与文件署(National Archives and Records Administration, NARA)发布《电子邮件管理规范》和《政府文件管理指令》等;澳大利亚档案馆颁布电子文件管理策略:《管理电子文件——共同责任》、《电子消息文件管理政策与实施细则》和《政府数字转型政策》等。

通过中外档案界的努力,关于电子文件管理的各方面理论正在逐步形成,有的已经较为完善。现在要做的就是继续研究尚不成熟的部分,并将较为完善的部分加以总结,使之系统化、知识化。而这正是创建电子文件管理学的宗旨所在。

三、电子文件管理学的研究对象和任务

电子文件管理学是研究电子文件运动规律及其组织管理的原则与方法的一门学科。

（一）电子文件管理学的研究对象

学科是适应人们社会实践发展的需要而产生和发展的。一般地说，学科的对象就是所需揭示的事物发展的客观规律。具体地说，某一门特定学科的研究对象就是所需揭示的某一特定事物发展的客观规律。电子文件管理学是为适应电子文件工作的实际需要而产生和发展的。社会实践和电子文件工作实践发展的客观需要，为电子文件管理学提出和规定了特定的研究对象。电子文件管理学的研究对象是电子文件和电子文件管理。

电子文件从本质上和纸质档案、声像档案等一样，"也是我国社会经济、政治、科技、文化及其他各方面活动的真实记录，必须作为国家的机读档案加以管理。只有建立机读档案，才能保障此种载体上的信息像纸质档案一样得到科学管理，使它们对于维护党和国家历史的真实面貌发挥出重要作用"[1]。尽管电子文件是在计算机网络环境下生成的，但计算机部门往往只注重信息技术的发展，忽视了人们工作活动、社会活动中产生的原始信息的管理和保护。因此，这一职责必然要落到档案部门肩上。由于电子文件的生成、归档、处理、保管、存储、利用、传递、销毁等均与传统的纸质文件、纸质档案存在较大差异，必然要产生一门新学科来解释电子文件的特性、原始性、耐久性等档案学属性，提出电子文件和电子档案管理的理论、技术与方法，对传统档案学理论进行完善和发展。总之，电子文件管理学正是根据实践需要和电子文件的运动规律来确定自己的研究对象的。

（二）电子文件管理学的研究任务

电子文件管理学的研究任务是：在研究电子文件的形成、特点和价值的基础上，依据和利用现代信息技术环境，总结电子文件管理工作实践经验，探索电子文件管理规律，建立电子文件管理的基本理论和基本方法，建构电子文件管理学理论体系，指导电子文件管理工作实践，从而保证电子档案的真实性、完整性、可用性和安全性，最大限度地发挥电子文件的作用。

电子文件和电子文件管理工作是不断变化和发展的，电子文件管理学的研究必须与电子文件和电子文件管理工作的发展要求相适应。目前，电子文件管理学的具体研究有：加强电子文件宏观管理，形成有效的电子文件运行机制和管理机

---

[1] 邓绍兴、和宝荣：《档案管理学》，中国人民大学出版社1989年版，第473页。

制,确保电子文件管理规范化、标准化、制度化;全面认识和把握电子文件产生的领域和范围、存在的形式和特点,掌握电子文件的特性和形成规律;建立电子文件管理的理论框架及工作体系,围绕电子文件的形成积累、捕获归档、鉴定、整序、保管、利用等业务环节,建立新的管理方法、管理内容和管理要求;强化数字档案馆(室)理论与实践研究,健全和完善档案学理论体系和电子文件管理学理论体系,推动档案学学科建设;培养一支高素质的电子文件研究团队和管理队伍,加速推进档案管理人员由传统档案管理向数字档案管理、档案数据管理转型。

四、电子文件管理学的学科性质

电子文件管理学的学科性质是指它在科学分类体系中的归属和地位。依据电子文件管理学的研究对象和研究任务,可以看出,电子文件管理学具有以下性质:

(一) 电子文件管理学是档案学的一门分支学科

电子文件及其归档后形成的电子档案虽然对传统档案学理论和实践产生了诸多冲击和挑战,但学者们研究后认为,电子文件只是一种新的记录方式和记录形态,它的出现并不意味着已有的档案学理论需要全面修改。如加拿大国家档案馆的凯瑟琳·贝利认为:电子文件带来的主要冲击可能会波及档案管理实践,但不会颠覆档案理论[1],这一观点在 1996 年与 2000 年分别召开的第十三、十四届国际档案大会上得到了大多数专家学者的认同。档案学从载体形态上划分,主要可分为档案管理学(重点研究纸质档案管理)和电子文件管理学两类。因此,档案学理论对电子文件管理学仍然具有指导意义,理应将电子文件管理学纳入档案学范畴加以建设和研究,全面探索电子文件管理学的理论体系、知识体系和话语体系,以推动档案学整体水平的提升。

(二) 电子文件管理学是一门综合性学科

电子文件是人类社会实践的产物,但同时又是技术的产物,具有很强的技术性。保证电子文件的档案学价值是社会科学的使命,但保证电子文件和电子文件价值的存在是科学技术的使命。电子文件管理学在其创建和发展过程中需要借鉴利用多门学科的理论和方法,从不同侧面去解决某些新问题和复杂问题。如在探索电子文件的法律证据价值时,既需要法学的解释,又需要技术的保障。"当它揭示电子文件具有档案学属性时,在自然科学和人文科学之间建立了和谐的、依赖的、密切的联系。"电子文件管理学是各种学科知识的汇集交融与有机结合,与文

---

[1] 黄霄羽、申琰:《波及档案实践,但不会颠覆档案理论——电子文件带给档案理论的冲击和影响》,《档案与建设》2000 年第 5 期,第 8—10,13 页。

管理学、档案管理学、档案保护技术学、档案法学、信息资源管理、数据管理、新闻传播、计算机技术、网络技术、现代信息技术等学科都存在着密切的联系。因此,电子文件管理学是一门具有综合性质的交叉学科,需要不断地从相关学科中吸取营养和智慧。

(三) 电子文件管理学属于应用学科,具有较强的实践性

电子文件管理学不是纯粹的理论研究,而是一门有理论基础的应用性学科。研究电子文件管理学不仅是为了认识电子文件的运动规律,更是为了指导电子文件的管理实践,而且后者更为重要。作为一门应用性学科,电子文件管理学侧重于对一整套电子文件管理方法与管理技术的研究,显得较为实际和具体。即使是对基础理论的研究,也大多是带有根本性的实际问题的理论研究,如对电子文件生命周期的研究是为了在电子文件的不同运动阶段采取不同的管理措施。电子文件管理学的理论、方法和技术应谨慎地采用和实施,必须经过实践检验,确保其是适用的、有效的才能使用,否则后果不堪设想。据报道,美国的档案工作者对电子文件的研究大量且深入,但从应用情况来看,一些不成熟的理论、方法和技术,均暂未采用。

五、电子文件管理学的研究方法

在电子文件管理学的研究中,必须重视和善于运用科学的研究方法。只有这样才能加快学科研究进程,加深对电子文件管理实践及其本质规律的认识,促进电子文件管理学更快、更好地发展。适合电子文件管理学的研究方法主要有:

(一) 唯物辩证法

唯物辩证法是电子文件管理学研究的方法论准则。电子文件管理学产生于电子文件的形成演化与管理实践,马克思主义唯物辩证法作为人们认识自然和社会的一般方法论准则,完全适用于人们对电子文件管理活动的研究与认识。在电子文件管理研究中,首先就涉及运用什么样的观点来看待电子文件及其管理过程中的各种现象。如电子文件是否具有物理形态,是否具有物质性?有些外国学者认为电子文件已"由一个实态文件变成作者和读者理性的或虚拟的概念","在计算机终端瞬间看到的虚拟或逻辑数据窗口",电子文件把人们带进了一个"虚拟文件"和"虚拟档案"时代,在这个时代,传统档案学论述中极为重要的实态文件已不复存在。然而我国学者研究后认为:"电子文件也是信息与载体(媒体)的统一体,它不仅是理性的或概念的,而且具有物理形态,即实态。"电子是一种运动着的物质,而非意识,只是它们与纸质文件记录和阅读的方式不同、信息存储的载体不同而已。总之,只有用辩证唯物主义的观点来思考问题、分析问题、观察客观事物,才能得出

准确的结论,唯物辩证法是研究电子文件管理学的方法论准则。

(二)继承与创新相结合的方法

在研究电子文件管理学时,首先应当承认现实档案学理论的合理性,有一种对现实档案学理论的坚信。电子文件/档案是文件/档案的一个种类,要在继承传统档案管理学理论的基础上,结合电子文件的特点和运行规律来建构电子文件管理学。档案学理论中的基本观点,比如档案是历史记录(或称"社会记忆""国家记忆"等)、档案的证据价值与情报价值等等,仍然是电子文件管理的指导原则。

档案管理中的业务环节以及管理的技术与方法,将根据电子文件的特点和运行规律进行合理的创新和发展,应当承认"后保管模式"也是一种合理的预见。但必须注意的是,电子文件管理中各业务环节的技术与方法,绝不是完全否定现有档案管理各业务环节的技术与方法,而是沿着继承与创新的辩证法的路径前进,在继承传统档案管理理念、制度、方法等经验的基础上创建适合电子文件管理的理论体系、知识体系和实践体系,完全抛弃现有的档案管理业务技术与方法而另起炉灶的想法既不切实际,也不科学。

(三)理论与实践相结合的方法

理论与实践相结合是人文社会科学研究普遍遵循的研究思路,在电子文件管理学研究中更显必要。一方面,电子文件管理学是一门应用性学科,具有较强的实践性,其学科理论体系的创建必须紧密结合电子文件管理工作的实践,在全面总结实践经验的基础上,再进行理论分析、综合研究和理论转化,形成电子文件的管理理论和管理方法,提升人们对电子文件管理的认识;另一方面,我国电子文件管理实践、管理工作已广泛开展,研制开发出各种类型的办公自动化系统和电子档案管理系统,系统异构、标准异构、结构异构、平台异构等现象普遍存在,迫切需要整体规划、顶层设计和理论引领来指导电子文件管理实践。因此,理论与实践相结合也是电子文件管理学研究的基本方法。

(四)科学研究的一般方法

科学研究的一般方法是指适用于一切学科的研究方法,包括系统分析方法、实验方法、观察方法、调查方法、历史方法、比较方法、统计方法、系统论方法、控制论方法、信息论方法等等,这些方法在电子文件管理学研究中都有一定价值和作用。如系统分析方法是从系统观点出发,着重从部分与部分之间、整体与部分之间、整体与外界之间的相互联系、相互作用、相互制约的关系中综合地、精确地考察对象,以最好地解决问题的一种方法。电子文件管理本身就是一个系统,可根据管理功能或文件生命周期理论将其分成若干个子系统(或部分环节),只有对各个子系统、各个部分都采取有力的措施,才能确保电子文件的真实性、完整性、可用性、安全性。如果某一环节出现错误,就可能功亏一篑。

再如,比较方法是将某种有联系的事物加以对照,区别其异同的思维方法,包括横向比较和纵向比较。在电子文件管理学研究中,可以运用横向比较的方法,将电子档案的管理与传统纸质档案的管理、缩微影像档案的管理加以对照,设立参照物,从中吸取有益的经验和知识作为电子文件管理学的理论借鉴,从而构建电子文件管理学的理论体系和知识体系。

(五)引进移植的方法

电子文件管理学是一门综合性的应用学科,其研究与应用范围必然涉及多个学科领域。在研究中,应主动加强学科间的横向联系,加强同相关学科、部门的合作,注重学习汲取相关学科的理论成果与实践经验,丰富学科内涵和专业知识。如研究电子文件物理载体保护时,应当吸取物理学、化学、光学、生物学等方面的研究成果;研究电子文件内容信息保护时,应当吸取计算机信息安全、网络信息安全等方面的研究成果;研究电子文件信息长期存取时,应当吸取计算机信息存储技术、信息备份技术等方面的研究成果。

研究电子文件管理学还应关注国外的理论与实践研究成果,合理引进移植国外电子文件的管理方法和实践经验。我国关于电子文件的研究是在国外电子文件管理研究传入我国以后才逐步开展和丰富的,或译介国外的成果、经验、措施,或在国外已有电子文件管理思想的基础上加以继承和发展。近年来,我国也设立了一些国家级、地方级的研究课题,展开相关独立研究。同时也参加一些国际性电子文件管理研究课题组,开展国际合作。要以开放的心态学习国际先进经验和研究成果,根据我国的国情加以消化、吸收,从而使我们的研究跟上时代的步伐。

上述电子文件管理学的研究方法既相对独立,又彼此相互关联,灵活运用科学的研究方法无论在理论层面还是实践层面都是一个复杂的问题,这就需要我们努力去探索、尝试,广泛开展电子文件管理研究,从而推动电子文件管理学学科体系不断完善。

六、数智时代电子文件管理转型发展[①]

大数据、人工智能、区块链、数字孪生、虚拟现实、5G、大模型、元宇宙等数智技术的迅猛发展,推动人类社会加速迈入数智时代。数智时代是指以大数据、人工智能等现代信息技术为主导的数据化、智能化、智慧化新环境,其核心是数据要素赋

[①] 金波、杨鹏:《"数智"赋能档案治理现代化:话语转向、范式变革与路径构筑》,《档案学研究》2022年第2期,第4—11页。

能和信息技术赋能。围绕数智化转型,国际社会纷纷擘画战略规划,抢占新一轮科技革命和产业变革制高点。2012年,联合国发布"全球脉动"计划,推动大数据开发与应用;2016年,美国公布《国家人工智能研究和发展战略计划》,布局人工智能技术发展;2020年,欧盟制定并发布《欧洲数据战略》,规划欧洲未来五年数据发展的愿景目标和实施路径。我国围绕网络强国、数字中国、智慧社会等战略也出台了一系列政策。2015年,国务院颁布《促进大数据发展行动纲要》,总体设计大数据发展路径;2017年,国务院印发《新一代人工智能发展规划》,部署人工智能技术应用蓝图;2020年,国家发改委和中央网信办联合印发《关于推进"上云用数赋智"行动 培育新经济发展实施方案》,进一步明确产业数智化转型;2022年发布的《国务院关于加强数字政府建设的指导意见》提出"充分发挥数据的基础资源作用和创新引擎作用","推进政府部门规范有序运用新技术手段赋能管理服务";2023年,中共中央、国务院印发《数字中国建设整体布局规划》,提出加快数字中国建设,以数字化驱动生产生活和治理方式变革,构筑国家竞争新优势。可见,以大数据、人工智能等数智技术为核心的新一代科技创新,正在成为撬动人类生产生活方式变革、赋能新质生产力创新发展的重要燃料。

"数智赋能"已成为驱动学科创新发展的新动能,深刻影响着信息资源管理学科的理论范式与实践逻辑。档案是重要的国家信息资源,在国家数智化战略转型背景下,档案事业势不可挡地融入数智化潮流、植入数智化沃土中,加速向数字化、网络化、智能化方向发展,开启数智化转型的时代序幕。在数据科学的全方位渗透、数据管理的宽口径流行与智能技术的深层次应用下,电子文件管理理念、对象、环境、模式、方法正面临系统性变革,量大源广、类型繁多的电子文件不断积累和汇聚,倒逼电子文件管理数字化数据化、智能化智慧化转型,电子文件管理理论体系与知识形态也不可避免地接受数智化浪潮的洗礼与重塑,加速向档案数据智能范式演化进阶。

(一) 管理理念变革

数智时代,整体思维、关联思维、精准思维和计算思维逐渐凸显,为把握复杂事务、探究客观规律、改造社会现实提供全新的思维方式和认知空间,也进一步推动档案管理理念的革新与意识的转变。

1. 从相对封闭向开放创新转变

传统档案管理体制下,档案工作较为封闭保守,档案开放程度、档案工作创新力度不足,无法及时满足公众需求,与社会发展不相适应。数智时代具有开放包容性,在技术赋能、数据驱动和社会需求刺激下,档案部门应强化数据思维、智慧理念、开放意识、创新精神,推动档案工作与大数据等现代信息技术深度融合,加快档案开放共享,借助数智技术创新档案开发利用方式,促进治理决策科学、治理流程优化、治理信息公开,彰显社会公平正义。

2. 从经验判断向循数推理转变

传统档案事务决策往往依据行为经验展开,在问题发生后才能感知、处理、解决和整改,难免出现偏差、失误。大数据时代,基于大体量、多维度的数据资源,高性能存储、运算、分析能力以及更加智能的算法模型①能够有效揭示传统技术方式难以呈现的社会关联关系,形成网络状的事物联结格局。借助数据实时采集、挖掘关联、聚类分析等技术,对档案事务涉及的全域数据、全程数据进行深度整合、信息比对和演变观测,洞见数据背后的风险,进行事前预测、超前研判、主动防御、规避风险,提升微观洞察和宏观把握能力,形成循数推理、依数治理的新模式,增强决策科学性、有效性。

3. 从部门主义向多元协作转变

数字化创造了普惠包容、平等信任的社会环境,推动档案管理由等级式的集权转变为参与式的分权,赋予公众参与表达和分享的机会。大数据技术的广泛性、参与性、可持续性,网络空间的虚拟性、延展性、包容性,数据无处不在、无孔不入的渗透性、带动性、非线性,使得社会公众可以超越物理时空限制,通过网络享受档案服务,施展自身才能,形成基于网络化的治理合力。档案部门需要转变理念,扮演"掌舵者"而非"划桨者"的角色,将部分权力让渡社会。以数字平台建设、数据资源赋能突破行政层级边界,向广阔的市场和社会渗透,吸纳公民、企业、社会组织、科研院所等参与治理,形成多元协同、共建共享的"群体智慧"。

4. 从以馆藏为主向以利用为主转变

传统档案管理"重藏轻用",以馆藏为中心,注重档案资源的收集、保管和存储,档案开放服务、开发利用相对薄弱。信息社会,互联网的普及极大地改变了人们的工作方式、生活方式和消费方式,大众的信息获取方式、信息服务需求也随之变化。大数据时代,公民意识的崛起、数据获取的便捷,使得社会公众的公共文化需求、信息服务需求日趋精细化、个性化、多样化。档案部门借助大数据等现代信息技术创新档案服务方式,提升档案服务质量,满足便捷化、知识化、高效化的档案信息利用需求和档案文化需求,从以资源为中心的"供给导向"转向以利用为核心的"需求导向"。

(二) 管理对象转型

技术环境的变化推动了信息记录方式的变化,信息记录方式由书写打印到磁

---

① 梅宏:《数据治理之论》,中国人民大学出版社2020年版,第28页。

光电,信息记录形态从"模拟"到"数字""数据",信息记录载体从纸张胶片到磁盘光盘,给档案部门带来了新的管理对象,促使档案工作正在经历一个从管理档案实体到管理数字档案、档案数据的转型过程。为了适应大数据时代社会信息需求和"数据化生存",档案部门需要强化档案信息化建设,推动电子档案、数据资源建设,从"档案数字化"向"档案数据化"转型。档案资源从"模拟态"的传统档案到"数字态"的数字档案再到"数据态"的档案数据,三种模态类型的比较分析如表0-1所示。

表0-1 传统档案、数字档案、档案数据对比分析

资源对象	传统档案	数字档案	档案数据
模态类型	"模拟态"	"数字态"	"数据态"
支撑技术	机电设备	互联网、计算机等	大数据、人工智能、移动互联等
记录方式	纸质记录、胶片记录	磁光电记录	磁光电记录
业务形态	物理管理	信息管理/内容管理	知识管理/智慧管理
管理手段	以人工处理为主	自动化、信息化	数据化、智能化
组织模式	传统档案馆	数字档案馆	智慧档案馆
利用效果	实地查询,利用方式较单一	档案信息处理更高效,检索更便捷,利用方式更多元	细粒度、可视化、内容级开发,数据化、智慧化服务

以往档案部门主要依靠人工手段对纸质"模拟态"档案进行收集、整理、鉴定、保管、检索和利用等加工处理,注重档案实体有序化,管理利用方式较为单一。计算机技术的普及应用,使得档案信息的载体形态从传统纸质记录、胶片记录的"模拟态"向磁光电记录的"数字态"转变;网络技术推动档案信息传播打破时空限制,档案业务从实体管理走向信息管理、数字管理,档案信息处理更高效,检索更便捷、开发利用方式更多元,档案馆组织模式也从传统档案馆走向数字档案馆和智慧档案馆。

目前,人类已从传统的书卷时代进入了大数据时代,这一时代数据急剧膨胀、深度共享、高速流通,以数据要素为核心,形成新治理力和生产力。现代信息技术的应用和各种移动终端的生成,促使电子文件、社交媒体、数字文本、用户踪迹等移动信息、多元数据大规模生成,信息资源的空间结构发生颠覆性变革。大数据技术引发了传统信息资源生产方式的创革、文本结构形态的新变和知识获取方式的延展,加速信息资源由纸质变数"质",改变了对信息资源的把握尺度和价值追求,赋

予信息管理者知识挖掘、组织、管理与再造的能力。在数据驱动和模型驱动的技术环境下,以颗粒度存在的"数据态"档案信息大量累积和生成。国家档案局发布的《2022年度全国档案主管部门和档案馆基本情况摘要(二)》显示,截至2022年年底,全国各级综合档案馆馆藏电子档案2 372.9 TB,其中,数码照片220.0 TB,数字录音、数字录像1 040.0 TB;馆藏档案数字化成果28 069.0 TB。体量浩大、来源广泛、类型多样、结构多元、价值丰裕的档案数据开始成为数智时代档案信息资源的新形态和档案管理的新对象。

(三) 管理模式重塑

数智时代,社会生产关系和组织结构形式发生深刻变化,突破原有的单点连接模式,形成网状立体结构,推动档案管理架构优化、职能拓展、场域延伸和方法创新。

1. 管理架构优化

传统档案管理体制是以科层制为主导的"条块分割","科层制的行政管理体制通过设置纵向行政层级和横向职能部门,完成了对行政权力运行的纵向和横向分工"[①]。以大数据、人工智能、移动互联等数智技术的推动以及数据流动联通特性的嵌入,打通数据壁垒、信息孤岛、部门藩篱和条块隔阂,促进业务流程再造和部门关系重塑,推动档案管理架构从"科层制"走向"扁平化",提升数据、技术、业务融合能力和跨区域、跨部门、跨层级、跨系统协作共治能力,形成信息共享、资源互用、纵向贯通、横向联动的治理格局。

2. 管理职能拓展

数智时代,档案部门既要管档案,也要管数据。档案部门履行数据管理职能,不仅有利于保持人类记录的连续性、社会记忆的完整性,更有利于保障数据管理工作的有效性,能够使档案工作的业务场域、发展空间、社会价值得到根本性扩展,对推动档案资源建设模式、管理手段、服务机制创新,对提高档案事业生态位、话语权和社会影响力具有极其重要的意义。《"十四五"全国档案事业发展规划》提出,"在国家相关政策和重大举措中强化电子档案管理要求,实现对国家和社会具有长久保存价值的数据归口各级各类档案馆集中管理",为大数据时代档案部门强化数据管理职能提供了方向和指引。

3. 管理场域延伸

以往,档案部门主要针对实体档案进行物理空间的线下管理,管理场景主要面对实体档案馆,较为单一稳定。数智时代,数字科技变革此起彼伏,创造出一个全

---

① 陈鹏:《人工智能时代的政府治理:适应与转变》,《电子政务》2019年第3期,第27—34页。

新的数字融合世界,人们的经济活动、社会关系越来越多地转向线上,万物互联、人机交互的数字空间成为档案管理的重要场域,推动管理疆域从现实世界、实地、近端扩展至虚拟世界、云上、远端,时空维度极大拓展,管理的动态性、复杂性、交叉性不断增强。新场景下,新问题新风险随之涌现。如新媒体社交平台、各种智能终端、时空传感器、可穿戴设备等产生的档案数据如何管理尚待探索;随着数据重要性的不断提升,数据安全与个人权利、公共利益、国家主权愈发相关,数据伪造、算法黑箱、网络攻击等新型风险相继出现,如何确保档案的数据主权、真实可靠和信息安全已成为亟待解决的现实问题。

4. 管理方法创新

数智时代,档案管理形态从文本信息、数字信息向多源信息、数据信息延伸,数据关联意义强、数据共享程度高、数据管理空间广的"液态化"管理方式成为档案管理的新方式。档案管理进一步向知识管理、智慧管理升级。数据科学理论、数据管理方法正在深度融入档案管理内容和档案业务体系,借助数据挖掘、机器学习、关联分析、知识图谱等技术方法,对标准化、结构化、碎片化的档案数据进行细粒度、可视化、内容级深度开发,促进数据的信息关联与知识发现,从而激活档案数据要素价值潜能。

(四) 服务方式创新

档案工作是一项人文、管理与服务等生态要素集聚交互的公共文化事业。数智时代,档案利用者的信息和知识需求发生深刻变化,档案部门需要借助大数据、人工智能、区块链、移动互联等现代信息技术对档案数据资源进行分析处理、挖掘利用,提供精准式服务、知识化服务和智慧型服务,满足社会公众日益丰富多元的档案信息需求和档案文化需求。

1. 精准服务

以往由于技术局限和存储能力等因素限制,档案部门难以全面收集、系统分析档案服务诉求,档案信息服务是"模糊的影像",具有同质性、普适性,服务效率较低。依托数据的精准质性、细粒度特质和数字技术的关联分析、主动推送等功能,可以"致广大而尽精微",进行细粒度数据分析,提高对利用需求的反应能力、回应能力,使数据信息、档案服务顺着数据颗粒抵达每一个微观个体,提供有针对性、个性化、一站式服务,实现精准施策、精益供给、精细治理,提升公众体验感、满意度和治理绩效,推动档案服务从粗放普适走向高效精准。当前,档案部门借助数字化平台开展"一网查档、异地出证"等"互联网+档案服务",实现"数据多跑路、群众少跑腿"。2022年7月6日,全国档案查询利用服务平台上线。该平台是依托互联网为社会公众提供档案查询利用的跨区域、跨层级的公共服务平台。

2. 知识开发

知识创新已成为推动经济发展、科技进步、文化复兴、治理变革的重要驱动力。档案部门以国家重大发展战略为导向,洞察社会知识需求与信息需求,借助数据挖掘、关联分析、知识聚合、可视化呈现等技术方法,加强档案数据知识化开发,充分挖掘档案数据中的隐性知识元素、潜在知识微粒,形成知识单元、知识细胞、知识产品,构建知识地图,汇聚知识源泉,打通档案资源与知识创新间的连接渠道。创建档案数据知识集成仓储、开发系统、服务平台,提供档案知识智慧化服务,将"档案库""数据库"变成"信息库""知识库""创新源",实现知识发现、转化、传播和增值,助力国家科技创新和知识再生产。

3. 智慧决策

档案作为国家重大活动、政府行政监管、企业创新发展的宝贵信息资源,在战略咨询、政府决策、智库建设等方面发挥着不可替代的支撑作用。档案部门利用智能化数据挖掘和分析工具,建立集多源数据实时采集、大数据分析处理、数据可视化展示、多载体档案信息发布、战略政策协同研究于一体的智慧决策咨询体系;构筑专题档案数据库、特色档案数据库,对海量数据信息进行提炼聚合、语义关联、智能分析,揭示数据间蕴含的规律,发挥数据溢出效应与研报能力,形成"用数据说话、用数据决策"新模式;深化智库服务,借助现代信息技术对档案信息进行加工处理、深度分析,挖掘档案数据价值,把"档案数据库"变成"思想库""智囊团""参谋部",不断优化公共决策流程和决策体系,增强决策的前瞻性、有效性、科学性。

 思考题

1. 简述建立电子文件管理学的必要性和可行性。
2. 简述电子文件管理学的学科性质。
3. 谈一谈数智时代的电子文件管理。

参考答案要点

第一章 电子文件概述

随着现代信息技术的快速发展和广泛应用,电子文件实实在在地进入了人们的生活和工作。作为人类社会记忆的管理人,档案工作者被赋予了管理这一新型文件的神圣职责。作为新生事物的电子文件,其来源如何,有怎样的结构、特点和作用,其与传统纸质文件之间有何区别与联系……这些基本问题是学习和研究电子文件管理学的逻辑起点。

第一节 电子文件的概念和种类

一、电子文件的来源

现代信息技术的应用早已超出原有的科研、通信、工业等传统应用范围,深入农业、交通、能源等国民经济各部门以及医疗、教育、金融、商务活动和社会服务等各个领域,并渗透到人类生活的各个方面,成为现代生活不可缺少的一部分。信息技术的应用使得电子文件取代了手写文件,计算机辅助设计(CAD)取代了手工绘图,电子邮件取代了信件,电子商务取代了合同货单,信用卡、银行卡取代了存折、存单。电子文件是现代信息技术应用的产物,凡是有信息技术应用的地方都会有电子文件的生成。综观当前电子文件的生成领域,其来源主要有以下几个方面:

(一) 办公自动化过程中产生的电子文件

办公自动化系统(Office Automation System,OAS)是指对办公信息进行自动操作的数字处理系统,包括计算机、通信设施和其他数字设备。办公自动化系统是一个动态、开放、发展的系统,从最简单的文档数字化处理到无纸办公以及文件网络传输的实现,办公自动化系统的功能随着信息技术的发展不断增加。

20世纪80年代中后期，我国已有不少政府机关使用单机起草文件、制作文件目录等，以辅助人工事务性劳动。90年代，政府机关内部局域网的建立，使更多单位利用办公自动化系统中的文字处理与文件管理功能来取代传统办公室公文起草、传阅、审批等工作，这些在办公自动化系统中形成的各类文件数据均属于电子文件。1999年，为推动和促进我国国民经济和社会生活的信息化，实现信息资源共享，提高政务效率和透明度，我国政府启动了"政府上网工程"，中央各部委，各省、市、区、县政府纷纷上网，在有力推进办公自动化和电子政务的同时，也使各类政务电子文件的数量急剧增加。由此形成的各种数据、文件、社会经济数据都以数字形式存储于网络服务器中，可通过计算机检索系统快速查询，即用即调，有力地推动了数字政府建设，实现办公现代化、资源信息化、传输网络化和决策科学化。2018年，上海在全国率先提出"一网通办"理念，此后随着数字政府建设的推进，政务服务事项"一网通办"在全国广泛开展，形成大量原生电子文件。2022年，《国务院关于加强数字政府建设的指导意见》提出，"深化电子文件资源开发利用，建设数字档案资源体系，提升电子文件(档案)管理和应用水平"。

(二) 生产领域中产生的电子文件

生产领域为了提高企业生产效率和效益，广泛运用计算机、人工智能等现代化设备，这些设备的应用同样产生了大量的电子文件。生产领域中产生的电子文件主要有计算机辅助设计(CAD)与计算机辅助制造(CAM)文件、建筑信息模型(BIM)系统电子文件等。

CAD/CAM是一种计算机辅助技术在工程或产品设计与制造领域中的应用。其从根本上改变了过去的手工绘图、发图、凭图纸组织整个生产过程的技术管理方式，转为在图纸工作站上的交互设计，用数据文件发送产品定义，在统一的数字化产品模型下进行产品的设计打样、分析计算、工艺计划、工艺装备设计、数控加工、质量控制、编印产品维护手册、组织备件订货供应等。CAD/CAM系统通常包括三个部分：一是设计用的交互图形系统和支持软件；二是数控编程工序、工艺设计程序、工装设计程序及其他辅助生产用的程序；三是能为设计和制造服务的公共数据库。

CAD技术发明于1963年。20世纪60年代，航空和汽车工业较早地引入了CAD技术。美国通用汽车公司等大型企业都是率先使用CAD技术的企业。到90年代，波音客机的设计、制造、装备、试验已全面使用CAD/CAM技术，实现了100%数字化和无纸化设计，将研制周期缩短到原来的50%以下。采用CAD技术进行产品设计，不仅可以使设计人员"甩掉图板"，而且能够更新设计理念，建立全新的生产管理体制，提高劳动生产率。如今，CAD/CAM技术已广泛应用于企业生产中，并进入人们的日常生活，在电影、动漫、广播和娱乐等领域大显身手。CAD/CAM 作为计算机应用的一个重要组成部分，是企业缩短工期和产品开发周期、加速产品更新换代、节约成本、提高质量、增强企业竞争力的有效手段。CAD 的对象包括工程设计和产品设计，产生产品定义数据文件；CAM 的对象主要是产品制造，产生制造数据文件。它们都直接关系到科技文件的产生与运行过程，包括设计、绘图、分析、制造和保存产品记录等。

建筑信息模型（building information modeling，BIM）因其可视化、模拟性、协作性和优化性等特性，提升了建筑工程行业的执行与管理效率，逐渐成为工程项目的主要管理应用。1987 年，ArchiCAD 发布，是最早成形的 BIM 软件之一。2000 年，Autodesk 推出了 Revit，进一步推动了 BIM 技术的发展，Revit 提供的集成环境可以支持建筑、结构和 MEP（机械、电气、管道）设计的多学科协作。最早采用 BIM 技术的企业主要来自建筑、工程和施工行业，这些企业意识到 BIM 技术在提高项目效率、降低成本和增加项目可预测性方面的巨大潜力。如美国的 SOM 建筑设计事务所（Skidmore，Owings & Merrill）最早尝试在高层建筑和复杂结构项目中应用 BIM。英国的福斯特建筑事务所（Foster + Partners）也很早就在其创新建筑设计项目中开始使用 BIM 系统。2002 年，Autodesk 收购 Revit 后，将 BIM 作为其核心战略。此后，政府和大型组织开始推广 BIM 标准和流程，BIM 逐步演化为行业标准，如英国政府宣布从 2016 年起在所有公共建设项目中强制使用 BIM。随着云计算和移动技术的发展，BIM 软件开始整合更多高级功能，如实时协作、数据分析和虚拟现实（VR）集成。这些技术的融合使得 BIM 不仅仅是设计和建造的工具，还成为运营和维护阶段的重要支撑。BIM 的发展标志着从传统的二维图纸和手工绘图过渡到全面的三维数字化建模和信息管理。

BIM 系统主要生成五类电子文件：第一类是模型文件（model files），主要为三维模型文件，通常以 IFC、Revit、ArchiCAD 等格式保存，主要涉及建筑的几何形状、空间关系、项目参数、材料结构等信息。第二类是图纸文件（drawing files），包括平面图、立面图、剖面图、施工图等，以 CAD 格式保存，用于展示建筑设计的细节和布局。第三类是数据文件（data files），涵盖构件属性、材料规格、构建代码等信息，以数据库格式保存。第四类是报告文件（report files），包括设计分析报告、材料清单、成本估算报告等，以 PDF 或 Word 格式保存。第五类是媒体文件（media files），含有渲染图、演示视频、虚拟现实模拟等，以图像、视频或交互式应用程序的形式保存，用于展示设计效果和交流。

BIM 系统记录了工程设计、施工、运营、维护等各阶段的全流程电子文件，这些电子文件有效支撑施工及后续管理流程优化，有助于更好地协助建设项目各方作出决策,并实现工程的全生命周期管理。如通过对粤港澳大湾区大型工程项目调研,发现"各调研对象 BIM 平台涵盖了工程项目电子文件总量的 80%—90%,基本实现了项目业务协同及重要业务电子文件全程管理,较之以往,电子文件归档综合效能提升了约 86%,初步实现了项目电子文件及时归档及工完档清的目标"[①]。

随着大数据、人工智能、数字孪生、虚拟现实、元宇宙、大模型等新兴现代信息技术在生产领域的广泛融合应用,三维建模软件已呈现出更高效的资源管理、更精确的预测维护和更优化的设计性能等特征,同时,产生大量需要妥善积累归档、存储保管、开发利用的电子文件。

(三) 电子商务过程中产生的电子文件

电子商务是指在互联网、企业内部网(intranet)和增值网(value-added network,VAN)上以电子交易方式进行交易和相关服务的活动,是传统商业活动各环节的电子化、网络化。它具有无纸支付、营运成本低、价格竞争力强、用户范围广、无时空限制以及能同用户直接互动交流等特点。

电子商务中的电子支付是在开放网络环境下取代传统支付工具(如现金、票据)的电子信息传递。电子支付是电子商务活动中最核心、最关键的环节,是电子商务得以进行的基础条件。互联网环境下的电子支付方式主要有四种:银行卡、电子货币、电子支票和网上银行。

20 世纪 90 年代以后,全球范围内的电子商务开始登场。1996 年,日本成立电子商务促进会;1997 年 4 月,欧盟发布欧洲电子商务倡议,提出政府必须为促进电子商务发展提供一个良好的环境;1997 年 7 月,美国政府发表全球电子商务框架白皮书;1998 年 4 月,新加坡政府发布电子商务政府框架。在各国的积极推动下,联合国国际贸易法委员会(UNCITRAL)、经济合作与发展组织(OECD)、世界贸易组织(WTO)、世界知识产权组织(WIPO)、欧盟(EU)以及亚太经合组织(APEC)都在加速电子商务建设,以满足电子商务的需要。

我国电子商务近年来发展很快。1998 年 6 月,我国外经贸部发出通知,要求到 2000 年所有外贸企业必须从互联网上申请配额,并逐步实现以电子方式领取配额许可证。如今电子商务已经十分普及,数字经济蓬勃发展,如网上贸易、网上购物、网上银行等,人们在电子商务活动过程中产生了一系列的电子合同、电子订单、电子发票等,这些都属于电子文件。2021 年发布的《"十四五"数字经济发展规划》提出,"数字经济是继农业经济、工业经济之后的主要经济形态,是以数据资源为关

---

① 罗超红、燕鹏、李海涛等:《基于 BIM 技术的大型工程项目电子文件归档现状及问题研究——以粤港澳大湾区大型工程项目为例》,《档案与建设》2023 年第 5 期,第 61—63 页。

键要素,以现代信息网络为主要载体,以信息通信技术融合应用、全要素数字化转型为重要推动力,促进公平与效率更加统一的新经济形态。数字经济发展速度之快、辐射范围之广、影响程度之深前所未有,正推动生产方式、生活方式和治理方式深刻变革,成为重组全球要素资源、重塑全球经济结构、改变全球竞争格局的关键力量"。随着电子商务和数字经济的快速发展,大量的电子商务文件也随之产生。

(四) 个人社会活动中产生的电子文件

随着信息技术的发展,个人计算机、数码照相机、数码摄像机、手机等数字设备越来越普及,成为人们工作、学习、生活和其他社会活动必不可少的工具。在数字环境下,人们在社会活动中形成的文件大多是电子文件。

随着数字设备的广泛使用和网络技术的发展,人们可以随时随地将美好的瞬间或片段记录下来,通过网络实时传递,在日常生活中也能产生大量的电子文件。如"突发事件"往往第一时间都是由个人最先拍摄记录和实时发布的,所以大量的有价值的信息来源于社会和民间;同样,人们在社会活动中利用社交媒体(如微博、微信、抖音等)反映一些典型的社会现象,会被公众关注并大量转发,从而在社会上产生很大的影响,也会形成有价值的电子文件。

除上述介绍的电子文件来源外,计算机程序设计与地理信息系统(GIS)、遥感技术、条形码技术、卫星系统等也是产生电子文件较多的领域。

二、电子文件的定义

面对不同来源的电子文件,如何下一个较为科学的定义,准确把握电子文件的内涵,是研究电子文件的基础理论问题,也是管理电子文件的实践需要。

(一)"电子文件"名称的出现

"电子文件"作为一个新名称出现,是人们认识不断提升的结果,在此之前一般称为机读文件(或机读档案)。

机读文件最早产生于 1890 年,当时美国联邦政府统计局用穿孔卡片盒和一个制表设备来处理当年的某些数据。1890—1930 年,美国联邦政府机构不断地使用办公机械并产生机读文件。20 世纪 40 年代末到 50 年代初,电子计算机的产生及其在联邦机构中的应用导致了机读信息数量的稳步增加。随后的几十年,信息处理技术和存储技术的发展更加丰富了机读文件的家族。

人们用"机读文件"来概括各种有别于传统纸质的文件。对于"机读文件",早期的观点是强调离开机器就不能阅读,而不是指借助机器来帮助阅读。部分学者据此区分了缩微胶片和机读文件的不同,"缩微胶片需要借助机器,但从本质上讲它是人工可识读的"。这种对机器的绝对依赖性将机读文件界定在与计算机有关的各种介质材料之上。因此,部分学者提出,由于穿孔卡片和纸带这一类纸质机读材料已经不会被用以存储档案,档案人员可以放心地使用"机读文件",将其作为磁性介质机读文件的委婉表达。①

但这部分学者当时并没有意识到录音磁带也必须依赖机器才能识读,所以后来人们通常将穿孔卡片、录音录像材料、计算机磁性介质材料等统称为机读文件。在 20 世纪 80 年代末以前国际档案理事会制定的档案术语中,将"机读文件"定义为:"通常以代码形式记录于载体,如磁盘、磁带或穿孔卡片上的文件,它的内容只有用机器才能存取。与数据档案不同之处是,它按来源原则进行整理,这就是机读文件。"此处"机读"包括了机械阅读,而不只是计算机阅读。

"机读文件"这一概念一直用到 20 世纪 80 年代末,20 世纪 90 年代"电子文件"才开始被广泛使用。目前所知最早提出"电子文件"这一名称的是 1988 年美国纽约州档案馆出版的《纽约州政府管理和保护电子文件战略规划》报告。此后,1993 年国际档案理事会电子文件委员会的成立、《美国联邦文件管理术语手册》第二版的出版、1995 年澳大利亚《记录未来——电子文件管理的方针和政策》的出台等,都标志着电子文件作为正式术语而被广泛地使用。正如冯惠玲在《拥有新记忆——电子文件管理研究》(博士论文)中指出:早些时候,人们大多使用"机读文件"这一概念,后来渐渐被"电子文件"取代了。其原因大约有两方面:一是除计算机产生的文件之外,还有其他一些载体的文件也要借助机器才能阅读,如录音带、录像带等,用"电子文件"一词来专门表示由计算机产生的、数字式的文件更为明确和专指,这是主要原因;二是国外有些专家认为从字面上看,"机读"一词中没有"人"的作用,认为这种叫法与人有距离感,不太合适。

在探讨和研究电子文件时,人们除主要使用电子文件外,还使用过诸如"虚拟文件""数字(数字化、数字式)文件""数字记录"等概念。

(二)电子文件定义的表述

电子文件这一新概念使用以后,国际档案理事会、一些国家的档案管理机构和广大档案学者纷纷对其加以解释,形成了众多的定义,其中较具影响的电子文件概念有:

(1)国际档案理事会电子文件委员会(1993 年):能够为数字电脑操作、传输和处理的文件。

(2)国际档案理事会《电子文件管理指南》(1997 年):通过数字计算机进行操作、传递和处理的文件。

---

① 于丽娟:《机读档案与电子文件辨析》,《档案与建设》1998 年第 5 期,第 14—15 页。

(3) 国际文件管理基金会(IRMT)《电子文件管理导论》(1999 年)：用计算机操作、传输和处理的数字文件。

(4)《美国联邦管理法规》(1992 年)：电子文件包括数字的、图形的及文本的信息，它可以记录在计算机能够阅读的任何一种介质上，并且符合文件的规定。

(5)《美国联邦文件管理术语手册》(第二版, 1993 年)：存储形式只能由计算机处理的文件。

(6) 澳大利亚《记录未来——电子文件管理的方针和政策》(1995 年)：记载信息的形式适合于用数字计算机进行检索、加工和交流的文件。

(7)《澳大利亚文件管理标准》(1997 年)：由电子计算机交流和维护的文件。能被计算机系统识别、处理，按一定格式存储在磁带、磁盘或光盘等介质上，并可在网络上传送的数字代码序列。

(8) 我国国家标准《CAD 电子文件光盘存储、归档与档案管理要求 第一部分：电子文件归档与档案管理》(GB/T 17678.1—1999)：能被计算机系统识别、处理，按一定格式存储在磁带、磁盘或光盘等介质上，并可在网络上传送的数字代码序列。

(9) 我国国家标准《电子文件归档与电子档案管理规范》(GB/T 18894—2016)：国家机构、社会组织或个人在履行其法定职责或处理事务过程中，通过计算机等电子设备形成、办理、传输和存储的数字格式的各种信息记录。

通过上述定义可以看出，与传统文件一样，世界范围内至今尚未对电子文件形成一致的看法。在不同阶段，人们对事物的认识是有其时代局限的，这些定义既反映出电子文件的发展过程，也反映出人们对电子文件认识的发展过程，需要加以详细分析，并从电子文件的内涵上去把握。

(三) 电子文件概念的内涵

上述电子文件的定义给把握电子文件这一概念的内涵提供了基础，电子文件的定义应符合以下基本要求：

1. 电子文件首先是文件，其应满足文件的所有要求

电子文件定义的思路有两种：一是从纯电子计算机的角度对电子文件进行定义；二是先研究电子文件出现后现代文件的概念，然后再给电子文件下定义。按照第一种定义方式，往往会造成电子文件的内涵脱离档案文件的性质，而使其外延过于宽泛，因为在电子计算机中除了属于档案范畴的电子文件外，还有其他电子信息，如电子图书、电子杂志、电子消息、电子资料，甚至病毒、乱码等在计算机中都可以成为"文件"，显然这些电子信息不属于档案管理范围内的电子文件，不具有凭证价值。因此，更可靠的方式是从系统的思路出发，先把握现代文件的一般属性和特

征,然后定义电子文件,使其满足现代文件的所有要求。①

国际档案理事会电子文件委员会于1994—1995年对75个国家和地区的100个国家级或州(省)级公共档案馆就电子文件管理问题进行了专项问卷调查,并对20世纪80—90年代国际档案界电子文件研究的文献进行了调研和分析,在此基础上,起草并出版了《电子文件管理指南》(1997年),其中"电子文件"概念的定义即是以"文件"为出发点的。

2. 电子文件是以数字形式进行记录的,并可为电子计算机等设备所处理

电子文件是由计算机或各种数码设备生成的,其信息以二进制代码记录和表示,因此也被称为"数字文件"。数字信息使用0和1的组合来记录信息,每一个0或1叫作一个"比特",需要记录的信息用一串"比特"存储于计算机中,可通过计算机处理并进行信息传播。

在此值得一提的是,通过计算机或数码设备直接形成的数字信息,凡符合文件要求的称为电子文件,这是无疑的,但传统文件通过模数转换而来的数字信息能否称为电子文件值得思考。有学者认为,电子文件是指正常的业务活动中,以数字形式利用、保留或存储的文件,而无论其是否以数字形式制作或接收。如果一份文件是以纸质文本形式收到的,扫描进计算机,并以数字形式利用和保留下来,那么这份文件就是电子文件。经数字化转换而生成的原文件的数字化副本,具有电子文件的特征和功能。②

3. 内容、背景、结构是构成电子文件的三要素

国际档案理事会电子文件委员会出版的《电子文件管理指南》给文件所下的定义是:"文件是由机构或个人在其活动的开始、进行和结束过程中所产生或接受的记录信息,该记录信息由足以为其活动提供凭证的内容、背景和结构所构成,而不管其形式和载体如何。"③在这里,内容(content)、背景(context)和结构(structure)成为构成文件的三种要素。

内容是指文件中所包含的表达作者意图的信息。背景是指描述生成电子文件的职能活动、电子文件的作用、办理过程、结果、上下文关系以及对其产生影响的历史环境等信息,包括文件产生各环节和责任者的信息以及为确保电子文件可理解性而保存的与文件内容有关的信息,如文件产生的原因、责任者、文件运作的过程和阶段、文件形成的最终结果,所依赖的软硬件、相关的其他档案文件名称、文件的

---

① 董永昌、何嘉荪:《电子文件与档案管理》,百家出版社2001年版,第3—5页。
② 冯惠玲:《电子文件管理教程》,中国人民大学出版社2001年版,第5页。
③ International Council on Archives, Committee on Electronic Records. Guide for Managing Electronic Records from an Archival Perspective, ICA Studies 8, Paris, France, 1997。

存储位置、文件之间的相互关系等。① 结构是指文件内容信息的组织表达方式,如文字的段落安排,电子文件所使用的代码、格式以及载体、附件等方面的信息。文件是其内容、背景与结构的统一体的观点,对于理解和管理电子文件十分重要,特别是背景,是管理电子文件"不可或缺的元素"。

关于电子文件的概念,本教材采用国家标准《电子文件归档与电子档案管理规范》(GB/T 18894—2016)的定义,即电子文件是指"国家机构、社会组织或个人在履行其法定职责或处理事务过程中,通过计算机等电子设备形成、办理、传输和存储的数字格式的各种信息记录。电子文件由内容、结构、背景组成"。

三、电子文件的种类

根据不同的分类标准,电子文件有着不同的类型。电子文件种类目前主要有以下几种划分方法:

(一) 按电子文件的信息形式分类

电子文件按信息形式可分为文本文件、数据文件、图形文件、图像文件、影像文件、声音文件、命令文件等。这是当前采用比较多的一种分类方法,其中:

文本文件(text),又称字(表)处理文件。它是使用文字处理软件生成的,由字、词、数字或符号表达的文件,存储内容由 ASCII 标准代码和 GB 2312—1980 标准汉字代码所构成。通常的公务文件一般都是文本文件。

数据文件(data),又称数据库电子文件。它是指在事务处理系统中单独承担文件职责或者作为文件的重要组成部分出现的数据库数据对象,也可以说是以数据库形式存在的具有文件属性的记录。一个数据库由若干记录组成,而一个记录由若干字段(数据项)组成。机关、企事业单位和个人的各类信息都可以建成数据库。

图形文件(graphic)是根据一定算法绘制的图表、曲线图,包括几何图形和物理量(如应力、强度等)用图标表示的图形,它是以图画的形式表示数据内在联系的图表、曲线图等。在 CAD/CAM 过程中形成的许多电子文件都属于图形文件。

图像文件(image)是使用数字设备采集或制作的画面,如用扫描仪扫描的各种原件画面、用数码相机拍摄的照片等。图像文件的分辨率与存储空间成正比,不同格式的图像文件不能任意进行交换使用。另外,通过高性能的显示器可将传统的黑白图像转换成原来的色彩。

影像文件(video)是指使用视影捕获设备录入的数字影像或使用动画软件生

---

① 唐小燕:《背景信息——电子文件管理不可或缺的元素》,《档案学研究》2001 年第 5 期,第 51—53 页。

成的二维、三维动画等各种动态画面,如数字影视片、动画片等。传统的录像可通过视频设备将模拟影像转换成数字影像。影像文件有不同的格式或标准,播放时需要使用相关的设备和程序。

声音文件(audio),又称数字语音。它是计算机对人的声音进行识别后,再将人的声音变成0或1的二进制代码进行传输或存储而形成的文件。它广泛应用在电子邮递、办公自动化、语音记录等诸多领域。传统的录音、音乐可通过设备转换成数字声音文件。

命令文件(program),又称计算机程序。它是为处理各种事务,用计算机语言编写的程序,是生成电子文件所依赖的操作系统文件和执行文件。

(二) 按电子文件的组成方式分类

电子文件按组成方式可分为简单文件、复合文件和复杂文件。

简单文件仅仅由一种格式组成,在数据结构中每个记录之间没有逻辑关系。

复合文件是含有多个独立数据流和索引信息的文件。例如含有图形(如数字签名、标识语等)或数据(如统计数据与表格等)的文件就是一个复合文件;多媒体文件是用多媒体技术将文本、图形、图像、音频和视频等多种信息有机地组合起来而形成的图文声像并茂的多媒体信息,因此多媒体文件也属于复合文件。

复杂文件是含有多种数据类型,并由多个OLE服务器(对象连接与嵌入服务器)操作的文件。超文本文件、超媒体文件是典型的复杂文件。超文本是用超链接的方式将各种不同空间的文字信息组织在一起的网状文本;超媒体是超文本和多媒体在信息浏览环境下的结合,是对超文本的扩展,除了具有超文本的全部功能以外,还能够处理多媒体和流媒体信息。

除了上面两种主要分类方法外,还可根据文件的功能将电子文件分成主文件和支持性、辅助性、工具性文件;根据文件的属性将电子文件分为普通文件、只读文件、隐含文件、加密文件、压缩文件等;根据存储载体将电子文件分为磁盘文件、磁带文件、光盘文件等。这些分类可以加深人们对电子文件的认识。

第二节 电子文件的特点和作用

一、电子文件的基本特点

电子文件是由比特构成的能够为计算机操作、传输与处理的文件,因而在许多方面与模拟方式形成的传统文件有着截然不同的特征。

(一) 中外对电子文件特点的研究概述

电子文件(包括此前的机读文件)作为新生事物引起档案界的关注之后,中外学者从各自立场对电子文件的特点进行阐发。美国戴维·M.利维在对电子文件与纸质文件进行比较时,用稳定(stable)、永久(permanent)、静态(static)、不积极(inactive)、固定(fixed)或严格(rigid)等词语来描述纸质文件;而用不稳定(unstable)、非永久性(impermanent)、动态(dynamic)、积极(active)或交互式(interactive)、流动(fluid)或能改变(transformable)等词语描述电子文件,并形象地将两种文件的"性格"描绘为:一个安稳刻板,一个活泼好动;一个像是石板,一个像是河流。[①] 保罗·勒内-巴赞在1988年法国巴黎召开的第十一届国际档案大会上,将新型档案材料(此时是指机读文件、机读档案)的特点归纳为:通过技术手段获取信息、载体的脆弱和不稳定、信息和载体相分离、无限性地原样再生、成本高昂。法国国家档案馆总保管员C.诺加雷在第十三届国际档案大会的报告中,对保罗·勒内-巴赞的观点又作了进一步的补充,指出除了这些特点仍然有效外,机读文件(档案)还具有所用技术的脆弱性和不稳定、信息的可变、易丢失、多形态性,以及信息的非物质性和普遍性[②]。

我国档案界最早对电子文件特点加以分析的是中国人民大学的冯惠玲。冯惠玲在其博士论文《拥有新记忆——电子文件管理研究》中对电子文件的特点进行了归纳,并指出当时所描述的电子文件特性,只能是当时情况的近似反映,随着时光的推移,它可能在一些方面发生变化,但许多禀性、特征是会伴其终生的。在此之后,国家档案局电子文件归档与电子档案管理研究课题组在《电子文件归档与电子档案管理概论》中提出电子文件的八个特征,即电子文件的数字化信息形态、电子文件对设备及标准的依赖性、电子文件载体的非直读性、电子文件的物理结构与逻辑结构关系的复杂性及对元数据的依赖性、电子文件的信息与载体相分离性、电子文件的信息共享性及不安全性、电子文件信息的易更改性、电子文件非实体归档的可能性。[③] 刘家真提出了电子文件的虚拟性、数字信息的流动性、数字信息难以维持永久性的存取和数字信息的不稳定性等四个特点。[④] 其他学者也有各自的表述。

---

① 冯惠玲:《认识电子文件——〈拥有新记忆——电子文件管理研究〉摘要之一》,《档案学通讯》1998年第1期,第44—48页。
② [法]C.诺加雷:《信息技术对档案和档案工作的影响》,《第十三届国际档案大会文件报告集》,中国档案出版社1997年版,第217—218页。
③ 国家档案局:《电子文件归档与电子档案管理概论》,中国档案出版社1999年版,第12—28页。
④ 刘家真:《电子文件管理导论》,武汉大学出版社1999年版,第129—134页。

（二）电子文件的特点

1. 信息的非人工识读性

电子文件使用了人们不可直接识读的记录符号——数字式代码，将输入计算机的任何种类的信息都转换成二进制代码。需要记录的信息用一长串"比特"存储于计算机存储器内，即使是前后相连、具有逻辑关系的数据，在计算机存储介质上的位置也不一定相邻，且会时常发生变化。对于这种经过复杂编码的"比特"，常人无法直接破译它的含义，只有通过计算机特定的程序解码使之还原为输入前的状态，人们才能识读它。所以，现代信息技术形成的电子文件在给人类利用、管理带来极大方便的同时，与人的关系也产生了某种疏远。

2. 系统的依赖性

电子文件对系统的依赖性包含两个方面。其一，从文件的制作、处理、采集至归档后的全部管理活动都必须借助于计算机信息管理系统才能实现。离开计算机系统，人们无法识读，更无法对电子文件施加任何影响，管理活动便无法谈起。其二，不兼容的计算机和应用软件生成的文件在交换使用时会遇到很大障碍。当生成文件的软件、操作系统和硬件设备更新换代并与原系统不兼容时，人们仍需要保存老系统，或者对老系统生成的文件进行迁移转换，只有这样，才能确保老系统生成的电子文件具有可读性、可用性和可管理性。

3. 信息与特定记录载体之间的可分离性

电子文件中的信息不再具有固定的物理位置，也不再对特定记录载体"从一而终"，它可以根据需要随时扩展、缩小或改变其存储空间，也可以改变其在硬盘上的存址，或在不同存储介质之间转换。信息与载体之间的可分离性使电子文件不再具有物理意义上的固定"实体"状态，成为人们所形象指称的"非实体文件"或"虚拟文件"。

4. 信息的易变性

造成电子文件信息可变性的情况很多。首先，计算机系统中信息的相对独立性使得对信息的增删更改十分容易，而且修改之后看不出任何改动痕迹；其次，电子文件在制作、运行、管理过程中会形成大量的动态文档，而动态文档中的数据不断地被更新或补充，以反映最新情况；再次，存储载体和信息技术的不稳定性，以及新的信息编码方案、存储格式、系统软件的不断出现，对电子信息的稳定性产生了巨大冲击，新的系统要求将电子文件的源代码转换成某种标准格式或新的代码格式，往往会造成电子文件信息的变异、损失。

5. 信息存储的高密度性

电子文件的存储密度大大高于以往各种人工可识读的信息存储介质。如一张

4.75 英寸 CD 光盘(750 MB)约可存储 3 亿至 4 亿个汉字字符或数千页 A4 幅面的文稿图像,DVD 光盘单面容量可达 4.7 GB。蓝光光盘(BD)的容量更大,单面单层的容量达 25 GB、双面的容量达 50 GB、三层的容量达 75 GB、四层的容量达 100 GB。有消息披露,英国南安普顿大学科学家研制的五维玻璃光盘的存储容量可达 360 TB。随着存储技术的发展,电子介质的存储密度还会继续增大,使用将会更加便捷。

6. 多种媒体信息的集成性

纸质文件主要承载文字或图形信息,而电子文件可以将文字、图形、图像、影像、声音等各种信息形式加以有机组合,形成"多媒体文件"。多媒体文件图、文、声、像并茂,能够更加真实地再现当时的活动情况,从而强化文件对社会活动的记忆和再现功能。在用多媒体技术制作的文件中,文字、图像、声音等各种信息都用二进制数字来表达,它和文本文件一样可以在屏幕上显示,可以输出,并可通过网络快速传输。

7. 信息的可操作性

电子文件中的数字信息是动态、可变、积极的信息,它可以随时根据人们的需要加以改变,形成新的文件信息,并且十分便捷。如在文本文件中加上表格或图形,自动删除或更新某些数据,将单媒体文件制成多媒体文件,对多媒体文件进行编辑加工等。

二、电子文件作用

电子文件有着不同于传统文件的诸多特征,对其管理和长期保存带来了新的挑战。同时,电子文件的出现,在改变人们的工作方式、生活方式和管理方式上发挥着传统文件无法比拟的积极作用。

(一) 改变办公方式,提高办公效率

长期以来,办公人员都是依靠纸和笔来完成文字工作的,诸如写文章、拟报告、发指示、出通知等。而要完成一份完善的文字材料,必须反复修改,修改后还要誊写,耗费大量的精力和时间。打字机的出现,虽然大大改善了誊清抄写工作,但修改打错的字十分麻烦,尤其当几份文件中都有一部分相同的文字需要修改时,重复操作不可避免。20 世纪 70 年代微型计算机出现,其被引入办公室,使办公方式有了根本的改变。不过,当时计算机单机操作的方式所带来的办公自动化,仅仅提高了个人工作效率,其主要帮助个人处理文字和报表,以及进行简单的人事管理、财务管理等。

计算机技术、网络技术、多媒体技术的快速发展和广泛应用,使得"办公"再也

不是仅仅束缚于办公桌上处理公文,而是可以利用现代信息技术在网上实现电子文件的制作、传递、处理和归档,实现网上办公,即在网络上全面实现办公的自动化和信息化。使用电子文件不仅使文件的存在形式发生了根本的变化,更为重要的是改变了办公的方式,引起了办公方式的一场革命。由于电子文件可以在网络中被传递和共享,所以传统的文书处理工作都可以在计算机网络中以数字化形式进行。利用收发文管理系统,可完成文件的接收、录入、传递、审批(阅)、签发和归档,还可实现多人或多个部门对同一份文件的同时会签。电子文件的出现,改变了人们对公文处理的制作习惯、签阅习惯、传递习惯、保密习惯和存储习惯等,对办公方式的改变是彻底的,与传统办公方式相比,实现了无纸化办公,大大提高了办公效率和效益。

(二)留存数字记忆,延续历史文明

档案是社会记忆的重要承载和固化形态。数字时代,计算机系统强大的信息记录能力、庞大的存储容量和智慧的联想功能推动了新的记忆革命,记忆资源必然地转换为数字形态[①],电子文件/电子档案成为建构人类数字记忆的重要媒介,是当今社会数字记忆的重要形态。档案是文化的产物与承载物,同时又参与文化再生产。档案馆作为社会文化集聚地、优秀文化传播阵地和国家红色文化基因库,肩负着留存文化遗产、传承历史文化、创新社会文化、发展科学文化的重要使命。电子文件/电子档案承载了数字时代的历史与文化,电子文件/电子档案的流失,将损害数字时代社会记忆的延续性,造成历史的空白和失忆。2022年,中共中央办公厅、国务院办公厅印发《关于推进实施国家文化数字化战略的意见》,强调"到'十四五'时期末,基本建成文化数字化基础设施和服务平台,形成线上线下融合互动、立体覆盖的文化服务供给体系"。为此,档案部门需要对接国家文化数字化战略,科学管理和长期保存电子文件/电子档案,传承保护和赓续创新数字文化,开展数字人文、数字传播、数字叙事、数字文创,充分发挥档案馆文治教化与人文关怀功能,彰显档案文化价值,助力社会主义文化强国建设。如根据中央档案馆珍藏档案制作的电视剧《红旗飘飘——中国共产党历史上的今天》便是中国共产党80年历史全面生动的展现。该剧分365集,用1年时间在全国30个省、自治区、直辖市的80多家电视台播出,收看的观众累计达1.7亿人,在社会上引起了极大的反响,对于弘扬主旋律、传播先进文化具有显著效果。

(三)促进文档一体化管理

基于文件生命周期理论,文件是档案的前身,档案和文件是同一个事物在不同

---

① 冯惠玲:《数字记忆:文化记忆的数字宫殿》,《中国图书馆学报》2020年第3期,第4—16页。

运动阶段的称谓。在传统办公和管理环境中,文件泛滥成灾,文书部门和档案部门各司其职,办公室与机关档案室、档案馆等不能有效地联结,各自都承担着文件管理和档案管理工作。信息技术的应用使整个文件处理工作物化于以计算机为核心的信息化系统之中,实现了电子文件信息处理的自动化,减轻了工作的压力。

利用计算机网络可以对电子文件从生成到归档、存储管理进行一体化操作,让文件与档案工作统筹规划、相互协调,两者在电子文件/电子档案管理系统中衔接,从而实现文件的一次性输入和多方式、多途径的输出利用,达到文件与档案信息资源的最佳利用,使文件与档案工作成为一个完整的体系,文件管理和档案管理实时联络,建立一条融通的渠道,实现真正意义上的"无缝交接",从而实现文件与档案的"一体化"管理。

(四)实现信息资源共享

网络革命兴起于 20 世纪 90 年代,使 20 世纪 80 年代以个人计算机为核心的科技革命得到了进一步的发展。从单机到局域网络,进而向广域网络发展,信息传输的速度与规模正呈几何级数增长态势,使得人类一直苦苦追求信息资源共享的愿望轻而易举地实现了。在网络世界里,信息"数字化生存""虚拟生存"代替了其原子(物理)生存。通过网络,利用者可以不受时空限制,随时随地查阅利用电子文件信息。电子文件正是以"比特"作为信息的 DNA,发挥着传统文件望尘莫及的信息高速传输与共享的优越性。[1]

(五)集成整合多元信息资源

文字、数据、图形、图像和语言等信息,在传统记录方式中很难有机结合在某一种介质上,并且只能以平面或单一途径显示。而电子文件就能使人们所熟悉的文件形式(如文字、照片、声音、影像等)集成存储在同一载体上,实现一体化管理。此外,还能实现单媒体文件信息加工,集成多媒体信息。

随着社会信息化发展,社会对档案信息资源需求日益增长,档案信息资源分布的不均衡性、分散性、封闭性等成为共享利用的瓶颈。大数据时代,数字信息资源管理无序与有序、分散与集成、孤立与互通、异构与统一之间的矛盾日益凸显,需要立足电子文件资源现状与管理实践,探索电子文件/电子档案资源整合动力、整合模式和整合策略,利用现代信息技术手段对分散独立的电子文件/电子档案进行整合汇聚、集成管理,打破数据孤岛与信息壁垒,将离散、多元、异构的电子文件/电子档案通过逻辑方式或物理方式联结成一个有序化、系统化、结构化的整体,构筑档案信息资源仓储,为档案信息资源共建共享、互联互通和开发利用提供支撑。

---

[1] 傅荣校:《论电子文件特性与管理的两种情况》,《档案与建设》1999 年第 2 期,第 21—24 页。

(六) 有利于组建国家综合信息系统

衡量一个国家信息产业发展程度的一项重要指标就是这个国家所组建的信息系统的完整程度与综合程度。组建国家信息系统的思想源于1950年联合国教科文组织提出的"国家信息系统"思想。1974年在巴黎召开的关于全面规划国家文献、图书馆和档案基础机构的世界科技信息大会提出：一项世界系统的科技信息服务工作是一个可行的目标，而这项工作又是需要得到国家信息系统的支持，以便建立在政府支持的关于文献、图书馆和档案服务规划的广泛基础之上，而且必须将服务规划设想为"国家信息系统"。这个所谓的"国家信息系统"主要涉及全部学科领域的文献、图书馆和档案服务。由此可见，完善的国家信息系统，也有赖于档案信息系统的建立和完善。现代科技的发展，尤其是计算机和网络通信技术的广泛应用，电子文件大量产生，数字信息资源不断增长，使得国家信息系统的建立、完善和综合变成可能。[1]《"十四五"全国档案事业发展规划》提出，"依托全国档案查询利用服务平台建立更加便捷的档案信息资源共享联动新机制，推动国家、地区档案信息资源共享平台一体化发展，促进档案信息资源共享规模、质量和服务水平同步提升，实现全国档案信息共享利用'一网通办'"。如2022年7月6日，全国档案查询利用服务平台上线，建设全国档案查询利用服务平台，建立便捷的档案信息资源共享利用联动新机制，实现全国档案信息共享利用"一网通办"。截至2022年7月，全国各省区市档案馆，各计划单列市、副省级市档案馆及新疆生产建设兵团档案馆都已接入全国档案查询利用服务平台，全国接入总数已超过1 000家。[2]

此外，电子文件还能实现全文检索、网络检索和以海量方式存储等，可以缩小存储空间，提高信息处理、传播和服务能力，提升利用效能。

第三节 电子文件的原始性和价值形态

电子文件的原始性与价值形态是电子文件管理学研究中无法回避的一个基本理论问题，它直接关系到电子文件作为档案管理对象的社会根源与作用发挥。

一、电子文件的原始性

传统文件(以纸质文件为代表)及其转化而成的档案，之所以具有法律上的凭

---

[1] 傅荣校：《从技术革命的本质看电子文件的两面性》，《档案学通讯》2000年第3期，第23页。
[2]《全国档案查询利用服务平台正式上线》，《中国档案报》2022年7月7日第1版。

证价值或证据价值,其实质是它们属于原始的历史记录。"原始记录"是人们在实践中直接记述客观事物、人类思维和各种活动的文献资料和信息载体(或称广义上的"文件")①。其产生的主要原因和直接目的,并非形成档案以供人们去阅读,最初只是作为记录和办事工具,为了处理当时某些事务的需要而产生的。因此,它客观地记录了当时的历史情况,是令人信服的历史证据。正如恩格斯所说:"对于事态的真相,现在不可能提出文件来作证据。只有在事件本身成为历史陈迹的时候,这些证据才会出现。"②作为历史陈迹的传统档案文件具有无可质辩的证据作用。传统文件的原始记录性,已作为档案文件的本质属性得到社会的普遍认可,同时,也是档案区别于图书、情报等资料的根本特性。

电子文件的内容与形式是相对独立的,不仅内容易于变化,而且会失去原有固定的形式,在许多方面给其原始性认定带来了困难。电子文件已经不太可能再通过原始的记录载体和记录方式来确认其承载信息的原始性,但这并不能因此否定电子文件信息的"原始性"。国家档案局《电子文件归档与电子档案管理概论》编写组经过研究认为:对于一份电子文件来说,只要它的内容确确实实是当时的,由原作者撰写或制作出来,此后从未修改过,就应该承认它是原始的,尽管它没有固定的载体,没有实在的物理形态,甚至因转换而失去了原来的格式。这种"原始性"概念与纸质档案文件原件的区别主要在于,它抛弃了文件形式上的原始性,即允许文件字体、字迹、格式等表现形式发生变化,仅以文件中所含信息的真实、准确即内容的原始性为唯一标准③。目前,在电子文件管理中一般用"真实性"来代替电子文件的"原始性"。

上述电子文件"原始性"的观点已经得到档案界的广泛认同。根据现代信息技术的特点和社会各方面对电子文件的需要,对电子文件"原始性"予以重新界定是必要的。它将是电子文件转化为档案,全面行使"历史记录"和"社会记忆"功能的根据,是电子文件、电子档案具有凭证作用和法律证据效力的基础。当然,要维护电子文件内容的原始性,还需要一系列的法规、管理和技术措施。

二、电子文件的法律证据效力

电子文件能否作为司法实践过程中的证据,即是否具有法律证据性,是在分析电子文件原始性之后需要进一步探讨的问题,它直接关系到电子文件在当代与未来人类社会生活中的价值和地位。2023年,国家档案局发布的《电子档案证据效

---

① 吴宝康:《档案学概论》,中国人民大学出版社1988年版,第32页。
② 《马克思恩格斯全集》第13卷,人民出版社1962年版,第672页。
③ 国家档案局:《电子文件归档与电子档案管理概论》,中国档案出版社1999年版,第31页。

力维护规范》(DA/T 97—2023)提出,"对于需要作为证据的电子档案,按照电子档案管理有关法律法规、制度及标准规范,并合理运用相关技术,保障其真实性、完整性、可用性和安全性,以满足法律法规对证据有效性要求的工作"。

(一)电子文件法律证据效力的含义

当前,在讨论电子文件的法律证据性时,人们使用诸多不同的概念来表达,如"证据价值作用""凭证价值作用""法律凭证价值""法律证据价值""法律效力""法律证据效力"等等。这些概念有很大的内在关联性,都是在探讨电子文件能否在法律程序范围内作为可接受的凭证材料的问题。但作为学术探讨,更倾向于使用"法律证据效力",因为它不仅涉及电子文件是否具有法律证据性(即作为证据的可采纳性),而且涉及电子文件作为证据的证明效力与证据地位。

值得注意的是,很多学者在讨论这一问题时直接使用了"法律效力"这一概念,而按法理学的解释,法律效力是指法律及其部分派生文件、文书所具有的,以国家强制力为保证的,在所适用的时间、空间范围内,赋予有关主体行使其权利或职权的作用力以及约束有关主体履行其义务或职责的作用力之总和①。因此,文件的法律效力是其对收文机关及公众的约束力或执行力,并非指法律证据效力。对电子文件法律证据性在宽泛的意义上可称为"法律效力",而对其真正意义,应当明确。

(二)电子文件作为法律证据的可采纳性

所谓证据的可采纳性是指证据资料在法律上允许其作为证据的资格。传统的纸质文件由于真实地反映了文件形成和使用者的活动,是以往历史的真实写照,而且其自身保留着真切的历史记录,因此,在法律上往往具有不容争辩的法律证据价值。

电子文件是计算机技术发展的产物,从理论上说,它也产生于人们各种社会实践活动,是各种社会实践活动的原始记录,具有原始记录性,能够作为司法证据应该是毫无疑问的。但由于电子文件自身的特点,就证据价值而言,电子文件与传统文件相等同的观点"没有成为公认的准则"。② 不过目前许多国际组织和一些国家都在努力排除现行立法中阻碍电子文件作为证据资格的障碍。

普通法系国家遵循传闻证据和最佳证据的规则。按其规定,电子文件被归属为传闻证据,而传闻证据通常是不予采纳的。为此,普通法系国家通过传闻证据和最佳证据的例外来承认电子文件的证据效力。如英国的《民事证据法》(1968 年)

---

① 李步云:《法理学》,经济科学出版社 2000 年版,第 287 页。
② [法] C. 诺加雷:《信息技术对档案和档案工作的影响》,《第十三届国际档案大会文件报告集》,中国档案出版社 1997 年版,第 218 页。

规定,具备下列条件的计算机输出文件可视作"第一手"传闻证据予以采纳:来自使用者正常使用的计算机;在数据输入时计算机运行良好;文件所包含的信息是表述或者来自输入计算机的数据。此外,还要求与业务活动和使用计算机有关的人向法院提供认定该项目书面材料的证明书、制成方式说明与软件。① 英国标准协会(BSI)制定了三个关于电子文件法律证据价值的标准:《录制可能被要求作为证据的文献用光盘系统管理推荐方法》(BS 7768:1994)规定了光盘系统管理标准,以保证记录的文件符合证据要求(该标准后来被 DISC PD 0008—1999 替代);《电子信息存储的法定资格和凭证权重的实施规范》(DISC PD 0008—1999)是一部有关电子化存储信息的法律可采性和证据价值的惯例法;《电子存储信息的法定资格和凭证权重实施规范》(DISC PD 0009—1999)是一部被设计用于支持组织实施《电子信息存储的法定资格和凭证权重的实施规范》(DISC PD 0008—1999)的业务手册。澳大利亚于 1995 年通过了《民事证据法》。制定这些法律时都考虑到了电子文件的特有性质。②

除此之外,有些国家在电子文件管理的法律法规中也有限度地承认了电子文件的法律证据效力。美国国家档案与文件署在 1990 年制定的《电子文件》手册中明确规定:当有效的文件管理要求得到贯彻实施时,与书面文件和缩微片文件相比,除了对纸质文件有专门的法规或条例的要求外,并没有对电子文件提出更高的保证法律证据效力方面的要求。美国联邦管理法规中有关电子文件的管理条例就明确指出:"如果全面制定了文件管理系统中有关操作及控制的文件,保证电子文件的可靠性,则电子文件可以在联邦法院的诉讼案件中出庭作证。"

(三) 电子文件作为法律证据的证明力

证明力是证据对查明事实所具有的效力。不同证据制度对证明力的认定方法是不一样的。如形式证据制度规定不管客观事实存在与否,证据有无证明力要看法律上是否预先对此规定,根据法律的规定确定证明力的大小;自由心证制度则规定证据证明力的大小取决于法官对证据分析判断时内心确信的程度,即由法官判断证据的真伪和证明力的大小。然而,不管是形式证据制度还是自由心证制度,都要求证据必须具有客观性和相关性。客观性是指证据来自客观事实而非伪造、猜测,是真实而非虚假的。证据的客观性是证据是否具有证明力的决定性因素。相关性是指证据与案件事实之间的内在的逻辑联系,它是证据证明力大小的决定性因素。因此,即使电子文件具备了作为证据的可采性,也不一定意味着就具有证明

---

① 黄志文:《电子文件的法律证据价值初探》,《档案学通讯》2000 年第 2 期,第 24—27 页。
② [南非]维恩·哈里斯:《法律、证据和电子文件:对世界周边国家的战略展望》,《第十四届国际档案大会文集》,中国档案出版社 2002 年版,第 72—73 页。

力,它必须经过严格的真实性和相关性评价。

同样,在不同的证据制度下,对于证据的审查判断也有所差异。如欧洲委员会提出在符合法定条件下制定并保存的电子文件准确地再现了原始文件和相关信息(除非证明了相反的情况存在),即只要当事人证明了基础事实,就可以推定该电子文件作为证据的真实性。在某些国家,法律不确定电子文件证据的真实性和重要程度,而由司法机关依靠其自身掌握的证据自由评价电子文件证据的真实性和重要程度。另一些国家已经通过有关法律,对电子文件的证明力作出了规定,如南非的《1983年计算机证据法》、澳大利亚的《计算机和证据法》、意大利的《通过公共服务部门以电子手段传递的单证可具有一定的法律价值》法案等。[1]

《中华人民共和国电子签名法》(以下简称《电子签名法》)第三条规定:"当事人约定使用电子签名、数据电文的文书,不得仅因为其采用电子签名、数据电文的形式而否定其法律效力。"第四条规定:"能够有形地表现所载内容,并可以随时调取查用的数据电文,视为符合法律、法规要求的书面形式。"第五条规定:"符合下列条件的数据电文,视为满足法律、法规规定的原件形式要求:(一)能够有效地表现所载内容并可供随时调取查用;(二)能够可靠地保证自最终形成时起,内容保持完整、未被更改。但是,在数据电文上增加背书以及数据交换、储存和显示过程中发生的形式变化不影响数据电文的完整性。"第十四条规定:"可靠的电子签名与手写签名或者盖章具有同等的法律效力。"《最高人民法院关于互联网法院审理案件若干问题的规定》第十一条规定:"当事人对电子数据真实性提出异议的,互联网法院应当结合质证情况,审查判断电子数据生成、收集、存储、传输过程的真实性,并着重审查以下内容:(一)电子数据生成、收集、存储、传输所依赖的计算机系统等硬件、软件环境是否安全、可靠;(二)电子数据的生成主体和时间是否明确,表现内容是否清晰、客观、准确;(三)电子数据的存储、保管介质是否明确,保管方式和手段是否妥当;(四)电子数据提取和固定的主体、工具和方式是否可靠,提取过程是否可以重现;(五)电子数据的内容是否存在增加、删除、修改及不完整等情形;(六)电子数据是否可以通过特定形式得到验证。"

(四)电子文件的法律证据地位

《档案法》第三十七条规定:"电子档案应当来源可靠、程序规范、要素合规。电子档案与传统载体档案具有同等效力,可以以电子形式作为凭证使用。"这一规定从法律上明确了电子文件的证据地位,捍卫了电子档案的凭证价值。当前,电子文件归属于何种证据形式,我国立法界、司法界与法学界尚未达成一致意见。比较典

---

[1] 黄志文:《电子文件的法律证据价值初探》,《档案学通讯》2000年第2期,第24—27页。

型的看法有四种:

1. 书证说

《中华人民共和国合同法》第十一条已将数据电文纳入书面证据形式中,这为将电子文件(如电子合同)采纳为书证提供了有力的支持。《电子签名法》第四条规定:"能够有形地表现所载内容,并可以随时调取查用的数据电文,视为符合法律、法规要求的书面形式。"在全国首例以电子邮件作为定案根据的劳动争议案中,上海市公安局浦东分局公共信息网络安全监察处出具了一份《电子邮件书证意见书》,就是将电子邮件视为书证。

2. 视听资料说

《北京市高级人民法院关于办理各类案件有关证据问题的规定(试行)》第三条第七款规定,视听资料包括录音录像资料和电子数据交换、电子邮件、电子数据等电脑储存资料。

3. 独立证据说

《中华人民共和国民事诉讼法》第六十六条规定:"证据包括:(一)当事人的陈述;(二)书证;(三)物证;(四)视听资料;(五)电子数据;(六)证人证言;(七)鉴定意见;(八)勘验笔录。"可见,电子证据在司法活动中将起到越来越大的作用。

4. 传统证据的演变说

中国人民大学法学院"电子证据法研究"课题组认为电子证据绝非是一种全新的证据,根据电子文件作证时的属性或特征,应分别纳入现有的七种法定证据种类中,如非法入侵计算机系统中留下的使用计算机的"痕迹"是电子物证,以电子文件中记载的信息内容来证明案件事实的就是电子书证,电子形式的音像资料就是电子视听资料,电子聊天记录就是电子证人证言等。[1]

上述四种观点目前在档案学界有关电子文件的研究中均有所反映,如何看待这四种类型仍值得分析、探讨。有学者曾著文分析视听资料说、书证说和传统证据的演变说(即分别归类说)的不足,并指出"电子文件不宜随计算机证据或电子证据被归为现有的某种或某几种证据类型","电子文件既不能为现有的任何一种证据形式所包括,更不能被分解为各种证据形式,而是应该被赋予独立的证据地位"[2]。

三、电子文件的价值形态

2023年,中共中央、国务院印发《数字中国建设整体布局规划》,提出"按照

---

[1] 何家弘:《电子证据法研究》,法律出版社2002年版,第27—30页。
[2] 陈永生:《由"此"未必能及"彼"——电子文件应具有独立证据地位》,《中国档案》2003年第12期,第38—39页。

'2522'的整体框架进行布局,即夯实数字基础设施和数据资源体系'两大基础',推进数字技术与经济、政治、文化、社会、生态文明建设'五位一体'深度融合"。电子文件作为重要的数据资源和信息资产,是赋能数字中国建设的基础性经济要素、战略性管理要素、原生性文化要素、支撑性知识要素和关键性生态要素,能够拉动数字经济发展,驱动数字政府决策,牵动数字文化创新,推动数字社会运行和数字生态平衡。立足数字中国战略背景,将电子文件价值形态归纳为以下几方面:

(一)赋能数字经济创新发展,发挥经济价值

电子文件作为企业重要的无形资产,是经济社会发展的强劲引擎。电子文件是企业宝贵的数字资产和经济要素,是数字经济创新发展的重要原动力,能够给相关主体带来经济效益。从"必将"发生的未来趋势来看,档案价值实现的关键在于融入"以市场作为资源配置基础"的市场经济业态之中,以"产业"的胸怀来评价其价值,将是档案资产化的重要标准。① 通过明确电子文件产权归属,推动电子文件要素资产化、资本化转换,培育构建系统完善的电子文件产业发展体系和产业品牌联盟,开拓电子档案市场,优化电子档案企业营商环境,打造电子档案产品,提升电子文件要素产业贡献值与竞争力,推动档案产业升级优化。

(二)赋能数字政府科学决策,发挥行政价值

档案自形成以来就具有重要的行政价值,是政府行使职能、履职问责的必要工具。电子文件作为真实可靠、权威有效的法律凭证,为政府决策、组织、协调、执行、监督等各项管理活动提供参考依据。2022年,国务院颁布的《关于加强数字政府建设的指导意见》提出,"深化电子文件资源开发利用,建设数字档案资源体系,提升电子文件(档案)管理和应用水平"。档案部门是政府数据管理的重要责任主体,通过完善电子档案治理体制机制,积极融入全国一体化政务大数据体系,加强政务数据采集处理和归档存储,促进电子档案汇聚融合、开放共享和开发编研,打造政务电子档案资源库,拓展统计分析、态势研判、信息研报、应急监测、行政监管等数字治理新场景,发挥电子文件资政辅政效用,打造成为党委政府决策的智库大脑和指挥中枢,提升政府决策的科学化、精准化、前瞻化水平。如上海市将社会运行档案信息应用于智能化城市治理,通过1.8亿个感知端以及广大市民"随申拍"实时捕获的城市运行数据,建立了"城市数字体征系统",当系统发现城市运行中的突出问题时便自动发出预警,相关部门则迅速、精准地加以解决。这些城市运行的电子档案毫无疑问是政府决策的基础性资源要素,对于支撑城市治理现代化起着重要作用。

---

① 王小云:《基于价值实现和权利保障的档案资产论建构研究》,法律出版社2018年版,第141页。

(三) 赋能数字文化赓续繁荣,发挥历史价值

档案作为人类文明的"活化石",具有丰厚的历史文化价值。档案的文化价值主要是指档案作为人类所创造的一种宝贵的精神文化财富,以及对于人类社会的存在、发展、变革与进步所具有的各种有用性和效益性。① 电子文件是珍贵的数字记忆和文化财富,是承载文化的受体、传播文化的导体、创新文化的供体。《"十四五"全国档案事业发展规划》强调,"档案作为重要信息资源和独特历史文化遗产,价值日益凸显",要"不断推出具有广泛影响力的档案文化精品"。基于电子文件厚重的历史文化价值,需要对接国家文化数字化战略,明确档案馆文化传承保护职能,重塑档案馆文化形象,融入国家文化大数据体系,推动档案文化产业数字化和档案数字文化产业化发展。借助大数据、人工智能、虚拟现实、数字孪生、元宇宙等现代信息技术,吸纳数字人文、数字叙事、数字文旅、数字文创等新方法,开展电子档案文化循迹溯源、关联集成、全景拼图、创意展演、活化开发,打造民族文化宝库、红色文化阵地、科学文化殿堂和时尚文化地标,激发档案文治教化与休闲消费功能,提升档案公共文化服务水平,释放电子文件文化生产力,满足人民群众日益增长的精神文化需求。如2023年,上海市档案馆"跟着档案观上海"数字人文平台上线。该平台综合运用了人工智能、人机交互、知识图谱、数据库等技术,将档案知识图谱和时空地理信息系统、流媒体故事系统等有机融合,成为一个独具海派特色的档案文化传播和档案查询平台。公众可通过 PC 端、手机移动端在平台上读档学史,直观地了解上海城市发展历程。

(四) 赋能数字社会高效运行,发挥知识价值

电子文件是数字社会运行的核心资源和治理要素。21 世纪,人类社会进入了一个快速发展的知识经济时代,知识和知识管理的重要性日益凸显。② 档案是贮存和传播知识的重要源泉,走向知识管理是档案工作的重要发展态势。档案知识服务是指"基于档案知识资源或知识产品,根据用户的需求和使用场景,有针对性地提炼知识和信息内容,构建知识体系,从而解决用户需求的过程"③。需要将电子文件作为数字社会重要的知识要素,洞察社会知识需求,依托先进的算力、智能的算法,借助自动分类、数据挖掘、数据仓库、知识图谱、辅助决策等技术,加强电子文件知识化开发,推出电子知识产品,促进档案知识捕获、组织、共享和增值,助力国家科技创新和社会民生服务。

---

① 王英玮:《档案文化论》,中国人民大学出版社 1998 年版,第 3 页。
② 姚乐野、蔡娜:《走向知识管理与知识服务:数字档案馆建设研究》,四川人民出版社 2010 年版,前言。
③ 丁德胜:《电子档案管理理论与实务》,中国文史出版社 2022 年版,第 252 页。

（五）赋能数字生态健康和谐，发挥生态价值

生态文明建设是中华民族永续发展的千年大计。生态价值理念是协调人与自然关系的价值观，它不仅是对人与自然关系的价值认识和价值态度，而且是追求人与自然和谐相处的价值理想和价值准则。① 环境恶化、气候变暖、生物多样性减少等生态危机已成为当今世界面临的最严峻挑战之一。电子文件在数字生态建设中发挥着协调、优化、修复、调节等作用。应秉持绿色节能理念，推动电子文件单套制普及，加大电子档案接收处理与安全保障，减少纸张、设备、场地、人力等资源的投入，降低业务运行成本和社会物流成本，打造低碳循环、安全稳定、可持续发展的绿色智慧档案馆，持续优化社会运行生态，助力碳达峰与碳中和目标实现。如 2022 年，法国国家档案馆成为全球首个采用绿色储存的公共机构，绿色存储是数据存储的未来，环境对数字技术的影响是无法避免的，目前数据中心所产生的温室气体甚至要多于航空行业，而且世界各地的数据中心仍在成倍增长。而绿色存储是解决该问题的最佳技术，可以在室温下存储，无须输入能量，在远离空气、水和光的条件下预计可稳定存储 5 万年以上。

第四节　电子档案与档案数据

玛格丽特·海兹乔姆和戴维·比尔曼认为，通过将档案人员的工作重点由对档案馆中文件进行实体保管转变成对所有政府计算机联网系统中的文件进行远距离控制，就会全面地"重新创造档案"。在数字时代，档案人员更关心的是对机构保护"记录"的行为进行集中管理，而不仅仅是对传统的文件实体进行保管②。这里不仅提出了一种新的管理思想，同时也提出了一种新的档案概念。随着人类社会迈入"万物皆数、量化一切"的大数据时代，档案资源形态加速从模拟态向数字态、数据态转变，档案数据海量产生、急剧增长，成为今后档案资源重要形态与档案管理重要对象。

一、电子档案的概念

（一）"电子档案"名称的演变

电子档案与电子文件一样，最初也被称为机读档案。机读档案作为一个专业

---

① 孙特生：《生态治理现代化：从理念到行动》，中国社会科学出版社 2018 年版，第 47 页。
② ［加拿大］T. 库克：《1898 年荷兰手册出版以来档案理论与实践的相互影响》，《第十三届国际档案大会文件报告集》，中国档案出版社 1997 年版，第 160 页。

术语是1976年在华盛顿举行的国际档案大会上由莱奥内尔·贝尔在其报告中提出的,报告分析了机读档案所涉及的各种复杂问题,以及由此引起的技术、人才和心理问题。但似乎由于当时档案学领域所面对的问题比"机读档案"更为重要,所以它并没有成为国际档案界思考的中心问题。直到1988年,巴黎国际档案大会以"新型档案材料"为主题,人们对保管机读档案的必要性才不再怀疑,并开始关心机读档案能否经受档案学原则的考验和实践的检验。

20世纪80年代末之后,"电子文件"一词开始使用,出于职业习惯,人们也开始使用"电子档案"这一名称。在1996年召开的第十三届国际档案大会上,戴维·比尔曼作了题为《虚拟档案》("Virtual Archives")的报告,之后"虚拟档案"一词被广为使用。除此之外,也使用"数字(数字化、数字式)档案""电子文档""归档电子文件"等术语。现在人们对"电子档案"已经接受,并广泛使用。

(二)电子档案的定义

作为人类步入信息社会而在档案领域出现的概念,"电子档案"概念的确立只是近些年的事情。国际档案理事会电子文件管理委员会1997年出版的《电子文件管理指南》将作为"档案"而可由档案部门接收和保存的电子文件称为"具有档案性质的电子文件";1995年美国国家档案馆重印的《电子文件管理指南》将由档案馆接收和保存的电子文件直接称为"电子文件"。

早期造成电子档案没有权威性解释的原因是多方面的,其中之一是尽管档案部门像接收和保存"档案"那样接收和保存经过鉴定的电子文件,然而电子文件的法律证据价值仍在探索中,作为"档案保存的电子文件"其凭证价值还未取得与传统档案一样的法律地位。尽管如此,档案部门又不能等到这些问题全部解决之后再来接收电子档案,否则就会造成人类记忆的流失。因此,在这种情况下将由档案部门接收和保存的电子文件称之"具有档案性质的电子文件",是有其深刻含义的。

我国最早明确电子档案定义的是1999年颁布的国家标准《CAD电子文件光盘存储、归档与档案管理要求 第一部分:电子文件归档与档案管理》(GB/T 17678.1—1999),其将电子档案定义为:"具有保存价值的已归档的电子文件及相应的支持软件产品和软、硬件说明。"当然,也有一些学者主动对电子档案重新定义,如电子档案是"具有保存价值的已归档的电子文件"[1],电子档案为"由电子文件形成的档案"[2],"电子文件归档后即形成电子档案"[3],电子档案"其本质仍然是具备证据性、

---

[1] 项文新:《关于电子文件定义之我见》,《档案学研究》2001年第2期,第39页。
[2] 徐富荣:《谈电子档案原始性认定问题与对策》,《档案学研究》2001年第6期,第48页。
[3] 国家档案局:《电子文件归档与电子档案管理概论》,中国档案出版社1999年版,第3页。

具有情报价值以及被人为主观选择加以保存的记录材料"①等。

2016年,国家标准《电子文件归档与电子档案管理规范》(GB/T 18894—2016)将电子档案定义为"具有凭证、查考和保存价值并归档保存的电子文件"。

(三)"电子档案"名称的适用性

在中外档案学研究中,与"电子文件"的使用频率相比较,"电子档案"一词的使用频率显得偏低。在国外学者的著述中,使用较多的是"电子文件",但也有少数人使用"具有档案性质的电子文件"(archival electronic records)或"电子档案"(electronic archives)。国际档案理事会电子文件管理委员会1994—1995年对全世界100个档案馆关于电子文件管理的问卷调查的结果显示,凡作为"档案"接收和保管的电子文件均被称为"电子文件",而不是"电子档案"。也有部分学者为与国际接轨或避免混用,使用全生命周期"大电子文件"的概念,其包含前端的电子文件和后端的电子档案。本教材中的"电子文件"既包括前端的电子文件,也包括后端的电子档案。"电子档案"这一名称自有其客观适应性,主要表现在三个方面:

1. "电子档案"这一概念反映出档案所蕴含的社会价值意识

文件和档案两者本质属性相同,却长期并存使用,其根本原因即在于人们对文件和档案的价值意向不同。"文件更加强调其现行性或半现行性,而档案则更加强调其历史性"②,即档案强调的是历史凭证价值。"档案"这一概念所包含的社会价值意识,是在以实践为基础的认识逐步深化的历史过程中积淀而成的。"电子档案"正是对档案所具有的社会价值意识的继承,反映着计算机工作环境中形成的原始记录的社会价值期待和价值承担。在社会档案意识逐步提高的今天,更应该以"电子档案"这一概念来凝固社会的档案价值意识。

2. "电子档案"这一概念体现了档案内涵及其形态演变的连续性

"档案"一词一经出现,就以其极强的生命力得到了广泛使用,而且其内涵在逐步演变:从非原件到原件;从产生于公务领域到公私事务活动;从立卷归档到不受立卷归档的限制;从传统载体到现代载体的转变。这些连续性的变化,是人们对档案认识不断深化的结果。电子环境中形成的原始记录,使档案的内涵体现出新的连续性,即由固态信息向动态信息的转变和延续。因此,应当从档案历史连续性的角度来使用"电子档案",这样才能有效把握档案内涵演变的历史逻辑过程,也才能更具体地看待从甲骨档案到纸质档案再到电子档案这一档案形态演变的历史过程。

---

① 王萍:《论电子档案管理》,《档案学研究》2001年第2期,第50页。
② 王英玮:《关于档案本质属性的思考》,《档案学通讯》2001年第2期,第34页。

3. "电子档案"这一概念满足了档案学研究的理论需要

电子文件的管理与研究涉及许多领域,以维护历史真实面貌为己任的档案学专业有着不同于其他信息专业的特点,保护电子记忆是档案学专业的历史使命。从当前对电子文件的管理实践和理论研究两个方面看,档案学专业实际上发挥了主力军的作用,而且理论研究依然继承了传统档案学的合理内核。电子文件的产生只波及档案管理实践,不会颠覆档案理论。[①] 在这种情况下,使用"电子档案"对于保持档案学术领域概念的有机联系、凝聚和积累学术成果、推动档案学整体水平的提高都具有重要意义。

二、电子文件与电子档案

传统档案学理论认为档案是由各种文件材料转化而来的,文件是档案的前身,档案是文件转化的结果。这种观点已为大众所接受,成为一种具有普遍意义的理论。在这一理论下,文件和档案是两种在功能、时间和空间上相对独立但又有着密切联系的社会事物。

20世纪90年代以后,随着"大文件"观的提出和文件生命周期理论的流行,文件与档案的关系出现了复杂的变化。"大文件"观认为,文件是贯穿于从形成到销毁或永久保存的整个过程,包括各种记录方式和载体形式,不论其价值形态如何的记录材料。从"大文件"观的角度看,档案只是文件整体运动过程中某个特定阶段的称谓,即文件生命周期中的永久保存阶段的文件。文件与档案的关系呈现出从属关系,或者说文件线形运动过程中整体与特殊的关系。

文件与档案的这种关系自然反映到电子文件与电子档案的关系上,同时由于电子文件具有"往复运行"等特点,使两者关系日益复杂,连中外档案学专家都普遍感到两者的界限纠缠不清。为此,在电子文件与电子档案的关系上,仍应遵循传统谨慎的原则,从社会档案价值意识承担、档案学专业的责任承诺和文件价值形态的转变出发,承认文件运动的规律性,同时也认为那些具有长期或永久保存价值、经过归档而实行档案化管理的电子文件为"电子档案"。实际上,电子档案就是"归档电子文件",依然是由电子文件转化而来的。电子档案这一概念在档案实践中普遍使用,如《政务服务电子文件归档和电子档案管理办法》(国办发〔2023〕26号)、《电子文件归档与电子档案管理规范》(GB/T 18894—2016)、《电子档案单套管理一般要求》(DA/T 92—2022)、《电子档案移交接收操作规程》(DA/T 93—2022)、《电子

[①] 黄霄羽、申琰:《波及档案实践,但不会颠覆档案理论——电子文件带给档案理论的冲击和影响》,《档案与建设》2000年第5期,第8—10,13页。

档案证据效力维护规范》(DA/T 97—2023)等都是其典型代表。

三、档案数据的内涵特征[①]

大数据时代,现代信息技术快速发展,档案数据大量形成,档案数据管理成为档案工作的新样态,档案数据研究成为档案学领域的前沿课题。《"十四五"全国档案事业发展规划》提出,"主动融入数字经济、数字社会、数字政府建设,推动档案全面纳入国家大数据战略,在国家相关政策和重大举措中强化电子档案管理要求,实现对国家和社会具有长久保存价值的数据归口各级各类档案馆集中管理"。档案数据作为大数据技术的新产物,一方面是档案与数据交叉研究的逻辑起点和理论基础,另一方面也是档案数据管理实践的基本单元。作为大数据时代档案领域出现的新概念,"档案数据"虽被档案界普遍使用,但其概念内涵并不明朗,有必要对"档案数据"的内涵进行专门解读和深入探析,揭示"档案数据"的本质特征。

(一) 档案数据与传统档案信息的差异

相对于传统档案信息,档案数据的不同之处突出表现在以下三个方面:

1. 存在粒度

传统档案信息一次信息居多,依附于传统介质,信息索引方式单一,粗粒度特征明显;即便是经数字化后的档案信息,也只达到中粒度水平,内容检索困难。档案数据形成于数据化的技术环境,相对于"文件"形式的粗粒度的传统档案信息,档案数据组织粒度细化,是一个个可以独立存在的数据单元。其具有基于文本的数据拆分、组合、关联、交互等细粒度特性,能够通过计算机进行内容检索和提取,能够运用大数据处理技术进行分析、集成和可视化,挖掘档案数据中的隐性知识、"弱"信息、"暗"数据,形成档案知识单元,并对其进行连接、组合,充分挖掘档案数据价值。

2. 开发方式

数字时代传统档案信息的"数字化"一直是档案信息资源建设的重要内容,将依附在传统载体上的档案信息变为可机读和在线传输的"数字态",改变记录和存储方式,便于档案信息的流动与传播,属于"形式控制"。而档案数据则是通过"数据化",将档案信息变为可精准定位和识别的"数据态",方便利用计算机进行数据单元的读取、关联、重组和提炼,有利于档案资源的整合集成、挖掘分析、知识组织,满足社会精准化、个性化、知识化的利用需求,属于"内容控制"。

[①] 金波、添志鹏:《档案数据内涵与特征探析》,《档案学通讯》2020年第3期,第4—11页。

3. 价值特性

首先,在价值形态上,档案数据除了兼有传统档案最基本的凭证和参考价值以外,还突出表现在数据价值上,即通过数据技术处理、挖掘和应用获得衍生的价值,如决策价值、预测价值、资产价值、情报价值等,是档案在数据时代的价值新发现。

其次,在价值活性上,不同于传统档案信息难以被计算机直接进行内容识别和处理,档案数据作为一种数据资源,便于计算、分析、显现和关联,价值活性较强。

最后,在价值实现上,传统档案信息侧重于通过信息查考和信息整合实现其信息价值,满足利用需求,如档案查阅、证明、咨询、展览等方式比较机械化和表层化;档案数据由于其数据特性,可以通过数据关联和数据挖掘,建立档案知识库,构建知识地图,使档案信息资源管理和利用的场景从简单的"检索与查阅"转向深层的"洞见与增值",满足多样化、差异化、精细化、深层化的档案信息需求,提供知识输出和智慧服务。

(二) 档案数据概念的界定

当前,关于档案数据尚未有明确的概念定义。通过档案数据与传统档案信息的比较,可将档案数据定义为:"数据化的档案信息及具备档案性质的数据记录。"从内涵上看,档案数据首先属于档案信息,具备档案性质,满足档案的所有基本要求。"档案数据"是一个偏正短语,"档案"为"本","数据"为"形",对于档案数据的定义应该以档案作为逻辑起点,符合档案管理范围,不能让"数据"的光环掩盖了"档案"的本来面目,以致脱离档案的性质而使其外延过于泛化和无限化。故而,"档案数据"一要具备档案的基本属性,包括原始记录性、历史性、社会性;二要具备档案的基本价值,包括凭证价值、参考价值。从外延上看,"档案数据"是一个广义的数据集合,属于数据的一类,具有数据的一般概念和属性特征:需要载体、具有多种表现形式、划分为数值型和非数值型、由结构和具体值构成。由于档案数据来源构成广泛、表现形式多元,档案数据的外延比较丰富,不仅包括档案部门已经掌握和积累的各类数字化档案资源、电子档案等,而且包括具有长久保存价值但还没有纳入档案部门保管范围的数据,如网络档案信息资源、社会档案信息资源、新媒体档案信息资源等;不仅包括内容、结构、背景等档案元数据,而且包括档案部门在档案管理业务过程中产生的档案管理数据、档案利用数据、档案用户数据等累积性数据。从形式上看,"档案数据"是数据化的档案信息资源,以数据形式记录和保存,能够为数据设备、数据技术识别和处理,在满足档案性质的同时也满足数据的一般属性,这是档案数据区别于传统档案信息的关键所在。本身以数据形式存在的档案信息自然是档案数据。值得一提的是,对于传统档案、数字档案而言,只有经过数据化处理之后才可称为档案数据。

（三）档案数据的特质形态

理清档案数据的基本特征，无论从理论上还是从实践上都意义重大，不仅能够加深对大数据时代档案资源的认知，而且是探索档案数据管理和治理的基础。档案数据除了具有档案的原始记录性、凭证性、真实性、历史性、社会性等固有特性以外，还具有广源性、共生与互生性、累积性、扩展性与易算性等新特征。

1. 广源性

一方面是产生环境的广泛性。档案数据广泛地产生于网络环境下的电子办公、信息系统、网站网页、新媒体及传感设备等新环境中，生成方式多样，生成内容多维，生成形态多种，生成速度迅捷，数量巨大。档案数据中除了馆藏档案数据化这一存量档案数据来源外，增量档案数据也是不容忽视的重要来源，增量档案数据是指档案部门在开展档案业务活动过程中以及档案数据生成部门或个人在社会实践中生成的档案数据。存量档案数据和增量档案数据都是社会组织或个人活动的历史记录和真实凭证。另一方面是覆盖范围的广泛性。档案数据关注社会发展中的全景数据，无论是档案工作体制内还是体制外、宏观还是微观、官方还是民间、正式组织还是非正式组织形成的档案信息资源，都在档案数据范畴。随着大数据技术的发展，档案数据无论是存量还是增量都会达到新的水平。

2. 共生与互生性

档案数据就其来源而言虽然泛在而离散，但相关的档案数据本身却构成了一个共生共在的档案数据生态群落和生态圈。一方面，档案数据需要保持其之间的有机联系，将同一活动产生的一个个数据聚类成一个齐全完整的档案数据集；另一方面，在共生之上，每一条档案数据的价值都与其他档案数据的价值以及其所在档案数据群落的整体价值相关联，每一个基于同一历史活动形成的档案数据在档案数据群落里进行着价值共享和互补，所有的档案数据群落又共同构成了档案数据生态圈，每一个独立分散的档案数据和分割的档案数据群落在档案数据生态圈中都发挥着独特的作用，相互关联、相互依存。档案数据的共生与互生性，要求档案数据管理必须重视档案数据整体价值作用的发挥，挖掘档案数据之间的关联性，打造档案数据生态圈，实现档案数据的共享。

3. 累积性

累积性是指在累积达到一定程度后而产生状态改变、规模递增、程度加深及价值回馈等现象的演变过程。从数据资源形态上看，在数据化时代社会活动当中形成的档案数据碎片化和细粒化明显，每一条档案数据都是反映数据时代真实活动面貌的组成部分，在同一活动当中形成的具有有机联系的数据经过不断累积从而形成数据群组,构成档案数据库;从数据资源规模上看,由"小数据"到"数据"再到"大数据"的跃升取决于数据累积,海量档案数据资源也正是通过对存量档案信息的数据化以及有保存价值增量数据的不断采集、积累和沉淀而形成的,档案数据长期连续累积才能达到档案大数据的效果;从数据资源价值上看,由档案数据全集中挖掘出的档案数据价值远大于单个档案数据价值之和,档案数据的累积性也就成为档案数据价值得以展现和提升的重要特性。档案数据的累积性作为其基本属性,是"档案大数据"建设的促成要素,也是档案数据价值充分实现的必要条件。档案资源建设应当在"存量数字化、增量电子化"的基础上逐步开展"总量数据化",对传统档案资源进行全文本的数据转换,对电子文件和其他原生数字档案资源进行全要素的数据采集保存,形成丰富、完整、立体的档案数据生态集群。

4. 扩展性

传统档案信息由于受技术条件、存储空间和管理方式等因素的制约,可扩展性有限,档案信息价值难以充分发挥。而作为新的档案资源形态的档案数据,扩展性已成为其重要特质。一是档案数据体量的扩展性。存量档案数字化的不断推进、电子文件的大量生成,以及网络环境下数据档案资源的爆炸式增长,使得档案数据无论从数量还是增速上都呈现出极强的扩展性。二是档案数据结构的扩展性。档案数据的产生环境更趋网络化、数据化、立体化,半结构化、非结构化的档案数据越来越多。三是档案数据价值的扩展性。数据管理的发展和数据技术的应用推动产生了新一代的信息增值方式,一方面传统档案信息经数据化处理和加工后,其价值能够得到新的发现、挖掘和展示;另一方面档案数据资源也能得到进一步的组织、赋能和激活,使档案的知识属性在数据管理中得到揭示和彰显。

5. 易算性

档案数据因其具有数据态的技术属性,使得信息处理由粗粒度文件尺度开始降维到细粒度数据尺度。档案数据的易算性集中表现在易于被现代算法技术所加工处理,进行信息分析、价值挖掘、知识发现,捕捉潜在、精细、微妙、未知的关系和知识,激活档案数据的一切可能价值。档案数据的易算性是提升档案资源价值、促进档案利用和档案信息消费的重要保障。档案数据易算性优势的发挥,一方面需要开展档案数据的结构化处理,将档案文件信息转换成独立于系统与软件、开源兼容、不带格式的纯净档案数据,方便"计算"时数据项的读取、迁移和关联;另一方面需要提高"计算力",引入本体、模型、规则、算法等数据处理方法,充分借助数据技术开展灵活多样的数据组织、数据挖掘和数据分析,加强内容管理与开发,为组织机构输出知识产品,为社会公众提供增值服务,全面提升档案服务品质。

四、档案数据要素价值

数据要素化是大数据时代的核心特征。当前,数据成为经济社会发展的基础性战略资源,全面融入和深度参与价值创造,为数字经济、数字政府、数字社会建设提供强劲引擎,其生产要素地位被不断确立和巩固。2019年,党的十九届四中全会首次将数据增列为生产要素,提出"健全劳动、资本、土地、知识、技术、管理、数据等生产要素由市场评价贡献、按贡献决定报酬的机制"。2021年,《中华人民共和国数据安全法》(以下简称《数据安全法》)规定,"鼓励数据依法合理有效利用,保障数据依法有序自由流动,促进以数据为关键要素的数字经济发展",以法律形式确立了数据要素地位。2022年,中共中央、国务院发布《关于构建数据基础制度更好发挥数据要素作用的意见》,目的是"加快构建数据基础制度,充分发挥我国海量数据规模和丰富应用场景优势,激活数据要素潜能"等。2023年,国务院组建国家数据局,由其负责协调推进数据基础制度建设,统筹数据资源整合共享和开发利用,促进数据要素市场建设,推动数据要素管理的制度化、专业化与体系化;《"数据要素×"三年行动计划(2024—2026年)》发布,提出"实施'数据要素×'行动,就是要发挥我国超大规模市场、海量数据资源、丰富应用场景等多重优势,推动数据要素与劳动力、资本等要素协同,以数据流引领技术流、资金流、人才流、物资流,突破传统资源要素约束,提高全要素生产率",为进一步激活数据要素价值提供了政策指引。档案数据是高价值的原生历史记录和珍贵数据资源,以其真实可靠、完整可信、安全可用成为独具特色的生产要素,档案数据要素价值成为大数据时代档案价值的新形态。

(一)档案数据要素价值的生成机理

"物无妄然,必由其理。"机理是事物内在的本质原理和运行规律,分析档案数据要素价值生成机理,有助于把握档案数据要素价值形成动因和演化规律,创新档案数据参与社会价值创造的内在逻辑,为释放档案数据要素价值潜能提供理论指导和方向引领。"数据的要素化应当包含数据资源化、资源资产化和资产资本化三个阶段。"[①]立足档案数据发展环境与管理状况,从资源化产生价值、资产化创造价值和资本化增加价值洞察档案数据要素价值形成发展的逻辑脉络和耦合过程,解析档案数据要素价值生成机理。

从原始数据到档案数据资源是数据资源化的过程,通过开展数据识别、采集、鉴定、捕获、清洗、著录、标引、编目、存储等活动,将有价值的数据保存归档,实施数

---

① 王建冬:《推进市场化配置改革 盘活数据要素资产价值》,《上海证券报》2023年11月1日第7版。

据档案化管理,构筑档案数据资源仓储,是档案数据要素价值产生的基础;从档案数据资源到档案数据资产是数据资产化的过程,通过对档案数据进行整合加工、集成汇聚、关联重组、挖掘开发、计算分析、智能编研等,形成价值密度大、分布广的数字资产和信息养料,实现档案数据要素价值的提炼创造;从档案数据资产到档案数据资本是数据资本化的过程,通过对档案数据进行流通交换、消费共享、融合应用、产品创造、产业培育等,形成知识产品和智慧源泉,推动档案数据产业化发展,满足大众的信息消费、文化供给和知识传播的利用需求,实现价值增值。总体上,档案数据要素价值链是从原始数据到档案数据资本的逐层进阶,每一次形态变化都将推动档案数据要素高效配置和加快流动,通过资源化、资产化、资本化实现档案数据要素潜在价值向现实价值的转化深化,进而激活档案数据要素价值,全面释放档案数据要素价值能量。

(二)档案数据要素价值的定义

在界定档案数据要素价值概念前,要对档案价值和数据要素价值概念有清晰认识。档案价值是指档案这一事物对从事社会实践活动的人类主体的意义或作用[①]。它是主体与客体之间的关系范畴,只有当档案客体属性满足主体利用需求时才会形成价值关系。关于档案价值认知的主流观点是凭证价值、情报价值、记忆价值等。数据要素价值也就是数据所具备的生产要素价值,可从微观和宏观两个层面理解。在微观层面,数据作为信息的原材料,可以用于生产知识和智慧创造,发挥数据要素决策效用;在宏观层面,数据不仅是特有的生产要素,而且具有协同融合劳动、技术、资本等其他生产要素的功能,以数据为纽带,提高社会全要素生产率,体现乘数倍增和链式反应效应,降低生产成本和资源损耗,发挥数据要素耦合效用。综上,立足档案数据本体质性与运行规律,结合档案价值、数据要素价值基本概念,可以认为档案数据要素价值是指档案数据所具有的生产要素价值,作为独具特色的经济要素、管理要素、知识要素、文化要素、生态要素等,发挥着支撑经济运行、行政决策、知识创新、文治教化、生态和谐的功能作用。其核心要义是档案数据资源要素化与要素价值化的交互融合,形成"数据+算力+算法"的档案数据要素生产力,从而提高生产运行效率和服务质量。

档案数据资源要素化层面,也就是明确档案数据资源要素角色,确保档案数据质量满足作为生产要素使用的条件,具备档案数据要素价值潜能。生产要素是指生产过程中所投入的资源,只有当资源转化为生产要素之后才能真正创造财富。[②]

---

① 张斌:《档案价值论》,中央文献出版社2000年版,第3页。
② 戎珂、陆志鹏:《数据要素论》,人民出版社2022年版,第1页。

档案数据要素是具备生产要素属性的档案数据资源。大数据环境下,档案数据来源广、类型多、体量大,数据污染、数据异构、数据冗余、数据离散、数据泄露等现象突出,造成数据失真失读、失存失控、失联失用,使得档案数据资源难以互联互通与共建共享,档案数据要素价值也就难以发挥。为此,需要强化档案数据资源建设、质量控制、整合集成和安全保障,实施数据档案化治理,开展数据清洗、检测、校验、标注、加工、处理、转换等,赋予档案数据生产要素属性,确保档案数据数量丰富、真实完整、准确可用,成为可识别、可读取、可计算、结构化、标准化、语义化的高质量档案数据要素。

档案数据要素价值化层面,也就是通过档案数据深度挖掘、语义关联、计算分析、开发利用、流通共享等,释放档案数据要素价值潜能,将档案数据资源要素升华为数字资产、社会资本,满足社会公众日益丰富多元的档案信息和知识文化需求。大数据时代,档案数据成为独具特色的生产要素,如何激活档案数据要素价值潜能、全方位融入数字中国战略,是档案事业面临的时代之问。在档案数据要素价值化过程中,需要遵循档案价值实现规律,明确档案数据资源权属,借助大数据、人工智能等现代信息技术,开发档案数据知识产品,促进档案数据利用模式创新,弥合数据鸿沟、消除数据孤岛、打破数据壁垒,推动档案数据深度参与和融入社会化大生产循环体系,激活档案数据显性隐性价值,发挥档案数据在提高生产效率和市场配置中的基础性作用,更好地彰显档案数据在支撑数字中国建设中的赋能作用。如中国联通构建电子档案知识图谱系统,对档案数据进行深度挖掘,将档案数据之间的关联关系、分析结果直观展示,进而有效地展现企业电子档案价值,为电子档案的智能化管理以及辅助企业决策提供有力支撑[①]。

(三)档案数据要素价值的根源

对档案数据要素价值根源的解析有助于从本质上认识档案数据要素价值的产生和形成。档案数据是社会实践活动的产物,档案数据要素价值本质上根源于广泛多样的人类社会实践活动。档案数据要素价值的形成建立在档案数据客体属性功能满足用户主体需要这一关系基础上,是价值主体与价值客体的统一结合,即档案数据客体属性满足主体需要的关系样态。

一方面,主体需要是构成档案数据要素价值的前提条件。大数据环境下,数据资源指数级增长,数据管理全方位拓展,数据科学加速度渗透,数据成为"新的石油",数据价值被广泛认知,数据要素价值日益凸显。与数据要素管理应用相关的

---

① 杨茜雅:《中国联通电子档案数据挖掘与智能利用的研究》,《档案学研究》2018年第6期,第105—109页。

法律法规、组织机构、技术创新不断健全,首席数据官、大数据局、数据馆员等新名词不断涌现,公众的数据意识不断增强,数据产业需求急剧扩张。随着数字经济、数字政府、数字文化、数字社会、数字生态建设的不断推进,政府部门、社会组织和公众对档案数据挖掘、分析、利用需求持续增长,档案数据需求日益丰富化、多元化、精细化、个性化,驱动档案数据要素挖掘开发,成为档案数据要素价值产生发展的原动力。

另一方面,客体属性是构成档案数据要素价值的必要基础。人类生产数据能力的大幅提升也在倒逼数据管理利用能力的同步进阶。数据资源的海量产生使得大量具有保存价值的数据记录需要及时归档、妥善处置、安全保管、长期存储,由此促成档案数据管理实践的兴起。档案数据要素所具备的真实完整、准确可靠、安全可用等特质,是其留存的根本原因,也是档案数据要素发挥作用的价值基准。为保障档案数据要素质量,需要综合运用电子印章、数字签名、数字指纹、数字存证、可信时间戳、身份认证等技术手段,确保档案数据来源可靠、程序规范、要素合规,避免篡改、残缺、伪造、失真,使其能够以要素形态参与数字中国建设,发挥存史、资政、育人、惠民价值潜能。如广州市互联网法院通过区块链全程监管和多阶段哈希值校验的方式,确保链上电子证据不可篡改并留痕可溯,实现电子证据的形式真实,并采取多链聚合和多主体背书的策略构建去中心化的信任网络,维护电子证据的内容真实,捍卫档案数据的法律证据价值和档案部门的权威公信力。

(四)档案数据要素价值的属性

档案是人类社会实践活动的信息资产和文化遗产,价值形态多样,价值含量丰裕,价值分布广泛,既有原生价值和衍生价值、第一价值和第二价值,也有凭证价值和情报价值、现实价值和长远价值,还有隐性价值和显性价值、对于形成者的价值和对于社会的价值。档案数据是数字中国建设的战略性信息要素、基础性管理要素、关键性经济要素、支撑性知识要素和原生性文化要素,档案数据要素价值作为档案价值新形态,除具有档案价值原始性、社会性、历史性等基本属性外,还具有流动延展性、共享普惠性、规模溢出性、时效便捷性、技术依赖性等特点。

一是流动延展性。数据的生命力在于流动循环,数据的价值在于流通传播。数据要素具有鲜明的内外关联性、交叉渗透性、动态拓展性,档案数据要素价值需要在互联互通、跨界融通、循环流通中创造和释放。

二是共享普惠性。基于数据要素的虚拟性、透明性、开放性、包容性、精准性,档案数据要素价值是社会共建、全民共享、均等普惠的。

三是规模溢出性。大数据时代,数据要素的典型特征是体量大、规模大、可再生、可复用、可持续,边际产出远高于边际成本,有效克服了传统生产要素资源总量有限、质量损耗的弊端。此外，单个档案数据价值密度和价值创造能力有限，只有经过整合集成、融合汇聚，从低维的离散无序转向高维的集成有序形态，挖掘开发档案数据深层次价值，才能实现"要素化"的化学反应，达到效益累增、效率递增和效能倍增，发挥数据价值规模溢出和深层洞见效应，彰显档案数据全面、系统、高质的特色优势。

四是时效便捷性。相较于传统档案而言，数据要素价值随时间变化更加明显，价值衰变更快，甚至"转瞬即逝"，需要及时挖掘档案数据要素价值潜能，发挥数据敏捷高效、及时决策、便捷服务作用，满足社会运转需求和档案"广、快、精、准、全"的信息利用需要。

五是技术依赖性。档案数据是由"比特"构成的物理符号，只有借助大数据、人工智能等现代信息技术，进行处理、挖掘、计算、分析、可视化等，才能发现知识、洞见智慧。如中建一局集团建设发展有限公司信息档案管理部门开发大数据电子档案智能分析系统，整合14年来多个业务系统产生的100多万条档案数据，建立多维度、多主题的联机在线分析模型，实时进行企业人力资源分析、经营指标分析、成本管控分析等，使该系统成为企业风险管控、经营管理、信息化建设的常规管理平台和智能手段。

 思考题

1. 简述电子文件概念的内涵。
2. 简述电子文件的特点。
3. 简述电子文件与电子档案的关系。
4. 试比较传统档案、数字档案、档案数据。
5. 谈一谈对档案数据要素价值内涵的认知。

参考答案要点

第二章 电子文件管理

大数据时代,随着电子工作环境的日趋普遍化和电子文件的大量生成,以电子文件为管理对象,保存人类社会记忆的电子文件管理工作已得到社会的广泛重视。电子文件管理是传统文件/档案管理在新时代的延续,电子文件在给文件和档案管理人员带来便利的同时,也对其管理提出了严峻的挑战。因此,探讨并建立一套符合电子文件管理要求的理论体系、原则方法和管理模式,对电子文件管理的理论建设和实践发展都具有重要意义。

第一节 电子文件管理内容

一、电子文件管理内容阐释

电子文件的出现是一场记录革命,也引发了包括文件、档案管理在内的记录管理的革命,这场革命具体反映在管理技术、方法、体制、原则、理念等各个层面。与传统的文件/档案管理相比,电子文件/电子档案的管理具有相关因素增多,各因素之间的相关度增高,变量增多,目标复杂化,技术含量更高、更新、更快等新的特点,从而对管理活动提出了更高的要求,需要在科学管理思想指导下,从政策制度与技术方法的不同层面共同采取新的对策[①]。因此,电子文件的管理是一项系统工程,其管理内容丰富且复杂,目前学术界对其有不同的理解和归纳。

第一种是将电子文件管理分为狭义和广义两种。狭义的电子文件管理仅

---

① 冯惠玲:《电子文件管理教程》,中国人民大学出版社2001年版,第12页。

指电子文件形成单位的电子文件管理工作。广义的电子文件管理除了电子文件形成单位的电子文件管理工作外,还包括档案馆等电子文件长期保存单位的工作。从电子文件管理实施时间看,广义的电子文件管理包括电子文件形成阶段的管理、电子文件归档阶段的管理和电子档案长期保存阶段的管理。其中电子文件形成阶段的管理业务主要包括版本控制、处理流程设定和控制、编号、元数据管理等;电子文件归档阶段的管理业务主要包括电子文件的识别、捕获、分类、鉴定、元数据管理等;电子档案长期保存阶段的管理业务主要包括收集、整序、存储、保护、利用、元数据管理等。根据全程管理、前端控制、集成管理等原则,在信息管理系统中,三个阶段的管理活动正走向交叉融合,一些归档阶段和长期保存阶段的管理活动被提前到形成阶段统一完成,如编号、分类、格式转换等[①]。

第二种是将电子文件管理分为宏观和微观两种。宏观层次的电子文件管理是指国家相关主管部门对所有机构电子文件管理工作的管理,包括建立电子文件管理体制,制定电子文件管理法规、标准,监督检查法规、标准的执行等。微观层次的电子文件管理是指文件形成机构内的电子文件管理,包括业务层、系统层、支撑层三个相互依存的层次。其中:业务层为电子文件管理活动层,主要包括电子文件的识别、版本控制、捕获、分类、鉴定、处置、移交、长期保存、检索、利用等。电子文件管理活动涵盖其整个生命周期,因此电子文件管理活动也相应涉及电子文件形成单位和保存单位,两种管理业务也有所区别。系统层为电子文件管理的系统建设工作,包括电子文件形成系统(业务系统)、电子文件管理系统、电子档案长期保存系统的设计或采购、系统实施、系统运行维护等。电子文件管理只有在系统中才能够实现,电子文件管理的业务方法要依赖系统才能实现。支撑层为电子文件管理业务和系统建设提供支撑,其主要工作内容包括制定文件管理规划、建立文件管理制度、设置合适的组织结构、开展文件管理培训等[②]。

第三种是将电子文件管理分为宏观、中观、微观三种。安小米等在考察国外电子文件管理的基础上,从三个层面提出国外电子文件的管理经验和发展走向,内容涉及电子文件宏观、中观、微观三种不同层次的管理。一是"微观管理信息化与集成化",将电子文件管理要求纳入电子文件系统和电子信息系统构建,为电子政务与电子商务提供保证电子文件真实性及其长久保存的技术解决方案和支持。二是

---

① 冯惠玲:《电子文件管理100问》,中国人民大学出版社2014年版,第53页。
② 冯惠玲:《电子文件管理100问》,中国人民大学出版社2014年版,第36页。

"中观管理合作化与规范化",采纳或引用文件管理国际标准(ISO 15489),广泛推广应用国际化文件管理的最佳实践,机构全员参与和全过程参与文件管理。在区域性范围内,采用局部标准化的协调管理,通过制定统一的标准和规范,逐步替代各国原有的制度,从而实现管理活动规范化的目标。三是"宏观管理社会化与法制化",将电子文件管理纳入政府公共管理法规体系,以保证电子文件控制力;纳入事务活动法规体系,以保证电子文件证据力;纳入信息利用法规体系,以保证电子文件服务力[1]。

以上三种不同理解和归纳,提供了从不同角度揭示、观察和思考电子文件管理基本内容的有益启示,在此基础上,本教材将电子文件管理的基本内容概括为宏观管理和微观管理两大部分。

二、电子文件宏观管理

电子文件宏观管理是指文件/档案的主管与保管部门以电子文件管理为客体对象,运用法律法规、制度办法、规划标准等对电子文件管理工作加以指导和控制,形成有效的运作机制和管理机制,使电子文件管理工作科学化、规范化和制度化,确保电子文件完整保存的历史责任得以实现。

在我国,纸质档案等传统档案的宏观管理较为完善,已建立了一套较为完整的法规、制度和标准。这些法规、制度、标准是长期实践经验的总结,对建立国家规模的档案事业产生了重要的作用。但这些宏观措施在电子文件/电子档案管理中,只有部分适用,有的甚至完全不适用。自20世纪末以来,面对电子文件管理日趋紧迫和严峻的形势,许多机关、团体、企事业单位对电子文件管理无章可循、束手无策,纷纷呼吁国家有关部门尽快研究制定相关的政策、法规、制度和标准,改变电子文件管理混乱无序的状况。我国高度重视电子文件管理工作,第十三届国际档案大会一结束,就于1996年9月18日成立了电子文件归档与电子档案管理研究领导小组。随后,原国家科委又与国家档案局、国家质量技术监督局、原建设部、原机械工业部等政府部门联合组织力量共同对CAD电子文件管理、归档及其形成电子档案的管理进行认真研究。进入21世纪以来,电子文件管理研究与实践广泛开展。这些研究活动取得了系列成果,国家也制定了有关管理标准,对实际工作产生了很大促进作用。但应当看到,建立完整、配套的电子文件宏观管理措施仍任重道远。一方面,缺乏电子文件管理方面的长期实践

---

[1] 安小米、张宁、叶晗等:《国外电子文件管理机制及借鉴研究》,《档案学研究》2008年第2期,第58—62页。

经验;另一方面,电子文件所涉及的技术和设备又在不断地发展变化。因此,制定电子文件管理的法规、制度、标准难度很大。《电子文件归档与电子档案管理规范》(报批稿)于1999年8月即已形成,直到2002年才正式成为国家标准《电子文件归档与管理规范》,2016修订为国家标准《电子文件归档与电子档案管理规范》,成为电子文件管理的重要依据。即使是已颁布实施的标准、制度,由于各单位电子文件管理工作基础、设备条件、人员素质的不同,这些措施的实际效果和操作程度仍然存在巨大差异,仍然需要在宏观层面上加强对电子文件的顶层设计、风险管理和制度管理。

电子文件管理的顶层设计是一种自上而下的设计,也是宏观管理的一种体现。从涉及范围而言,是以国家层面为起点,统领地区、行业、机构层面的电子文件管理,构建涵盖全国范围的电子文件管理网络体系;从实现路径而言,是以总体框架为起点,指导、带动具体对策问题的研究和实施,构建全方位的电子文件管理实施方略。因此,从总体上说,顶层设计是一种战略设计和战略实施,旨在确定国家电子文件管理的发展方向、基本格局和推进步骤;顶层设计又是一种全面设计和整体规划,涵盖管理层、空间、流程、功能等诸多方面,可以提供国家电子文件管理的基本指针和发展蓝图。[1] 顶层设计关系到从国家层面对电子文件管理进行统筹规划和集中管理,从方针政策、发展规划、管理体制、管理制度、管理标准、项目保障等各个层次制定电子文件管理的基本框架,从根本上提高国家对电子文件信息的实际控制能力和对电子文件管理的调控能力,确保国家数字档案信息资源的现实安全和长久保存,因而通常被称为电子文件管理国家战略。

电子文件风险管理是对电子文件管理所面临的风险进行识别、评估、分析,并在此基础上有效地处置风险,以最低成本实现最大安全保障的科学管理方法。它是对一般电子文件管理的有效补充,是采用逆向思维的方式来指导电子文件管理,即通过风险排查及时地告知机构可能面临的问题,如果不采取有效措施加以解决,将会遭受损失。电子文件风险管理是将风险管理的一般性方法与电子文件管理的特殊性需求相结合,并移入特定的管理环境当中加以运用。[2] 风险管理并不是电子文件管理的附加内容,而是其中不可分割的组成部分。实施风险管理对于提升电子文件管理效果和水平具有重要的实践价值:第一,唤起风险意识,在电子文件管理中明确纳入风险管理方法,可以经常地、有效地提示所有参与生成、管理和使

---

[1] 冯惠玲、钱毅:《关于电子文件管理顶层设计的若干设想》,《中国档案》2007年第4期,第7—9页。
[2] 张宁:《电子文件风险管理:识别与应对》,《电子政务》2010年第6期,第24—30页。

用电子文件的人树立风险意识,避免风险事故,承担风险责任,逐步形成与电子文件管理规律相适应的管理观念;第二,建立风险管理体系,使电子文件得到全方位、安全、有效的保护;第三,把握风险应对的防范重点,借助风险管理获取创新灵感,全面提升管理水平,完善电子文件管理。[①]

制度管理也称制度化管理,是以制度规范为基本手段,优化、协调管理主体行为的管理方式。制度管理不仅强调科学地制定制度规范,同时也强调制度规范的完整配套和实际执行效果。因电子文件特殊的生成和存在形态,传统的文件管理制度规范难以适应其管理需求,需要探索建立一套新的管理制度规范体系,确保电子文件得到科学有效管理,切实维护电子文件信息的真实性、完整性、可用性、安全性。客观地说,自电子文件管理实施以来,档案领域就认识到制度管理的重要性,并努力研制各种制度规范,颁布了一系列的规范、标准、制度、办法,形成了诸多有利于电子文件长期保存的制度要求,如电子文件归档制度、电子档案移交接收制度、电子档案管理制度、异地异质备份制度、国家电子文件管理部际联席会议制度、馆室联动制度、统一支撑平台制度等等,为电子文件管理提供了初步的制度保障。但这方面工作还远远不够,需要继续探索深化,并在实践检验中构建完善的电子文件管理制度体系。

三、电子文件微观管理

电子文件微观管理,也称"电子文件管理业务活动"或"电子文件管理业务层",是指以电子文件为客体对象,运用一定的技术方法对其加以组织控制,形成有序系统的电子文件信息资源,维护电子文件的真实性、完整性、可用性、安全性,并向社会提供利用服务。

(一) 电子文件微观管理内容及其变化

电子文件微观管理也涉及传统文件、档案管理的业务环节,主要内容包括形成积累、捕获归档、鉴定、整序、保管、利用等,但它并非传统文件、档案管理环节的简单组合,它们在内容和形式上都有诸多不同。

第一,电子文件微观管理的环节顺序不再是传统文件、档案管理的线性排列或线性流程,许多环节都存在着"提前"和循环往复的流动,而且有些环节(如安全性保护等)需要贯穿于文件管理的全过程,使管理环节更为复杂。不仅如此,电子文件管理还增加了一些新的环节,如文件孕育期对文件管理系统的设计、文件归档后组织电子文件信息数据库等。这些都是传统文件/档案管理所没有的。

---

① 冯惠玲:《论电子文件的风险管理》,《档案学通讯》2005年第3期,第8—11页。

第二，电子文件微观管理诸环节在内容与形式上与传统文件、档案管理有很大区别。如对电子文件的收集，不仅要收集文件信息本身，还要收集背景信息与元数据；不仅要收集电子环境中相对静态、正式的文件信息，还要收集那些极具流动性、动态的文件信息。再如对电子文件的归档，既可直接实体归档，也可网络归档。

第三，电子文件微观管理各环节都对信息技术与信息管理系统有着根本的依赖性，离不开技术和设备。这不仅意味着它比传统手工环节的科技含量高，同时也意味着需要对计算机软硬件系统及其网络环境进行管理。因此，有学者称电子文件的管理实质上是"一项复杂的系统技术工程"。

电子文件微观管理虽然复杂，但不是不可以分解和解释的，本教材将根据电子文件管理业务流程的相对顺序对电子文件管理各环节加以分析介绍。当然，电子文件管理是一项不断发展的管理活动，究竟如何更好地管理，还需要持续探索研究、不断完善。

（二）电子文件微观管理流程

电子文件管理是以传统文件、档案管理为基础的，并在传统纸质文件、档案管理环节上新增了一些环节，从而形成符合电子文件运行规律的管理流程。不同的业务活动，电子文件管理流程也不完全相同。国家标准《政务服务事项电子文件归档规范》（GB/T 42727—2023）中，政务服务事项电子文件归档流程分为两个阶段：一是预归档阶段，政务服务实施机构业务办理部门对政务服务事项电子文件组件及元数据进行收集、整理和清点，形成完整的归档信息包，经检测合格后移交归档；二是正式归档阶段，政务服务实施机构档案部门对接收到的归档信息包进行接收检测、登记编目，形成政务服务事项电子档案。政务服务事项电子文件归档流程如图 2-1 所示。国家标准《CAD 电子文件光盘存储、归档与档案管理要求 第一部分：电子文件归档与档案管理》（GB/T 17678.1—1999）也给出了"CAD 电子文件归档流程图"（如图 2-2 所示），可供参阅。

电子文件管理流程是指整个文件生命周期中一系列有联系的电子文件管理活动。根据《档案法》《档案法实施条例》《电子文件归档与电子档案管理规范》等法规标准要求，结合电子文件的运动规律和属性特点，探索构建涵盖形成积累、捕获归档、鉴定、整序、保管、利用于一体的电子文件管理流程，推动电子文件规范运行与高效管理（如图 2-3 所示）。

电子文件的形成积累、捕获归档是电子文件管理的前端环节，主要是通过办公自动化系统与业务自动化系统，形成、制作、收发、积累电子文件，并对电子文件进行捕获归档，将电子文件转化为电子档案，夯实电子文件管理资源基石。在前期形成积累与捕获归档的基础上,将具有保存价值的电子文件移交给档案部门,通过电子档案管理系统开展电子档案的鉴定、整序、保管和利用,实现电子文件长期存储和有效利用。以上各环节环环相扣、紧密连接、互相补充,共同构成电子文件管理体系。与纸质文件管理流程相比,电子文件管理流程在时间、内容和顺序等方面都发生了变化。

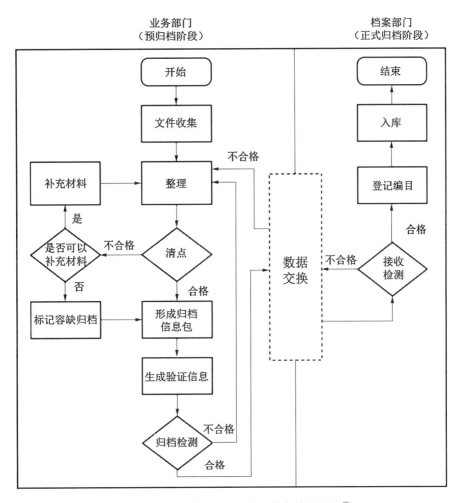

图 2-1　政务服务事项电子文件归档流程图①

---

① 《政务服务事项电子文件归档规范》(GB/T 42727—2023)。

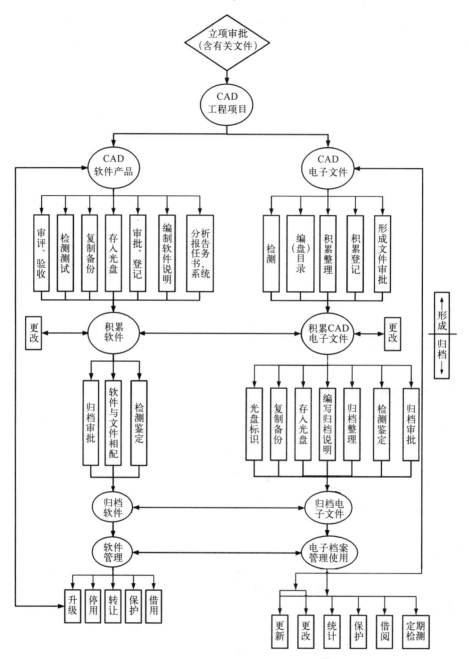

图 2-2 CAD 电子文件归档流程图[1]

---

[1]《CAD电子文件光盘存储、归档与档案管理要求 第一部分：电子文件归档与档案管理》(GB/T 17678.1—1999)。

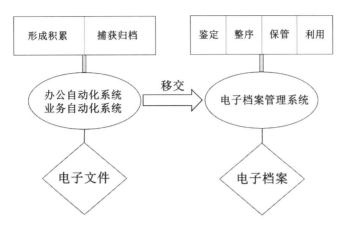

图 2-3 电子文件管理流程示意图

1. 电子文件管理流程在时间上的变化

电子文件管理流程在时间上的变化主要体现在时间的提前和延长上。提前是所有电子文件管理流程变化中最明显也是最普遍的一种表现。电子文件信息易更改、易流失,如果还像过去一样,按照生成、积累、立卷、鉴定、归档、著录、保护等顺序按部就班地管理电子文件,那么很可能在很多工作还未开展之前,电子文件就已经被更改甚至删除了,导致电子文件流失、失真、失读等,并会出现重复劳动、额外劳动。因此,需要把归档、鉴定、著录等环节提前到电子文件形成阶段,尽早地实现电子文件的档案管理功能。文件管理环节提前是"前端控制""全程管理"原则的重要体现。延长是指一些原来只在某一个时间点上完成的工作,现在需要在一个连续的时间段上完成,这个时间段有时甚至跨越电子文件的整个生命周期。如著录将贯穿于电子文件的生成、处理、归档、利用等整个过程。

2. 电子文件管理流程在内容上的变化

电子文件管理流程在内容上的变化既使一部分工作简化,又使许多环节工作更加复杂化、集成化。利用计算机高速运算和高密度存储等优点,文件管理者将大大减小对电子文件实体管理的强度,只要对脱机保存的磁带、磁盘、光盘等简单归类即可。但是,电子文件管理在信息整理、鉴定、著录、长期保存等方面更为复杂化,特别是长期保存,不仅要考虑载体的寿命,还要考虑技术和设备的寿命。电子文件业务流程也存在集成化,如归档与鉴定、归档与收集、保护与其他环节等内容存在一定的交叉性、交互性,一项业务的完成可以实现另一项业务的部分功能。

3. 电子文件管理流程在顺序上的变化

电子文件管理流程在顺序上的变化是时间变化和内容变化综合作用的结果。

其具体表现为由串行向并行发展,许多业务活动互相穿插、互相衔接,不仅十分复杂,而且各环节之间相互影响,一环有失,则功亏一篑。①

面对电子文件管理流程的变化,不少学者试图借用企业管理的"业务流程重组"(business process reengineering)和公共管理领域中的"政府再造"(reinverting government)思想,提出对电子文件管理业务流程进行"重组"或"再造",从整体上去重新组织和设计文件管理流程,并依次对个别管理环节进行改造。冯惠玲在其博士论文中首先提出了"文件管理的'业务流程重组'"。周毅曾撰文指出要对文件管理流程进行"一种彻底性的变革","运用信息技术和管理方法重新整合被分割得有些'破碎'的文件管理业务流程"②。刘越男在分析电子文件管理流程的变化及其原因后认为:"电子文件管理流程的改革,如同'业务流程重组'和'政府再造'一样,要从机构管理的整体进行根本性考察,不能拘囿于某个细节或局部,要对全部电子文件管理活动进行系统分析和科学整合。这种'彻底的思考'是'重组'的基本特征。"③电子文件管理业务流程"重合"或"再造",需要结合电子文件管理实践,持续加以完善。

第二节 电子文件管理理论体系

理论是指导实践的重要依据,科学创建电子文件管理理论体系对有效开展电子文件管理具有重要意义。应立足数字时代发展,结合电子文件属性特点与运行规律,归纳电子文件管理理论基础、基本原则和目标要求,探索建构电子文件管理理论体系,夯实电子文件管理理论基石。

一、电子文件管理理论基础

电子文件管理是一项复杂的系统工程,其理论基础主要包括文件生命周期理论、文件连续体理论、"后保管模式"、数据治理理论、知识管理理论等内容。

(一)文件生命周期理论

文件生命周期理论是在20世纪文件数量急剧增长的专业背景下提出的。文件生命周期理论的形成意味着现代档案学的成熟。1940年,美国档案学者菲利

---

① 刘越男:《电子文件管理流程的变化及其引发的思考》,《中国档案》2002年第7期,第41—44页。
② 周毅:《信息技术运用与文件管理流程的重组》,《档案学通讯》2001年第1期,第19—22页。
③ 刘越男:《电子文件管理流程的变化及其引发的思考》,《中国档案》2002年第7期,第44页。

普·布鲁克斯最早提出了"文件生命周期"概念。其研究发端于对文件和文件中心的理论解释，后来扩大到了文件的整个运动过程以及对这一过程的全面管理，成为档案学具有广泛影响的主要理论之一。

文件生命周期理论是研究文件从最初形成到最终销毁或永久保存的整个运动过程、研究文件属性与管理者主体行为之间关系的一种理论，是对文件—档案运动过程和规律的客观描述和科学抽象。文件生命周期理论的基本内容可以概括为三个方面：文件从形成到销毁或永久保存是一个完整的运动过程；这一过程依据文件价值形态的变化可以划分为若干阶段；文件在每一阶段因其特定的价值形态而与服务对象、保存场所和管理形式之间存在一定对应关系。阿根廷档案学者曼努埃尔·巴斯克斯指出，文件生命周期理论不仅仅是为文件中心提供理论基础，更重要的是为了发现是什么原因促使文件从一个阶段向另一个阶段过渡，以及分析我们要遇到的各种因素，这样可以获得一种具体标准——即每个文件阶段所包括的期限，并避免使用一种毫无区别的尺度去概括各种文件现象。[①]

电子文件及其管理引起人们关注之后，档案界已普遍认识到文件生命周期理论对指导电子文件管理有着特别重要的意义，并为此展开了研究。

1. 国际档案理事会对电子文件生命周期阶段的划分

国际档案理事会电子文件委员会在1997年的《电子文件管理指南》中提出"电子文件生命周期"（the life-cycle of electronic records）概念，并将其划分为三个阶段：概念阶段（the conception stage）、产生阶段（the creation stage）、维护阶段（the maintenance stage）。其中，概念阶段是指电子信息系统的设计、开发和安装阶段，在这一阶段完成对机构内部信息流和信息处理的分析，以及对适当的技术的挑选、获取和安装；产生阶段是指具体的电子文件在这种可靠的电子信息系统环境中的制作与生成，是电子文件产生并作为真正的"文件"保管起来的阶段；维护阶段是指文件产生之后直至它被销毁或永久保存的整个过程。[②]

对于这样三个阶段的划分，我国学者分析后认为其突出对电子文件管理极为重要的"设计"和"形成"阶段，强调对电子文件的管理应实行"超前控制"，一些管理要求应在设计阶段尽可能落实到系统中去，这是很有必要的。但"设计—形成—维护"三段论从技术角度描述了行为人对电子文件实施的行为，而不是每一份文件自身的生命过程[③]，它实际上表现的是电子文件管理系统的生命周期。而且这种划

---

① 韩玉梅：《外国现代档案管理教程》，中国人民大学出版社1995年版，第16—25页。
② International Council on Archives, Committee on Electronic Records. Guide for Managing Electronic Records from an Archival Perspective, ICA Studies 8, Paris, France, 1997。
③ 冯惠玲：《电子文件管理教程》，中国人民大学出版社2001年版，第6页。

分方法对电子文件正式形成以后的运动过程根本没有进行划分,而是笼统地称之为"维护阶段",对指导电子文件形成以后的管理活动意义不大。①

2. 何嘉荪对电子文件运动阶段的阐释

目前,在我国比较流行的是将整个文件运动过程划分成四个阶段(简称为"四分法"),以文件价值的变化规律为基础。何嘉荪在其主编的《电子文件与档案管理》一书中,对电子文件生命周期进行了系统的研究,提出文件的生命在于运动、文件运动的整体性等观点,指出我国学者陈兆祦和阿根廷国立科尔多瓦大学档案学院的曼努埃尔·巴斯克斯分别提出可以将整个文件运动过程划分成四个阶段:第一阶段为文件的设计、制作、形成阶段;第二阶段为文件的现实使用阶段;第三阶段为文件的暂时保存阶段;第四阶段为文件的永久保存或历史阶段。他根据文件生命过程中这种价值形态变化的规律,对电子文件的运动阶段进行了划分,并对四个阶段进行了阐释:

第一阶段:文件的孕育形成阶段。这是文件制作者从设想、设计到最终草拟、制作、正式形成文件的过程。它同时也是一个研究、计划、筹措、规范管理行为和积累、记录信息、表达思想、意图,赋予文件以现行价值的过程。这一阶段又可细分为"孕育期"和"形成期"两个运动层次。孕育期表现为人们对文件的产生所进行的计划,包括文件自身在人们筹划行将办理的事务过程中得到孕育和人们对文件管理行为或文件系统的设计;形成期是人们根据社会活动的需要,借助电子信息系统,形成文件的雏形。随着文件被签署(或者以法律承认的其他方式)生效,形成期和整个电子文件的孕育形成阶段也就宣告结束。

第二阶段:文件的现实使用阶段,即现行阶段。这一阶段是电子文件正式生效后被其制作者投入传递渠道,送达文件接收者,开始文件为完成其内容规定的任务或达到形成其目标而发挥作用的阶段。这一阶段文件的第一价值最强,第二价值虽弱,但已同时存在。

第三阶段:文件的暂时保存阶段。这一阶段也称"休眠"阶段,是文件经过现实使用,其内容所规定的任务已完成,现行性已随之消失。一部分文件因失去保存价值而遭删除;另一部分仍有利用价值而进入"暂存"阶段,文件的形成者、承办者对其利用仍有相当频率。这一阶段文件的第一价值逐渐减弱,而第二价值逐渐增加。

第四阶段:文件的保存阶段或历史阶段。这一阶段文件的第二价值占绝对统治地位,文件信息中的精华由各级各类档案馆控制,可用来向整个社会提供信息服务。

---

① 何嘉荪:《电子文件运动阶段管窥》,《档案与建设》2001年第1期,第16—20页。

上述将电子文件运动划分为四个阶段的方法是一种可以适用于所有各种类型文件运动过程的划分方法。但并非所有文件都能一次走完四个阶段的历程,在特殊情况下,某些文件还会做逆向运动,甚至跳跃式向前运动。①

3. 佛兰克·厄普沃德的"循环周期论"

澳大利亚档案学者佛兰克·厄普沃德等从另一角度对电子文件生命周期理论进行了描述:"往复运动于生成到处置的连续体中的一个过程。"他认为这种"模型"打破了原来文件生命周期理论中阶段之间截然分开的界限,取而代之的是连续保管模型,其意义在于说明电子文件各阶段的相互关联、相互影响以及相互转化的可能性,提示文件、档案工作者以整体、联系的观念管理电子文件,尽早参与或介入电子文件管理工作。厄普沃德的观点提供了新的研究视角,这种视角与"文件连续体理论"直接相关。

(二) 文件连续体理论

文件连续体理论(Theory of Records Continuum)是20世纪80年代由澳大利亚档案学者伊恩·麦克莱恩和佛兰克·厄普沃德在吸收借鉴英国著名社会学家安东尼·吉登斯的结构化理论的基础上,融合传统档案学理论而提出的一种新型文件管理理论或概念模型。

文件连续体是指"从文件形成(包括形成前文件管理系统的设计)到文件作为档案保存和利用的管理全过程中采用连贯一致的管理方式"②。文件连续体理论的核心是文件连续体模型,该模型借助数学中的坐标系将文件的结构化过程清楚地展示出来(如图2-4所示)。

文件连续体理论的基本内容非常丰富,主要表现在构建一个多维坐标体系来描述文件的运动过程,包括四个坐标轴:

一是文件保管轴:该轴用来储存记录人类活动信息的过程,它的四个组成部分是文件、档案、全宗、档案组合,表明了文件形式的变化。

二是凭证轴:该轴是由行为的过程、文件提供的证据和它们在机构与社会记忆中的角色组成,表明文件凭证作用的扩展方向——最后具有构成社会凭证与记忆的属性。

三是业务活动轴:该轴上的四个坐标分别是行为、活动、功能和目的,代表文件形成者的行为、活动以及文件体现的功能和目的。强调业务活动轴的目的在于

---

① 董永昌、何嘉荪:《电子文件与档案管理》,百家出版社2001年版,第14—18页。
② 安小米:《文件连续体模式对电子文件最优化管理的启示》,《办公自动化系统与电子档案管理国际学术会议文集》,浙江大学出版社2003年版,转引自何嘉荪、叶鹰:《文件连续体理论与文件生命周期理论——文件运动理论研究之一》,《档案学通讯》2003年第5期,第60—64页。

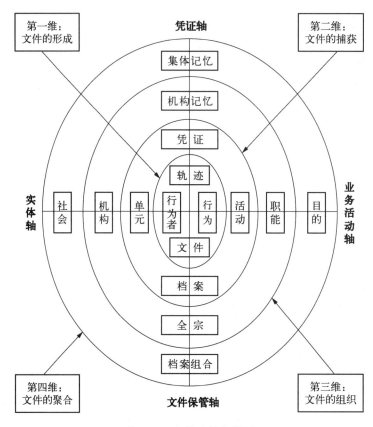

图 2-4 文件连续体模型

将文件管理纳入业务活动中,使其成为业务活动的一个组成部分,表明了文件的工具性倾向。

四是实体轴:即形成者轴,用来揭示文件的来源,体现了形成者、与形成者相联系的单元、与单元相联系的机构以及整个社会的联系,认为与文件形成有关的机构和个人的业务活动形成了文件,并赋予了文件凭证和记忆的价值,同时也说明与文件来源相关的因素之间是统一且密切联系在一起的。

在这一多维坐标体系中,文件保管轴是核心轴,因为它的变化带动了其他坐标轴的相应变化。为了进一步解释各个组成要素之间的互动,文件连续体理论引入了"维"的概念。文件连续体的"维"不仅有时间,也有空间。从文件形成的那一刻起,文件既是现行的又是历史的,因此在时间和空间范围上,文件永远和过去的时间相连。

文件连续体的"维"充分体现了文件保管各个要素的联合和互动,对于文件连续体模型四维的解释具体包含以下几个方面:

第一维：文件的形成。根据文件管理系统的要求，捕获文件的内容、结构以及形成文件的详细背景，并储存文件，保证文件的真实性和完整性。

第二维：文件的捕获。主要体现对于文件凭证价值的赋予，根据文件管理系统的要求捕获文件运动的背景信息和元数据，以保证文件作为社会和业务活动证据的价值。在这一阶段，文件及其运动轨迹被捕捉并整合成为档案。

第三维：文件的组织。主要是针对机构而言，包含一个组织所有文件的处理过程，体现一个组织机构的记忆价值，反映特定组织机构的职能和作用。机构根据实际需要，在文件管理系统的标准和规则下，制定自身的文件管理计划和目标，保证文件价值的实现。

第四维：文件的聚合。它"涉及档案被带入一个综合的框架来为机构的社会目的和个人和团体的角色提供集体的、社会的、历史的、文化的记忆"。这里主要涉及社会和文化的使命使文件根本的证据有社会记忆的功能，体现社会范围内文件的利用和保存。其作用主要是从宏观上把握文件管理，作为组织者发起文件管理系统的设计和建立。[1]

文件连续体理论与文件生命周期理论都以"大文件"观作为概念基础，并体现出文件价值的变化和文件运动的连续性与整体性。但文件连续体理论更强调两点：其一，强调文件管理的连贯性或无阶段性，认为文件是一个连续的无明显分界的现象，"文件可以在多个背景和用途的范围内同时存在或积累，而非一定要按人为划分的生命周期阶段的时间顺序运动或积累"[2]，档案工作者应该对文件的形成、维护、保管和利用整个过程负责；其二，强调研究视角的多维性，将视线放到"业务活动"和"与档案活动有关的结构来源、权力和职责"等方面，站在更广阔的立场上多视角、多层面地研究文件。因此，作为文件管理的概念模型，其目的在于在连续性行动流过程中对文件的特征加以把握，利用"反思性监控"，不断地反映其中与预期目标相偏离之处，并采取相应的措施，通过再生产的过程使之得到逐步补充和完善[3]。

文件连续体理论是我国档案学界为解决电子文件管理问题而引进的一种档案学理论。它对研究各类文件，特别是电子文件的管理问题具有重要的意义，能够实

---

[1] 傅荣校、王相华：《理论核心问题：原则与内容——文件生命周期理论与文件连续体理论比较研究之二》，《档案学通讯》2004 年第 4 期，第 18—21 页。

[2] 安小米：《文件连续体模式对电子文件最优化管理的启示》，《办公自动化系统与电子档案管理国际学术会议文集》，浙江大学出版社 2003 年版，转引自何嘉荪、叶鹰：《文件连续体理论与文件生命周期理论——文件运动理论研究之一》，《档案学通讯》2003 年第 5 期，第 60—64 页。

[3] 张宁：《文件连续体理论之比较研究》，《21 世纪的社会记忆——中国首届档案学博士论坛论文集》，中国人民大学出版社 2001 年版，第 17 页。

现"电子文件的最优化管理"。但也有学者认为,这一理论是一种理想化的理论,从理论上说有许多优越性,实际意义却是有限的。①

(三)"后保管模式"

"后保管模式"是相对于长期以来实行的以实体为中心的保管模式而言的,是一种以来源为中心、以知识为中心的文件/档案管理思想或管理理念,是对整个档案管理活动规律的重新思考与认识。

"后保管模式"是加拿大档案学家特里·库克于1996年在其参加第十三届国际档案大会的报告中提出的,他将未来档案事业的关注焦点概括为七个转变,即:

从文件实体转向文件的形成过程;

从分析个别文件的性质和特征转向更好地了解导致文件产生的业务职能、活动、任务、事务处理和工作流程;

从根据文件内在价值或研究价值进行鉴定转向宏观鉴定形成者的主要职能、计划和活动,并挑选出反映它们的最精练的文件永久保存;

从文件实体的整理、编目和保管转向了解信息系统和形成者的相关文献之间的有机联系;

从档案馆作为一个希望与文件形成机关合作的机构转变为一个监督形成者、维护和保管在其管理下的档案文件活动的"审计"机构;

从档案馆建筑作为文件保管基地转变为一个便于公众利用数百个由形成者控制的系统内各种文件的中央信息中心;

从以等级结构中原始文件产生部门为中心的实际来源转变为以变动、临时甚至"虚拟"的机构中文件形成者的职能和业务活动为重点的概念来源。

所有这些转变的核心可以归结为:"从由此产生的文件或产品转向文件背后的创造活动或创作意图","将传统理论对实体保管对象——实态文件的关注,转变成对文件、文件形成者及其形成过程的有机联系、目的、意图、相互联系、职能和可靠性的关注"。②

"后保管模式"虽或多或少地受到后现代主义思潮的影响,但从档案事业的自身看,它更多的是对电子文件出现之后给档案学理论带来冲击所作出的一种反思和回应。如特里·库克所言:电子文件给档案人员带来的严峻挑战是只有通过抛弃许多传统的理论才能维护档案专业的相关理论和核心原则,电子文件向档案人员提出的现实挑战使他们有必要回顾本世纪的档案发展历程……但他们还面临着

---

① 何宝梅:《对"文件连续体理论"的若干思考》,《北京档案》2002年第10期,第26—27页。
② [加拿大] T. 库克:《1898年荷兰手册出版以来档案理论与实践的相互影响》,《第十三届国际档案大会文件报告集》,中国档案出版社1997年版,第163页。

档案思想从根本上发生变化的需求。电子文件的种种特性迫使档案工作者将注意力从它本身转向它的过程,从实体转向它所包含的信息,从个体管理转向宏观管理,从事后管理转向前端控制。唯有如此,档案人员才能获得主动,才能真正把握住电子文件。

"后保管模式"的重大理论意义在于为电子文件时代的档案管理"建立一个新的范式",或者说推动档案管理范式的变革,即从保管范式转向后保管范式。在后保管范式中,重视文件中所包含的有效信息——知识要甚于文件实体;重视文件的形成和运转经过要甚于已经形成的文件本身;重视文件间的联系要甚于每一份具体的文件;重视文件所体现的职能要甚于研究人员对文件的各种需求。① 通过这种"后保管"的重新定向,档案人员、档案馆和国际档案理事会将能够应对信息时代的许多挑战。

(四) 数据治理理论

在"万物互联、数化万物、量遍天下"的大数据时代,数据爆炸式增长,与此同时,数据确权、数据垄断、数据壁垒、数据质量、数据安全等问题频现,数据危机日益加深。从表象上看,这与法律政策、制度机制、技术体系、人才队伍滞后相关,但从根源上看,是对数据这一新型生产要素的本质属性、存在形态、潜在价值、运行机理、利用方式等认识还不到位,尚未建立科学系统的数据治理规则秩序,因此强化数据治理成为国际社会广泛共识。电子文件作为国家和社会重要的数据资源,电子文件管理是数据管理的组成部分和重要范畴,在数据质量把控、资源整合集成、共享平台建设、风险安全防范、价值深度挖掘等方面可利用数据治理理论方法,推动电子文件管理技术手段创新和理论知识重塑。

1. 数据治理的综合性、交叉性

数据治理具有综合性、交叉性,已成为多学科跨领域共同探索的科学命题。"数据治理问题的综合性主要指数据治理所涉及事物的种类具有高度的多样化特征,它是由多种多样不同性质的事物组合为一个整体的"②,既涉及自然界的各种事物,又涉及社会各种事物,类型纷繁多元、关系复杂多变。"数据治理的交叉性主要指数据治理相关事物的跨领域纵横交织特征,它关涉的各种关系大都是跨领域的、呈现交错叠加和部分相重态势。"③数据的形成、管理和利用基本上是有领域归属的,但同时又是跨领域的,数据资源价值放大效用往往更多是在跨领域交叉应

---

① 冯惠玲:《电子文件时代新思维——〈拥有新记忆——电子文件管理研究〉摘要之六》,《档案学通讯》1998年第6期,第45—49页。
② 梅宏:《数据治理之论》,中国人民大学出版社2020年版,第171页。
③ 梅宏:《数据治理之论》,中国人民大学出版社2020年版,第171—172页。

用中得以实现,这就使得数据治理活动既有领域限制,又是跨界错界展开的。基于数据治理的综合性、交叉性,需要打破学科界限,构建跨界融合的多学科探索研究机制,搭建跨学科合作研究的空间平台,从不同视角探究数据治理蕴含的基本原理,揭示数据治理的内在逻辑规律,破解数据治理面临的瓶颈障碍,促进学科交叉融合,推动学科知识体系优化与方法集成创新。数据科学视角下,数据集成汇聚、质量控制、组织建模、挖掘关联、计算分析、可视化呈现等理论和技术是数据治理的重要方法;经济学视角下,数据产品、数据交易、数据资产、数据流通等议题是释放数据价值的研究热点;法学视角下,数据权属、数据伦理、算法安全、信息保护等问题成为数据法治建设的要点;管理学视角下,统筹规划、科学决策、组织建设、制度完善、标准规范制定等举措是数据治理的关键内容。

从信息资源管理角度看,数据是大数据时代信息资源的主要存在形式,数据治理实际上是信息资源管理的新样态。"数据治理以'数据'为对象,是指在确保数据安全的前提下,建立健全规则体系,理顺各方参与者在数据流通的各个环节的权责关系,形成多方参与者良性互动、共建共享共治的数据流通模式,从而最大限度地释放数据价值,推动国家治理能力和治理体系现代化。"①数据治理是数据资源战略价值实现过程中一系列特殊社会关系相互作用的产物,是对数据管理的新发展,是一种具有新功能、新内容、新态别的数据管理。数据管理之所以需要升级为数据治理,固然与大数据这个新生事物出现后同步衍生出诸多"乱象"有关,更关键的是要充分释放数据的战略价值。只依靠传统的管理体制、手段、方法和模式难以彻底解决问题,需要数据管理再管理,激活数据价值潜能。数据治理需要在数据管理基础上,立足全局性、体系性和长远性,合理配置资源、协调多方关系、科学管控进程,破解和应对一系列管理痼疾、难症、堵点,创造实现数据价值的生态环境,推动数据善治。

2. 数据治理规范

数据治理是组织中涉及数据使用的一整套管理行为。2019 年,国家标准《信息技术服务—治理 第 5 部分:数据治理规范》(GB/T 34960.5—2018)正式实施,提出了数据治理的总则和框架,规定了数据治理的顶层设计、数据治理环境、数据治理域及数据治理过程的要求,丰富了大数据时代数据治理的内涵。

数据治理的主要内容包括:一是数据治理环境,可分为外部环境和内部环境。外部环境包括政策环境,如各项数据法律法规、行业标准、制度规范等;社会环境,如社会数据获取、利用需求等;技术环境,如各种数据挖掘、开发、安全保障等技术工具和技术方法;文化环境,即驱动数据治理的创新文化、理论思维等。内部环境

---

① 梅宏:《数据治理之论》,中国人民大学出版社 2020 年版,第 66 页。

包括满足组织数据治理所需的人员、经费、基础设施等各类资源。二是数据治理框架,主要包括治理规划、治理架构、治理目标等内容。治理规划是从顶层设计、战略规划角度,立足数据应用现状,宏观统筹和设计数据治理路线,明确治理方向,确保数据治理规划与组织业务规划、信息技术规划保持一致,合理制定数据治理方案;治理架构主要是明确数据治理多元主体的权责关系,科学构建治理组织架构、技术架构和管理架构,合理划分执行、控制和监督等职能,构建授权、决策、沟通于一体的协作机制;治理目标是指通过实施数据治理实现数据善治,确保数据质量可靠、要素合规、运行安全和价值实现。三是数据治理策略。围绕数据生成、采集、处理、存储、共享、利用等环节,建立数据治理体制机制和实施路径,完善数据确权、分级、评估、监督等制度规则,促进数据伦理保障、知识产权维护、跨境跨界流通、市场交易配置,持续改进和优化数据治理过程,确保数据治理有效性、安全性,满足组织数据资产运营和应用需求,支撑数据价值转化和实现。

3. 数据治理生态体系

2017年,习近平总书记在主持实施国家大数据战略第二次集体学习时强调,"集中优势资源突破大数据核心技术,加快构建自主可控的大数据产业链、价值链和生态系统"。数据治理涉及政治、经济、社会、技术、文化、安全等诸多方面,是一项各种要素集聚交互的系统性工程,需要强化生态思维,提升治理成效,构建健康平衡、可持续发展的数据治理生态体系。

一是资源生态,主要包括数据资源的采集、积累、归档和保存等。大数据时代,需要广泛收集多类型、多载体、多结构数据,实现应归尽归、应收尽收,不断优化数据资源结构和质量,营造良好的数据资源生态。

二是管理生态,建立多元主体协同共治的体制机制,优化数据治理组织架构和管理流程,完善数据管理的法律制度和标准规范,形成开放共享、法治化的管理生态。

三是技术生态,强化大数据、人工智能、区块链等现代信息技术的应用,从技术生态层面充分思考技术环境、技术决定论、技术伦理、迭代升级、安全适用等问题,加强自主技术研发,创新数据开发形式和服务手段,形成积极探索、大胆试验、谨慎使用、持续完善的技术生态。

四是安全生态,通过数据安全治理,明确数据权属,管控数据质量、数据污染、数据伦理、数据泄密、数据侵害等各种安全风险,确保数据安全可控、安全可信、安全可用。

(五)知识管理理论

知识是信息的提炼与升华,在知识经济社会,各行各业对知识的需求与日俱增,知识管理的重要性日益凸显。知识管理作为一种新的管理范式与管理理论,"核心是通过对知识本身的管理和对知识基本过程(包括知识生成、收集、整理、挖掘、传播、共享、应用和创新等),以及对与知识有关的各种要素(包括知识组织、知识设施、知识技术、知识人员、知识制度和知识环境等)的管理,充分挖掘知识的内在潜力,促进知识的全面共享,提高社会创新能力"[①]。知识管理将知识提升至新的战略高度,是一场管理实践的革命风暴,推动档案管理从实体管理、信息管理向内容管理、知识管理转变。《"十四五"全国档案事业发展规划》提出,"积极探索知识管理、人工智能、数字人文等技术在档案信息深层加工和利用中的应用"。要依据知识管理理论,探索电子文件从数据到信息、知识再到智慧的转化机理和实现路径,拓展电子文件管理思路,推动电子文件管理迈向知识管理新阶段。

1. 知识捕获

档案知识的数量多寡、质量优劣取决于对档案资源的采集捕获程度,知识捕获是档案知识资源建设与开发利用的基础性环节。知识捕获是指"对档案知识进行实时(原生档案信息生成)或非实时(数字化传统档案)的收集和存储,并进行知识元提炼的过程"[②]。以档案利用需求为导向,坚持广泛性、完整性、真实性等原则,加强档案馆内外部档案知识的收集获取,并保证知识背景信息、描述信息、著录信息等元数据的完整可靠。管理人员应具备敏锐、超前的档案知识嗅觉,以动态发展的眼光鉴定电子文件/电子档案的知识价值,尽可能多地采集各类知识信息,优先选择贮存重要、珍贵、稀有、有特色、使用率高的档案知识,强化知识积累、知识储备和知识富集。

2. 知识组织

知识组织是"揭示知识单元,挖掘知识关联的过程或行为,最为快捷地为用户提供有效的知识或信息"[③]。知识组织是在信息获取、信息预处理等信息组织的基础上,对电子档案中的有用知识单元进行处理、表达、提取、控制等,找到知识联结点,从而描述展示知识的逻辑结构与内在关联。"知识组织的方法多种多样,如知识因子重组方法和知识关联组织方法,主观知识组织方法和客观组织方法,语言组织方法、语义组织方法和语用组织方法等。"[④]档案部门可通过分词标引、自动摘

[①] 姚乐野、蔡娜:《走向知识管理与知识服务:数字档案馆建设研究》,四川人民出版社2010年版,前言。

[②] 姚乐野、蔡娜:《走向知识管理与知识服务:数字档案馆建设研究》,四川人民出版社2010年版,第221页。

[③] 姚乐野、蔡娜:《走向知识管理与知识服务:数字档案馆建设研究》,四川人民出版社2010年版,第137页。

[④] 金波、丁华东、倪代川:《数字档案馆生态系统研究》,学习出版社2014年版,第309页。

要、编码分析、分类聚类、语义网络、数据融合、超媒体等技术方法,对馆藏电子档案资源进行描述加工、整序优化和关系匹配,将分散、孤立、片段、碎化的知识加以整合集成,构建知识网络、知识地图和知识仓库。

3. 知识开发

知识开发是"在知识组织的基础上,根据用户要求或社会需求,通过知识重组与再造,形成用户所需要的知识解决方案或适合社会需求的知识产品的过程"[①]。知识开发过程中嵌入了档案管理人员的创造性智力劳动,通过大数据、人工智能、数字人文、知识图谱、AR、VR、MR 等现代信息技术对电子档案资源信息和知识进行深层次挖掘、提炼、融合,可生产出具有独特价值的各类显性知识产品,从而使知识内容增值。知识开发能够有效破解"数据爆炸""信息泛滥"引发的"知识饥渴""知识过剩"等悖论,去伪存真、去粗取精,将最有价值、最具需求的知识信息提供给档案利用者,提升电子档案资源的知识含金量和知识使用率。

4. 知识创新

"知识创新已成为推动经济发展、科技进步、文化复兴、治理变革的重要驱动力。"[②]一方面,档案馆作为知识创新的重要策源地,需要以国家重大发展战略和经济社会民生需求为牵引,洞察社会知识需求与信息需求,对电子档案"知识母体""知识细胞"进行再生产、再加工、再创造,打通档案资源与知识创新间的连接渠道,汇聚知识源泉;另一方面,知识创新是档案馆取得竞争优势的重要保障,档案馆作为一个生长着的有机体,需要补充、吸收、合成新的知识营养,防止知识老化,也需要注重挖掘电子档案蕴含的隐性知识、潜在知识、弱知识、暗知识,推动理念创新、组织创新、技术创新,以实现有效运转、有序演化。

5. 知识传播

传播共享是知识得以存在和扩散的形式。基于知识管理的档案馆不是封闭阻塞的,需要向外拓展和交流,实现多边共赢与知识价值最大化。档案馆"必须利用各种媒介和渠道传播各种新知识,成为组织内外知识拥有者与知识使用者之间的中介,为用户找知识、为知识找用户,以此促进知识的广泛应用"[③]。通过建立基于网络渠道的知识传播交流平台,突破时间与空间的限制,加强档案馆知识外化与知识内化的双向互动,既能够促进档案馆知识信息的快速传送、转移、流动与反馈,又能够促进档案馆信息开放、知识普及、形象增值,实现知识共享与保密的平衡,提升

---

① 金波、丁华东、倪代川:《数字档案馆生态系统研究》,学习出版社 2014 年版,第 309 页。
② 金波、杨鹏:《"数智"赋能档案治理现代化:话语转向、范式变革与路径构筑》,《档案学研究》2022 年第 2 期,第 9 页。
③ 金波、丁华东、倪代川:《数字档案馆生态系统研究》,学习出版社 2014 年版,第 309 页。

电子档案知识管理水平。

二、电子文件管理基本原则

（一）全程管理原则

全程管理原则是指根据电子文件的特点和管理要求，建立一个完整的管理体系，对电子文件从产生到永久保存或销毁的整个生命周期进行全程管理与监控。国家标准《电子文件归档与电子档案管理规范》（GB/T 18894—2016）在总则中规定："应对电子文件、电子档案实施全程和集中管理，确保电子档案的真实性、可靠性、完整性与可用性。"

电子文件全程管理有三个方面的深刻含义：其一，全程管理是一种全面的管理，涉及电子文件的管理流程、管理规则、管理方法以及质量要求，从而建立一个涵盖电子文件全部管理活动的目标体系、程序体系和技术方法体系。其二，全程管理是一种系统的管理，建立在"大文件"的概念基础之上，注重电子文件生命周期内各个阶段所有管理活动和管理要素的统筹兼顾，强调各项管理内容和要求的系统整合和总体效应。其三，全程管理是一种过程管理，是通过过程控制实现结果的控制策略，在过程管理中，需要实施全程监控，所有有助于说明电子文件重要属性和有效管理过程的信息都被记录在案，以证实电子文件在管理系统中的运转状况，确保电子文件的管理质量。①

1994年至1997年，加拿大不列颠哥伦比亚大学和美国国防部在关于电子文件真实性的联合研究项目中提出电子文件全程管理的框架模式，认为应由以下措施构成电子文件的管理链条：根据预先确定的标准格式和模板编辑文件；根据文件的类型和用途，使用预先确定的方法认证文件；根据个人的资格及权限确定其接触电子文件的权力；在系统中嵌入"工作流程"，只向有关人员呈现有关文件；使用磁卡、密码和指纹识别等方式限制对某些技术的接触；在系统内设计审计跟踪功能，记录对系统的任何接触及其结果（如文件被修改、删减和增添等）。这一模式在北美地区的电子文件管理实践中得到了应用和完善。

电子文件的全程管理从根本上说是文档一体化在电子文件管理中的实现模式，只不过其理论基础发生了变化，从文件生命周期理论转向文件连续体理论。②

（二）前端控制原则

所谓"前端控制"是指从文件形成之时甚至形成之前（即电子文件管理系统设

---

① 冯惠玲：《电子文件管理教程》，中国人民大学出版社2001年版，第13页。
② 傅荣校、周林女：《电子文件管理中的热点理论问题研究类举》，《上海档案》2002年第6期，第24—27页。

计阶段)一直到归档整个过程给予全盘规划,将可能预先设定的管理功能纳入电子文件管理系统之中,并在文件形成和维护阶段进行监督。前端控制将文件、档案看成同一事物的前后两个阶段,强调档案工作者要改变以往只关注"后端"的做法,将注意力放到"前端"。

前端控制思想有着深刻的理论渊源和现实基础,是近一个世纪以来档案界不懈努力的结晶。从20世纪30年代民国政府提出的文书档案连锁法,到40—50年代英美提出的文件生命周期理论、60年代我国档案学者启用的档案形成规律、80年代以后全球范围内的文档一体化运动,都在不断强调文件与档案是同一事物的两个不同阶段,应对文件阶段施加控制和影响,以提高档案工作效率。[1] 20世纪90年代,面对电子文件的管理,法国档案学者C.诺加雷指出:"档案工作者要重新考虑他们在档案生命周期中进行干预的时机,甚至要重新思考这种生命周期本身。"[2]国际档案理事会电子文件委员会颁布的《电子文件管理指南》提出,将"干预的时机"确定在电子文件管理系统的设计阶段,将原来纸质文件管理系统中的许多"后控制"手段提到最前端,主张"在文件形成前采取行动"。在此基础上,冯惠玲明确提出了"前端控制思想",并称之为"电子文件时代新思维"[3]。

前端控制的内涵包括两个方面:一是整体规划,即将文件管理与档案管理中涉及的所有因素都统筹加以考虑,并纳入电子文件管理系统,以功能合理的文件管理系统作为管好电子文件的先决条件。二是业务环节提前,即在对电子文件生命周期的全过程通盘规划的基础上,将某些分散在各个业务环节并关系到电子文件真实、完整、可用、安全和带有一定重复性的作业提前实施,保障电子文件的真实可靠、安全利用,有效减少重复作业。例如,凡是可能在文件形成时生成的数据(包括描述文件内容、结构、背景、版本、生成环境、存在状态等各方面的信息)均在系统中及时采集、存储下来,文件在运转、保管、利用过程中的数据则实时追加,所有数据均一次采集,终身使用,从而保证用于描述文件、检索文件和系统维护所需数据的完整齐全、真实可信。

前端控制是实现电子文件全程管理的重要措施和保障,具有充分必要性,实践中需要进一步强化。

(三)真实性、完整性和可用性保障原则

真实性、完整性和可用性是电子文件管理的基本要求和目标导向。《档案法》

---

[1] 刘越男:《从一个新的视角审视"前端控制"思维》,《浙江档案》2001年第7期,第22—24页。
[2] [法]C.诺加雷:《信息技术对档案和档案工作的影响》,《第十三届国家档案大会文件报告集》,中国档案出版社1997年版,第219页。
[3] 冯惠玲:《电子文件时代新思维——〈拥有新记忆——电子文件管理研究〉摘要之六》,《档案学通讯》1998年第6期,第45—49页。

第三十九条规定,"档案馆应当对接收的电子档案进行检测,确保电子档案的真实性、完整性、可用性和安全性"。

1. 真实性

电子文件的真实性是指电子文件的内容、逻辑结构和形成背景与形成时的原始状况相一致的性质。

前文在谈电子文件的原始性时指出,由于电子文件自身的生成环境和特点,其原始性已难以确立,需要建立原始性的新概念:一份电子文件,只要它的内容确实是当时由原作者撰写或制作出来,此后从未修改过,就应该承认它是原始的。为此,可以将电子文件的真实性理解为"原始性"。[①]

电子文件的真实性与原始性存在着高度的一致性,它是保证电子文件行政有效性和法律证据效力的基础,是电子文件反映历史面貌、构成社会价值,得以作为社会记忆长期保存的前提。鉴于认证和维护电子文件真实性的复杂性和困难,其已引起国际档案界的极大关注,国际研究项目 InterPARES(International Research on Permanent Authentic Records in Electronic Systems)"永久保护真实的电子文件国际研究",从不同角度就电子文件的真实性认证和维护提出了对策。我国国家标准《电子文件归档与电子档案管理规范》(GB/T 18894—2016)也对电子文件的真实性、可靠性、完整性和可用性进行了规定。

2. 完整性

电子文件的完整性是指电子文件的内容、结构和背景信息齐全且没有破坏、变异或丢失的性质。

电子文件的完整性包括两个方面的含义:一是作为记录社会活动真实面貌的具有有机联系的电子文件及其他形式的相关文件完整齐全,这是对一般文件管理的要求;二是每一份"电子文件的内容、结构、背景信息和元数据等无缺损",这是对电子文件的特殊要求。

完整性是电子文件价值的重要保障,文件和档案管理人员必须掌握电子文件的形成规律、社会活动状况和电子文件的构成要素等,采取相应的管理技术和方法措施,确保电子文件信息齐全完整,保护人类活动记忆不受损失。

3. 可用性

电子文件的可用性是指电子文件可以被检索、呈现或理解的性质,包括电子文件信息的可读性、存储系统的可靠性、载体的完好性和兼容性等。

可用性保障的目的是指电子文件经过存储、传输、压缩、加密、媒体转换、技术

[①] 冯惠玲:《电子文件管理教程》,中国人民大学出版社 2001 年版,第 47 页。

迁移、设备更新等处理后,能够以人们可以识读、可以理解的方式输出,并可加以利用。在可用性保障中,可读性或者可识别性、可理解性是目的、根本;存储系统的可靠性、载体的完好性和兼容性是条件,是为维护电子文件信息长期可存取、可识别服务的。它们共同构成保障电子文件信息存在和作用发挥。

由于电子文件的系统依赖性,计算机软件和硬件的更新换代,新的信息编码方案、存储格式、系统软件的推出,以及计算机病毒的侵害等,都会造成原有的电子文件信息无法识读或丢失。保存完好的电子文件信息若在当时设备中无法读出,实际上与该信息被损毁没有区别,而这种情况却经常发生。因此,保障电子文件的可用性是区别于传统文件/档案管理的一项极为重要的任务。

电子文件管理的真实性、完整性和可用性同全程管理、前端控制之间都存在着极为密切的联系。只有做到全程管理、前端控制,才能保障电子文件的真实性、完整性和可用性;只有满足和实现电子文件管理的真实性、完整性和可用性的要求和目标,才是有效的、可靠的电子文件管理。

(四)安全保密原则

安全是档案工作的底线和红线,也是电子文件管理的生命线。安全保密原则就是"按照国家有关法律法规和规范标准的要求,采取有效技术手段和管理措施,确保电子文件信息安全"[①]。

2016年,《关于进一步加强档案安全工作的意见》提出开展档案信息管理风险治理,"各部门各单位要在环境及设备安全、网络安全、系统安全、数据安全和数据载体安全等方面制定完善信息安全策略并贯彻执行,保障档案信息数据真实、完整、可用和安全"。2020年修订的《档案法》第三十五条规定,"档案馆和机关、团体、企业事业单位以及其他组织应当加强档案信息化建设,并采取措施保障档案信息安全";第三十九条规定,"电子档案应当通过符合安全管理要求的网络或者存储介质向档案馆移交"。2021年,《"十四五"全国档案事业发展规划》提出,"贯彻总体国家安全观,统筹发展和安全,坚持底线思维,强化风险防控,加强应急管理,压实安全责任,确保档案安全","提升档案数字资源安全管理能力。提升档案信息化基础设施设备安全水平,实现系统和信息可管可控。加强对档案信息化软硬件产品适用性验证,引导信息技术在档案管理领域安全应用"。2024年,《档案法实施条例》第三十八条规定,"电子档案管理信息系统应当按照国家有关规定建设,并符合国家关于网络安全、数据安全以及保密等的规定";第四十三条规定,"档案馆应当积极创造条件,按照国家有关规定建设、运行维护数字档案馆,为不同网络环境

---

① 《电子文件管理暂行办法》(中办国办厅字〔2009〕39号)。

中的档案数字资源的收集、长期安全保存和有效利用提供保障"。国家档案局局长王绍忠在全国档案工作暨表彰先进会议上强调,"坚持安全第一预防为主,坚决守牢档案事业发展安全底线","做好新技术应用过程中安全防护工作,应用人工智能等信息技术进行算法设计、训练数据选择、模型生成和优化等应当符合国家有关规定,严防算法攻击、数据污染、后门嵌入等安全问题。以最严措施加强档案数据管理,任何单位或个人不得擅自留存、使用、泄露或者向他人提供档案数据"。可见,无论是国家层面还是档案行业都高度重视档案安全这一重要议题。电子文件信息安全问题需要我们深入地思考和应对,在电子文件管理过程中,应采取积极有效的防范措施,真正"确保档案安全保密万无一失"。

三、电子文件管理目标要求[①]

面对滚滚而来的信息化大潮,社会各界已经认识到电子档案正在成为档案管理的主要类型,亟须纳入档案法之中。然而,数字信息的易变性对档案的稳定性构成极大冲击,究竟什么样的电子记录才能够成为档案?这是电子档案走上法治化管理之路时需要面临的首要问题。《档案法》第三十七条给出了明确答案——"电子档案应当来源可靠、程序规范、要素合规"。这是对国内外关于电子档案形成和管理要求的高度凝练,具有深厚的理论和实践基础。

(一)来源可靠

"来源可靠"中的"来源"是一个综合性的概念,包括责任者、活动、时间、系统等多个方面。其中,责任者是档案学经典理论"来源原则"中来源的本义,是指电子档案的法定形成者,包括机构或个人。活动则是"新来源观"中的"概念来源",指产生电子档案的职能活动,活动来源赋予档案原生性信息的特征。时间是指电子档案的形成时间,明确电子档案来自何时,是对责任者和职能活动的重要补充。系统是指创建、处理、传输电子档案的软硬件系统,是电子档案特有的新来源,责任者、活动、时间等来源都需要通过系统来授权、确认、记录和证明。这四个方面共同构成电子档案的来源。

"来源可靠"是指电子档案由经过授权和确认的法定形成者在既定的业务活动中,在特定时间使用安全可靠的系统形成。国际标准《信息与文献—文件管理》和国家标准《电子档案管理基本术语》等标准规范对上述要求有类似的说明。比如《信息与文献—文件管理》规定可靠的文件"应在事务处理或与其相关的事件发生之时或其后不久,由直接经办人或开展业务活动的系统形成"。《电子档案管理基

---

① 刘越男:《新档案法中电子档案的法定要求》,《中国档案报》2020年8月6日第1版。

本术语》规定：具有真实性的电子档案由特定机构使用安全可靠的系统软件形成，没有发生被非法篡改或者误用过的情况，能够证明其用意、生成者或发送者、生成或发送的时间与既定的相符。

（二）程序规范

"程序规范"是指电子文件形成积累、捕获归档、鉴定、整序、保管和利用的过程遵循一定的制度规范要求，符合国家相关法规标准的规定。由于数字信息的记录特性和信息技术环境的快速变迁，一份电子文件在形成到归档、保存的整个生命周期中，不可能不发生变化，其存储载体、存储格式、编码构成甚至构成要素都可能发生变化。在这种情况下，不能强制性要求电子档案的"不变"，而是化对象控制为过程控制，通过对管理过程的规范化控制实现对管理对象的控制。

"程序规范"呼应了《电子文件管理暂行办法》《电子文件归档与电子档案管理规范》中关于全程管理、标准规范等管理原则的规定。与此同时，《电子签名法》《电子文件管理暂行办法》也为电子文件、电子档案在形成和管理过程中可能发生的合法变化提供了备注。前者于第五条规定，"在数据电文上增加背书以及数据交换、储存和显示过程中发生的形式变化不影响数据电文的完整性"；后者于第十一条规定，"在信息交换、存储和显示过程中发生的形式变化不影响电子文件内容真实、完整"。电子档案是否以及如何遵守规范的程序要求，可以通过详细的背景元数据和过程元数据来记录和审计。因此，元数据是电子档案管理规范必不可少的关键内容，背景元数据和过程元数据则是电子档案元数据的重要组成部分。

（三）要素合规

"要素合规"是指电子档案构成要素合乎规范要求。关于电子档案构成要素，国际档案理事会电子文件委员会于1997年在《电子文件管理指南》中提出的"三要素观"最为普及，即电子文件由内容、结构和背景构成。在美国、欧盟等国家和国际组织的一些电子文件管理规定中则增加了外观（presentation）这个新要素。电子档案在长期保存过程中，内容、结构和背景不可改变，但是呈现方式可能会变化。这些不同的观点表明，电子档案的构成要素是分散的、复杂的，部分要素还可能是可变的，档案管理者需要开展有针对性的识别并进行明确规定。

随着管理实践的展开，档案界对于电子档案构成要素的认识更为深入。不同种类的电子档案，其具体的构成要素不同，相关的规范要求也有所区别。比如《电子文件归档与电子档案管理规范》要求电子公文的正本、正文与附件、定稿或修改稿、公文处理单等应齐全、完整；《政务服务事项电子文件归档规范》规定政务服务事项电子文件组件包括归档办件形成和获取的表、证、单、书等文本、数据及图像、音频、视频等多媒体文件。"要素合规"并不强求所有要素的完整，而是允许管理者根据规范要求和实际情况进行一定的取舍,比如《政府网站网页归档指南》指出,网页信息收集时应完整收集页面中的可视静态内容,包括文本、静态图片等,页面中的动画、音视频、脚本、URL 等内容,在保证真实性、可用性和安全性的情况下也可以进行收集。

根据 2020 年修订的《档案法》,满足"来源可靠、程序规范、要素合规"的电子档案即可获得档案的法定身份,获得"与传统载体档案具有同等效力,可以以电子形式作为凭证使用"的法律地位。可以预见,这三个方面的要求也将成为我国未来一段时间电子文件/电子档案管理制度规范的核心主题。

第三节 电子文件管理模式

电子文件与纸质文件的不同特点,不仅导致了其管理原则、方法和技术上的一系列变化,同时引发了对档案保管机构的职责和管理体制的思考。探索并建立合理的电子文件/电子档案管理体制与模式,对提高电子文件管理效率和质量有着重要意义。电子文件的管理有不同层次,机构内部、档案馆和国家范围内的电子文件管理模式与体制应分别建构。

一、机构内部电子文件管理模式

电子文件产生并首先使用于各类机关、企事业单位,地区性、全国性电子文件管理系统是以这些组织机构的电子文件管理系统为基础建立的。由于业务范围、电子文件种类、活动内容的差异,在不同组织机构内部电子文件的具体管理模式也不尽相同。目前,在机构内部,电子文件管理主要有档案室、信息中心两种管理模式。

(一)档案室管理模式

档案室是各机关(包括党、政、军机关、企业、事业单位,各种社会团体、社会组织)统一保存和管理本机关档案的内部机构,是整个机关的组成部分。档案室的基本任务就是集中统一地管理本机关各部门形成的各种门类和载体的全部档案,为本机关各项工作服务,也为国家积累档案资源。

电子文件作为机关活动的电子记录,同传统纸质文件并无本质不同。基于机关档案室的职责任务和文档之间的内在关系,在电子文件产生后,其管理活动首先要由档案室来承担,而且国家在多项规范、制度中也确立了档案室管理归档电子文件的要求。2009 年,中共中央办公厅、国务院办公厅发布的《电子文件管理暂行办法》(中办国办厅字〔2009〕39号)规定:"电子文件形成单位应当根据国家有关规定明确电子文件归档范围和保管期限,并对具有保存价值的电子文件及时进行归档,由本单位档案部门负责管理。"国家标准《电子文件归档与电子档案管理规范》(GB/T 18894—2016)强调,"应建立严格的管理制度,明确相关部门电子文件归档和电子档案管理的职责与分工";"档案部门负责制定电子文件归档与电子档案管理制度,提出业务系统电子文件归档功能要求,负责电子档案管理系统的建设与应用培训;负责指导电子文件形成或办理部门按归档要求管理应归档电子文件;负责电子文件归档和电子档案编目、管理和处置等各项工作";"电子文件形成或办理部门负责电子文件的收集、整理、著录和移交归档等工作"。2024年,《档案法实施条例》第十四条规定,机关、团体、企业事业单位和其他组织应当确定档案机构或者档案工作人员,履行下列职责:"(一)贯彻执行有关法律、法规、规章和国家有关方针政策,建立健全本单位档案工作制度规范;(二)指导本单位相关材料的形成、积累、整理和归档,统一管理本单位的档案,并按照规定向有关档案馆移交档案;(三)监督、指导所属单位的档案工作。"这些规定中虽然没有明确说明单位"档案部门"就是档案室,但鉴于我国档案管理的传统和现有体系,可以肯定档案室仍是机关电子文件/电子档案管理的主体和核心。

档案室管理电子文件是档案室功能的新拓展、新任务,"管理能力较差与管理的较高质量要求之间的矛盾是档案室电子文件管理的特点"。"一般说来,档案室更注重电子文件的收集。由于它在收集电子文件后一定时间内要移交给档案馆。因此,它的档案存储功能要求也不高,不需要分级存储管理和网络存储,应用简单的直接附加存储即可满足要求。不永久保存电子文件意味着它基本不用考虑数据迁移问题,实际上它要做的就是尽可能将电子文件的内容信息、表示信息、保存描述信息等收集齐全,按照与档案馆制定的提交协议将内容信息及其相关信息组成移交档案馆所需的SIP,这实际上就是档案室自己的DIP"。[①]

(二) 信息中心管理模式

信息中心(或称信息技术中心、档案信息中心等)是一些大型企业单位在原有图书机构、档案机构或情报机构基础上设立的,旨在实现图书、情报、档案一体化管理的信息管理实体机构。这类机构设置的初衷就是要发挥信息技术和信息管理系统的优势,达到各类信息的有序整合和有效利用。

信息中心是单位的"档案管理部门",必须承担机关电子文件管理的职责,同时也属于上述国家标准、制度中规定的"档案部门"之列。信息中心管理电子文件能

---

① 李泽锋:《基于OAIS电子文件管理系统体系研究》,上海世界图书出版公司2010年版,第135页。

够更好地发挥技术优势,将电子文件信息与中心原有的图书、情报、档案信息进行有机集成,统一管理,整体优化。

信息中心电子文件管理模式在我国企业的设计部门表现得尤为明显。我国已有不少大型工程技术单位规定设计部门的所有图纸最后都必须由信息中心(具体由档案人员负责)控制输出,实现"集中出图"。设计人员完成设计任务后,通过网络或送交载体的方法将CAD文件先行集中到信息中心归档,由档案管理人员打印底图送给主管人员签署,签署后的底图晒印成蓝图后分发给生产部门。这种实时归档的集中方式,保证了CAD电子文件的齐全和完整,即时集中了设计成果,便于企业信息中心在此基础上通过组织数据库、开发检索系统等措施,尽快实现设计信息在企业内的共享利用。

无论机构采用何种电子文件管理模式,有两个方面基本是一致的:

其一是对电子文件实行统一管理。在电子文件产生初期,大多数机关生成的电子文件往往只具有"草稿"性质,作为非正式文件使用,对电子文件的重要性尚无明确的认识,也未建立归档管理制度,电子文件形成使用后,都保存在文件形成部门与形成人员手中,处于分散保管的状态,容易造成电子文件信息的丢失与无效。随着电子文件管理的不断发展,人们对电子文件的认识不断提高,各种管理规范和制度相继出台,电子文件集中统一管理的要求再次得到充分体现,机构内部电子文件管理也逐步由分散走向集中。《电子文件管理暂行办法》将"统一管理"作为电子文件管理的一条原则加以实施,要求"对具有保存价值的电子文件实行集中管理"。

其二是实行文件、档案一体化管理。尽管在纸质文件、档案时期,人们就提出了"文档一体化管理"理论,但在传统管理环境下,从未真正形成一个文档一体化的无缝系统。在计算机信息系统中,文件与档案的界限难以截然分清,电子文件的大量出现及其长久保存,使多年提倡的文档一体化管理进入实质性阶段。在电子工作环境中,对机构内电子文件、电子档案工作实行一体化管理,机构内计算机软硬件的配置、网络和节点的布局、文件格式和数据库结构的确定以及索引的编制等可以从文件设计形成阶段统筹规划与设计,电子文件的归档、鉴定、整序、著录、生成元数据和背景信息等大量的"档案管理性工作"也可以在文件形成或运转阶段予以实施,从而可以从整体上来组织控制文件/档案信息。这样既可以加强档案部门对文件形成与管理的超前控制,又能保证进入档案室(馆)电子文件信息的整体质量,减少重复劳动,节约人力与物力,提高管理效率。

电子文档一体化管理的最佳实现方式是建立功能涵盖电子文件生命周期全部管理活动的电子文件管理系统。如北京某设计院的电子文件管理系统,从设计工作的开始阶段,设计人员必须完成由档案部门设计的著录单(记录设计项目的名称、时间、来源、责任者、设计者等），方可进入设计系统的界面开始设计工作。这种由文件形成者进行的著录，便于著录信息的及时采集，为后续的电子文件管理打下基础，真正成为一个"无缝连接"的过程。

二、档案馆电子文件管理模式

档案馆电子文件的管理模式也可称为档案馆电子文件/电子档案保管的组织模式。从目前世界范围来看，档案界普遍认为档案机构对电子档案的管理责无旁贷，但在管理过程中采取什么样的方式来进行保管，是将电子文件集中到档案馆统一管理控制，还是分散保存在各形成机关内由档案馆指导控制，仍是一个争论较多的话题。

（一）分散保管模式

分散保管模式（或称为分布式保管模式）是指政府机构以及各种社会组织产生的电子文件不集中在各级档案馆保存，而采用分布式管理方法，将其保存在产生这些文件的机构内，由档案馆对电子文件信息加以控制，并对其保管加以指导和帮助。

分散保管是信息技术、网络技术发展的产物，其理论基础是"后保管模式"。"后保管模式"是以来源为中心、以知识为中心的管理，是超越于长期以来实行的以实体为中心的管理模式，是新时期的档案管理战略转变。戴维·比尔曼指出："由于电子文件的存放位置与它们的使用几乎毫无关系，所以我们无论在哪儿都能同样容易地利用任何文件。这样一来，现在以保管为基础的实态档案库（physical repositories of archives）将成为虚拟档案的联结点……未来的虚拟档案不再用收集、保管和提供现场检索的办法来管理，而是用控制有关文件信息及其利用的方法来确保它们的保存、处置和利用。"[①]

（二）集中保管模式

集中保管模式是指将具有永久价值的电子文件传送到档案馆集中保存，即对电子文件实体和信息实行双重控制。实行集中保管是基于以下方面考虑：

第一，电子文件生成机构不具有保管电子文件的法律责任，容易造成电子文件的丢失损毁。

第二，从文件生命周期理论来说，电子文件理应由档案馆集中管理。

第三，从组织机构和人员的稳定性来说，由形成机构分别管理电子文件会影响

[①] ［美］D. 比尔曼：《虚拟档案》，《第十三届国际档案大会文件报告集》，中国档案出版社1997年版，第120页。

到档案管理长期政策的制定。

在上述两种保管模式中,集中式虽然是较为传统的管理方法,但目前在技术水平和管理经验上较易被人们接受。分散式保管在管理思想上有其先进性,但在技术、政策上尚缺乏足够的经验可循,还处于探索阶段。不过不管采用何种保管模式,档案馆都要控制电子文件信息资源。即使在分散保管模式下,档案馆对各部门形成的电子文件进行登记,并对其可存取性加以控制,这也是集中统一管理思想的体现。"档案馆对保存在各部门的电子文件的可存取性随时随地进行审计、检查,对敏感的或机密的档案进行适当加密,以防非法存取。通过控制档案的存取权,达到集中统一管理电子文件的目的,使电子文件尽管并非存放在档案馆,却随时在档案馆的管理与控制之中。"分散式保管是人们目前所能预测到的较为理想化的方案,其实践情况有待总结。

我国对电子文件的管理基本采取集中式模式,这与我国的归档制度有着直接的联系。《电子文件管理暂行办法》中强调了电子文件管理的集中管理。《电子文件归档与电子档案管理规范》指出,应对电子文件、电子档案实施全程和集中管理,确保电子档案的真实性、可靠性、完整性与可用性。

三、国家电子文件管理体制

国家电子文件管理体制是一个国家对电子文件管理工作的组织方式与组织制度。

从世界各国的档案管理体制情况看,既有集中制,也有分散制。我国在长期的档案工作实践中,逐步形成并建立了集中统一的档案管理体制,即"统一领导、分级管理"体制。

"统一领导、分级管理"既是我国档案工作的基本原则,也是建设我国国家档案管理体制的原则和指导思想,是我国档案管理体制中最根本的组织制度。这一体制包含着丰富的内涵:从中央到地方建立档案事业管理机关,在各级党委和政府领导下,统一地制定政策、法规、标准,对全国档案工作予以指导,分级、分专业地掌握全国、本地区、本专业系统的档案事务;按行政区域和中央条块管理体制,对国家全部档案进行分级、分类集中管理;实行党政档案和党政档案工作的统一管理。这一体制是我国档案工作历史发展的结晶,它是"从我国几十年来建立和建设档案事业的经验和教训中总结、升华起来的一种理性认识,具有普遍的、理论的意义"[1]。它有力地指导和推动了我国国家规模档案事业的建设,有效维护了我国档案历史

---

[1] 陈兆祦:《对"统一领导、分级管理"原则的认识》,《上海档案》1998年第6期,第16页。

文化财富的完整与安全。

为了推动电子文件集中统一管理的制度落实,2009年,我国建立了国家电子文件管理部际联席会议制度,即由中共中央办公厅牵头,国务院办公厅、国家发展和改革委员会、工业和信息化部、财政部、国家档案局、国家保密局、国家密码管理局、国家标准化管理委员会等相关部门为成员单位,负责组织协调全国电子文件管理工作。《电子文件管理暂行办法》规定,国家电子文件管理部际联席会议的职责主要有五项:一是负责统筹规划和组织协调全国电子文件管理工作;二是研究制定电子文件管理方针政策;三是审定电子文件管理规章制度、重要规划、重大项目方案;四是组织起草相关标准;五是研究解决全国电子文件管理中的其他重大问题。同时,《电子文件管理暂行办法》要求,负责电子文件管理的部门,承担本地区电子文件管理工作的组织协调和监督检查。

国家电子文件管理部际联席会议制度的确立,标志着我国电子文件管理国家战略顶层设计的初步完成,为我国电子文件管理工作的统筹规划、组织协调、政策制定等提供了强有力的组织保障,为规范电子文件管理从而促进国家历史记忆传承、促进信息资源开发利用、推动国家信息化建设健康发展等奠定了坚实基础。部际联席会议制度的建立,是我国电子文件管理工作中一个具有划时代意义的事件,也成为我国电子文件管理工作的一项基本制度。[①]

第四节　电子文件管理理论与实践问题

电子文件的大量产生,不仅促使传统档案学理论加速变革,也将电子文件管理这一现实问题摆在档案工作者面前。习惯手工管理案卷的档案工作者,不仅需要"摆弄"电脑、网络以及磁盘、光盘等"新式武器",还必须思考由此而产生的一系列理论与实践问题。

一、电子文件管理理论问题

电子文件产生所引发的记录革命和管理革命,冲击了整个档案界,其理论挑战是全方位的、根本性的,要求档案学术共同体作出不同于传统档案学理论的新解释。

---

① 王良城:《我国电子文件管理基本制度述略》,《中国档案》2012年第3期,第65—67页。

（一）电子文件管理理念

文件管理的数字化数据化转型必然伴随观念更新，老思想老观念无法走进新体系新时代。开展电子文件管理面临的首要问题就是思维观念的转变。"电子文件及其管理的发展一路携带着新的知识和技术，从元数据、备份、迁移、电子签名、数字封装到云存储、时间戳、区块链，人类保障电子文件'四性'的能力越来越强大，一些人的担心、害怕、躲避是缘于对电子文件的陌生和无知，然而越是躲避距离越大，隔膜越深，我们所从事的文件、档案管理和我们自己就越发跟不上时代的节奏。"[①]因此，需要树立创新思维、变革精神，适应信息化发展潮流，接受新知识、新技术、新方法，探索电子文件管理的新理念、新思想、新论点。

（二）电子文件管理理论体系

理论是指导实践的重要依据，科学创建电子文件管理理论体系对有效开展电子文件管理具有重要意义。当前，大数据、人工智能等新一代信息技术飞速发展，电子政务、电子商务、电子业务等广泛开展，大量电子文件产生，亟须加强电子文件管理。电子文件管理是为了有效收集、整理、保存和利用电子文件资源，以现代信息技术为手段，综合运用多学科专业知识，对电子文件进行计划、组织、领导和控制的实践活动。需要结合电子文件属性特点与运行规律，探索构建科学合理、更具针对性有效性的电子文件管理理论体系，更好地指导电子文件管理实践。

（三）"双套制"与"单套制"

电子文件/电子档案双套管理与单套管理的争议由来已久。"双套制"是指以两种文件形式（数字形式和非数字形式）对具有长期保存价值或其他重要价值的电子文件进行归档、移交、处理、利用；"单套制"是指以数字形式对具有长期保存价值或其他重要价值的电子文件进行归档、移交、处理、利用。[②] 随着社会信息化和政府信息化的深入以及数字政府和数字经济的迅速发展，"双套制"在整个社会数字转型的大趋势下已不合时宜。而"单套制"是适应数字社会、数字政府高效运行的电子文件管理模式，是我国电子文件管理模式调整的目标和方向。为此，需要深入阐释电子文件管理从"双套制"走向"单套制"背后蕴含的时代背景和理论逻辑，夯实电子文件/电子档案单套制管理的理论基础和实践方略。

（四）电子文件管理体制机制

体制是组织机构的组成体系与结构形式，机制则是组织运行中各要素相互作用的过程和方式。相较于传统纸质档案，电子文件/电子档案的管理特点、管理要

[①] 冯惠玲：《走向单轨制电子文件管理》，《档案学研究》2019年第1期，第94页。
[②] 肖秋会、汤俊妹、许晓彤：《文件管理双轨制、双套制、单轨制、单套制辨析》，《中国档案》2021年第4期，第70—72页。

求、管理流程、管理方式、管理技术都发生了较大的变化,难以直接沿用传统档案管理体制机制,需要重塑电子文件/电子档案管理体制机制,加强顶层战略规划与宏观理论指导,创新电子文件管理模式,优化电子文件管理制度体系与运行机制,推动电子文件有序运行与高效利用。

(五)电子档案要素属性

电子文件是数字时代经济运行、社会治理和历史传承的重要工具和载体,是国家的重要战略信息资源和数据生产要素。电子文件管理如何全面融入网络强国和数字中国建设进程,全方位落实国家大数据发展战略,有效激活电子档案数据生产要素价值,为数字经济创新发展、数字政府科学决策、数字文化繁荣赓续、数字社会有序运行、数字生态健康和谐赋能,激活和释放新质生产力,成为档案事业高质量发展面临的重大理论问题和时代课题。

二、电子文件管理实践问题

与理论问题相比,电子文件管理的实践问题显得更具体、更直接。作为档案家族的新成员,在形成初期,人们对其管理更多地感到"束手无策",或者"茫然无序"。经过几十年的实践摸索和经验积累,现在人们已掌握了电子文件收集、积累、归档、保管、利用等的一些基本方法,在一定程度上使电子文件得以有序管理和提供利用,但从社会发展和管理实践提高的角度看,电子文件管理仍存在诸多实践性难题。

(一)资源集成问题

电子文件是信息技术发展和使用的产物,随着数字技术和网络技术的飞速发展,现代信息技术在社会领域的运用越来越广泛、越来越多样,这必然导致电子文件生成领域的延伸和扩张。数码相机、数码摄像机、笔记本电脑、智能手机等,不仅使电子文件的生成方式由原来的单机生成模式向系统生成模式、网络生成模式拓展,而且使电子文件的生成主体由原来的组织机构型向个人社会型拓展,生成事由由原来的职能业务型向社会交往型拓展。电子文件生成领域"蔓延"和生成方式的转变,一方面促使电子文件产生速度加快、产生数量激增,可随时随地产生,汇聚成"汹涌澎湃"的电子文件信息流;另一方面也促使电子文件数据结构异构、业务流程异构、系统平台异构现象加重,它们各自分散存在于不同的系统中,保管困难,许多都处于"自生自灭"的状态。因此,面对"海量"异构的电子文件信息,探索建立电子文件信息资源集成体系,打破数据孤岛、数据壁垒、数据深闺、数据沉睡、数据休眠、数据冷藏,实现各类电子文件资源的集成整合和共享利用,是电子文件管理实践面临的一大难题。这一难题意味着电子文件管理不能局限于机构内部产生的电子文件,还需要注意社会领域产生的大量电子文件。当前,人们对社交媒体中产生的电子文件管理的关注和探讨,可以说是对这一难题的积极应对。

(二) "四性"保障问题

从电子文件的产生看,它是在实践活动中产生的,具有原始性,为电子文件的真实、完整提供了基础,但并不意味着其真实、完整与安全、可用自然得到承认。由于电子文件内容与载体的易分离性,电子文件内容的易改动性且不留痕迹,电子文件载体的不稳定性和保存技术的迁移性等诸多因素,给电子文件真实性、完整性的确认造成了很大困难。虽然从电子文件管理研究之初国内外档案界就关注并积极探讨电子文件的"四性"(真实性、完整性、安全性、可用性)保障问题,也实施了一些实践项目,但就目前情况看,电子文件的"四性"保障仍然是档案领域面临的突出现实问题。对于电子文件真实性、可靠性的保障"并不是一个一蹴而就的过程,这一过程需要档案工作者从文件生成开始对生命周期中的每一步进行设计和监管,包括文件本身和文件管理系统,每一次的迁移,物理安全,访问控制等等。这一过程中每一个环节的顺利执行才能保证每份文件的真实性"[①]。真实、完整、安全、可用是档案的根本,在确保电子文件/电子档案来源可靠、程序规范、要素合规等方面,档案部门仍任重而道远。

(三) 主体协作问题

电子文件管理涉及范围广、牵涉内容多、技术要求高,单靠档案部门难以完全胜任。《档案法实施条例》第四十四条规定,"国家档案主管部门应当制定数据共享标准,提升档案信息共享服务水平,促进全国档案数字资源跨区域、跨层级、跨部门共享利用工作";第九条规定,"国家鼓励和支持企业事业单位、社会组织和个人等社会力量通过依法兴办实体、资助项目、从事志愿服务以及开展科学研究、技术创新和科技成果推广等形式,参与和支持档案事业的发展"。为此,需要探索构建电子文件多主体协同共治机制,推动跨区域、跨层级、跨业务、跨部门、跨系统合作,强化局馆协同、馆际协同、馆室协同、馆社协同,促进档案部门、业务单位、数据管理机构、社会组织、新闻传媒、信息技术企业、公众等多元主体协同共治,建立相互协作、相互制约的共生关系,提升电子文件整体治理合力。2023年10月25日,国家数据局正式揭牌,负责协调推进数据基础制度建设,统筹数据资源整合共享和开发利用,统筹推进数字中国、数字经济、数字社会规划和建设等。数据管理部门与档案部门在档案数据资源的收集、存储、保管、利用等方面存在职能交叉与业务重叠,形

---

① 方昀、潘未梅:《InterPARES 项目对电子文件可靠性真实性保障的哲学基础和理论基础》,《档案学研究》2013年第3期,第40页。

成了既独立又交叉、彼此竞合的关系,如何推动两者有序竞争、有效合作成为电子文件多主体协同共治的关键。

(四) 管理风险问题

风险是"损失的不确定性"[①]。电子文件管理是一项高风险的管理活动或管理领域。"大量事实表明,电子文件的风险已经超乎想象地遍布全世界各类机构,21世纪的'记忆黑洞'已经形成并日趋严重"。冯惠玲及其电子文件管理研究团队对电子文件的风险进行了专门的研究,他们认为电子文件的管理风险广泛存在,"电子文件管理的目标既包括维护文件信息的真实、准确、完整、可读、可用等相对具体的质量目标,也包括支持科学决策、支持业务的连续性、维护社会记忆、保护社会合法权益等相对宏观的业务目标,任何与预期目标产生的偏差都可能存在电子文件风险";"能够引发电子文件风险的因素分布也较为广泛,涉及技术、制度、文件业务、资金、观念、人员素质等多个方面,任何一个方面的不健全、不完备都可能导致电子文件管理风险"。[②] 目前,在电子文件管理实践中,人们的风险意识和风险管理还不强,随着社会信息化和信息技术的发展,社会风险、技术风险等必然会进一步传导到电子文件管理中,对电子文件管理构成重大挑战。

(五) 长期保存问题

联合国教科文组织在《数字遗产保护章程》中指出,"全世界的数字遗产正濒临丢失的危险"。这既是电子文件管理面临的风险,也意味着电子文件管理的责任和使命、目标和方向,即如何让电子文件这类数字遗产得到永久性保存。

电子文件的长期保存是电子文件管理的核心和基础,现实活动中形成的电子文件如果不能长期永久保存或无法长期永久保存,不仅意味着电子文件的"管理失灵",更意味着历史和社会记忆的"空白"。电子文件产生以来,由于对电子文件的特性不甚了解,或疏于管理,或由于技术障碍,导致电子文件管理事故频仍、灾难不断,一些记录重要历史事件的电子文件或丢失损毁或不可阅读,不仅严重影响到各类机构现行工作业务的质量和效率,更使历史化作一段段空白。避免造成"空白"的唯一途径,就是将电子文件永久地保管起来。

由于对技术、系统的依赖性,电子文件的长久保存困难重重,虽然取得一定进展,但并非彻底解决。

以上五个方面是电子文件管理领域所面临的全局性、整体性实践难题,在电子文件管理的各个具体环节中同样有各种难题出现,档案工作者必须面对挑战,迎难

[①] 冯惠玲等:《电子文件风险管理》,中国人民大学出版社2008年版,第3页。
[②] 冯惠玲等:《电子文件风险管理》,中国人民大学出版社2008年版,第10页。

而上,从理论和实践上努力探索电子文件管理规律,破解电子文件管理理论瓶颈与实践难题,推动电子文件管理有序开展。

 思考题

1. 简述电子文件管理的目标要求。
2. 论述电子文件管理的基本原则。
3. 阐述"后保管模式"的主要内容。
4. 简述电子文件"单套制"与"双套制"管理模式。
5. 谈一谈电子文件管理的理论问题与现实障碍。

参考答案要点

第三章 电子文件的形成积累

电子文件是现代信息技术环境下生成的新的文件形态。由于电子文件的特殊性,需要在电子文件的整个生命周期中对其实施管理,在形成阶段及时积累电子文件,从而保证电子文件从文书部门到档案部门数据信息的完整准确,有效保障电子文件内容的真实性、完整性、可用性和安全性,实现文档一体化管理。

第一节 电子文件的形成

由于对电子文件概念的认识不同,档案界对于电子文件形成的概念也有不同的认识。"形成是文件生命周期的第一个阶段,在此阶段中,文件通过创建或接收的方式得以积累。"电子文件的形成是指对电子文件进行创建接收从而产生电子档案的过程。

一、电子文件形成环境

电子文件是现代信息技术发展的产物,随着计算机技术、网络技术、数字技术等的快速发展与广泛应用,电子文件海量生成,来源广泛、类型多样、结构复杂,其形成环境具有明显的技术依赖性和差异性。"鉴于不同单位信息化发展水平不同,甚至存在巨大的地区差异、行业差异,因此,从总体上而言,电子文件形成的技术环境呈现较为复杂的状态。有单位只有部分业务的部分活动实现了电子化,如有些单位只实现了电子文件创建的电子化,但审批依然在线下,在系统中只能查看审批状态;有些单位实现了创建和流转的电子化,但尚未实现传输的电子化;有些单位可能创建、流转、传输都实现了电子化,但是没有解决电子印章问题;也有单位的部分业务完全实现了电子化,但全部业务电子化的单位尚属少数。"①基于电子文件形成环境的复杂性，需要充分认识各单位信息化现状，加强与业务管理密切衔接，对形成过程进行管理和控制，从电子文件形成源头进行规范，确保电子文件质量合规。

如2021年，浙江省湖州市"办公自动化系统及行业业务系统电子文件单套制全流程管理——以湖州市水利局为试点"项目顺利通过验收。该项目通过"管理＋技术＋制度"系统推进电子文件单套制全流程管理，利用数字档案馆和水利应用系统的迭代升级，加强平台融合，构建"电子文件形成系统—电子文件统一管理平台—基层档案管理系统—档案馆管理系统"全流程归档模式，确保数据"一键推送、一个入口接收、归档一站管理"，实现了水利电子文件接收、归档、移交、利用全流程管理。此外，湖州市水利局运用数据保真技术，部署数据保真平台，对电子文件原始信息包和归档信息包实施实时备份、预警及恢复；运用"区块链"技术，将电子文件收集、归档、利用过程上链，通过区块链时间轴实现对电子文件过程追溯；个性定制电子文件质量检测功能，确保电子文件流转过程中的真实性、完整性、可用性和安全性。②

二、电子文件形成活动

根据业务工作处理文件的过程，可以将电子文件形成活动归纳为创建、接收、流转、更改、传输等。③ 其中只有创建和接收是每一份电子文件必经的形成活动，其他活动则因不同的业务需要而选择性产生。

（一）创建

创建又称生成、产生，是指文件形成者在社会实践中根据业务工作的需要和特定目的，借助于一定的工具生成电子文件的过程。根据产生途径的不同，可以将电子文件的创建分为原生性创建和再生性创建两种方式。其中，原生性创建是指直接在各种数字技术环境中以数字形态产生电子文件，包括通过图像、音视频设备直接对多媒体信息进行接收、采集而生成电子文件。再生性创建是指经过扫描、拍摄、模数转换等数字化加工处理，对纸张、照片、缩微胶片、模拟录音录像磁带等传统文件进行转换，生成新的电子文件。通过再生性创建产生的电子文件即转换型电子文件。

（二）接收

接收是指电子文件形成机构从其他机构接收电子文件的活动，比如电子公文

---

① 冯惠玲、刘越男等：《电子文件管理教程》（第二版），中国人民大学出版社2017年版，第102页。
② 陆学敏：《浙江湖州市水利局实现电子文件单套制全流程管理》，《中国档案报》2021年11月22日第2版。
③ 冯惠玲、刘越男等：《电子文件管理教程》（第二版），中国人民大学出版社2017年版，第95—100页。

的接收、电子邮件的接收等。接收电子文件的途径包括介质传递和网络传递两种，介质传递方式包括采用光盘、移动硬盘等面向单位或个人接收征集电子文件；网络传递方式包括电子邮件系统、电子公文传输系统、在线政务服务平台工作流接收等。有时候，形成机构也会将接收的纸质文件经过数字化加工转换为电子文件，开展后续的处理工作。

（三）流转

在现代机构中，很多业务活动是由两个或两个以上的人员、部门共同参与、协同完成的。这些工作经过一个人员或部门处理后再转往下一个人员或部门，伴随这些工作产生的电子文件需要经过多个人、多个部门的处理，可将电子文件由形成机构内部多个部门、多个人员处理生效的过程称为电子文件的流转。电子文件的流转类型主要包括以文件为中心的流转和以业务为中心的流转两类。其中，以文件为中心的流转，其业务的核心就是形成或办理文件，文件在业务中扮演着最终产品的角色；以业务为中心的流转，其目的在于通过文件的处理来实现业务目的，文件在其中扮演副产品的角色。

（四）更改

更改是按照一定的标准、原则、制度和要求，应用特定的方式修改、补充或变更电子文件某些内容的过程。严格来说，经过更改的电子文件已经是另一份电子文件。为了管理的方便，有时候会用更改后的电子文件覆盖更改前的电子文件，这时候原电子文件的生命周期自然终结。在有些情况下，则需要同时保留更改前后的电子文件，为了保留更改前后电子文件之间的关联，通常会将这两份文件视为不同的版本加以管理。一般来说，文件创建过程中的更改会产生自然的新旧更替，而文件流转过程中的更改则大多受到严格的版本控制。更改是电子文件形成中的重要活动，电子文件的更改不限于传统的公文修改等，更多地发生在工业产品设计、研制、生产和设备管理领域，以及建设工程项目规划设计、施工和管理领域。

（五）传输

传输也称交换、交付等，是指不同单位之间根据约定的规则将电子文件由一方向另一方传递的过程。如电子公文根据职能范围的约束由发文单位向收文单位发送的过程；工程设计单位根据合同的约定在规定时间内向建设单位交付设计图样的过程等。电子文件的传输方式有两种：介质传输和网络传输。介质传输是指将电子文件信息转移到纸张、缩微胶片、磁带磁盘等特定存储介质上，而后采用传统的文件传递渠道进行传输。网络传输是指电子文件的传输过程完全通过网络实现。网络传输包括两种实现方式：一是信息交换，即将电子文件从一台计算机复制或转移到另一台计算机上；二是信息共享，即将电子文件及其存储设备设为共享模式,其他计算机可以通过网络进行访问,其实质是文件访问权限的分配和管理。电子文件的传输需要严格遵循国家有关信息安全、数据安全、网络安全、保密安全的要求,严禁使用公用网络处理、存储或传输涉密信息。为了加强安全管理,可根据需要采用加密、身份认证、数字签名、电子印章、安全介质等技术,确保电子文件传输安全。

三、电子文件形成原则

电子文件的形成需要符合一定的管理要求,满足真实完整、安全可用标准。基于电子文件属性特点和管理实践,将电子文件形成原则归纳为合法合规、内容准确、背景完整、格式规范、控制得当五个方面。[①]

(一) 合法合规

文件是业务活动的信息传递工具,文件形成的合法合规性也是业务合法合规性的关键要素之一,这是电子文件形成的最基本原则。合法合规原则是指遵循法律法规、监管要求、行业规范以及各单位自身业务活动制定的行为准则。电子文件合法合规形成是指电子文件的创建、接收、流转、更改和传输等活动都要符合法律法规、监管要求、行业规范和行为准则要求。电子文件的留存,关键是电子文件所记录的业务过程必须符合法规要求。基于合法合规原则,每个电子文件形成机构,均要从文件管理的角度,仔细分析需要遵守的法律法规和行为规范,并将其落实到电子文件形成的日常管理中。

(二) 内容准确

内容准确是对电子文件形成者提出的文件质量要求。除了没有错别字、语法错误和符号错误等最基本的要求之外,电子文件的内容更要精准地反映其记录的事实,唯有如此,才能客观再现业务过程和结果。各行各业都有其自身对内容准确的定义和要求,比如行政机关年度公报不能出现文字错误、数据前后矛盾等现象;各单位的新闻报道应简洁、清晰、明了,不涉及无关情况,不使用晦涩词句;行政许可申请表述要明确,不能模棱两可、以偏概全,以防产生歧义。内容不准确的文件,不仅表明机构和人员工作作风的不严谨,还有可能对机构造成无法预计的损失。此外,内容准确还要求电子文件形成者能够准确描述电子文件的内容,包括准确拟制电子文件的标题,以便日后检索利用。

(三) 背景完整

文件档案管理理论认为,文件只有与构成其来源的职能活动过程相联系,其价

[①] 冯惠玲、刘越男等:《电子文件管理教程》(第二版),中国人民大学出版社2017年版,第107—116页。

值才能得到完整体现。文件是活动的产物,它的意义在很大程度上要以它与活动的关系而定,也就是说,重视文件的形成背景,历来是文件档案理论坚持的最基本思想。对于电子文件而言,背景信息是维护电子文件完整性、证明其真实性的关键。因此,背景完整是富有文件档案管理特色的原则要求。

背景完整可以细分为两个方面:一是背景信息在电子文件形成过程中得到完整记录;二是满足电子文件管理要求的背景信息得以完整收集,便于捕获。电子文件背景信息多是以元数据的方式形成和管理的。由于背景信息是在电子文件形成过程中产生的,事后并不能弥补,所以在业务流程设计和业务系统设计之时就应该将其考虑在内。要保障背景信息完整,就要明确电子文件管理的要求,应该记录和保留哪些与电子文件有着本质上的联系,能够有效地证明其形成过程、形成环境的背景信息,明确这些背景信息的来源、形成方式,再以元数据方案的形式加以固化。元数据方案中的元数据,需要在电子文件形成系统中加以实施,并保证能够在电子文件管理系统中采集输出。

(四) 格式规范

电子文件生成环境的复杂性导致电子文件具有技术形态的多样性。技术形态的多样性主要表现在形成系统的多样性、文件格式的多样性和数据类型的多样性三方面。形成系统的多样性是指电子文件形成的软硬件平台有多种,包括计算机硬件系统、计算机软件系统、网络系统等。文件格式的多样性是指文件数据的编码方法有多种,电子文件存在不同的文件格式,每种格式都要用不同的软件读写。数据类型的多样性是指电子文件信息可能以多种形式存在,包括文本、图像、图形、声音、动画、视频、程序、超文本等。

格式是否规范是电子文件长期保存的关键因素。为确保电子文件的长期可读可用,需要在形成电子文件伊始就选用适合交换共享、长期保存的存储格式,以维护电子文件的长期可读性,方便电子文件的使用与管理。在条件允许的情况下,电子文件形成机构应该尽可能选用应用广泛、相对稳定的通用格式作为电子文件的存储格式。

(五) 控制得当

控制得当是指对电子文件的形成过程采取适当的措施进行监督和控制,主要包括状态控制、权限控制、版本控制等。电子文件形成系统中的控制工具一般通过信任与授权机制提供给具有特定权限的人员,由他们对电子文件的形成过程进行跟踪、监督、管理和控制。一是状态控制。在电子文件形成过程中需要控制的状态主要有处理状态、生效状态等。处理状态主要是指当前电子文件处于何人之手,正在接受何种操作;生效状态主要是指电子文件发生效力的范围和程度。二是权限控制。电子文件形成机构应该建立人员安全管理机制和授权机制，对电子文件的形成和管理权限进行恰当控制。三是版本控制。在业务活动过程中产生的电子文件版本繁多，如不进行版本控制，可能会造成有效版本丢失、难以掌控电子文件最终版本、无法回溯业务活动过程等问题。在开展版本控制时，首先需要确定应开展版本控制的电子文件种类；其次应明确每类文件版本控制的基本规则，要求将重要的版本留存下来而不是覆盖原有版本；最后应选择合适的版本控制方式及控制工具。

四、电子文件形成规律

电子文件的形成规律是指电子文件从制作到生成的过程中所表现出来的种种内在规律性。作为电子文件管理方法的依据，电子文件形成规律研究具有十分重要的意义。

作为信息化社会实践活动的伴生物，电子文件本身就打上了技术与社会的双重烙印。因此，电子文件在形成过程中的内在联系并不完全取决于电子文件本身，还取决于与电子文件相关的业务活动、人员、文件系统、文件管理制度等要素。这些要素的共同作用及其在电子环境中发生的变化，使电子文件的形成具有一些明显区别于纸质文件形成的特点。

（一）电子文件的形成与业务活动的开展同步进行

文件以业务活动为对象，按照业务活动的程序逐步形成相应的文件，业务活动过程即文件的形成过程，这是文件形成的一般规律。但在电子环境下，这一规律表现出不同的形态，特别是在电子文件管理系统开发中，就要注意系统和业务流程的紧密结合，跟踪整个文件流转过程，记录文件创立、登记、修改、审核、签署等过程。这是一种嵌入式的实现方式，即将电子文件管理系统嵌入到电子事务系统中，以电子事务处理系统为母体，将电子文件管理功能需求和所使用的技术措施嵌入其中。

"电子文件的形成与业务活动的开展同步进行"这一规律还表现在新的信息化业务活动将导致新类型电子文件的产生。如随着业务活动网络化，各机构开始通过网络接收和发布文件，外网电子文件和内网电子文件的管理已融入日常工作和生活的方方面面。

（二）电子文件的形成依赖于系统

电子文件的形成是在系统中进行的，系统是文件从形成到销毁整个生命周期无法离开的环境，因此，电子文件的种种特点，如非人工识读性、信息与载体的可分离性、信息的可变性、信息的可操作性等，其实是系统对文件的规定性。同时,电子文件的形成依赖于系统,这对其管理也提出了许多新的要求。有效的管理方式既依据系统对文件的规定性,又要利用系统管理电子信息的能力。如人们认识到背景信息的重要性,为了保证电子文件的真实性,应将背景信息随文件一并记录下来并实施有效的控制,从而导致著录环节的前移和"著录单"这一新的文件的形成。

(三) 电子文件信息形成与存储分散化

就同一份电子文件而言,其信息一般由操作系统和应用程序共同生成,比如文件创建者、创建时间、修改时间和存取时间等由操作系统记录,文件的内容信息则由应用程序完成。如果该文件在互联网上公布,还需要经过 HTML 语言编辑器或其他可视化的网页编辑程序进行加工,加工过程又会形成标签(tags)等新的信息。这些信息之间彼此相对独立,处于分散状态。

计算机给人们提供了方便的复制、调用功能。比如,一份关于某城市交通情况的报告,其数据来源于其他数据库,因此关于该报告的信息,可能分存在不同的系统、机器甚至地区。生成该报告的应用程序只保存这些数据的地址和其他内容信息,相应的数据仍然保存在原来的数据库系统中,而生成报告的应用程序并未保存同样的数据。当这些文件需要脱机保存的时候,如何保证其信息的完整性便成了一个难题。

(四) 数据类型与文件格式多样化

数据类型多样化是指电子文件中的信息可以多种形式存在,包括文本、图形、照片、声音、影像等。在电子环境下,人们可以在同一份文件中集成多种媒体的数据信息。另外,在不同的业务系统,人们在利用不同的软件起草文件时,软件的差异也导致了文件在格式、编码、读取方式和编辑手段方面的诸多不同。系统异构、数据格式异构现象普遍存在,从而影响电子文件跨平台阅读和利用。

(五) 电子文件信息生成的动态性

电子文件信息生成的动态性是由文件之间动态联系的增多表现出来的。所谓动态联系是指文件与文件之间变化着的联系,一般是通过链接操作而建立起来的,一旦文件与某一对象之间建立链接,对象发生的任何变化都可以自动反映在文件中,导致该文件具有动态特征。[①]

上述规律并不包括电子文件转化成档案的规律。如果从文件生命周期理论看,电子文件转化成档案有其自身规律,即电子档案的形成规律,对此仍需探讨。有学者提出电子文件向电子档案转化过程中的两个特殊规律:完整意义上的电子

---

① 刘越男:《电子文件形成规律探究》,《北京档案》2001 年第 5 期,第 26—27,29 页。

档案应包括归档电子文件和元数据两部分;电子文件转化为电子档案不是单一的不可逆的线性过程,也没有明确的标志。① 这为电子档案形成规律的研究提供了参考。

第二节 电子文件的制作

一、电子文件的制作方式

在电子文件的制作方式中,由于 Microsoft Word 软件在编辑排版方面具有功能上的全面性、使用上的普及性和操作上的易用性,使其在桌面办公领域更具优势,大多数电子文件的制作都是在 Word 软件中完成的。因此,掌握好 Word 软件编排电子文件技巧至关重要。本节利用 Word 2021 版本介绍电子公文制作的相关方法。

为提高党政机关公文的规范化、标准化水平,2012 年 6 月 29 日,国家质量监督检验检疫总局、国家标准化管理委员会发布了国家标准《党政机关公文格式》(GB/T 9704—2012),该标准于 2012 年 7 月 1 日起正式实施。电子公文需要根据这一标准进行制作。

(一) 制作电子公文的模板

1. 打开空白 Word 文档

单击"开始"菜单,单击"Word",打开一个空白文档。

2. 页面设置

单击"页面布局",在"页面设置"栏中选择"页边距"选项卡,将页边距设置成上:3.7 厘米、下:3.5 厘米、左:2.8 厘米、右:2.6 厘米,纸张方向为"纵向",页码范围为"普通";选择"纸张"选项卡,纸张大小为"A4";选择"布局"选项卡,"页眉和页脚"为"奇偶页不同";选择"文档网格"选项卡,"网格"为"文字对齐字符网格",并将"字符数"下的"每行"设置成"28"个字符,"行"下的"每页"设置成"22"行,再单击"字体设置","中文字体"为"仿宋","字号"为"三号",最后单击"确定"按钮。这样就能将版心设置成三号仿宋字、每页 22 行、每行 28 个汉字的国标样式(如图 3-1 所示)。

---

① 石磊:《认识电子档案的形成规律》,《中国档案》2002 年第 6 期,第 41—42 页。

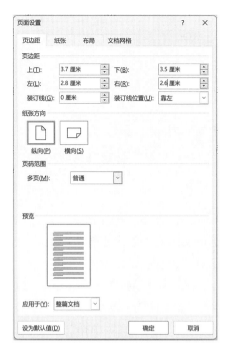

图 3-1　页面设置

3. 发文机关标志制作

单击"插入",在"文本框"箭头下选择"绘制文本框",在 Word 页面上绘制文本框,在该文本框内输入发文机关标志,输入完成后,选中该文本框,单击鼠标右键,"设置文本框格式",在这里设置红头文件的属性。选择"颜色和线条"选项卡,填充颜色为"红色",线条为"无线条颜色"。选择"大小"选项卡,"高度"设置成"2.64 厘米","宽度"设置成"15.6 厘米"。选择"版式"选项卡,"环绕方式"为"浮于文字上方","水平对齐"为"居中";单击"高级"按钮,打开"高级版式","水平"栏选择"对齐方式"为"居中",相对于"页边距";"垂直"栏选择"绝对位置"为"2.5 厘米"(平行文标准)、"8.0 厘米"(上行文标准),"下侧"设置为"页边距";"选项"栏中"对象随文字移动"不选,其他全选,然后单击"确定"。选择"文本框"选项卡,左、右、上、下都设置成"0 厘米",单击"确定"完成。文本框属性全部设置完成后,选中文本框内的全部文字,将颜色设置成"红色",字体设置成"小标宋体",字号根据文本框的大小设置成相应字号,但要尽量充满该文本框,这样,宽为 15.5 厘米、高为 2 厘米、距上 2.5 厘米的"红头"便可制作完成。

4. 发文字号制作

在发文机关标志下空两行位置,输入发文字号。发文字号由"发文机关代字"、"年份"和"发文顺序号"组成,其中年份、发文顺序号用阿拉伯数字标注;年份应标全，用六角括号"〔 〕"括入；发文顺序号不加"第"字，不编虚位（即1不编为01），在阿拉伯数字后加"号"字。

若是平行文，则发文字号为三号仿宋、居中显示。若是上行文，则发文字号为三号仿宋、左空一个字的距离，"签发人"为三号仿宋字体，签发人姓名为三号楷体、右空一个字的距离。

注：文号的年份一定要使用六角括号。六角括号插入方法：选择"插入"→"符号"→"标点符号"选项卡，找到六角符号后，将光标置于准备插入的地方，单击"插入"按钮即可。

5. 分隔线制作

单击"插入"，选择"插图"中"形状"下的"直线"线条，鼠标会变成"十"字形，按住键盘上的Shift键后拖动鼠标画一条水平线，然后选中直线单击鼠标右键，单击"设置自选图形格式"。选择"颜色与线条"选项卡，"颜色"为"红色"，"虚实"为"实线"，"线型"为"2.25磅"。选择"大小"选项卡，"高度"设置成"0厘米"，"宽度"设置成"15.6厘米"。选择"版式"选项卡，"环绕方式"为"浮于文字上方"，"水平对齐"为"居中"；点击"高级"按钮，打开"高级版式"，选择"图片位置"选项卡，"水平"栏选择"对齐方式"为"居中"，相对于"页边距"；"垂直"栏选择"绝对位置"为"7厘米"（平行文标准）、"13.5厘米"（上行文标准），"下侧"设置为"页边距"；"选项"栏选择"允许重叠"和"表格单元格中的版式"两项。单击确定。

6. 页码制作

单击"插入"，在"页码"的下拉菜单中选择"页面底端"的"普通数字3"（右对齐），然后在页面上方的"选项"栏中选中"奇偶页不同"，这样即插入了右端对齐的奇数页码；再将光标放到任一偶数页，单击"插入"，在"页码"的下拉菜单中选择"页面底端"的"普通数字1"（左对齐），这样即插入了左端对齐的偶数页码。分别双击任一奇偶页码，在页码两边各加上一条全角方式的短线，并将页码字号设置成四号宋体；奇数页的页码设置成右空一个汉字，偶数页的页码设置成左空一个汉字。

7. 保存成模板文件

单击"Office按钮"，选择"另存为"中的"Word模板"（*.dotx）。在"文件名"栏中给模板命名；在"保存位置"栏中确定模板所在路径（通常选择默认即可，也可自行选择）。点击"保存"，模板制作完成。以后所有属于此种类型的公文都可以调用该模板，直接进行公文正文撰写。

要对该模板进行修改，可以调出相应模板，方法是：单击"Office按钮"，选择"打开"，找到相应的模板路径调出模板进行修改；若模板保存时按系统默认设置的，则单击"打开"按钮调出模板即可进行修改。

（二）电子公文正文排版

1. 依据模板建立新电子公文

打开 Word 软件，点击"Office 按钮"，在"打开"的界面上选择电子公文模板所保存的文件夹，双击该模板文件即可调出模板。

2. 制作电子公文正文内容

正文内容根据实际需求，可以直接录入文字，也可以从其他文本中将文字复制进来。根据《党政机关公文格式》(GB/T 9704—2012)的相关要求，公文正文排版格式如下：

标题：二号小标宋体字，编排于红色分隔线下空二行位置，居中显示。

主送机关：三号仿宋字体，编排于标题下空一行位置，居左顶格，冒号使用全角方式。

正文：三号仿宋字体，编排于主送机关名称下一行，每个自然段左空二字，回行顶格。

发文机关署名和成文日期：三号仿宋字体，发文机关署名在成文日期正上方居中编排，成文日期一般右空 4 个汉字编排且用阿拉伯数字将年、月、日标全。

文号、签发人：按照模板定义的字体填写完整。

最后，将红头、红线、文号、签发人、标题、主送机关、正文、发文机关署名、成文日期、印发机关、印发日期、页码等相互位置调整好（如图 3-2 所示）。

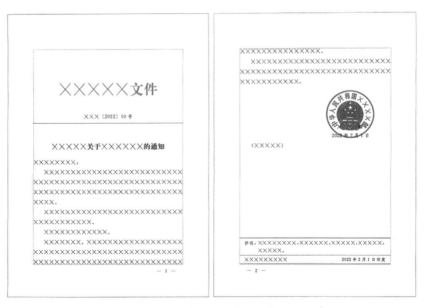

图 3-2　电子公文成文示意图

二、电子文件的制作流程

电子文件的制作流程是文件形成机关利用计算机制发电子文件的过程，主要包括草拟、审核、签发、复核等环节。

（一）草拟

草拟，即拟制电子稿件的过程，是根据发文的目的及领导意图，将拟好的文稿录入、编排、修改，制作成较为规范的可修订格式公文，借助内部办公自动化系统送相关人员审稿之前的工作过程。具体内容可参见上文"（二）电子公文正文排版"。

（二）审核

审核是文件形成部门负责人根据审稿工作的基本要求，借助内部办公自动化系统，从内容到体式、文字进行审查，将审稿意见直接记录、批注或修订在电子文稿上，反馈给拟稿人。

（三）签发

签发是指领导核准文稿并通过办公自动化系统进行电子签名，签署同意发出的意见、姓名及日期。电子文稿一经领导签发即成为定稿。公文应当经本机关负责人审批签发；重要公文和上行文由机关主要负责人签发；党委、政府的办公厅（室）根据党委、政府授权制发的公文，由授权机关主要负责人签发或者按照有关规定签发。

（四）复核

已经发文机关负责人签发的公文，印发前应当对公文的审批手续、内容、文种、格式等进行复核。需作实质性修改的，应当报原签发人复审。经过复核，确认电子文稿从内容到形式准确无误后，可以将电子文件发出。[①]

第三节 电子文件的收发

电子文件的收发主要是依托电子政务网络实现部门内部和部门之间文件的分发、接收、传阅等操作，以电子文件传输取代传统纸质文件传输的现代办公模式。电子文件的收发与纸质文件的收发有较大不同，具体体现在：一是载体的天然差异，电子文件的物理存在形式是数字符号，纸质文件的物理存在形式是纸张字迹；

---

① 丁海斌、卞昭玲：《电子文件管理基础教程》，辽宁大学出版社2011年版，第158—168页。

二是传输路径的特殊依赖,电子文件传递于系统网络中,纸质文件传递于物流网络中;三是不同的安全控制,电子文件根据系统环境设定,纸质文件根据物流环境设定。上述三点决定了电子文件的收发具有不同的传输流程和操作要求,具体包括发文和收文两大流程。各单位根据业务实际需要,设计符合自身业务流程的电子文件收发系统,不同单位的电子文件收发系统会存在较大差异。下面以电子公文为例对电子文件收发系统主要流程加以介绍。

一、电子文件发文流程

电子文件的发文流程与传统文件的发文流程有很大不同。传统文件的发文流程一般包括拟稿、会商、核稿、签发、复核、登记、印制、核发、用印、封发等环节;①而电子文件的发文流程主要包括发文前处理和文件发送两大过程。

(一)发文前处理

发文前处理涉及的关键环节有以下几个:

1. 发文前的规范化编辑

电子文件在定稿形成后,按照文件规范格式进行编排,并进行文本格式转换,将 DOCX 格式转换为 PDF 格式、OFD 格式或 SEP 格式的电子公文。

2. 数字签名(电子印章)

传统的手写签名和印泥盖章在电子公文上无法进行,必须依靠电子技术手段来替代,并且要做到在电子公文传输过程中能够识别发文和收文双方真实身份,保证电子公文的安全性、真实性和可信性,起到与手写签名或盖章同等的作用。实践中的一般做法是将电子签名技术和公章图像技术结合在一起,加盖电子公章的过程,就是电子签名的过程,这个过程一般也叫作电子印章过程。我国电子公文电子签名的主要依据是《电子签名法》。

实现电子签名的技术手段有多种,比较成熟的是数字签名,所以加盖电子印章过程往往也称为数字签名过程。数字签名是通过密码运算生成一系列符号和代码组成电子密码进行签名来代替书写签名或印章,是一个运用"非堆成密码系统"技术对发文者发出的电子公文进行加密和解密的过程。简单说,数字签名就是利用加密技术验证签名者身份和公文内容。

3. 加密

由于网络环境的广泛性和复杂性,普通电子文件很容易在网络传输过程中被截取,因此加密是保障电子公文安全的一道防线。有加密就有解密,发文时加密,

---

① 周耀林、叶鹏、黄川川:《公文管理教程》,辽宁大学出版社 2013 年版,第 125 页。

收文时解密,两者是一个互逆过程。以某一电子公文传输系统采用的加解密算法为例:在公文发送阶段,通过 DES 算法加密电子公文的正文,用收文单位公钥通过 RSA 算法加密 DES 的解密密钥,加密后的密文和密钥一起发送给收文单位。

(二) 文件发送

公文登记是记录电子公文的基本要素,发文、收文、转发、归档都是以它为依据进行的,是文件发送的基本环节。

登录电子公文收发系统,点击电子公文发送按钮,进入公文登记界面。首先,填写公文登记表,将公文标题、发文编号、主题词、文种、紧急程度、密级、保密期限、公文正文、公文附件、发文类型、主送机关、发文备注、签发人、使用印章、登记时间等逐一登记,登记完毕后保存提交。其次,从公文登记表中调出待发送的公文,再次浏览无误后对需加密的文件加密后发送。

二、电子文件收文流程

电子文件的收文流程与传统文件的收文流程也有很大的不同,传统文件的收文流程包括签收、登记、初审、承办、传阅、催办、答复等环节[1];而电子文件的收文流程主要包括收文前处理和文件接收两大过程。

(一) 收文前处理

收文前处理涉及的关键环节有以下几个:

1. 收文解密

针对前文提到的电子公文传输系统采用的加解密算法,在公文的收取阶段,收文单位收到密文和密钥后,首先用私钥对密钥进行 RSA 解密,获取密文解密密钥,再通过 DES 算法解密收文。

2. 电子公文的签收和验证

收文单位解密收文后,用发文单位公钥验证收文的电子签名,以确定收文的合法性并向发文单位发送签收回执或签收证明。

3. 原样打印输出

为了保证打印输出的文件是红头和红章,并保证公文内容和版式的原样复原,收文单位需要配备彩色打印设备。打印份数一般由发文单位设定。

(二) 文件接收

1. 签收公文

登录电子公文收发系统,点击收文系统按钮,进入收文工作界面。收文工作界

---

[1] 《党政机关公文处理工作条例》(中办发〔2012〕14 号)。

面主要有待签文件、待登记文件、已完成文件、退走文件、查询等导航按钮。点击待签文件按钮,进入待签收界面。待签收界面有保存、编辑、浏览、签收、退回、打印等按钮,点击签收按钮,系统将弹出对话框提示输入密码,密码输入正确后,系统自动完成签收过程,并向发文单位自动发送回执。

2. 收文登记

当待签收文件签收完毕后,该文件即进入待登记文件界面。在待登记文件界面中,填写好相关公文要素后,保存提交。

3. 浏览打印

在公文要素登记完成后,点击浏览按钮,进入浏览界面,即可进入打印输出界面进行打印。

4. 文件退回

如果收文单位收到不符合行文规则的文件,可以退回给发文单位。[1]

第四节 电子文件的积累

电子文件积累是指按照一定规则要求将电子文件汇集起来。电子文件一经形成,就涉及积累问题,积累是在流动中把握永恒,使电子文件归档转化为电子档案,从而成为集体和社会记忆。随着电子文件的大量生成,电子文件的积累问题日益突出,收集积累电子文件是业务人员工作的重要内容。

一、电子文件积累的范围

(一)以"大档案"观思考电子文件积累

"大档案"观最早是1995年由孙嘉焯提出的,他从档案和档案工作范围逐渐扩大的现实出发,参照社会上流行的"大文化""大绿化""大市场"等观念,提出"大档案"概念,认为大档案"是根据档案与社会的密切关系,把档案工作纳入社会发展的大环境中,凡是与档案工作有直接关系的、档案部门参与后能促进其发展的有关工作,都可划为'大档案'的范畴"[2]。这一概念提出后,得到一些学者的响应。黄项飞认为"大档案"的基本要素及其表现特征如下:档案空间——从封闭到开放;档

---

[1] 柳新华:《电子公文写作:制作·传输·处理》,中国纺织出版社2010年版,第199—206页。
[2] 孙嘉焯:《试论"大档案"》,《山东档案》1995年第3期,第15页。

案法制：从柔弱到成熟；档案开放——从被动到主动；管理手段——从手工到电子；档案政策——从刻板到灵活。①

"大档案"观不仅潜含着从社会发展的角度思考档案工作范围、拓展档案事业社会空间的工作思维，而且潜含着对档案构成的重新理解和认识，要求跳出传统官方"小档案"的认识思维，扩大档案的构成和成分，强化对社会各类档案资源的认知和管理。

用"大档案"观来思考电子文件的收集积累，其意义主要在于扩展对电子文件存在范围和存在形态的认识，认识到电子文件不仅包括文件本身的数字化形态，也包括存储在各种载体上的拷贝件；不仅包括文本文件，也包括音频、视频、多媒体、超媒体文件；不仅包括各种业务系统的文件，也包括支持这些业务系统的程序类文件；不仅包括系统产生的工作文件，也包括社交网站、微博、微信、博客、论坛、播客等产生的社交文件；等等。发现电子文件的新形态，将各类电子文件收集积累起来，全面反映数字时代社会活动的原貌，是档案工作者的社会责任。

（二）电子文件积累的具体范围

电子文件的积累范围应按国家关于文件归档范围的有关规定执行，并参考现行纸质文件的积累范围，制定电子文件的积累范围。同时，电子文件积累范围还应根据各部门文件形成情况以及电子文件的特点确定。

纸质文件的直读性使其归档时只需归档其文件自身，而电子文件的机读性则要求归档时不仅将电子文件本身的数据文件归档，同时相应的程序类文件也应归档。因此电子文件积累范围可划分为两大类：数据类文件和程序类文件。

各类反映本部门职能活动的数据类文件是电子文件的主体，它反映文件的内容，是积累的主要对象。数据类文件采集积累时应注意：对于重要的电子文件既要采集定稿，也要保存草稿，使归档的数据能反映各类文稿在起草、修改、审核直至签发的每一个环节中的责任人的意旨，以保证历史的真实性。

这里之所以特别指出草稿的积累问题，是由电子文件的特殊性决定的。电子文件在起草过程中，如果不采取必要的措施，文件的后一稿将会覆盖前一稿的内容，导致失去保存和了解前一稿内容的机会。因此，对有必要保存草稿的文件应提出明确的要求和采取必要的技术措施，保障草稿内容的完整和真实。

程序类文件包括操作系统、语言处理系统、用户应用程序等。程序类文件是设计、编程人员和用户三者之间的主要沟通依据，程序类文件有两大类：一类是外购的；另一类是本部门自行开发的办公自动化系统。对于前者，为了计算机系统的安

---

① 黄项飞：《大档案：面向未来的新思维》，《北京档案》2004年第1期，第23—25页。

全运行,需要进行备份;后者应作为电子文件进行采集、积累与归档。这是因为,各单位自行研制的程序都应当视为本单位的科研成果,由此所产生的文件应同其他课题研究成果的成套文件一样处理,即把程序与相关的文字文件作为一个整体,一起整理归档。对申报专利或申请奖励的研制程序,还应形成一套专利文件或申报和批准奖励的文件。文档部门应当协同并督促程序研究小组,将一整套文件收集齐全、统一整理归档。

二、电子文件积累的要求

(一) 电子文件积累的原则性要求

1. 保证电子文件的完整性

在电子文件的管理中,首先要着眼于电子文件的完整性。在公文类电子文件的制作过程中,一般有草稿、修改稿、审批稿、审批意见、签署等,凡形成的有价值的信息,都不能丢失,以保证其完整性;在辅助设计的过程中,一般有可行性研究、初步设计、技术设计、工作图设计、产品试制、测试等步骤,在这些过程中,凡形成有价值的文字、图形等信息都不能丢失。其他类型的电子文件,一般都有自己的制作步骤和过程,为了能全面真实地反映所形成的电子文件的功能和作用,要将形成的有价值的信息保存,以保证电子文件的完整性。

2. 积累经过审批的"最终版本"的电子文件

保证是经过审批的"最终版本"的电子文件,必须从电子文件系统设计阶段就开始进行监督、跟踪,根据电子文件形成的规律和过程,由文件形成人员或文件管理人员按规定适时予以积累,并备份保管,以保证具有凭证价值的电子文件的信息安全。

(二) 电子文件积累的具体要求

《电子文件归档与电子档案管理规范》(GB/T 18894—2016)对电子文件及其元数据的收集积累作了如下具体规定:

第一,应在业务系统电子文件拟制、办理过程中完成电子文件的收集,声像类电子文件、在单台计算机中经办公、绘图等应用软件形成的电子文件的收集由电子文件形成部门基于电子档案管理系统或手工完成。

第二,应齐全、完整地收集电子文件及其组件,电子文件内容信息与其形成时保持一致,包括但不限于以下六个方面的要求:

一是同一业务活动形成的电子文件应齐全、完整。

二是电子公文的正本、正文与附件、定稿或修改稿、公文处理单等应齐全、完整,电子公文标式要素符合《党政机关公文格式》(GB/T 9704—2012)的有关要求。

三是在计算机辅助设计和制造过程中形成的产品模型图、装配图、工程图、物料清单、工艺卡片、设计与工艺变更通知等电子文件其组件应齐全、完整。

四是声像类电子文件应能客观、完整地反映业务活动的主要内容、人物和场景等。

五是邮件、网页、社交媒体类电子文件的文字信息、图像、动画、音视频文件等应齐全、完整、网页版面格式保持不变。需收集、归档完整的网站系统时，应同时收集网站设计文件、维护手册等。

六是以专有格式存储的电子文件不能转换为通用格式时，应同时收集专用软件、技术资料、操作手册等。

第三，以公务电子邮件附件形式传输、交换的电子文件，应下载并收集、归入业务系统或存储文件夹中。

第四，应由业务系统按照相关规定要求，在电子文件拟制、办理过程中采集文书、科技、专业等类电子文件元数据。

第五，可使用 WPS 表格或电子档案管理系统按照相关规定给出的要求著录、采集在单台计算机中经办公、绘图等应用软件形成的各门类电子文件元数据，以及声像类电子文件元数据。

三、电子文件积累的方法

电子文件积累的方法可分两类：一类是在电子计算机网络系统上，系统设计自动记录功能，可以记载电子文件的产生、修改、删除、责任者、进入数据库时间等。在进入数据库之前，通过对记有档案标识的内容进行鉴定归档。另一类是用存储载体传递的电子文件，按规定进行登记，对需要更改处理的，填写更改单，按更改审批手续进行，并存有备份件，防止出现差错。在收集积累过程中，重点要做好以下几项工作：

（一）电子文件规范命名

电子文件名通常由"命名词"+"·扩展名"组成。其中扩展名代表了电子文件的类型，通常由计算机自动产生；命名词是在电子文件生成、采集过程中，由文件形成者或文件积累者赋予的，规范电子文件命名词是规范电子文件管理的重要基础工作，随意命名会给管理造成混乱。

1. 电子文件命名的要求

一是唯一，即在同一文件夹中的电子文件不能重名，如果重名则后存盘的电子文件会将前存盘文件覆盖。

二是直观，即命名能够简要地概括文件的内容，便于查找调用。

三是简洁,即命名不宜过长,过长则难以辨认,且计算机软件会自动拒绝。

四是参照,即命名要便于与同样内容的纸质文件建立相互参照关系,以便实行"双套制"管理,达到电子文件和纸质文件的互通互联。

2. 电子文件命名的方法

一是采用"文件标题.扩展名"命名。这种命名的最大优点是直观,能通过命名知道文件的主要内容,如"关于加强档案信息资源开发利用工作的通知.doc"。但该方法不能完全避免重复命名,有时也会产生过长的命名。这种方法适用于在办公自动化管理中形成的电子文件。使用中应使文件命名与文件标题完全保持一致,万一出现重名,可在文件标题后加"(1)""(2)"等序号加以区分。

二是归档后采用"纸质档案的档案号.扩展名"命名,如"A03-12-023-04.jpg",其中"A03-12-023-04"是纸质档案的档号。该方法的优点是:档号唯一,能避免重名;档号中一般有分类号,便于识别内容;采用纸质载体的档案号,与纸质档案相互参照。这种方法一般适用于通过扫描等方式制作的归档电子文件。

三是对于基建或设备类电子文件也可以采用"项目编号+流水号.扩展名"、"项目编号+阶段号+流水号.扩展名"或"图号+流水号.扩展名"等方法命名。

(二) 文件夹设置

电子文件和纸质文件一样,是将具有保存价值的电子文件按照其自然联系组合成文件的组合体,纸质文件主要表现为案卷,电子文件主要表现为文件夹。在电子文件形成和积累过程中,可以设置不同层次的文件夹,对电子文件进行分类积累和管理。文件夹设置的具体方法如下:

第一,双击桌面上"我的电脑"或鼠标右击"开始"按钮选择"资源管理器",便可进入资源管理器界面。单击选择一个存储器,如"H盘"。在选择存储器时,要预先估计本单位电子文件的递增速度,让该存储器的容量能够满足电子文件递增的需要。同时,存储电子文件的文件夹不能选"C盘",因为"C盘"容易受到病毒的攻击。

第二,单击左上角"文件"按钮,再将鼠标移至"新建"→"文件夹"后单击。然后输入文件夹名,如"文书档案库"。这样建立的"文书档案库"文件夹就专门用于存放文书类电子文件。

第三,根据本单位档案分类体系,按电子文件的分类层次设置文件夹。

第四,类别设置好后,将需要归档保存的电子文件按类存放入相应的文件夹中。

第五,文件夹或文件夹中的文件可以按照名称、类型、大小、修改日期等方式排序。如果按名称排序则是按起始汉字的汉语拼音字母顺序排列。如果分类中刻意讲究一种排序方式,如机关各部门的文件夹必须按"党委办公室""行政办公室""人事处""计划处",则可在汉字前面加序号或英文字母,即"1—党委办公室""2—行政办公室""3—人事处""4—计划处"。

第六,分类可以通过调整文件夹,也可以通过增加或删除文件夹来调整文件类目。

(三) 电子文件的版本控制

电子文件版本是指为完成同一业务目的,经过一定流程而形成并在内容、形式、作用上有所不同的电子文件。常见的电子文件版本有:电子公文的草稿、修改稿、送审稿、定稿,软件 Beta 版、标准版、专业版,项目设计过程中绘制的初步设计图、施工图、竣工图等等。业务活动过程中产生的电子文件版本繁多,不进行版本管理和控制会造成电子文件难以整合,版本不统一往往会导致使用错误版本现象,造成电子文件文本与记录对象的不符,不仅难以反映真实的历史情况,也不利于未来的工作查考。

通过电子文件版本控制,一是可以追踪同一业务目的活动的过程;二是可以实现文件修订过程追踪,理解业务决策过程;三是为未来相关活动提供准确的借鉴和参考。

电子文件的版本控制,首先要确定需要开展版本控制的电子文件种类;其次应明确每类文件版本控制的基本规则,要求将重要的版本留存下来而不是覆盖原有版本,包括版本访问控制权限、版本号编号规则、版本冲突解决机制、各版本的保管期限等;最后应选择合适的版本控制方式及控制工具。

对一般的电子文件,应选择经过审批的"最终版本"加以收集并积累,作为归档版本。

 思考题

1. 电子文件与纸质文件生成环境有什么不同?
2. 简述电子文件的形成规律。
3. 如何以"大档案"观思考电子文件积累?

参考答案要点

第四章 电子文件的捕获归档

捕获归档是电子文件管理的重要环节,是夯实电子档案资源基础的重要方式。《"十四五"全国档案事业发展规划》提出深入推进档案资源体系建设,"加快档案资源数字转型。加强国家档案数字资源规划管理,逐步建立以档案数字资源为主导的档案资源体系","加强电子文件归档和电子档案移交接收。贯彻落实电子文件归档相关规定,建立健全电子文件归档、电子档案移交相关制度"。为此,需要强化电子文件捕获归档,推进"存量数字化、增量电子化",促进各类电子文件应归尽归,电子档案应收尽收,建立覆盖人民群众的档案数字资源体系。

第一节 电子文件的捕获

捕获(capture)是信息系统环境中使用的术语,其字面意思是"抓取、捕捉"。目前,在电子文件管理系统功能需求规范文档中,对电子文件的采集和获取都使用了"捕获"一词。其中,国家标准《电子文件管理系统通用功能要求》(GB/T 29194—2012)指出:捕获是按照既定要求将电子文件及其元数据纳入电子文件管理系统加以管理的过程;行业标准《电子档案管理基本术语》(DA/T 58—2014)指出:捕获是适时获取电子文件及其元数据的方法与过程;国际标准(ISO 15489)指出:捕获是决定生成并保留记录的过程,确保文件被捕获的方法包括分类和标引、整理、登记以及规范业务活动行为的系统。①

---

① ISO 15489:Information and Documentation—Records Management. International Organization for Standardization,2001.

一、电子文件捕获要求

根据《电子文件管理系统通用功能要求》关于电子文件捕获的相关规定,并结合国外对电子文件管理系统的捕获规定,电子文件捕获要求可归纳如下:

(1) 电子文件管理系统应支持文件管理员或授权用户定义和维护捕获活动中电子文件的捕获范围;修改应记入审计跟踪日志。

(2) 电子文件管理系统应在捕获文件或文档时出现提示信息。

(3) 电子文件管理系统应支持以原始格式捕获电子文件,不管其编码方法和技术特征如何。

(4) 如果捕获的电子文件存在多种格式,电子文件管理系统应能在不同格式之间保持有效的联系。

(5) 如果捕获对象包含多个组件,且被当成一份复合文件加以捕获时,电子文件管理系统应保留该文件内组件之间的关系。例如:包含图片的网页;带有附件的电子邮件;带有工作表链接的年度报告;嵌入视频的工作总结。

(6) 电子文件管理系统应将复合文件中所有组件作为一个整体单元进行检索、显示和管理。

(7) 电子文件管理系统应将包含多文档的组合文件作为独立的单元进行检索、显示和管理。

(8) 如果电子邮件和其附件作为不同的文档分别捕获,电子文件管理系统应自动将这些文档进行关联,并允许通过利用这些关联从电子邮件中找到每一份附件或从任何一份附件找到对应的电子邮件。

(9) 如果多个文档作为一个组合文件加以捕获,无论电子文件管理系统将其作为一个整体进行捕获还是分别捕获,都应要求:每份文档的组成要素之间的关系是确定的;上述关联被记录并保持。

(10) 电子文件管理系统应支持授权用户定义和维护能够捕获的文件格式类型,修改应被记入审计跟踪日志。

(11) 电子文件管理系统应能识别复合文件内各组件的格式类型,并将格式类型作为元数据予以捕获。

(12) 当捕获的文件有多种版本时,电子文件管理系统应记录并维护不同版本之间的联系。

(13) 电子文件管理系统应提供自动捕获或人工辅助捕获功能。自动捕获即将符合捕获范围的文件自动提交到指定位置,通常是在文件生成时或生成后通过与电子文件形成系统的应用程序接口自动执行。

（14）电子文件管理系统应提供主动的批量捕获功能和被动的批量接收功能。

（15）在实施批量操作时，电子文件管理系统应根据用户定制的文件捕获或接收规则，实施批量电子文件及其元数据的导入，并保持导入文件及其组成要素、元数据之间的关联以及文件之间的逻辑层次和相互联系。

（16）电子文件管理系统应提供手工著录的捕获方式，手工著录是通过电子文件管理系统的录入界面将电子文件的元数据录入电子文件管理系统，手工著录时应根据元数据方案提供选择框、默认值等简化录入的功能。

（17）在批量导入时，电子文件管理系统应能导入文件的审计跟踪日志。

（18）电子文件管理系统不应限定捕获文件的数量。

（19）当重复捕获同一文件或文档时，电子文件管理系统应发出警告。

（20）捕获不完全或尚未完成文件处理流程的文件时，电子文件管理系统应能发出警告，如一份不具备有效的电子签名的发文或者由未经认可的供应商提供的发货单。

（21）电子文件管理系统应支持授权用户定义、维护、修改某些特定种类的组合文件的完整构成要素，以便捕获时检查验证。修改应记入审计跟踪日志。

（22）电子文件管理系统应在文件成功捕获之后为其打上捕获标记。

（23）任何用户在捕获过程中及其后均不得修改电子文件的内容。

（24）电子文件管理系统应能向特定用户或系统发出文件成功捕获的确认信息，以及不能被正确捕获的报告。

（25）电子文件管理系统宜按照要求将原始格式转化为目标格式。

（26）除了可以捕获脱机载体或指定位置中的电子文件外，电子文件管理系统宜支持从各类文件形成系统中直接捕获文件，包括但不限于：桌面办公软件；工作流应用软件；电子邮件系统；电子商务及网络交易系统；图形和图像设计系统；条形码支持系统；多媒体应用软件；等等。

（27）电子文件管理系统宜允许以复合文件的形式捕获网页。[1]

二、电子文件捕获程序

电子文件捕获程序是指在一个电子文件管理系统中对电子文件进行采集、登记、分类、添加元数据和存储的过程。根据电子文件的自身特点与归档范围的相关规定，电子文件的捕获程序大致可分为以下五个基本步骤：

---

[1] 《电子文件管理系统通用功能要求》(GB/T 29194—2012)。

(一) 采集文件内容和结构

文件内容是文件自身所包含的信息部分,文件结构是文件所包含信息的组织格式。采集电子文件的内容和结构一般有三种方式:自动化采集、半自动化采集和人工采集。自动化采集主要是在有大量固定的业务实施时,系统遵循固定的工作流程,实现对电子文件内容和结构的自动探明与采集;半自动化采集主要是在业务无法作为固定的工作流程实施时,先通过系统自动采集一些通用的基础信息,再结合人工方式对有价值的电子文件内容和结构信息进行采集,对需要人工提取的元数据予以录入;人工采集主要是人为从存储在计算机或网络上的文件中分拣和提取有用的电子文件,以及部分传统文件数字化后的内容和结构信息。

(二) 捕获元数据

《电子文件归档与电子档案管理规范》(GB/T 18894—2016)将元数据定义为:"描述电子文件和电子档案的内容、背景、结构及其管理过程的数据。"因此,捕获元数据对于电子文件的生成以及作为含有证据意义的原始记录的归档保存都具有重要意义。

元数据按照来源可以分为五类:取自系统、取自文件、取自环境、取自工作流和人工录入。从上述来源可以看到,大部分的元数据都将被自动捕获。因此,捕获元数据的方法主要依赖于电子文件管理系统,其具体捕获方式如下:

1. 取自系统

将元数据捕获机制嵌入电子文件管理系统中,依赖文件系统的元数据就能够自动地被系统生成,如所有产生于一个特定系统的文件会有相同的技术描述。

2. 取自文档

有的元数据可以从文档自身获取,这是由应用程序决定的,如电子邮件的标题就包含了诸多信息:发件人、收件人、发送时间和日期以及文件的主题等。

3. 取自环境

元数据可以从计算机环境中获取,特别是文件的创建者和创建时间(对文件的证据地位非常重要)能够通过密钥或者用户的注册时间,由产生文件的计算机获取。如取自技术环境的元数据,可以反映出文件是单机上生成、局域网上生成还是因特网上生成,不同技术环境就会有不同的元数据;取自行政环境的元数据,可以反映出文件生成时所遵循的法律、法规、制度和标准等。

4. 取自工作流

工作流就是一系列的步骤。自动产生于工作流的文件拥有一个上下关系(如文件与工作流中其他文件的关系)。工作流中一个阶段的元数据录入就能够被工作流所携带,并且自动录入以后的文件中,如文件停留在某处并由相应人员进行处理时,系统会记录下工作人员对文件的操作过程。

5. 手工录入

并不是所有元数据都是自动捕获的,元数据的捕获也可以通过文件制作者、文件管理人员或系统管理员进行人工录入。在文件的某些处理过程中,工作人员也需要在相应的电子表格中做必要的登记,填写文件办理意见等,然后再由系统将这些补充内容导入文件元数据表中。

对于电子文件元数据的捕获就是以上方式的混合使用。

(三) 封装

封装是将电子文件及其元数据按指定结构打包的过程。

电子文件封装是基于可扩展标记语言 XML 技术进行的,其目的是利用标准的、与软硬件无关的 XML 语言将电子文件与其元数据按照规范结构封装在一个数据包中,以维护电子文件及其元数据的完整性,并保障两者之间的可靠联系,实现电子文件自包含、自描述和自证明。电子文件封装结构模型如图 4-1 所示。

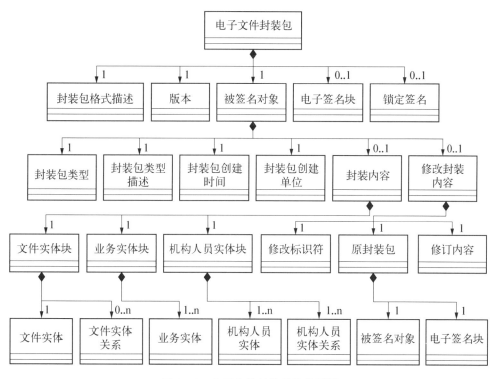

图 4-1 电子文件封装结构模型①

———————
① 《基于 XML 的电子文件封装规范》(DA/T 48—2009)。

电子文件封装主要利用了 XML 技术的自我描述性与动态跟踪等优势。由于电子文件封装要求进行前端控制与全程管理,这一方面决定了应将元数据管理的某些要求预先设置于电子文件管理系统,另一方面也决定了对电子文件元数据的生成与维护应围绕其整个文件生命周期而展开。

(四) 锁定文件

锁定文件的过程即对所产生的电子文件实施保护的过程,其目的主要是防止对电子文件进行非法改动。一般情况下有两种途径保护电子文件,分别为从系统入手和从文件入手。

从系统入手保护电子文件,主要是在受到保护的系统中创建一个"仓库"(vault)来存储电子文件。获取电子文件的唯一途径便是通过系统提供的访问机制获取信息,同时系统应保障电子文件的完整性。证明电子文件的完整性的基础是需要证明系统一直保持着"完整",一是确保没有任何"后门"可以进入系统,二是能够证明管理员在文件管理和维护过程中所进行修改的记录的完整。因此,可以设置符合安全要求的操作日志,随时自动记录实施操作的人员、时间、设备、项目和内容等,并能实现对电子文件的操作者予以可靠的身份识别与权限控制。

从文件入手保护电子文件,主要是在电子文件上使用数字签名。为保护电子文件,基于系统自身的完整性需求已被简化,但针对电子文件的合法变更变得越来越困难。因此,为了验证数字签名,就需要获得公共钥匙的使用权限,并且拥有公共钥匙的一些数据库要保持一定的时期。同时,还需要对电子文件采用防错漏和防调换的标记,以保护电子文件不被非法改动。

(五) 增加和修改元数据

并不是所有的元数据都可以在创建的时候被捕获,因此,电子文件的捕获还要考虑元数据的增加和修改。元数据的增加部分主要指动态元数据,是随着信息对象的应用和操作而随之产生的元数据,如指南、图像分解、用户处理日志等。动态元数据能实时反映出数字信息对象的运行过程,为数字信息管理提供基础。元数据的修改部分主要指文件创建后所要变更其相关联系的元数据,如重新定义文件、增加额外的关键词或者描述符、变更标识符、给文件建立新的连接等。

归档的过程也是一个元数据运动的过程,元数据不仅随着文件一起被转入电子文件信息数据库中,同时元数据也需要随之进行相应的存取和补充。电子文件进入电子文件信息数据库需要经过一系列的验证检查和归档处理,如加入数字签名或水印、档号、归档时间及归档说明等,这些过程和结果都将被补充进电子文件的元数据中。[①]

[①] 石珂:《电子政务环境下的电子文件及其归档管理》,武汉大学硕士学位论文(2004),第 18—21 页。

三、电子文件捕获方式

按照捕获主体,可将电子文件捕获方式分为自动捕获和人工捕获;按照捕获后电子文件的存储位置,可将电子文件捕获方式分为物理捕获和逻辑捕获;按照捕获的时间,可将电子文件捕获方式分为实时捕获和定期捕获;按照捕获文件的数量,可将电子文件捕获方式分为逐份捕获和批量捕获。

(一)自动捕获和人工捕获

自动捕获是指电子文件管理系统通过应用程序接口(API)从产生电子文件的业务系统中自动捕获文件及其元数据。这需要事先在业务系统中定义好电子文件捕获的范围、规则,并实现自动提交的功能。

人工捕获是指文件形成者或者文件管理员人工捕获电子文件及其元数据,具体情况可以分为如下三种:第一,在业务系统中手动提交,这需要业务系统和电子文件管理系统相集成;第二,在电子文件管理系统中人工捕获登记电子文件,系统既可支持传统的目录下浏览的方式选择捕获对象,也可支持拖拽等方式;第三,通过离线客户端将电子文件捕获登记进电子文件管理系统,如果机构电子文件管理系统应用存在网络难以访问的情况,则可通过离线客户端模块实现捕获登记,待到连线时再将相关电子文件批量导入系统。

(二)物理捕获和逻辑捕获

物理捕获是指捕获之后电子文件及其元数据一起保存在电子文件管理系统中。按照电子文件由原存储位置传输到电子文件管理系统指定位置的渠道,物理捕获又包括在线捕获和离线捕获两种。

逻辑捕获是指捕获之后的电子文件元数据(可能仅是部分)保存在电子文件管理系统中,但是其内容仍然存储在原业务系统中。在文件阅读环境较为特殊、文件跨部门利用较少等情况下,可以采用逻辑捕获。

从长远来看,能实现物理捕获的电子文件仍应尽量实现物理捕获;对于具有长期保存价值的电子文件,以物理捕获为最终的捕获方式。

(三)实时捕获和定期捕获

实时捕获是指电子文件产生或处理完毕之后立即捕获,定期捕获是指电子文件产生或办理完毕后一段时间再行捕获。选择实时还是定期,并没有固定之约,应该根据电子文件特点和业务需要选择适宜的归档时间点。例如:某钢铁股份有限公司在文书电子文件实时归档一段时间后发现,将刚走完文书处理流程的单一电子文件随时归档后,文件涉及的事宜经常尚未办理结束,这给档案部门审核把关电子文件完整性带来困难。该单位据此要求各部门将相应的纸质文件和电子文件同步隔季归档,取得了较好的效果。①

(四) 逐份捕获和批量捕获

逐份捕获是指每次捕获的文件数量为一份,批量捕获是指每次捕获的文件数量为多份。无论是自动捕获、人工捕获还是物理捕获、逻辑捕获,都既可以逐份进行,也可以批量开展。实时捕获一般逐份进行,定期捕获一般批量开展。②

四、电子文件捕获内容

为了保障电子文件的真实性、完整性和有效性,电子文件的捕获内容主要包括:内容和结构信息、背景信息、元数据三个部分。

(一) 内容和结构信息

内容信息是电子文件本身所表达的信息,如文字、数据、符号、影像、声音和图像等。结构信息是电子文件内容排列,各构成部分之间的连接方式、相关文件之间的关系及其在存储器中的构成等信息,如字段、实体、文体、页码与段落,链接和其他编辑设备间的关系,存储的类型和格式等。

(二) 背景信息

背景信息是指描述生成电子文件的职能活动、电子文件的作用、办理过程、结果、上下文关系以及对其产生影响的历史环境等信息。它可以从高层信息到更详细的信息,如可以从文件形成部门名称、位置到文件所产生的数据。

在传统档案工作中收集到的文件背景信息大致分为两类:一类是与机构有关的背景信息,包括文件形成机构的标题或题录,机构中断的日期,机构的目的,行使职责与立法,机构所在地,机构的历史、发展、内部结构,以及与其他机构的关系等。另一类是与文件有关的背景信息,包括文件的日期范围,记录有同样的或类似的职能活动的文件系列,对该文件系列负有责任的、当前还在控制该文件的机构名称,曾保管过该文件的其他部门与个人的身份,相应的处置权与处置行为,与存取及允许使用该文件有关的决定等。③

电子文件的背景信息除了涉及上述传统文件的背景信息外,还涉及识别与标记文件信息,以及电子文件所产生的自我描述信息等,如电子文件形成的硬件条件、软件条件、系统数据以及曾与电子文件有过关系的文件保存系统等。

---

① 胡皖苏:《企业电子文件归档的实践与认识》,《上海档案》2006 年第 7 期,第 19—21 页。
② 刘越男:《电子文件的捕获——基于电子文件管理系统的分析》,《中国档案》2013 年第 7 期,第 68—70 页。
③ 刘家真:《电子文件的捕获要求——澳大利亚电子文件管理策略》,《山西档案》1999 年第 5 期,第 14—16 页。

(三) 元数据

元数据捕获的内容主要包括五个方面：载体、文件类型的外部元素、文件类型的内部元素、标注、背景环境。载体：载体的识别（现行载体、归档载体）、特征（类型、构成的物理材料、规格）、为接收信息所作的准备、存取类型及载体的存储密度与容量等。文件类型的外部元素：人类的惯用语言、显现特征（又名脚本原件，包括总体显现特征和具体显现特征，总体显现特征如文本、图形、图像、声音、多媒体等）、专门符号、印记（如受托第三方的文件法律效力的认证、由受托第三方加盖的时戳、电子签名等）。文件类型的内部元素：责任者的名称、来源的名称、按年月顺序排列的日期、文件形成的所在地的地名、收件者的姓名、被抄送者的姓名、活动（事务）的表达、活动（事务）的描述、执笔者的姓名、独立证明、署名的资格证明等。标注：办文过程（文件传递的优先次序、文件传递的时间和地点、附件情况的说明等）、在处理与文件有关事务的过程中所作的附注（文件接收的日期与时间、处理办公机构的名称、需进行的活动或文件传递的日期与时间等）、为实现文件管理的目的而在文件管理中所作的附注（如归档日期、稿本或版本编号、成套或一类文件中的文件序号、成套文件编号、分类号、收发文登记号、文件形成者的姓名等）。背景环境：法律行政管理方面的背景环境、来源方面的背景环境、活动过程方面的背景环境、文件方面的背景环境、技术方面的背景环境（包括计算机硬件，如主存储器、辅助存储器、第三方存储器、中央处理器、网络、外围设备、结构体系等；计算机软件，如操作系统、系统软件、网络软件、应用软件等；数据，如文件结构、数据格式或文件格式等，系统模型和系统管理）。[①]

第二节 电子文件归档程序与组织管理

一、电子文件归档的必要性

（一）电子文件是国家宝贵的文化财富和社会重要的信息资源

电子文件与传统文件一样，都是机关和组织处理工作的一种工具，具有现行效用。同时由于其内容反映机关和组织的工作活动，是机关和组织工作的历史记录和活动凭据，具有可供日后查证利用的价值。从长远的观点来看，电子文件也是国

---

① 刘琼瑶：《国际档案界关于电子文件元数据之研究》，《四川档案》2003年第2期，第34—35页。

家的宝贵文化财富和社会的重要信息资源,因此,其理应受到完整、系统、安全的保管和维护。

(二) 电子文件归档是保护数字记忆的必要途径

电子文件存在于计算机系统之中,其对系统的依赖性、信息与载体的可分离性和信息的可变性等特点使电子文件信息不稳定,容易逝去或被改动,造成信息的流失。如当生成一份文件的软件、运行该软件的操作系统和硬件更新换代以至与原系统不兼容时,人们便无法读出该份文件;再如电子信息的增删更改十分方便,系统操作人员在整理或转换磁盘(磁带)时往往把那些认为不再有用的信息删除;有些信息系统还作出规定,经过一定期限后由程序控制自动删除某些数据等,这些都给电子文件的保管带来了安全隐患。只有进行科学归档,才能有效地保护数字记忆,构建覆盖人民群众的数字记忆全景图。

(三) 电子文件归档是档案工作的时代要求

从我国目前的情况看,电子文件已在社会各个领域大量生成,但其完整保留、妥善保管等方面都存在着很多问题:草稿性电子文件处于"自生自灭"状态;辅助性电子文件常常无人管理;正式电子文件只进行了逻辑归档,管理较为分散;电子文件的存储载体不安全,信息记录格式不标准;电子文件生成的设备环境数据缺少登记和记录等等。这些现象的普遍存在,不仅使大量有价值的电子文件信息及电子文件管理信息流失和遭到破坏,形成资源的浪费,也严重影响到文件和档案管理部门职能的发挥和传统形象的维护。

电子文件归档问题应得到社会各界特别是文件与档案部门的广泛关注,应采取积极措施,从 OAS、CAD、CAM、BIM 等系统设计及电子文件生成入手,加以控制,并与纸质文件的有关规定协调起来,从归档角度提出要求,推动电子文件的"档案化"管理进程。

二、电子文件归档的程序

任何一个电子文件管理系统或一个计算机网络系统,不管是早已发展起来的局部网络(LAN)还是大众使用的因特网,都让人们意识到网上信息安全和完整的重要性。有价值的信息应受到保护和方便使用,要远离危险环境而保护在不受损害状态。达到这个目的方法之一,就是对有价值的电子文件进行归档保存。

电子文件归档不同于纸质文件归档。因为电子文件是数字信息,或存储在计算机的外存储器上,或传递在计算机的网络上,它的归档基本属于无纸形式,是在一定的技术环境下进行的,需要采取一系列技术保障措施才能使归档的电子文件发挥应有的档案功能。因此,电子文件归档不能盲目套用纸质文件的做法,必须按电子文件归档的工作程序进行。

《电子文件归档与电子档案管理规范》(GB/T 18994—2016)规定：电子文件形成或办理部门、档案部门可在归档过程中基于业务系统、电子档案管理系统完成电子文件及其元数据的清点、鉴定、登记、填写电子文件归档登记表等主要归档程序。

一应清点、核实电子文件的门类、形成年度、保管期限、件数及其元数据数量等。

二应对电子文件的真实性、可靠性、完整性和可用性进行鉴定。

三应将清点、鉴定合格的电子文件及其元数据导入电子档案管理系统预归档库，自动采集电子文件结构元数据，通过计算机文件名建立电子文件与元数据的关联，在管理过程元数据中记录登记行为，登记归档电子文件。

四应依据清点、鉴定结果，按批次或归档年度填写电子文件归档登记表(如表4-1所示)，完成电子文件的归档。

表4-1 电子文件归档登记表[①]

单位名称			
归档时间		归档电子文件门类	
归档电子文件数量		卷　件　张　分钟　字节	
归档方式		□在线归档　　□离线归档	
检验项目		检索结果	
载体外观检验			
病毒检验			
真实性检验			
可靠性检验			
完整性检验			
可用性检验			
技术方法与相关软件说明登记表、软件、说明资料检验			
电子文件形成或办理部门(签章) 年　月　日		档案部门(签章) 年　月　日	

[①]《电子文件归档与电子档案管理规范》(GB/T 18894—2016)，表A.1。

三、电子文件归档的组织管理

电子文件从形成到归档,跨越多个部门。这些部门通过计算机网络系统连成一个有机的整体,有的工作互有交错,职责界限很难区分清楚。因此,必须加强电子文件归档的组织管理。具体应做到:

(一)由单位综合主管部门或主要负责人统一协调,指定专门机构或专人负责电子文件归档工作

电子文件的形成、承办、归档等工作应当由电子文件形成部门负责,档案保管部门予以指导监督,并对保管方法提出意见和建设方案。归档后电子文件的管理工作由档案保管部门负责,电子文件形成部门提供协助和支持。总之,整个过程既要有统一领导、明确分工、严格管理,又要有相互支持,如此才能保证电子文件真实性、完整性、有效性和安全性。

电子文件归档工作,是由形成者或承办者按照归档要求将形成的电子文件积累下来,进行整理、鉴定、归档,并向档案保管部门移交。其责任在《档案法》、《档案法实施条例》和《科学技术档案管理条例》中都有明确的规定。《档案法》第十四条规定:"应当归档的材料,按照国家有关规定定期向本单位档案机构或者档案工作人员移交,集中管理,任何个人不得拒绝归档或者据为己有。"《档案法实施条例》第十九条规定:"依照《档案法》第十三条以及国家有关规定应当归档的材料,由机关、团体、企业事业单位和其他组织的各内设机构收集齐全,规范整理,定期交本单位档案机构或者档案工作人员集中管理,任何内设机构和个人不得拒绝归档或者据为己有。"《科学技术档案管理条例》第六条规定:"各单位应该把科技文件材料的形成、积累、整理和归档纳入科技工作程序和生产、科研、基建计划中,列入有关部门和人员的职责范围。"文件的积累、整理、归档工作是公务员、科技人员完成公务、科技工作必不可少的工作程序,因而也是公务员、科技人员分内的工作。因为电子文件的形成、积累贯穿于公务或科技工作的始终,只有电子文件的形成者最熟悉电子文件的内容和电子文件之间的联系,由他们归档才能保证电子文件的来源和质量。档案保管部门并不产生上述的电子文件,档案保管人员无法替代公务员、科技人员进行电子文件的整理、鉴定、归档。

(二)各单位电子文件归档要有明确的规章制度、标准和具体的规定要求

归档是电子文件转换成电子档案的关键环节,其质量好坏关系整个电子文件的管理水平,因此必须有质量控制措施,保证这项工作的正常进行。因为办公自动化系统和电子计算机辅助设计、辅助制造系统不属档案部门内部的工作,而是外部环境,涉及许多部门,这就需要理顺电子文件管理部门与有关业务部门的工作关系。为使电子文件管理工作不陷于被动状态,各级档案主管部门对各单位的电子文件归档要有明确的规章制度、标准和具体的规定要求。如电子文件形成必须符合有关规定和标准;建立必要的记录和登记制度;归档的电子文件必须真实、完整、可读,能系统地反映工作的过程和结果;归档的电子文件应编写归档说明;经有关领导审批后向档案保管部门移交;等等。要提出和制定归档工作制度,并对电子文件的形成、积累、整理、鉴定和归档进行指导、帮助、督促、检查。

(三) 将电子文件归档列入工作计划,并根据电子文件处理过程、程序和归档制度的要求下达归档计划

由于电子文件产生的环境不同,有的在计算机网络系统上,有的在个人计算机上,因此将归档工作"纳入有关管理制度"、"纳入有关人员工作的职责范围"也是一项保障措施。管理制度和工作程序是公务员、科技人员进行各项工作必须遵循的法规和具体实施步骤,将电子文件的形成、积累、整理、鉴定、归档工作纳入工作计划,详细规定电子文件归档的范围、要求、完成时间,明确负责人、电子文件归档承办人等,并按计划进行检查和考核,从根本上保证电子文件的形成与各项归档工作同步进行。此外,还要严格按电子文件归档的检查、检测程序进行检查检测。[1]

在成熟的办公自动化系统中,电子文件归档可由系统自动完成,但这并不等于组织保证可有可无。相反,在自动化归档系统中,更应强调有关的组织保证工作,加强检查和监督,明确责任,保证电子文件的完整与安全,确保电子文件的有效利用。

第三节 电子文件归档前的整理

所谓电子文件归档前的整理,是指在电子文件归档时,通过组件、分类、编目等一系列工作,将伴随业务活动生成的具有保存价值的电子文件,按照一定规律或内容上的密切联系组成有机的文件组合体,以便于归档、管理和检索的过程。电子文件归档前整理工作的主要内容包括组件、分类和编目,实质上是一种"逻辑整理"。电子文件整理和纸质文件整理一样,应遵循按照电子文件的形成规律、保持电子文件之间的有机联系、区分不同价值、便于保管和利用的原则。

---

[1] 国家档案局:《电子文件归档与电子档案管理概论》,中国档案出版社1999年版,第46—48页。

一、电子文件组件

（一）电子文件组件的必要性

文件（书）立卷是传统纸质档案管理模式下文件归档前整理的重要环节，其基本目的是体现文件之间的历史联系，便于保管和利用。行业标准《归档文件整理规则》（DA/T 22—2015）对组件立卷进行了规定。

电子时代，对于电子文件向档案转化的过程中是否需要组件，有人认为"在电子文件从文书转化为档案的过程中，人们无须费心去分类、组卷，因为计算机随时可以迅速对电子文件中的单份文件从任何角度进行分类、组合、检索，可以尽情地表现文件之间在来源、内容、时间、形式等方面的历史联系……"[①]但是，计算机毕竟只是一种设备，它只能从字面上来判定文件间的联系，并不能真正反映和体现文件之间的有机联系，"不依靠人工干预，计算机是无法自动模拟文件间的历史有机联系的。也就是说，文件间的历史有机联系，如果不是由人们（可以通过计算机）在文件形成过程中加以记录和描述（著录），或在信息整序过程中加以处理（按历史联系分类并以具体的事件为单位组织成虚拟的案卷），那么这种历史有机联系就不可能保持住或检索出来，再好的计算机软件也不可能做到这一点"[②]。而文件间在同一具体事件上的有机联系对体现电子文件的价值尤其是凭证价值是十分必要的。因此，从维持电子文件历史联系和凭证价值的根本需要出发，有必要对电子文件进行组件。件是电子文件归档的整理单位。国家标准《电子文件归档与电子档案管理规范》（GB/T 18894—2016）将组件定义为："构成电子文件、电子档案且独立存在的一个比特流。"

（二）电子文件组件的方法

电子文件的组件在计算机平台上开展，也就是将密切相关的文件按"一事一件"的原则，汇集在一起建立一个"文件夹"，形成"虚拟件"或"电子件"，不再是传统意义上的实体组件，而是一种"逻辑件"。组织逻辑件的方法很多，一定程度上可以借鉴纸质文件立卷的方法进行，比如按照形成者特征、事由（问题）特征、时间特征、名称特征、地理特征等划分。电子文件划分逻辑件中，最常用的方法是按照事由（问题）特征进行组合，即将同一项活动或工作中形成的文件组合在一起，以便反映该项活动或工作的全貌和来龙去脉，方便日后的查找和利用。

---

① 徐立刚：《计算机时代的档案管理》，《中国档案》1997年第4期，第34—35页。
② 何嘉荪：《如何改革归档文件的整理方法》，《浙江档案》2000年第1期，第17—18页。

1. 件的构成

归档电子文件一般以每份文件为一件。正文、附件为一件;文件正本与定稿(包括法律法规等重要文件的历次修改稿)为一件;转发文与被转发文为一件;原件与复制件为一件;正本与翻译本为一件;中文本与外文本为一件;报表、名册、图册等一册(本)为一件(作为文件附件时除外);简报、周报等材料一期为一件;会议纪要、会议记录一般一次会议为一件,会议记录一年一本的,一本为一件;来文与复文(请示与批复、报告与批示、函与复函等)一般独立成件,也可为一件。有文件处理单或发文稿纸的,文件处理单或发文稿纸与相关文件为一件。

2. 件内文件排序

归档电子文件排序时,正文在前,附件在后;正本在前,定稿在后;转发文在前,被转发文在后;原件在前,复制件在后;不同文字的文本,无特殊规定的,汉文文本在前,少数民族文字文本在后;中文本在前,外文本在后;来文与复文作为一件时,复文在前,来文在后。有文件处理单或发文稿纸的,文件处理单在前,收文在后;正本在前,发文稿纸和定稿在后。

二、电子文件分类

与纸质文件分类一样,电子文件分类也有两个目的,一个是将信息需求和信息资源匹配起来,方便检索和查找;另一个就是将文件与业务活动匹配起来,是电子文件组件后必要的管理措施。

(一) 电子文件分类的定义

国际标准 ISO 15489《信息与文献—文件管理》(Information and Documentation—Records Management)将分类定义为:依据分类方案中所规定的逻辑结构、方法和程序规则,按照类目对业务活动或文件进行的系统标识和整理的过程。根据这一思想,将电子文件分类定义为:依据一定的标准,按照电子文件的职能、时间、内容、密级和形式等各种属性的异同点,有层次地分门别类,形成有机体系的过程。

为了不打乱电子文件形成时的有机联系,电子文件分类最好采用职能分类方法,即根据电子文件的职能和所从事的业务活动对电子文件进行分类。这一方法已在国际档案界达成共识,ISO 15489《信息与文献—文件管理》明确规定,电子文件分类应该基于对机构职能和业务活动的分析;亦可一定程度上借鉴或结合使用传统文件按年度、按机构、按问题、按保管期限进行分类。

职能是指机构对于社会承担的主要职责,它包括为了完成一定目标而组织在一起的若干工作。有时若干部门联合执行一项职能,有时不同部门在职能中会有所交叉,有时职能又会在不同部门之间传递,职能和部门无法一一对应。因此,基于职能的电子文件分类应该超越机构组织结构的局限,着眼于机构职能分析,以便更准确地揭示文件之间的有机联系,反映业务活动面貌,方便检索和查找。

(二)电子文件的分类方案

电子文件分类最重要的一项工作就是制定电子文件的分类方案。电子文件分类必须以分类方案为指导,编制科学、完整的分类方案是电子文件分类的前提。英国国家档案馆将分类方案定义为:基于职能活动制定的用以指导文件分类,由各级别所有类目组成的方案,它体现并保证了文件之间的有机联系。澳大利亚国家档案馆将文件分类方案定义为:具有等级结构的、根据职能和业务活动对文件进行分类的系统,分类方案能够保证文件更好地被解释、管理和查找。

《归档文件整理规则》(DA/T 22—2015)规定:"立档单位应对归档文件进行科学分类,同一全宗应保持分类方案的一致性和稳定性。归档文件一般采用年度—机构(问题)—保管期限、年度—保管期限—机构(问题)等方法进行三级分类。"

按年度分类:将文件按其形成年度分类。跨年度一般应以文件签发日期为准。对于计划、总结、预算、统计报表、表彰先进以及法规性文件等内容涉及不同年度的文件,统一按文件签发日期判定所属年度。跨年度形成的会议文件归入闭幕年。跨年度办理的文件归入办结年。当形成年度无法考证时,该文体的所属年度为其归档年度,并在附注项加以说明。

按机构(问题)分类:将文件按其形成或承办机构(问题)分类。机构分类法与问题分类法应选择其一适用,不能同时采用。采用机构分类的,应根据文件形成或承办机构对归档文件进行分类,涉及多部门形成的归档文件,归入文件主办部门。采用问题分类的,应按照文件内容所反映的问题对归档文件进行分类。

按保管期限分类:将文件按划定的保管期限分类。

规模较小或公文办理程序不适于按机构(问题)分类的立档单位,可以采取年度—保管期限等方法进行两级分类。

电子文件分类方案是将档案组织在一起的结构化方案,是文件、案卷、类目的等级结构,它反映了机构业务活动和电子文件种类,揭示了文件、案卷之间的有机联系,定义了电子文件的组织方式,它是一个多层次的树形结构(如图4-2所示)。

分类方案体系一般可以划分为:类(子类)、案卷(子卷)、文件等几个层次。

类:分类方案主要是由类目组成的,类目还可以划分为若干二级类目甚至三级类目,即子类。类目自身不包括任何文件,某种程度上,类是电子文件或案卷的属性(元数据)。

案卷:形象地说,案卷是文件的容器。如果需要,案卷可以继续划分为子卷。案卷的某些元数据可以从上位类目继承得到,也可以从其中所包括的文件的元数

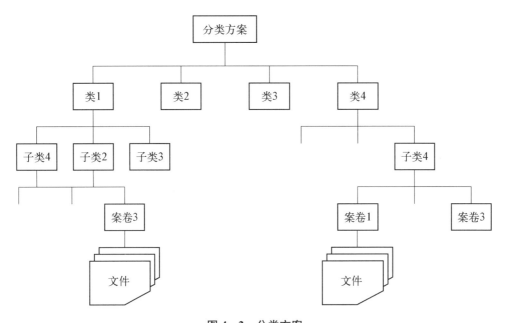

图 4-2 分类方案

据中继承得到。有一些案卷是混合案卷,既包括电子文件,也包括其他载体文件的电子版本或电子条目。

子卷:案卷内文件数目过多时,可以将一个案卷划分为若干子卷。子卷只是文件整理中的一种选择,不承担分类的作用,案卷中完全可以不划分子卷。

具体的层次设置需要结合机构电子文件的实际情况而定,分类方案的制定不能照搬或抄袭,分类方案也不是一成不变的,需要定期维护。

三、电子文件编目

编目是使电子文件有序化的重要步骤。国家标准《电子文件归档与电子档案管理规范》(GB/T 18894—2016)指出:"应对电子档案与纸质档案进行同步整理审核、编制档号等编目活动。"《归档文件整理规则》(DA/T 22—2015)规定:"归档文件应依据档号顺序编制归档文件目录。编目应准确、详细,便于检索。归档文件应逐件编目。来文与复文作为一件时,对复文的编目应体现来文内容。归档文件目录设置序号、档号、文号、责任者、题名、日期、密级、页数、备注等项目。"

编目具体内容包括:

(1) 序号:填写归档文件顺序号。

(2) 档号:档号按照相关规定编制。

(3) 文号:文件的发文字号。没有文号的,不用标识。

(4) 责任者：制发文件的组织或个人，即文件的发文机关或署名者。

(5) 题名：文件标题。没有标题、标题不规范，或者标题不能反映文件主要内容、不方便检索的，应全部或部分自拟标题，自拟内容外加方括号"[ ]"。

(6) 日期：文件的形成时间，以国际标准日期表示法标注年月日，如2023年1月2日应标注为"20230102"。

(7) 密级：文件密级按文件实际标注情况填写。没有密级的，不用标识。

(8) 页数：每一件归档文件的页面总数。文件中有图文的页面为一页。

(9) 备注：注释文件需说明的情况。

归档电子文件目录推荐由系统生成或使用电子表格进行编制。目录表格采用A4幅面，页面宜横向设置（如表4-2所示）。

表4-2 归档电子文件目录

序号	档号	文号	责任者	题　名	日期	密级	页数	备注

第四节　电子文件的归档

按照相关法律法规要求开展电子文件归档，是保障电子档案数量丰富与质量优裕的必然选择。《"十四五"全国档案事业发展规划》提出，"加强电子文件归档和电子档案移交接收。贯彻落实电子文件归档相关规定，建立健全电子文件归档、电子档案移交相关制度。强化各领域电子文件归档工作，着力推进在业务流程中嵌入电子文件归档要求，在业务系统中同步规划、同步实施电子文件归档功能，保障电子文件归档工作广泛开展，切实推动来源可靠、程序规范、要素合规的电子文件以电子形式单套制归档。大力推进党政机关电子文件单套制归档，深化'互联网＋

政务服务'等领域电子文件归档工作,完善政务服务数据归档机制,强化全流程一体化政务服务平台数据归档功能建设要求,切实推进政务服务数据归档,逐步开展其他业务系统电子文件单套制归档。推进企业事业单位电子文件单套制归档从会计系统向管理系统、工程技术系统、科研系统等更广泛领域推广。积极推进发票电子化归档工作。研究解决三维电子文件及数据文件归档等难题,促进各类电子文件应归尽归。全面开展电子档案移交接收工作,实现电子档案应收尽收"。

一、电子文件归档的含义和特点

《电子文件归档与电子档案管理规范》(GB/T 18994—2016)规定,电子文件归档是指将具有凭证、查考和保存价值且办理完毕、经系统整理的电子文件及其元数据管理权限向档案部门提交的过程。

归档的实质就是现行文件向档案的转化。我国将归档以后的文件称作档案。归档"是人们遵循档案形成的客观规律,有目的保存档案的一种自觉行动。……归档还是人们正式承认档案价值的法律行动。……承认了它对日后人类活动的参考价值,并使其转变成了整个社会的宝贵财富和信息资源。它们因此将作为档案受到法律的保护和物质上的保护。"[①]因此,不论是过去还是现在,归档都是文件生命周期上的一个重要环节,是文件和档案的分界线。只有当文件和档案工作实现完全的"无纸化"、电子化,文书和档案工作真正实现一体化,文书与档案之间的这种归档转换才不复存在,当然这是一个相当长的历史过程。

电子文件的归档是在流动中把握永恒的关键。电子文件流动速度快,可变性强,这决定了电子文件的归档与纸质文件的归档具有许多不同的特点。

传统纸质文件的归档是实体性的,各机关在工作活动中产生的文件处理完毕之后,由文书部门或业务部门整理立卷,定期移交给机关档案室(馆)保存。其归档时间、程序、方法等均具有单线性特点,思路较为明确。而电子文件的归档,用传统的方法和程序显然是行不通的。

电子文件归档的特点具体包括:

第一,电子文件的归档不单纯在文件处理完毕后,而是在文件的形成时期就要归档。人们在设计和拟定电子文件管理系统时,就应规定凡满足归档要求的文件形成之时就要归档,以便系统能有效地保管。

第二,电子文件的存在状况使其可用多种方式进行归档。电子文件归档前存在的形式表现为记录在信息载体上和分布在网络中两种,具体形式有:存放在个

---

① 何嘉荪:《档案管理理论与实践》,高等教育出版社1991年版,第76—77页。

人电脑中,以设备为单位,相互之间并未联网;脱机保存在移动介质上;在网络上以数据库的方式存在。这种存在状态的分散性,增加了归档的难度,而电子文件信息可以在网络上直接传递,这使归档的多途径成为可能。归档工作不仅依靠手工时代的经验,还需要信息技术和环境来支撑。

第三,电子文件的归档范围有所扩大,不仅对文件本身,对文件存在的软件环境和背景信息、元数据等皆需要归档。

第四,由于现行机关文件生成大多采用"双套制",在归档电子文件的同时,还应对相应的纸质文件进行归档,这也在一定程度上增加了归档的复杂性。

针对这些不同特点,需要认真地加以研究和把握,确保具有历史价值的电子文件能够真实、完整、系统地和长期或永久地得到保护。

有关电子文件归档问题的研究,国家档案局科技管理和研究部门从20世纪90年代中期就开始关注。1996年,国家档案局科研所等单位提出了"办公自动化对档案工作的影响及电子文件归档管理方法研究"课题,并将其作为攻关项目列入国家档案局年度科技计划,这是我国档案部门第一次全面系统地对电子文件归档问题进行立项研究。该项目研究了办公自动化对档案工作的影响、电子文件产生运行的基本特性、电子文件管理与传统纸质文件管理存在的差异等内容,从而初步提出了电子文件归档管理的方法、标准。1998年,列入国家档案局科技项目计划的研究课题有两项:浙江省档案局等单位承担的"办公自动化电子文件归档与电子档案管理系统开发"和吉林省白城市档案局承担的"市县级档案馆接收电子文件的研究",这两项课题针对电子文件归档过程中出现的具体问题进行研究。1999年,又有四项课题列入国家档案局科技项目计划,它们分别是国家档案局科研所的"CAD电子文件光盘归档与管理系统""国外电子文件保管期限表及其借鉴作用研究",中央档案馆技术部等单位的"电子文件真实性、完整性、安全性研究""电子文件、电子档案著录特点及项目设置"。可见,研究的项目开始逐步增多,研究的范围更加广泛。2000年,国家档案局科技项目计划有关电子文件归档及电子档案管理方面的研究课题达八项之多,研究内容已经涵盖理论、实践、管理系统建立、试点单位电子文件归档工作的实际操作运行等。

进入21世纪以来,研究范围更加广泛,研究内容更加丰富。在长期研究和实践的基础上,在电子文件归档方面取得了一批研究成果和标准规范。国家档案局于2003年7月22日公布了《电子公文归档管理暂行办法》,2003年9月1日起施行;2014年12月31日发布了《数码照片归档与管理规范》(DA/T 50—2014),2015年8月1日实施;2017年8月2日发布了《城市轨道交通工程文件归档要求与档案分类规范》(DA/T 66—2017),2018年1月1日实施;2019年12月16日发布了

《政府网站网页归档指南》(DA/T 80—2019),2020年5月1日实施;2021年5月26日发布了《产品数据管理(PDM)系统电子文件归档与电子档案管理规范》(DA/T 88—2021),2021年10月1日实施;2021年5月26日发布了《公务电子邮件归档管理规则》(DA/T 32—2021),2021年10月1日起实施;2022年4月7日发布了《电子档案单套管理一般要求》(DA/T 92—2022),2022年7月1日实施;2022年4月7日发布了《电子档案移交接收操作规程》(DA/T 93—2022),2022年7月1日实施。

二、电子文件的归档范围

(一) 电子文件归档范围确定的原则

确定电子文件的归档范围,是归档工作的首要任务,也是保证电子文件质量的关键。确定电子文件的归档范围时应遵循以下原则:

第一,按电子文件的有关法规标准执行。

第二,要考虑电子文件的特殊性,根据电子文件的形成规律,尽可能具体列出阶段的、系统的、权威的电子文件组合,保证电子文件的真实性、完整性、可用性和安全性。

第三,电子计算机的软硬件环境、表达电子文件内容的基本格式及有关元数据等也必须列入归档范围。

(二) 归档范围的具体内容

《电子文件归档与电子档案管理规范》规定:"反映单位职能活动、具有查考和保存价值的各门类电子文件及其元数据应收集、归档。"这只是一种概括性、原则性规定,其中"国家关于纸质文件材料归档的有关规定"主要是指《机关文件材料归档范围和文书档案保管期限规定》《企业文件材料归档范围和档案保管期限规定》。总体来说,电子文件归档范围包括程序类文件和数据类文件,即收集积累范围内经鉴定有必要保存归档的部分,对此可参阅电子文件的积累范围。但仍有一些具体的与电子文件特点有关的问题需要进一步说明:

1. 草稿和定稿

在电子文件中,对"草稿"修改后直接生成新的稿本,如果不采取特别的措施,"正本"之前的所有稿本都可能被覆盖起来。因此,必须事先决定哪些文件需要保存草稿、定稿,在修改时通过拷贝保留原文,加稿本号后积累,将需要的草稿、定稿与正本一并归档。

2. 数据文件

数据库大多是动态的,其中的数据在不断地发生变化,新加进来的数据代替、覆盖了以前的数据。对于这种数据文件应定期拷贝作为一个数据集另行归档，不再变动。拷贝间隔可根据数据库的内容而定，如一周、一个月等。拷贝工作可以人工开展，也可以由计算机程序自动实施。

3. 电子邮件

随着电子通信技术的普及，无论是机关、企业还是个人都大量使用电子邮件方式交换信息，许多"正式文件"也以电子邮件形式发出，所以，必须其纳入归档范围之中。电子邮件的挑选很麻烦，应根据国家档案局发布的行业标准《公务电子邮件归档与管理规则》(DA/T 32—2021)中的有关规定执行。

4. 会议文件

电子时代有很多会议采用线上会议方式，与会者身处异地，通过电脑屏幕"见面"、作主题发言、讨论问题，作出决议。这种会议可能没有统一发布的会议文件，如不提前采取必要的措施则很容易发生遗漏。机关档案工作人员须"跟踪追击"，随时了解本机关通过电子通信举行的各种活动，督促有关人员把文件收集起来归档保存。

5. 与归档文件相关的"支持性文件"

所谓"支持性文件"是指能够生成、运行文本文件、数据文件、图形文件等文件的各种命令文件和设备运行所需要的操作系统。电子文件在相应的命令文件和操作系统中可以顺利读出，必要时应把它们与文件同时归档，档案室已有的命令文件和操作系统不必重复归档。

6. 与电子文件有关的各种纸质文件

这主要包括两方面内容：一是产生电子文件所使用的计算机硬件说明文件，如计算机技术说明书、图纸、使用说明书、操作手册等；二是在电子文件形成过程中产生的纸质文件，如系统设计任务书、说明、程序框图、测试分析报告、技术鉴定材料等。这些文件与电子文件的正常运行具有密切的联系，不可忽视。[①]

7. 电子文件元数据

《电子文件归档与电子档案管理规范》规定，应归档电子文件元数据应与电子文件一并收集、归档。文书类电子文件应归档元数据按照《文书类电子文件元数据方案》(DA/T 46—2009)等标准执行，至少包括：题名、文件编号、责任者、日期、机构或问题、保管期限、密级、格式信息、计算机文件名、计算机文件大小、文档创建程序等文件实体元数据；记录有关电子文件拟制、办理活动的业务行为、行为时间和

[①] 冯惠玲：《无纸收藏——〈拥有新记忆——电子文件管理研究〉摘要之二》，《档案学通讯》1998年第2期，第47—50页。

机构人员名称等元数据,应记录的拟制、办理活动包括发文的起草、审核、签发、复核、登记、用印、核发等,收文的签收、登记、初审、承办、传阅、催办、答复等。科技类、专业类、邮件类、网页类、社交媒体类电子文件应归档元数据可参照文书类电子文件应归档元数据给出的要求执行。声像类电子文件应归档元数据包括题名、摄影者、录音者、摄像者、人物、地点、业务活动描述、密级、计算机文件名等。

三、电子文件归档的方式

（一）对电子文件归档方式的各种提法

电子文件归档方式目前档案界有多种提法,其中主要有:

1. 介质移交和网络移交

冯惠玲在《无纸收藏——〈拥有新记忆——电子文件管理研究〉摘要之二》一文中提出介质移交和网络移交两种方式:

介质移交方式是指机关内各部门将自身形成的电子文件脱机存储在某种存储介质上交档案机构保存。

网络移交方式是指各部门通过网络向档案机构传输文件。移交方式可依机关计算机系统的配置情况而决定。

刘家真在其《电子文件管理导论》中所称的脱机介质移交和网络信息移交,与此相似。

2. 在线归档和离线归档

《电子文件归档与电子档案管理规范》中提出了在线归档和离线归档两种方式:

应基于安全的网络环境或专用离线存储介质采用在线归档或离线归档方式,通过电子档案管理系统客户端或归档接口完成电子文件及其元数据的归档。

3. 在线式归档和卸载式归档

《电子文件归档及管理方法研究》课题组提出在线式归档和卸载式归档两种方式:

在线式归档指按一定要求,将运转在主机或具有一定规模网络中的电子文件,经过归档处理,集中存放在主机或指定的网络服务器中的规定区域,并向档案部门移交的过程。

卸载式归档指按一定要求,把计算机中的电子文件经过归档处理卸载至规定的可脱机保存的载体上,并向档案部门移交的过程。[①]

[①] 《电子文件归档及管理方法》课题组、许磊:《电子文件的归档及其管理方法》,《上海档案》2000年第3期,第40—42页。

4. 脱机归档和联机归档

董永昌、何嘉荪在《电子文件与档案管理》中提出脱机归档模式和联机归档模式：

脱机归档模式是用脱机保存的载体将电子文件向档案部门移交，是物理归档的一种方式。也可以将它称作实物上的归档。

联机归档模式是电子文件形成单位按统一格式编目整理后传输给档案部门，档案管理员从终端设备及时收集归档所需要的各种数据，迅速处理各种登记手续，完成归档工作。

上述提法各有自己的视角，但就其实质而言，相差不大。介质移交方式、物理归档、卸载式归档、脱机归档都是将电子文件信息存储在移动介质上用实体向档案部门移交。而相应的网络(信息)移交方式、逻辑归档、在线式归档、联机归档都是将电子文件信息直接从网络上传输、登录到档案部门的计算机系统中，是信息的移交。本教材分别用"离线归档"和"在线归档"作为统称。

(二) 电子文件归档的方式

电子文件形成部门采取何种归档方式，可依计算机系统的配置情况而决定。只配置若干台独立微机的只能实行脱机介质归档。对已开通内部网络或并入互联网络的档案馆(室)或配有大容量存储器(服务器、光盘、磁带)的信息中心则可以推行在线归档。网络环境下也可采用实体离线归档；随着信息技术的进一步发展普及以及电子文件管理经验和水平的提高，采用在线归档方式已是大势所趋。在线归档和离线归档两种归档方式在实际工作中可根据情况采用：

1. 在线归档

按在线归档按归档后电子文件的组织与结构，在线归档可以分为集中式归档和分布式归档；按归档时机，在线归档可以分作滞后归档和实时归档。

(1) 集中式归档。或称在线集中式归档，是指将归档电子文件集中到档案部门的数据库中，属集中式保管范畴。

(2) 分布式归档。档案部门只是控制着归档电子文件的目录和存取数据，如果需要，必须到该文件形成部门的系统上去索取。它属于分布式保管的范畴，也是一种权限归档。

(3) 滞后归档。在电子文件的文书处理程序结束后再将电子文件传输给档案部门，它较符合我国传统的档案工作观念。

(4) 实时归档。在电子文件刚刚形成或收到之初，就同时通过网络传输到档案部门的数据库或计算机之中。具体来说，对本单位制发的文件，开始起草时，就规定由文件的起草人进行初次的内容价值鉴定和档号标引(标引工作可以在人机对话的条件下半自动化完成），并接受档案部门的监督指导，文件一旦正式签署形成，即通过网络传输进入档案部门的数据库或计算机系统，档案部门进行第二次鉴定，对认为需要保存的文件下载并保存；对外单位来文，收文登记就是归档，文件由承办人进行初次内容鉴定和档号标引，在处理完毕后由档案部门实施二次鉴定，并对认为需要保存的文件下载并保存。

电子文件的"网络实时归档"是针对电子文件易变性、易逝性等特点，在文件生成或收到的同时，由计算机自动进行的管理措施。它是电子文件原始性、可靠性、系统性和完整性的确实保证。[1]

2. 离线归档

（1）将应归档的电子文件最终版本录入存储载体上。这个过程一般是归档人员经过整理、确定保管期限，赋予电子文件档案属性后，录入在存储载体上，离线归档保存。

（2）备份归档。一般在计算机网络环境下采用。将归档的电子文件在网络上进行一次备份操作，将归档的电子文件录入到存储载体上。为保证文件的真实性，也将记录日志录入存储载体上离线归档保存。

电子文件的两种归档方式各有所长。在线归档有助于档案部门对电子文件整个生命周期运动过程的监控，是文件的真实性、完整性、可用性、安全性的根本保证；离线归档是较长期地在比较稳定的环境中保存电子文件的必要措施。因此，在实践中可结合实施。需要指出的是：移交到档案部门的电子文件应以一定的介质形态归档保存。将流动的电子信息用一定的方式"凝固"起来，有助于把握和证实它的不变。[2]

四、归档电子文件的移交

电子文件归档后按有关规定移交至档案室等档案保管部门，作为电子文件进行集中保管，归档移交是归档的最后实施环节。

（一）移交时间

《电子文件归档与电子档案管理规范》（GB/T 18894—2016）规定：电子文件形成或办理部门应定期将已收集、积累并经过整理的电子文件及其元数据向档案部门提交归档，归档时间最迟不能超过电子文件形成后的第二年6月。

电子文件可在项目任务完成后，实施在线归档移交，保障电子文件的真实完整

---

[1] 何嘉苏：《电子文件"网络实时归档"性质初探》，《北京档案》2000年第8期，第10—12页。
[2] 冯惠玲：《无纸收藏——〈拥有新记忆——电子文件管理研究〉摘要之二》，《档案学通讯》1998年第2期，第47—50页。

和信息安全。如果档案馆和电子文件形成部门之间建立了计算机网络系统,而且比较通畅,则可利用计算机网络系统进行实时归档移交,上交档案馆保存。

(二) 检验移交

档案保管部门应配备满足对电子文件进行读取处理的设备,以保证完成电子文件的检验工作。应对电子文件的真实性、可靠性、完整性和可用性进行鉴定,鉴定合格率应达到100%,检验不合格的,应退回形成单位。检测内容主要包括:

(1) 电子文件及其元数据的形成、收集和归档符合制度要求。

(2) 电子文件及其元数据能一一对应,数量准确且齐全、完整。

(3) 电子文件与元数据格式符合相关规定。

(4) 以专有格式归档的,其专用教件、技术资料等齐全、完整。

(5) 加密电子文件已解密。

(6) 电子文件及其元数据经安全网络或专用离线存储介质传输、移交。

(7) 电子文件无病毒,电子文件离线存储介质无病毒、无损伤、可正常使用。

验收合格后,文书部门和档案保管部门应填写《电子文件归档登记表》,并签字盖章。一式两份,一份交电子文件形成单位,一份档案保管部门自存。

 思考题

1. 简述电子文件捕获的内容。
2. 简述电子文件归档的必要性。
3. 谈一谈电子文件归档的内涵和特点。

参考答案要点

第五章 电子文件的鉴定

鉴定历来在文件和档案管理中极其重要,却又是难度较大的一环。对电子文件而言,这一点显得尤为突出。面对电子文件的海量信息、载体的脆弱性和信息的易逝性,如何挑选有价值的文件信息加以保管,对档案鉴定工作提出了新的挑战,它直接关系到能否为后人挑选和保存全面而准确地反映当代社会面貌的真实记录。与传统档案鉴定相比,电子文件鉴定的重要性以及鉴定的内容、程序、方法、标准等存在诸多不同,为此,电子文件鉴定工作的思路和内容也需要随之进行相应调整。

第一节 电子文件鉴定概述

一、电子文件鉴定工作重要性的提升

由于形成、传输和利用的便捷,电子文件的数量剧增,已远远超过纸质文件。尽管这些文件的储存空间小于纸质文件,但是,一则这些文件并非都具有长久保存的价值;二则数量巨大的电子文件会增加电子信息的负担,既降低系统响应检索提问的速度,也增加维护保管的费用,所以,为了把真正具有长久保存价值的文件保存下来,对电子文件价值进行鉴定仍是十分必要的。

电子文件鉴定是指根据有关规定鉴别电子文件的档案价值,确定其保管期限,删除、销毁无保存价值的电子文件。鉴定工作是电子文件管理中一项十分重要而又颇具难度的工作,由于电子文件有着与纸质文件完全不同的特点,电子文件的鉴定在电子文件工作中的重要性得以提升。

传统的纸质文件管理中,鉴定同形成积累、捕获归档、整序、保管、利用等工作

一样,被视为诸多业务环节之一。在电子文件管理中,网络化使得收集工作在文件形成时就可以同时进行,而高效率的检索也淡化了人们对整理中诸如组件、编目的要求,高密度、大容量介质的出现也为保管工作提供了便利,信息化为电子文件检索利用提供便捷。然而,海量的电子文件信息却给鉴定工作提出了新的要求,由于鉴定工作需要人们主观地对档案内容客观价值进行评价,因此,这项工作不是计算机能够完全胜任的。鉴定工作者需要对鉴定标准不断地更新完善,最大限度地满足人们的档案利用需求,实现其社会价值。正如凯瑟琳·加沃尔在《电子文件引起的理论困惑》一文中所说:"鉴定是全部档案工作职能中最具有生命力的一种职能。档案馆应把它们的重点放到电子文件的鉴定和收集政策的制定上。通过这样的加工,使文件的价值得到识别。"特里·库克在《电子文件与纸质文件观念:后保管及后现代主义社会里信息与档案管理中面临的一场革命》一文中对鉴定在后现代档案管理中的地位进行了评价:"我所提倡的后保管鉴定法(以职能活动为依据的宏观鉴定)和后保管著录法(描述多立档单位间职能关系)体现了后现代主义倾向。"[1]把后鉴定法作为后现代主义的倾向之一,正是对鉴定地位认识的一个飞跃。一方面,在电子文件管理中,文件一经产生,所经历的第一个环节就是鉴定,档案工作的其他环节都紧随其后。从这点上说鉴定在顺序上是居首位的。另一方面,鉴定工作又是控制文件质与量的关口,文件是否要作为档案予以保存,保存数量的多少和时间的长短都是由鉴定决定的。从这一点而言,鉴定在重要性上又是居第一位的。因此,将鉴定作为电子文件管理的控制核心,是对鉴定地位的重新认识。[2]

二、电子文件鉴定的内容、特点和程序

(一) 电子文件鉴定的内容

1984年,法国档案学者哈罗尔德·瑙格勒在其研究报告《机读文件的鉴定》中深入分析电子文件鉴定与传统文件鉴定的差异,首次明确提出并系统阐述了电子文件双重鉴定的思想。他认为:"机读文件的鉴定包括文件所含信息的鉴定(内容鉴定)和文件技术状况的鉴定。"这一思想在理论上为鉴定电子文件的保存价值建立了两个支点,得到各国档案学者的关注和认同。具体来说,电子文件鉴定的内容包括:

1. 内容价值鉴定

内容价值鉴定也称为内容鉴定,是指根据电子文件自身的状况和信息内容来

---

[1] [加拿大]特里·库克,刘越男编译:《电子文件与纸质文件观念:后保管及后现代主义社会里信息与档案管理中面临的一场革命》,《山西档案》1997年第2期,第12页。

[2] 吴江华:《电子环境下档案价值鉴定》,《档案管理》2000年第1期,第10—11页。

确定电子文件的档案价值和保管期限,即根据电子文件所含信息的有用性和社会需求鉴定电子文件的实用价值和历史意义,并在此基础上确定其保管期限。这是传统鉴定工作的核心。

2. 技术价值鉴定

传统的鉴定工作基本上将着眼点放在对文件内容的分析上,这种鉴定方法的重要前提是人们可以直接从文件中获得它的价值。而被称为"记录革命"的电子文件因其对系统依赖性打破了人们直接获取价值的可能,两者之间出现了一个"中介"——计算机软硬件环境,离开了这个中介,保存下来的"文件价值"就无法为后人所获得。与电子文件保存、识读有关的技术状况是利用者—系统—文件之间的链条能否不发生脱节和利用者能否随时从文件中获取所需信息的决定性条件。因此,仅凭电子文件的内容难以支撑起它的保存价值,还需要一定的技术条件作为保障。技术鉴定所承担的责任是对电子文件的各方面技术状况进行全面的检查,包括对信息真实性、可靠性、完整性和可读性的认定和对文件载体性能的检测。[1] 技术价值鉴定是指根据电子文件保存、识读等方面的技术状况来确定电子文件的档案价值和保管期限。

内容价值鉴定和技术价值鉴定这两个要素对于确定电子文件保存价值缺一不可,这就要求电子文件的鉴定需要从内容和技术两个方面同时展开,并最终将两个方面的鉴定结果联系起来,综合判定电子文件的保存价值。

(二)电子文件鉴定的特点

1. 多维性

电子文件鉴定工作相对于传统文件鉴定而言更加复杂。首先,其鉴定范围的拓宽使得电子文件鉴定不仅仅要鉴定其内容上的有用性,还要对其文件属性、文件技术状况进行鉴定。其次,电子文件的鉴定工作不像传统文件那样只是在文件运行的一个节点进行,而是存在于电子文件管理的许多环节上,这就使得电子文件鉴定与多项工作相联系,内容上有很多交叉的地方。

2. 连续性

电子文件鉴定工作不是一朝一夕完成的,而是需要在整个文件运行过程中连续地开展。从文件的形成、归档到存储、开放、利用、备份、销毁的整个过程,每一个环节都有鉴定的"身影"。

---

[1] 冯惠玲:《电子文件的双重鉴定——〈拥有新记忆——电子文件管理研究〉摘要之三》,《档案学通讯》1998年第3期,第32—35页。

3. 分散性

分散性是指电子文件鉴定需要多方承担，而不是由档案工作人员独立完成。电子文件归档前的鉴定工作主要由文件形成部门承担，归档后的电子文件鉴定工作主要由档案部门承担。同时，电子文件鉴定还要会同技术人员、信息管理人员共同来完成。在电子文件鉴定过程中，合作是主要的鉴定手段。

4. 风险性

电子文件鉴定工作的内容比传统文件鉴定更加复杂，这也就是说，电子文件鉴定过程中出现意外的概率远远高于传统文件，电子文件的鉴定具有一定的风险。如果不采取慎重仔细的态度从事鉴定工作，很可能对电子文件造成极大的损害。[1]

（三）电子文件鉴定的程序

我国传统的档案价值鉴定一般分三个阶段来完成，即文书处理部门对应归档材料的完整性鉴定和保管期限的划分；档案室对进馆前具有永久保存价值的档案鉴定；馆藏期满档案价值的鉴定。然而电子文件的鉴定在程序上却与传统文件大不相同，除了要保留这三个鉴定环节外，更为重要的是增加了电子信息系统设计和电子文件形成时的鉴定环节，即把鉴定提前到文件生命周期最初的阶段。

电子文件并非传统意义的实态文件，只是若干数字信息的瞬间组合，极不稳定，如不及时存盘或打印输出到其他载体上，极有可能转瞬即逝，消失得无影无踪。正因为如此，绝不能等到文件处理程序完毕以后，再一份一份地进行鉴定，决定其取舍。如果这样，很可能就没有文件可供鉴定了；即使有，也会残缺不全。另外，某些电子文件与动态数据库直接相连，其中的数据随时在变化，最新的数据不断地覆盖刚刚过时的数据，分散的数据不断汇入结论性数据中，比如证券交易所的股市行情表、发电厂的电价报价表等文件都是如此。这些文件内容中各时段的数据具有一定研究价值、凭证价值或参考价值，值得保留。然而一般情况下，文件的制作者、承办者和使用者所注意的只是实现电子文件的现实目的，并不注意考虑需要为后人留下些什么，这就加大了电子文件随时消失的风险。

鉴于上述原因，国际上许多电子文件研究专家主张把电子文件鉴定工作放到文件管理系统设计阶段来进行，即将有关的鉴定标准和程序编入软件之中，由计算机自动进行电子文件的初次鉴定工作。由于电子文件的鉴定以职能为基础，因而设计阶段是评估电子文件最合适的阶段，因为这个阶段提供的评估决策可以最大

---

[1] 冯惠玲：《电子文件管理教程》，中国人民大学出版社 2001 年版，第 39—40 页。

限度地避免文件的自动消失,能够控制由种种误操作及其他人为、自然等原因而引起的错毁文件现象的发生。

将电子文件初次鉴定工作提前到电子信息系统设计阶段来进行的难度非常大,国际档案理事会电子文件委员会认为在设计阶段如果未能进行鉴定,可以在电子文件形成积累阶段加以弥补。

电子文件的初次鉴定主要是对电子文件的内容价值进行鉴定。它实际上是在电子文件形成、积累的同时完成的,在归档前就完成了。

电子文件的第二次鉴定是介质归档鉴定,即在介质物理归档(实体归档)时进行。鉴定内容包括内容价值鉴定和技术鉴定两个方面。

电子文件的第三次鉴定一般由档案室在电子文件保管期满时进行,也是一种全面鉴定。

电子文件的第四次鉴定在电子文件向档案馆信息系统移送时进行,以确保进入档案馆的电子文件信息具有永久保存的价值。

此外,电子文件还有开放审核鉴定、迁移备份鉴定、销毁鉴定等,电子文件鉴定贯穿于电子文件管理的始终,因此也被称为全过程鉴定。各环节的鉴定是相互联系、相辅相成的,初次鉴定是基础,之后的鉴定是继续和补充。

三、电子文件鉴定工作的组织实施

电子文件鉴定工作涉及多个部门和单位的人员,需要由信息技术人员、文件形成部门与档案部门等合作,制定电子文件鉴定工作制度,共同对电子文件价值进行鉴定。在鉴定的不同阶段,各自担负不同的职责。

在初次鉴定中,文件管理人员和档案管理人员应对文件的保存要求和鉴定过程向信息技术专家提出意见,以便在电子信息系统设计和软硬件的选择上符合档案管理和鉴定的要求。信息技术人员还应对元数据进行识别和保留,并就电子文件的采集和维护提供专家意见。

电子文件第二次鉴定是电子文件形成部门在档案部门的协助下,对归档文件内容、载体进行鉴定、检测,确定取舍,对其所需的软硬件环境作出说明,并根据电子文件的价值划分保管期限,提出在保管期限内配套的软硬件环境要求。

第三次和第四次鉴定是在电子文件作为档案管理过程中进行的,主要由档案部门负责,会同有关部门人员一起进行。其主要任务是对已到保管期限的电子文件重新审查鉴定,将失去保存价值的电子文件剔除销毁。电子文件在档案管理阶段由于载体性能的不稳定,需要不断复制,以延长寿命。因此,鉴定工作可以结合复制来进行,即电子文件每复制一次就要重新鉴定一次。

第二节　电子文件内容价值鉴定

内容价值鉴定是电子文件价值鉴定的重要内容，其鉴定方法正经历着重新的认识和建立。目前世界上主要采取两种方法：

一、直接鉴定法

电子文件产生初期，由于文件数量较少，发现的问题不多，因而当时大多数学者和档案工作人员都认为传统的档案学理论与方法也同样适用于电子文件的管理。在1979年召开的机读文件档案管理会议上，与会者一致认为"传统的档案理论似乎可以令人满意地运用到这些材料组织上，并使之加以利用"，坚信谢伦伯格的双重价值（即证据价值和情报价值）鉴定论将适用于机读文件的鉴定。

众所周知，传统纸质档案的双重价值鉴定是建立在"直接鉴定法"基础之上的。所谓"直接鉴定法"是指通过直接审查档案内容来鉴定档案的价值。它要求鉴定人员逐件逐张地审查文件，而不是根据案卷目录和案卷标题来判定其价值。

直接鉴定法在传统环境下档案数量不多时，人工查阅内容可以胜任其工作。20世纪80年代，随着电子文件的大量产生和电子文件管理实践的广泛展开，人们开始对直接鉴定法持否定态度，指出电子文件数量过多，人们已无法"逐件逐张"地阅读每一份文件原文。同时，电子文件的鉴定必须在一份文件产生之前即在信息系统设计阶段就进行，运用直接鉴定法已无法开展工作。这确实是直接鉴定法的两大缺陷。

二、现代职能鉴定法

电子文件的激增引发了关于鉴定方面的对策研究。北美和欧洲的一些档案专家几乎是不谋而合地在20世纪80年代末期前后想到了采用一种更为宏观的鉴定方法，并逐步发现这种方法非常适用于电子文件。这种宏观鉴定思想的重点在于主要是通过文件形成者的职能，而不是文件的内容来判断文件的价值，这种方法被视为现代职能鉴定法。具体来说，现代职能鉴定是指根据形成文件的职能活动，重点分析文件形成者的职能、工作计划、所参与进行的活动以及活动过程中的有机联系和业务的重要性来判定文件的价值。这是一种根据文件（广义的）来源进行的"批处理"式的鉴定法，即某种重要职能活动中形成的文件都将予以保留。也只有这样,鉴定程序才可能在文件形成之前进行。①

特里·库克对此作了较为详细的论述,认为,作为鉴定的核心——鉴别具有永久保存价值文件的过程需要改变,这是因为文件的传统概念和物质形式不复存在,需要鉴定的文件数量过大,而这种鉴定往往必须在一份文件产生之前,即在计算机系统设计阶段完成。鉴定将因此侧重于职能、业务和风险分析,而非文件及其潜在价值。他提出:鉴定方法从文件实体转向文件的形成过程;从分析个别文件的性质和特征转向更好地了解导致文件产生的业务职能、活动、事务处理和工作流程;从根据文件内在价值或研究价值进行鉴定转向鉴定形成者的重要职能、计划和活动,并挑选出反映它们的最精炼文件永久保存。总之,从总体上判断机构形成有价值文件的能力,而不是直接对文件加以处理:逐件地阅读每一个档案卷内卷帙浩繁的文件系列、数据库、多媒体汇集,更不用说那些个人文件。特里·库克将这种鉴定法称为"后保管鉴定法"。

在职能鉴定思潮的影响下,加拿大国家档案馆于1989年实施"新宏观鉴定接收"战略,推行自上而下的"以来源为基础的结构职能"鉴定所有形式和载体的档案。荷兰档案馆也采取了类似的方法:首先分析对履行使命和完成任务至关重要的活动,然后挑选并鉴定反映该职责和任务实质的文件。澳大利亚档案馆也同样接受了这个观点,其1995年发布的《管理电子文件——共同责任》强调了应从电子文件产生之初进行管理,将其作为文件统一体的一部分;并于1996年通过文件管理标准 AS 4309,其中第五部分专门阐述文件(含电子文件)的评价和处理问题。

三、对直接鉴定法和职能鉴定法的评价

近年来我国大多数档案学者对直接鉴定法持否定态度。有学者指出:我国档案鉴定理论认为决定档案保存价值的因素有两个方面。一方面,档案自身的特点和状况是决定档案保存价值的基础。档案的内容、来源、形式以及其他各种情况,影响着档案是否有保存价值、有什么样的保存价值。另一方面,社会利用需要是档案发挥作用的必要条件,是决定档案保存价值的社会因素。各种档案是否需要利用、怎样利用,都直接影响着各种档案是否具有保存价值、有什么样的保存价值。在此基础上,分析文件的内容就成为鉴定档案价值的最重要的一个方面,来源、时间、形式、名称、外形特点、可靠程度、有效性和完整程度等均是辅助参考因素。不难看出,我国的档案鉴定方法总体上属于内容鉴定法。它要求从档案的利用实践

---

① 何嘉荪、傅荣校:《文件运动规律研究——从新角度审视档案学基础理论》,中国档案出版社1999年版,第256页。

中总结出区分档案重要性的规律,作为预测同类档案今后可能需要利用的依据。问题在于,社会在不断地发生着变化,社会的利用需求常常变幻莫测,于是在层出不穷的新的利用需求面前,常为无档可用和价值判断失当而手足无措。由于飘忽不定和复杂多样的利用标准缺乏可操作性,档案工作者不得不作为"先知",仅凭直观和指尖的感受来决定文件和档案的取舍,档案鉴定理论的科学性顿失。[①]

然而作为一种较为成熟的鉴定方法,直接鉴定法有其产生的合理性,在今天仍具有较为广泛的生命力。国际档案理事会1992年成立的电子文件委员会对世界各国电子文件管理问题进行了广泛的调查和研究。到1996年该委员会产生了三个有关电子文件管理问题的报告。其中《电子文件:文献评述》的第六章专门对当时世界上电子文件管理工作开展较好的国家在电子文件鉴定问题上所采取的政策、反映出来的思想进行了综合,指出电子文件鉴定的方法被分成两种:一种是美国的传统鉴定方法;另一种是加拿大、德国、荷兰和澳大利亚等国所采取的职能鉴定法。

美国国家档案馆采用传统鉴定法的理由是:一方面,档案馆保管文件的主要目的是为了使之能够为研究者所用,在这种情况下,文件中的信息内容具有较大的重要性。美国做法反映了美国档案界和史学界的历史联系,以及档案价值对于学者的潜在性。另一方面,职能鉴定法虽然得到学者们的赞成和支持,但也有不少学者对职能鉴定方法作出相反的评价。德国安杰利卡·门内-哈里茨认为,职能鉴定理论并不是一个新的理论,也并不是一个必须与电子文件鉴定联系在一起的理论。究其原因是人们对谢伦伯格的情报价值的片面理解。她认为,早在1957年德国档案工作者协会年会上,与会者对根据职能来鉴定、保管文件的重要性已达成共识。德国档案界已形成了"按文件产生者划分级别原则",鉴定已不再只对文件本身进行鉴定。只有这样才能制定适合鉴定电子文件的原则。美国的档案工作者协会高级会员琳达·J.亨利也认为鉴定时考虑职能的思想并不新颖,谢伦伯格在谈论鉴定人员所应了解的三个因素时就已涉及这一思想。此外,亨利认为职能鉴定的方法既难以理解,也不具备可行性,并且新方法的倡导者们没有充分解释为什么传统的方法就行不通。比尔曼·赫德斯托姆认为鉴定的重点应该放在对文件的鉴定上而非机构的活动上,因为档案工作者不可能掌握组织结构和职能知识。[②]

通过上述分析可以看出,对电子文件的两种鉴定方法应客观看待。在提倡职能鉴定法的同时,也要认识到直接鉴定法的作用。职能鉴定法是电子文件鉴定的

---

① 陈忠海:《论从内容鉴定法向职能鉴定法的发展》,《档案管理》2001年第1期,第8—9页。
② 章丹、谭琤培:《国外电子文件鉴定理论与实践》,《浙江档案》2001年第3期,第32—34页。

基本方法,内容鉴定法(直接鉴定法)是电子文件鉴定的辅助方法。职能鉴定法侧重于明确有保存价值和无保存价值文件的界限:重要的职能活动以及具有代表性的次要职能活动中形成的文件一般具有保存价值,而大多数次要职能活动中形成的文件不具有保存价值,或者具有较低的保存价值。内容鉴定法侧重于对于有保存价值的文件进一步去芜存精,形成于同一职能活动的不同文件可能具有不同的保存价值。[1] 职能鉴定法作为一种宏观的鉴定策略在设计电子文件管理系统时是可以充分加以考虑的。但对已正式产生的电子文件,尤其是在进行第二次、第三次、第四次鉴定时,直接鉴定法仍然可以担当重任。

值得注意的是,当前职能鉴定法在我国的实际工作部门中尚未正式开始应用,在这种情况下,直接鉴定法仍是一时无法替代的首选方法,即使是对电子文件的首次鉴定,也仍然可以采用。

第三节　电子文件技术价值鉴定

电子文件鉴定比纸质文件复杂得多,其主要表现就在于对其技术状况进行鉴定,否则其他鉴定将变得毫无意义。在一定程度上,技术价值鉴定比内容价值鉴定更为重要,也更为有效。

一、技术价值鉴定的内容

《档案法实施条例》第四十条规定:"档案馆应当在接收电子档案时进行真实性、完整性、可用性和安全性等方面的检测,并采取管理措施和技术手段保证电子档案在长期保存过程中的真实性、完整性、可用性和安全性。"

(一) 真实性鉴定

真实性是指对电子文件的内容、结构和背景信息进行鉴定后,确定其与形成时的原始状态一致。电子文件的鉴定首先应该确定其真实性,即文件是不是形成时通过审批的"最终版本",亦可理解为"原始性"。由于电子文件易更改且不留任何痕迹,信息与载体之间易于分离,其真实性不再像纸质文件那样容易辨别。电子文件的易改性使得计算机系统中同一文件往往存在着不同版本,一般情况下归档保存的必须是文件正式形成时的最终定稿,必要时要同时保存某些草稿。电子文件

---

[1] 冯惠玲:《电子文件管理教程》,中国人民大学出版社2001年版,第46页。

的版本不像纸质文件的版本那样易于识别,需借助计算机系统中记录的形成时间进行比较鉴别。只有经过一定的程序确定其真实性,文件才可信赖,才能保证其可靠性与凭证价值。

电子文件归档环节的真实性鉴定包括:

(1) 电子文件来源真实性检测:通过检测归档电子文件中的固化信息是否有效确认电子文件来源的真实性。

(2) 电子文件元数据真实性检测:检测归档电子文件元数据是否符合《文书类电子文件元数据方案》(DA/T 46—2009)要求,包括数据类型、长度、格式、值域以及元数据项著录是否合理等。

(3) 电子文件内容真实性检测:检测电子文件内容数据中包含的电子属性信息与电子文件元数据中记录的信息是否一致。

(4) 元数据与内容关联真实性检测:检测电子文件元数据与内容数据是否关联,检测元数据中记录的文件存储位置与电子文件内容数据的实际存储位置是否一致。

(5) 归档信息包真实性检测:检测电子文件归档信息包的信息组织结构和内容是否符合国家有关规定,检测归档的信息包与业务部门发送的信息包是否一致。

(二) 完整性鉴定

完整性是指电子文件的内容、结构、背景信息和元数据等无缺损。电子文件的完整性主要涉及文件内部的排列、文件内容的连接方式以及内容的清晰度和附注的情况。与传统文件完整性不同的是,除了文件形成者将实际内容写到文件里面之外,系统还会自动加上一些信息,如网络传输过程中当地时间、作者身份等。

完整性鉴定包括:

(1) 电子文件数据总量检测:检测《电子文件归档登记表》中登记的电子文件数量和字节数与实际归档的电子文件数量和字节数是否相符。

(2) 电子文件元数据完整性检测:对照《文书类电子文件元数据方案》(DA/T 46—2009)检测元数据项是否齐全完整,具有连续编号的元数据项(比如归档号、件内顺序号等)是否有漏号现象,反映重要问题的归档电子文件是否包括主要修改过程和办理情况记录等。

(3) 电子文件内容完整性检测:检测归档电子文件是否有对应的内容数据,内容数据是否齐全完整。

(4) 归档信息包完整性检测:对照归档信息包的组织方式以及单位的归档范围,逐项检测信息包的内容数据和元数据是否齐全完整。

(三) 可用性鉴定

由于电子文件的不可视性,对其进行可用性检测是技术鉴定中最重要的方法,目的在于确认电子文件中的内容可以正常读出,没有丢失和差错。如果文件不能顺利读出,文件中的信息便成为"死信息",再有价值的信息也失去了存在的意义。进行可用性鉴定时不仅要确认文件在当时的可读可用状态,还要分析其是否具备日后多次无差错读出的技术性能。影响电子文件顺利读出的因素涉及从外到内的许多方面,为此,鉴定时需要对其介质状况和所有文件的格式、类型进行全面的检查。常用应用软件产生的文件和数据,其格式或类型的识别不会有任何障碍;而对一些专业化的、应用面非常有限的软件,其所产生的电子文件的格式与性质要专门进行技术鉴定。

可用性鉴定内容包括:

(1) 电子文件元数据可用性检测:检测电子文件元数据是否可以被正常访问。

(2) 电子文件内容可用性检测:检测电子文件内容数据是否可以被正常打开和浏览,内容数据格式是否符合归档要求。

(3) 电子文件软硬件环境检测:检测电子属性元数据中记录的软硬件环境信息是否符合归档要求。

(4) 归档信息包可用性检测:检测归档信息包是否包含影响其可用性的因素,如使用非公开压缩算法、加密等。

(四) 安全性鉴定

由于档案管理部门尤其是档案馆的电子文件来自四面八方,比起某个业务部门、某个机关受病毒侵害的概率自然大大增加。档案部门一旦遭受病毒感染,其危害是难以估量的。因此,对于归档电子文件和归档介质,应使用查毒、杀毒软件进行检测和处理。

电子文件的载体是信息最直接的"生存环境",主要有磁带、磁盘、光盘等,载体质量发生问题会直接损伤存储其上的信息。因此,首先应在相关设备上实验或检测,确定归档电子文件载体的质量要求;其次确认归档电子文件载体是否符合质量要求,能否正常阅读;然后检查归档电子文件载体表面是否有物理损坏或变形、是否清洁、有无霉斑等。[1]《档案法实施条例》第四十一条规定:"档案馆对重要电子档案进行异地备份保管,应当采用磁介质、光介质、缩微胶片等符合安全管理要求的存储介质,定期检测载体的完好程度和数据的可读性。"

---

[1] 冯惠玲:《电子文件的双重鉴定——〈拥有新记忆——电子文件管理研究〉摘要之三》,《档案学通讯》1998年第3期,第32—35页。

安全性鉴定内容包括：

(1) 归档信息包病毒检测：检测归档信息包是否包含恶意代码。

(2) 归档载体安全性检测：检测载体内是否含有非归档文件，通过外观、读取情况等判定载体是否安全可靠，检测光盘是否符合《档案级可录类 CD‑R、DVD‑R、DVD+R 技术要求和应用规范》(DA/T 38—2021)的有关要求。

(3) 归档过程安全性检测：检测归档信息包在归档和保存过程中是否安全、可控。[1]

二、技术价值鉴定的方法

(一) 对电子文件信息进行计算机阅读检查

对载体的检查可使用专用软件对介质的现有状况进行物理扫描，而信息检查最常用的方法是在计算机上进行阅读。法国档案学者哈罗尔德·瑙格勒认为，如果错误超过文件的5%，就有理由认为该文件不具有机读性。我国目前设定的指标更加严格，无论是抽样检验还是全部检验，合格率均应达到100%，如果入库的载体有错误，必须由原单位重新整理。对文件格式及类型的鉴别主要依靠档案管理员的知识和素质。

(二) 发挥元数据的作用，检查电子文件信息记录制度

要确定每一份电子文件都建立了必要的记录制度，从形成、收集、积累开始就要对其管理和利用情况开始记录，使电子文件在形成、处理、保管等整个过程中，都有完整信息可供查询。归档之前的信息记录是对文件原始性的证明，而归档后的信息记录是对文件真实性的保证。这既是一项制度，又是计算机系统的一个功能模块，可以随时将需要保留的信息记录下来。它或者是系统软件自身所带有的电子文件安全管理功能，并有相应的管理、安全制度作保证；或者是重新开发研制并嵌入系统中的模块。

建立电子文件信息记录制度有两种情况：

一是档案部门提前介入。建立电子文件信息记录系统的关键：在文件形成时建立有关元数据，元数据的内容应符合保存档案的需要；持续存储并管理元数据，即使文件被调用、修改，而没有另外保存，元数据可以对此作证，帮助人们鉴别文件的原始性、真实性、完整性和有效性。

二是存储在移动介质的电子文件，归档时必须辅以人工干预，建立记录制度。

---

[1] 骆建珍、杨安荣、马来娣：《电子档案"四性"检测要求及其实现方法》，《浙江档案》2017年第12期，第27—30页。

大多数网络系统都会生成有关操作和程序的各种信息的日志文件，如 Unix 系统。如果能够把日志文件的范围扩大到重要的文本文件，其档案管理的作用会更大。给元数据建立日志文件，持续不断地贮存和管理元数据，使那些指定的文件，尽管不是系统文件，也受到监视和维护。假设电子文件的预期移交时间是五年之后，人们能够通过电子文件信息记录来彻底查清是否是五年前产生的文件，在此期间文件是否转换过格式或更改过内容。没有这些信息记录，文件的技术鉴定不能予以通过。

（三）对电子文件形成时间和形成者身份进行验证

检查电子文件在形成过程中的控制方法，对电子文件形成者的可靠性进行检验。电子文件的版本不像纸质文件那样易于识别，但可以通过计算机中记录下来的文件形成时间和形成者身份进行比较和鉴别。

（四）检查电子文件的传递方式、格式、状况以及保存文件方法

只要所传递的文件是原件，从草稿到原件的路线清晰明了，传递过程中没有发生时间、日期、发送接收者以及主题的错误，加密文件和加密数据完好无损，就构成了一份真实文件。对文件传递方式、格式以及状况的控制一般是计算机系统自带的功能，或者是系统软件开发时就要考虑的。如电子邮箱所接收的每封邮件，都可以在它的属性里查到有关发送时间、日期、作者、主题以及用来防护的标记符号等。

（五）从技术上、法律上对电子文件信息的客观性进行认定

例如"水印"技术，使数字文本、视频、声频等数据上附加一个几乎"抹不掉"的印记，且不会影响信息的读取，能够确保电子文件信息的客观性。

第四节　电子文件鉴定标准

一、保管期限标准

电子文件鉴定的最终结果同样表现为对存与毁的选择和对留存文件保管期限的确定。纸质文件鉴定中将鉴定的思想和原则转化成明确、具体的保管期限表的做法在电子文件的鉴定中依然必要，这可以给管理人员提供一个清晰、易于执行的标准。纸质文件的保管期限表对于从内容上鉴定电子文件具有一定的参考价值，但由于电子文件的种类、成分和形成、积累过程有诸多特点，一些文件的价值还会随着信息技术的发展而有所改变,因此,不能简单地套用原有的保管期限表。

美国国家档案与文件署(NARA)早就用电子文件保管期限表来规范电子文件的"处置"(销毁)范围。美国国家档案馆从1969年即开始制定机读文件鉴定标准,在20世纪70年代制定的机读文件处置期限表中,将机读文件分为可由机关处理和不可由机关处理两类。前者在完成其现行职能后,可由形成机关自行决定处理;后者内容比较重要,由国家档案馆决定并处置。在鉴定过程中,除强调以资料概括水平为基本标准外,确定文件价值的技术标准还包括实际检验有无附带资料等。1988年,美国国家档案与文件署在国家档案馆内设立了电子文件中心。该中心下设档案服务部与技术服务部,前者负责档案鉴定、登录、格式及参考服务工作,后者则负责中心管理的技术部分。鉴定过程中,美国国家档案与文件署文件管理项目的工作人员、信息资源人员、联邦机构的文件管理者以及档案工作者通力合作,根据凭证性、法律性、信息价值及该信息是否具有长期研究的潜力等实施鉴定,此外还应考虑电子文件的内容是否为原始信息、产生于哪个机构、为什么会产生这些信息、公众将怎样利用这些信息、该文件对联邦项目及政策会带来什么影响等。美国国家档案与文件署颁布了两个"通用电子文件保管期限表",用以规范电子文件的"处置"(销毁)范围。期限表中条款非常具体,明确规定了哪一种文件在什么情况下可以删除。需要考虑的因素除文件的内容、来源之外,还包括版本、副本、数据转移等方面的情况。若文件不在保管期限表条款之列,机关认为需要"处置"时须向美国国家档案与文件署递交申请表,获准后方可实行"处置"。后来,为更有效地管理电子文件,美国国家档案与文件署又制定了通用文件期限表GRS20,并由来自美国国家档案与文件署及其他联邦政府机构、非政府的专家组成电子文件工作组,提倡保管期限表应涵盖电子文件在内的所有文件格式,同时建议将GRS20修改为一种系统管理文件的期限表。[①]

我国也应该在积累经验的基础上为电子文件编制专用的保管期限表,以体现文件内容对保管期限的要求。国家档案局"电子文件归档和电子档案管理研究领导小组"研究后认为划分电子文件保管期限的原则是:凡是反映本单位主要职能活动和基本历史面貌的、具有长远科学研究和历史研究价值的电子文件,列为永久保存;凡是反映本单位一般职能活动、在较长时间内有参考利用价值的电子文件,列为长期保存;凡是短期内对本单位有参考利用价值的电子文件,列为短期保存。[②] 电子

---

① 章丹、谭玎培:《国外电子文件鉴定理论与实践》,《浙江档案》2001年第3期,第32—34页。
② 国家档案局:《电子文件归档与电子档案管理概论》,中国档案出版社1999年版,第57页。

文件保管期限表是电子文件鉴定的依据性文件,制定电子文件保管期限表是电子文件鉴定的基础性和关键性工作,其制定方法与纸质文件保管期限表类似。《电子文件归档与电子档案管理规范》规定:应在电子文件拟制、办理或收集过程中完成保管期限鉴定、分类、排序、命名、存储等整理活动,并同步完成会议记录、涉密文件等纸质文件的整理。应归档电子文件的保管期限分为永久、定期30年和定期10年等。电子文件分类按照电子档案分类方案执行,可执行的标准或分类方案有:文书类电子文件的分类整理按照《归档文件整理规则》(DA/T 22—2015)执行;科技类电子文件应按照《科学技术档案案卷构成的一般要求》(GB/T 11822—2008)、《企业文件材料归档范围和档案保管期限规定》等进行分类;专业、邮件、网页、社交媒体等类的电子文件可参照 DA/T 22—2015 等要求进行分类,有其他专门规定的,从其规定;声像类电子文件应按照年度—保管期限—业务活动或保管期限—年度—业务活动等分类方案进行分类。

二、技术标准

技术鉴定的依据是硬件、软件、载体及其相关的标准。如归档使用的磁带的性能质量,应分别符合《盒式录音磁带通用规范》(GB/T 7309—2000)、《VHS 盒式录像磁带》(GB/T 14306—1993)、《磁性载体档案管理与保护规范》(DA/T 15—1995)、《档案数据硬磁盘离线存储管理规范》(DA/T 75—2019)、《档案数据存储用 LTO 磁带应用规范》(DA/T 83—2019)等标准的规定;要将磁性载体文件和光盘文件按照《信息处理交换用七位编码字符集在9磁道12.7 mm 磁带上的表示方法》(GB/T 1989—1980)、《信息处理 信息交换用磁带的文卷结构和标号》(GB/T 7574—2008)、《CAD 电子文件光盘存储、归档与档案管理要求》(GB/T 17678—1999)、《CAD 电子文件光盘存储归档一致性测试》(GB/T 17679—1999)、《基于 XML 的电子公文格式规范 第 1 部分:总则》(GB/T 19667.1—2005)、《基于 XML 的电子公文格式规范 第 2 部分:公文体》(GB/T 19667.2—2005)、《文献管理 长期保存的电子文档文件格式》(GB/T 23286—2021)、《档案级可录类 CD-R、DVD-R、DVD+R 技术要求和应用规范》(DA/T 38—2021)、《版式电子文件长期保存格式需求》(DA/T 47—2009)、《电子档案存储用可录类蓝光光盘(BD-R)技术要求和应用规范》(DA/T 74—2019)等标准进行转换,及时向档案部门移交归档。

纸质档案数字化应按照国家档案局行业标准《纸质档案数字化规范》(DA/T 31—2017)、《纸质档案缩微数字一体化技术规范》(DA/T 71—2018)、《纸质档案数字复制件光学字符识别(OCR)工作规范》(DA/T 77—2019)等要求执行。

第五节　电子文件鉴定与纸质文件鉴定的比较

电子文件鉴定与传统纸质文件鉴定理论上存在许多相通之处,但是与传统纸质文件相比,电子文件具有多变性和易逝性的特点,这就决定了电子文件鉴定与传统纸质文件鉴定也存在诸多不同之处。

一、电子文件鉴定与纸质文件鉴定的共性

(一) 电子文件鉴定与纸质文件鉴定拥有共同的方法论

电子文件与纸质文件的鉴定目标理念相同,都是确定文件的保管期限,删除、销毁没有保存价值的文件,将有价值的文件保存下来,为生产建设和社会发展服务。

加拿大档案学者理查德·布朗认为:"宏观鉴定从逻辑上讲包括了所有对职能和结构体制的分析,国家档案馆的宏观鉴定基本上包括了全部的文件载体,没有对文件载体有任何偏爱,因而电子文件在宏观鉴定中没有任何特殊的地位。"布朗的论述指明了电子文件鉴定和纸质文件鉴定在宏观的理论和方法论上具有相通之处。以宏观鉴定法为例,无论对电子文件还是对纸质文件而言,都可遵循这样的实施步骤:按照加拿大政府联邦机构地位与职能的重要程度,将100多个政府文件产生机构分类,国家档案馆依次与之签订协议,明确在相互合作的过程中各自享有的权利和需要承担的义务,由两者协商制定各立档单位的文件保管期限表以及工作计划,具体鉴定工作由政府机构开展,档案馆提供服务指导并依法进行管理。

(二) 电子文件鉴定理论是在纸质文件鉴定理论的基础上发展起来的

虽然在具体的电子文件管理系统中,电子文件的鉴定呈现出很多不同的特点,但是仔细分析就可发现电子文件的鉴定方法实际上是纸质文件鉴定理论在电子环境下的延伸和应用,与纸质文件鉴定理论一脉相承。例如,在电子文件鉴定模块的设计中,仍然必须回答这样一些诸如档案在哪个环节、由谁鉴定才最合理,各个相关部门之间采取怎样的合作方式才能保证鉴定的客观性的问题,甚至电子文件的智能化鉴定也是仿照人们对纸质文件鉴定时的思维模式实现的。

二、电子文件鉴定与纸质文件鉴定的区别

由于电子文件与纸质文件具有各自不同的特点,因此,在具体的鉴定方法、鉴

定内容、鉴定时间、鉴定人员上也存在着差异。

（一）鉴定方法上的区别

传统纸质文件多采用直接鉴定法，即逐件阅读文件原件内容，判断其价值。直接鉴定法涉及巨大的工程量，面对文件数量的急剧增长，直接鉴定法的局限性越发显现，档案界对档案鉴定理论进行了大胆的有益的探索，总体趋势是由微观转向宏观，从对单份文件的关注转向文件产生的背景、文件形成者的职能活动，更注重从宏观上、总体上把握鉴定方向，同时更注重鉴定方法的实用性和可操作性。加拿大国家档案馆开始实行"新宏观鉴定接收"战略，采取了一种"职能结构研究模式"，将档案的鉴定方法置于一种以文件前后关系为基础、以来源为中心的框架中，而不是置于以内容为基础的历史文献框架之中。荷兰国家档案馆也采取了类似的鉴定方法，即根据文件在政府活动和任务中的作用来鉴定其情报价值，各机构首先应分析其履行使命和完成任务是否为至关重要的活动，挑选和鉴定出来的信息必须反映活动的价值。

宏观职能鉴定法在电子文件鉴定中得到了一定程度的肯定和发扬。宏观职能鉴定法抛弃了根据当前和未来社会需要来确定和预测文件价值的观点，这种鉴定方法得到了国际档案理事会电子文件委员会的认同，被认为是一种实用的评估法，在电子文件鉴定中已得到了广泛的认可和应用。

（二）鉴定内容上的区别

由于纸质文件的物理载体相对稳定，信息与载体结合紧密，对纸质档案的鉴定偏重其内容鉴定，对文件所处的技术情况和载体情况几乎未作考虑（高龄档案除外）。对电子文件而言，计算机是其赖以生存的环境，计算机技术影响着文件的真实性和可读性。据此，1984年法国档案学者哈罗尔德·瑙格勒提出并系统阐述了电子文件双重鉴定的思想，即"机读文件的鉴定包括文件所含信息的鉴定（内容鉴定）和文件技术状况的鉴定（技术分析）"。技术鉴定主要包括电子文件原始性、完整性、可读性、载体情况、病毒情况等。董永昌、何嘉荪甚至提出电子文件的"三重鉴定"：首先对电子文件的内容价值进行鉴定继续存在；其次鉴定电子文件的原始性，以对应电子文件信息的易变性、易逝性；最后对电子文件进行技术鉴定。[①]

不论是电子文件的双重鉴定还是三重鉴定，都对电子文件鉴定工作提出了巨大的挑战。在目前情况下，档案的技术鉴定"既花钱又很复杂"，这给我国的档案人员提出了新的课题：其一，要把握住电子文件查考价值和保管费用的平衡点。偏重查考价值轻视保管费用，会导致无力承受过于昂贵的保管成本而无法

---

① 董永昌、何嘉荪：《电子文件与档案管理》，百家出版社2001年版，第81页。

保证档案信息的安全、可读和利用。反之,如果偏重保管费用而轻视长远价值,又可能造成鉴定工作的偏差,从而影响文化遗产的传承保护。其二,由于档案人员信息技术能力有限,无法有效地开展电子文件的技术鉴定。档案部门与信息技术部门的合作已不可避免,究竟采取哪一种合作方式更为科学有效,可根据具体情况而定。

(三) 鉴定时间上的区别

电子文件和纸质文件具有相同的文件运动生命周期,依次为文件的制作、文件的现实使用、文件的暂时保存、文件的永久保存四个阶段,但鉴定工作分别处于文件运动生命周期的不同阶段。

纸质文件的第一次鉴定,即立卷前鉴定就发生在第二阶段末,此时文件经现实使用,一部分失去了全部价值可以销毁,另一部分日后仍有查考、使用价值的通过立卷转入第三阶段。在第三阶段末,档案室对档案进行第二次鉴定,保管期限已满的档案,经鉴定没有保存价值的即可销毁;经鉴定认为具有长久保存价值的档案由此进入了文件生命周期永久保存阶段,再经档案馆鉴定,将有永久保存价值的档案进入档案馆保存。

电子文件的初次鉴定不可能像纸质文件那样等到文书处理程序完毕之后再进行,而必须提前到信息系统设计时进行,也就是在编制信息系统软件时将有关鉴定的标准和程序编入到系统软件之中,由计算机自动对电子文件进行鉴定。初期鉴定主要是对电子文件的内容价值进行鉴定。电子文件的第二次鉴定是在电子文件脱机保存时在移动载体上进行的,这次鉴定的内容既包括对内容价值鉴定,也包括技术鉴定。电子文件的第三次鉴定从理论上来说应该是档案室在电子文件保管期满时进行,但为了保证存储在光盘、磁盘中的电子文件数字信息能长期存取,电子文件需要不断地定期复制。因此,往往可以将两者结合起来,在复制前对电子文件再作一次内容鉴定,确系有继续保存价值的电子文件才复制,否则可删除销毁。当电子文件向档案馆移交时,对其进行第四次鉴定,以确保进入档案馆的电子文件均具有永久保存价值。

(四) 鉴定人员上的区别

鉴定工作的人员组成、他们所处的立场、出发点以及价值取向等在很大程度上影响着档案鉴定工作的走向。我国的纸质文件鉴定主要分为三次:第一次是立卷归档前的鉴定,鉴定人员由文书或业务部门人员组成;第二次的鉴定主要由机关或企业的档案室工作人员承担,对立卷归档时确定的保管期限进行检查并适当调整,经鉴定无继续保存价值的予以销毁;第三次的鉴定由档案馆人员主持,主要对进馆档案保存期限不当的进行调整。而电子文件鉴定不但要对文件内容价值进行鉴定,还要对文件的技术状况进行鉴定,因此,鉴定队伍不仅要有档案或文书部门的人员,还要有技术人员。

第六节　电子文件的销毁

电子文件数量正呈现膨胀趋势,如不及时进行合理销毁,势必造成信息冗余,甚至造成庞大的信息垃圾,同时也加大敏感、涉密信息泄露的风险。开展电子文件的销毁既是电子文件鉴定工作的必然要求,也是电子文件科学高效管理的必要措施。电子文件销毁是指消除或删除失去价值的电子文件,使之无法恢复的过程。

一、《通用文件保管期限表 20》引发的思考

电子文件销毁是对电子文件处置的一个方面。在电子文件保管阶段对电子文件的销毁主要是保存期满、无保存价值的电子文件予以销毁。如新加坡国家档案馆《通用电子文件保管期限表》中规定:"工资表文件"的保管期限是"7 年",期满后的处置是"从系统中删除"。我国《电子文件归档与电子档案管理规范》规定:"电子档案的销毁应参照国家关于档案销毁的有关规定和程序执行。""属于保密范围的电子档案,其销毁应按国家保密规定实施。"

电子文件的销毁是瞬间的事,只要轻敲键盘,就可能会造成无法弥补的损失,导致历史文化和社会记忆的流失消亡。电子文件销毁工作是保证信息安全的最后一道关卡,起到"守门员"的关键作用。因此,对电子文件的销毁既要高度重视又要十分谨慎。在这方面,美国围绕《通用文件保管期限表 20》所引发的官司和争议值得我们深思。

《通用文件保管期限表 20》(GRS20)是 1995 年在美国国家档案与文件署(NARA)署长卡林的领导下修订的,旨在解决电子文件的管理鉴定、处理授权等问题,其核心内容是确定电子文件、特殊的硬拷贝(纸张)以及电子文件方面数据的处置授权。它覆盖了由计算机操作员、程序员、分析员、系统管理者产生的所有与计算机利用有关的文件。在它的大多数条款中,明确指出当联邦机构确定文件不再有行政的、法律的、审计的或其他意义而不需要长期保存时,可以自行删除或者销毁。美国国家档案与文件署不考虑在应用中设立更特殊的保留期限。

《通用文件保管期限表 20》颁布实施后,立即引起公民权利组织和其他一些

组织的强烈反对。他们认为 GRS20 没有对电子文件的价值进行区分而任意予以销毁"是不明智的,也是违法的",遂于 1996 年 12 月向美国哥伦比亚特区的地方法院将卡林、总统办事机构、行政办公厅等机构和人员告上法庭,指控 GRS20"无视电子文件的价值","专断,无定见、不合理,违背法律规定",并控告国家档案员"企图放弃鉴定电子文件价值的责任"。美国地方法院 1997 年作出了判决,宣布 GRS20 无效,电子文件不能销毁。美国国家档案与文件署随即向上诉法院进行上诉,上诉法院于 1999 年 8 月作出裁决,推翻了地方法院的裁决,宣布 GRS20 合法。原告不服,对上诉法院的裁决向最高法院进行上诉。最高法院于 2000 年 3 月作出裁决,支持美国国家档案与文件署,对这个案件不再举行听证。本官司到此了结。

围绕 GRS20 的官司虽然结束,但它所涉及的问题引发出更多的思考。由于此案涉及面甚广,问题的焦点又是电子文件这一崭新的研究领域,案件在报刊和网站等各种传媒上传播后引起普遍的关注。《华盛顿邮报》评论指出:"如何将政府馆藏中的电子文件转换为标准的、永久的可读形式而不造成信息的丢失,迎接这一技术挑战的并非只有档案馆。没有任何一个政府机构愿意背上为每天产生的文件划分保管期限,分门别类予以保管的重责";"与其他行业比较,对档案馆来说,突破传统,改变日复一日、年复一年形成的旧有的思维模式与管理模式显得尤为迫切与必要,且任重道远"。国际档案理事会电子文件与现行文件委员会(ICA/CER)主席约翰·麦克唐纳指出:究竟什么是文件,如何从法律的角度进行定义,政府机构的实质是什么,档案馆在现行文件管理过程中究竟应扮演怎样的角色,这些都是国际档案界应该关注的重要问题。①

鉴于 GRS20 遭到的非议,美国国家档案与文件署曾于 1997 年 11 月成立了一个电子文件工作组,负责对若干类电子信息的产生、保管和处置,特别是对 GRS20 存在的问题进行研究。该工作组经过 7 个月的艰苦努力,起草了一份报告书,提出了三点建议:其一,联邦机关必须为本部门形成的各种格式的项目文件和重要的行政管理文件制订保管期限。工作组建议美国国家档案与文件署颁布一份修改现有的文件处置期限表的指导性文件,为办公室自动化系统产生的文件规定处置期限;其二,工作组建议美国国家档案与文件署修改所有的通用文件保管期限表,从而为那些已制作了文档管理副本而不需要再为此目的加以保存的行政文件确定销毁期限;其三,工作组建议制定一个新的"通用文件保管期限表",专为与系统管理和操作相关的暂时性文件确定处置期限。此案终审结束后,卡林也表示美国国家

---

① 王健、张宁:《敲响电子文件管理的警钟》,《档案学通讯》1998 年第 4 期,第 42—44 页。

档案与文件署将与有关方面一道积极探索电子文件管理和保护的方法。围绕《通用文件保管期限表 20》所引发的诉讼,正如我国学者所言,敲响电子文件管理的警钟。

二、电子文件销毁方法

电子文件销毁方法主要有数据覆写法、消磁法、高温销毁法、物理破坏法和化学腐蚀法等,可归为信息销毁和载体销毁两大部分。

电子文件的信息销毁是通过软件系统改变载体的状态,将电子文件数据从记录载体上彻底消除的一种方法。这种方法适用于可重复使用的记录载体,如硬盘、可擦写式光盘等。它的优点是可重复利用载体,节约资源、经费,销毁方法简单;缺点是销毁过程具有非直观性,主要是通过计算机软件系统来完成销毁工作,如果销毁不彻底,容易留下泄密的后患。

电子文件的载体销毁是指将电子文件的载体连同信息一起销毁的方法,使数据无法恢复,主要适应于一次写入不可更改的记录载体及受损伤不可修复的载体。它的优点是销毁比较彻底,缺点是浪费资源。

在电子文件销毁工作中,需要根据销毁对象的涉密程度采取不同的销毁方法,确保涉密电子文件在销毁后不会造成信息泄密。

三、电子文件销毁制度

我国的电子文件销毁工作虽然起步较晚,但各级政府、金融机构及军队等已开始关注涉密载体的销毁。国家已颁布实施了《中华人民共和国保守国家秘密法》及其实施办法、《国家秘密载体销毁管理规定》及其实施细则;国家保密局也制定了涉及存储载体销毁的行业标准《涉及国家秘密的载体销毁与信息清除安全保密要求》(BMB 21—2007),规定了涉密载体销毁和信息消除的等级、实施方法、技术指标以及相应的安全保密管理要求。近年来,一些省市机关、企事业单位陆续制定了有关电子文件销毁的制度规范,内容涉及负责销毁工作的责任人、销毁范围、销毁地点、销毁程序、销毁要求等。《电子文件归档与电子档案管理规范》规定:"应从在线存储设备、异地容灾备份系统中彻底删除应销毁电子档案,电子档案管理系统应在管理过程元数据、日志中自动记录鉴定、销毁活动,将被销毁电子档案的元数据移入销毁数据库。""应销毁电子档案的离线存储介质,应对其实施破坏性销毁。实施销毁前,应对备份其中的其他电子档案进行离线存储介质的转换。""应填写电子档案销毁记录表并归档保存。"电子档案销毁登记表如表 5-1 所示。

表 5-1 电子档案销毁登记表①

单位名称	
销毁授权	
被销毁电子档案情况（范围、数量、大小等）	
在线存储内容销毁说明	
异地容灾备份内容销毁说明	
离线存储介质销毁说明	
销毁起止时间	
操作者	

填表人(签名)	审核人(签名)	单位(盖章)
年 月 日	年 月 日	年 月 日

思考题

1. 简述电子文件鉴定工作的重要性。
2. 阐述电子文件鉴定的内容和特点。
3. 谈一谈直接鉴定法和职能鉴定法的内涵与应用。
4. 试比较电子文件鉴定与纸质文件鉴定的异同。

参考答案要点

---

① 《电子文件归档与电子管理规范》(GB/T 18894—2016)，表 A.4。

第六章 电子文件的整序

档案部门如何管理控制电子文件、如何维护电子文件之间的有机联系,使归档电子文件形成完整有序的信息资源统一体,是电子文件管理中不容回避与轻视的问题。任何系统的功能都是通过结构实现的,系统中诸多要素组合成有序的结构,才能使系统具备其应有的功能。因此,研究档案部门如何保存整理电子文件,对于电子文件价值的发挥、延续数字时代人类的记忆有着重要意义。

第一节 电子文件整序概述

电子文件整序即电子文件信息整序,使电子文件信息有序化,是电子文件管理的重要内容。电子文件整序,不仅为电子文件管理奠定基础,同时也是电子文件检索查找和提供利用的前提。电子文件整序是指根据电子文件的形成规律和特点,按照相关标准规范和理论方法,将电子文件整理成便于保管利用的有序体系的业务活动。

一、电子文件的有机联系与虚拟整理技术

(一)电子文件的有机联系

《电子文件归档与电子档案管理规范》(GB/T 18894—2016)规定:"应以件为管理单位整理电子文件,也可根据实际以卷为管理单位进行整理。整理活动应保持电子文件内在的有机联系,建立电子文件与元数据的关联。"电子文件与所有其他各种类型的文件一样,是适应交流、传递、处理、储存、利用信息的需要,在人类的社会活动中自然产生的。文件与形成它的社会活动之间存在着一种共生而又对应的关系,文件的这一特点决定了它既是连接、推进这种活动的纽带和工具,又是这

种活动的真实记录和见证。

同一项人类社会实践活动可以被看作一个完整的系统。系统的整体性决定了这项活动中的事物之间必然具有相互依存、交织渗透或互为因果的有机联系。这种联系实质上是通过信息的交流实现的。文件就是交流、传递这些信息的主要工具,因此上述有机联系必定自然地体现于承载信息的文件之中。

文件之间的联系是多方面的,有来源、内容、文种、通信者、地区、时间等方面的联系,其中,只有那些与文件形成过程即人类活动的实际进程相对应的联系才是文件之间的本质联系。这种联系是在文件形成过程中共生的,而并非事后人为聚合的,具有历史性,人们通常称之为"历史联系"或"有机联系"。

文件的这种有机联系,要求对归档保存的电子文件信息进行整序,使之有序化,构建特定的结构,形成有机的整体,通过结构实现文件信息系统的功能。"在文件管理中,能注意保持文件间自然形成的有机联系,就可充分地发挥信息的综合整体效应,生动地再现形成文件时社会活动的真实场景,提供具有整体意义和凭证作用的情报"[①],否则孤零、分散的电子文件必将大大降低其整体价值。

(二) 虚拟整理技术

"虚拟整理技术"是相对传统"实体整理技术"而提出的新概念。虚拟整理技术是指一种能脱离档案实体排列,而仅仅使用一套符号及其符号语法逻辑来记录和揭示档案之间历史联系的技术。它与档案实体排序无关,单纯记录和揭示档案之间的历史联系。

虚拟整理技术是在计算机技术环境和电子文件特征的基础上产生的技术。电子文件是以二进制数字代码的形式存储于电子载体上的,其非人工识读性、信息与载体的可分离性等特点使之失去了传统意义上的"实体"概念。"电子文件中的信息不再具有固定的物理位置,也不再对原记录载体'从一而终',它可以根据需要随时扩展、缩小或改变其存储空间。"[②]电子文件的这些特征决定了对其整理存在虚拟性,是一种信息整理。电子文件和档案信息的有序化属于智能控制范畴,故有序化并非物理位置的有序,而是逻辑上的有序,或者说是使信息具备一定规则排序、检索和输出的能力。同时,计算机技术强大的数据处理功能为虚拟整理提供了技术保障。

虚拟整理技术可以在对档案历史联系的整理中不再受到档案的保管期限、密级、载体种类甚至文件材料的开本等非历史因素的影响,使文件材料在历史联系的

---

① 董永昌、何嘉苏:《电子文件与档案管理》,百家出版社 2001 年版,第 148 页。
② 冯惠玲:《认识电子文件——〈拥有新记忆——电子文件管理研究〉摘要之一》,《档案学通讯》1998 年第 1 期,第 45 页。

链条上应该放在什么地方就放在什么地方。更有甚者,虚拟整理技术创造了多项历史联系记录系统。档案文件之间的历史联系是复杂的,是由多种历史要素构成的,具有多种联系的特征,按不同的历史要素整理档案可获得不同的系统。传统档案整理,由于受到技术环境的约束,必须采用实体整理,只能从诸多要素中选取一个主要的因素作为档案整理的依据,生成一种记录档案历史联系的记录系统。它在选择和确定以某种要素作为进行档案历史联系的实体排列的同时,就意味着在档案整理的实践中必须抛弃用其他历史要素,构成记录档案历史联系的系统。而虚拟整理技术则可按多种根据,如来源、事由、年代等历史联系,在计算机内同时构成多个以不同历史要素为根据而生成的记录系统,形成各种"虚拟案卷",以此全面和完整地记录档案的历史联系。[①]

电子文件的整理是一种"虚拟整理",它可以创造多项历史联系记录系统。在"虚拟整理"中档案整理的技术性原则是多样的,除了"来源原则"外,还有"事由原则""年代原则"等。因此,这种整理并不排斥传统意义上按"来源原则"对档案的整理,而是在此基础上的发展。

(三)以来源原则指导电子文件信息整序

来源原则在其诞生以来的一个半世纪中,对档案工作的健康发展以及档案学科的建立产生了全方位的深刻影响,电子文件的出现使其再次成为档案学界关注的理论热点。有人感到忧虑,认为"源于各种不同结构组织体的数据的产生改变了单一来源的概念,电子计算机信息系统已经超越了传统的组织机构的界限,而来源原则和尊重全宗原则恰恰是由这个界限所决定的";"计算机的智能管理和自动分类与组合功能,使得档案工作可以放弃文件的来源和全宗不可分散等原则"。也有人乐观地认为:"只有坚持我们专业和理论的传统核心——来源、尊重全宗、因果联系、发展、相互关系和次序,档案人员才能把信息转化为一种知识范例。"不同的认识引发了各国档案学者对来源原则的重新思考,如果它能够在目前面临的重大改变中得到重新确立,或许可以为电子时代档案工作模式的建立提供重要的思路。

引发对来源概念重新探讨的原因主要有两个方面:一方面是现代政府和非政府机构的变化比以往更加频繁和剧烈,对于按机构来源划分全宗造成了比以往更大的困难;另一方面是电子文件的形成方式与纸质文件不同,以往那种以一个实体机关作为一个文件群体形成者的传统模式逐步有所突破。计算机与远程通信手段的结合、关系数据库的普遍使用以及超国界网络的出现,使得不同机构使用共同的

---

① 桑毓域、刘新安、曾永仁:《"虚拟整理"技术的产生和实践意义》,《兰台世界》1999年第1期,第14—16页。

数据资源和共同参与形成一批数据不仅成为可能,而且成为日益增多的事实。因此,一些档案学者认为,传统的来源观念并不能解释现今以至未来电子时代的档案实践,有必要从新的视角赋予它新的含义,形成一个新来源观。

特里·库克认为:"电子时代档案来源的概念需要重新考虑、酝酿和定义,它不仅指文件的形成机关,更包括其形成目的、形成活动、过程、处理程序和职能范围等",因此档案人员的关注焦点应该"从以等级结构中原始文件产生部门为中心的实体来源转为变动、临时甚至'虚拟'的机构中文件形成者的职能和业务活动为重点的概念来源"。即"来源"就是指文件的形成过程和背景,具体来说就是文件是由谁、在什么条件下、运用哪些数据、为了什么目的、采用了何种结构形成的等方面的情况。我国也有人提出:对电子文件在计算机中进行虚拟整理的结果,将使全宗由实体状态变为由计算机程序的逻辑链接的虚拟状态。也就是说,体现来源原则的全宗在电子文件时代依然存在,只不过是发生了"形态的异化",由来源于一个机关(形成者)转向来源于一项活动、职能。

特里·库克所主张的"概念来源"显然不像人们一直习惯了的"实体来源"那么直观,那么易于分辨,正如他自己所说的,"使得来源原则更加概念化和抽象化了"。但它绝不是档案人员大脑中飘忽不定的主观意识,而是有着特定内容的客观现实。不管文件是独立产生于一个机构,还是由来自若干个数据源的数据组合而成,只要掌握它的形成过程,并把这些信息随同文件信息一同保留下来,就可以寻根溯源,了解该文件的始末原委。对于形成者不再单一、形成过程变得复杂起来的电子文件来说,这些来源信息不啻是档案管理人员和利用者理解它的一把钥匙。

长期以来各国档案工作者在来源原则的旗帜下,以"来源"汇聚文件实体,构成不同的档案体,如全宗、档案组合、文件组合等,以此作为档案馆管理档案实体的基本单位。而在电子文件时代,来源原则具有更加广泛的实践意义,来源信息对于电子文件的检索、鉴定、整理以及确认电子文件的证据价值都具有不可或缺的作用,它更新和扩展了在档案管理实践中的实现方式,它不会成为历史,将与电子文件的管理同在。[①]

二、电子文件整序的实施

电子文件整序是指按照一定的规则、方法和技术,对电子文件信息的外部特征

[①] 冯惠玲:《电子文件时代新思维——〈拥有新记忆——电子文件管理研究〉摘要之六》,《档案学通讯》1998年第6期,第45—49页。

和内容特征进行揭示和描述,实现电子文件信息的有效组织,使之有序化和系统化的过程。它是做好电子文件管理的基础性工作。

对文件信息外部特征和内容特征进行揭示、描述的工作,档案学中称之为档案的著录和标引,两者彼此关联,但又各有侧重。其中著录是对档案的内容和形式特征进行分析、选择和记录的过程,内容特征包括档案的分类号、主题词、摘要,形式特征包括档案的题名、责任者、形成时间、地点、档号、文种、载体等;而标引是在档案著录过程中对档案内容进行分析和选择,并赋予其规范化检索标识的过程。因此,著录重在选择、登录,标引重在分析、提炼。

电子文件信息整序需要依据文件著录、标引提供的内容信息和形式信息(或称著录数据、标引数据),按照虚拟整理的规则和要求,通过计算机系统处理来实现信息的有序化。在此过程中,关键是如何将处于自然状态的电子文件内容信息(自然语言)转化为能够被计算机系统自动处理的人工信息(人工语言),而这一转化就是通过对电子文件进行内容识别,为电子文件赋予规范化检索标识来进行的。从这个意义上看,电子文件的有序结构主要是通过标引来实现的。因此,标引在电子文件信息整序中起到至关重要的作用。

标引通过对文件内容进行主题分析、转换和记录,将表达这种主题的自然语言转换成计算机信息处理语言,使之成为检索标识。这样得到的检索标识,既可以使文件获得内容识别标志,又可以使文件自身获得了按这种标志以及这种标志所代表的计算机信息处理语言排序的能力,从而可以形成有序的信息结构。

对电子文件主题给予档号标识的过程,称为馆藏法标引或者档号标引;给予分类号标识的过程,称为分类标引;给予主题词标识的过程,称为主题标引。档号标引、分类标引和主题标引是计算机处理电子文件信息序化不可缺少的基础工作。其中,档号标引最灵活,是电子文件信息整序的主体。电子文件能否组成有机结构,能否发挥作为档案的特有功能,主要依靠按来源原则所进行的档号划分和界定。主题标引具有专指性强、使用灵活等特点,在实现多途径、多因素检索方面有独到之处,能够比较充分地发挥计算机的检索功能。分类标引则提供了有别于按文件形成过程分类检索电子文件的途径,便于全国或地区范围内的联机检索,也有自己的独特功能。档号标引、分类标引和主题标引三位一体,从不同角度维护了文件之间的有机联系,正是"虚拟整理技术"的体现。

电子文件的标引与传统载体档案文件的标引相比,其最大不同点在于电子文件标引既是电子文件信息的整序,又是在建立电子文件检索系统。传统档案管理是先对档案文件实体进行整理,然后再为之建立检索系统;前者整理属实体控制(physical control),后者属智能控制(intellectual control)。电子文件管理中,信息的整序本身就属于智能控制,是通过标引完成的。电子文件管理过程中实体控制仅仅是对脱机保存的存有电子文件信息的光盘、磁带、磁盘等的管理。因此,标引也是建立检索系统工作的一部分。

电子文件信息整序,或者直接地说电子文件的著录、标引,可以在文件形成、积累、归档等阶段,由文件管理系统、文件形成者或档案管理人员通过自动生成或人机对话方式组织实施。

三、电子文件信息数据库

数据库是目前广泛流行的数据管理技术。为电子文件信息建立相关数据库并存入电子文件信息数据是电子文件信息整序的重要内容。

数据库是在计算机的存储设备上合理存放的相互关联的数据集合。每个数据库包含着一个或多个相互联系的数据文件,数据库中的数据有复杂的数学模型,具有共享性和最小冗余度,并通过数据库管理软件,在操作系统控制下,对其进行统一、合理的存取、管理和控制。对于一个特定的数据库来说,它集中统一地保存、管理着某一单位或某一领域所有有用的数据。

数据是对客观事物的符号表示,在计算机科学中是指所有能输入计算机中并被计算机程序处理的符号总称。电子文件作为一种客观事物,在计算机系统中,是用各种数据来描述的。由于电子文件的不可视性,在利用中必须保证电子文件数据能够准确恢复,以特定的结构形式储存在电子文件数据库中。

(一)组建电子文件信息数据库的意义

1. 集中保存电子文件资源

通过建立电子文件信息数据库,将具有保存价值的电子文件进行集成汇聚、统一保管,构建数量丰富、类型多样、结构优化、质量上乘的电子档案数据资源库,形成以政务档案数据资源库、民生档案数据资源库、专题档案数据资源库、特色档案数据资源库为主的多元电子档案数据资源库群。

2. 保持电子文件之间的有机联系

电子文件信息需要运用计算机及其相关技术设备,在信息有序化的基础上,对其进行科学管理。组建电子文件信息数据库可以集中、统一地管理电子文件内容及相关信息,并通过标引技术建立档案信息的有序结构,经过整序,构成电子文件信息数据库内有序的虚拟状态,形成存取电子文件的"文件库",保持电子文件信息之间的有机联系。

3. 推动电子文件管理利用的有效实施

建立电子文件信息数据库,是对电子文件数据及其结构的确定,同时也是对电子文件著录、标引项目的确定和电子文件利用前数据的准备工作,是电子文件检索系统建立的前提。数据库是电子文件信息管理系统中最关键部分,计算机软、硬件的配置,其目的就在于让利用者快速准确地从数据库中检索出符合要求的信息。如果没有数据库,一切管理系统、检索系统都将成为"无米之炊"。

(二) 组建电子文件信息数据库的关键

任何一种数据库的建立都有一个复杂的过程,包括数据库的需求分析、设计开发、资源建设、系统验收、运行维护等。就电子文件信息数据库的建立而言,应注意以下几点:

1. 档案数据结构

档案数据个体应由内容信息、背景信息和元数据组成,要求来源可靠、程序规范、要素合规。

电子文件内容信息主要指具有有序结构的电子文件自身。同时,为了在检索利用中区分和辨异,还需要用一种简练的形式来表达电子文件的内容特征。电子文件的内容特征同纸质档案等传统档案一样,以档案信息处理语言及其词语(如档号、分类号、主题词或关键词等)来表示。它们是通过标引获得的,也应包含在电子文件内容信息中。

背景信息是确保电子文件的档案价值的关键要素。它一般包括电子文件形成目标、形成机构及其职责、形成年代、与其他文件的关系、形成之初的结构、形成和使用阶段的功能与活动、明显影响文件形成和维护的历史环境等。详细的背景信息可以作为检索工具,成为电子文件利用者正确理解与利用电子文件的必要保证。

元数据是对电子文件数据的描述,它包括电子文件的内容、背景信息和结构等方面的数据,是电子文件管理系统的"命脉"。

2. 档案数据数量

数量是塑造数据库容量的前提、筑牢质量的基础和释放能量的关键,量变才会引起质变。随着现代信息技术的迅猛发展,数量庞大、类型多样、形态各异的新型数据资源急剧增长,数据规模激增的现实状况,对档案部门数据管理能力提出挑战。如电子文件等档案数据资源收管范围不广、力度不足,大量具有保存价值的数据尚处于失散失存状态,未能及时完整归档,游离于档案管理范畴之外,如网络数据、三维数据、多媒体数据、传感数据等,造成档案数据整体数量仍较匮乏,馆藏结构较为单一,难以满足社会大众丰富多元的档案信息需求。档案数据馆藏数量与国家数据增长数量相比,仍有巨大鸿沟。

现代信息技术的应用和各种移动终端的生成,促使电子文件、社交媒体、数字文本、用户踪迹等移动信息、泛在数据大规模生成,信息资源空间结构发生颠覆性变革。为此,需要强化档案数据规模建设,科学规划、合理布局、统筹发展、系统推进,加强部门协调联动,拓展档案部门数据采集捕获功能,应收尽收、应归尽归、应管尽管,广泛采集政务活动、社会民生、社交媒体、智能终端、地理空间等新型档案资源,构建数量丰富、结构优化、质量优裕、特色鲜明、门类齐全的档案数据资源体系,夯实档案馆运行的物质基础与货源仓储。

3. 档案数据质量

档案是最真实、最可靠、最具权威性与凭证性的原生信息资源,理应在国家治理中发挥更大作用。数据质量是衡量数据价值的核心构件。档案数据作为一种重要的数据资源,本身就对数据质量有着极高的要求。大数据环境下,数据污染、数据异构、数据冗余、数据安全、数据失真、数据孤岛等问题普遍存在,造成档案数据"不可知、不可控、不可取、不可联、不可用",给基于档案数据的数据分析、决策、创新带来不便。究其关键,实为档案数据质量不高;究其根源,在于档案数据质量控制缺失,难以适应档案事业发展需求与国家社会治理要求。

档案数据质量控制攸关档案数据资源质量优劣,是实现档案数据资源善治的保障,需要加强档案数据质量规范化治理,不断提升档案数据资源质量水准,为后续档案数据整合集成和开发利用奠定基础。为此,需要强化档案数据质量控制,通过档案部门等多元主体协同合作,依据相应的法规标准,借助现代信息技术提升档案数据质量水准,确保档案数据来源可靠、程序规范、要素合规、安全可用,满足档案利用需求。

(三)电子文件信息数据库的类型

电子文件信息数据库实际上是电子文件信息资源库,主要有电子文件目录数据库、电子文件全文数据库、电子文件专题数据库、多媒体档案数据库、元数据库等,其管理方法多采用数据库技术。

1. 电子文件目录数据库

电子文件目录数据库是使用数据库管理系统组织起来的电子文件目录数据集合。它是电子文件信息数据库中最简单、最基本的一种形式,是电子文件信息资源检索利用的有效形式。电子文件目录数据库又可以分为案卷级目录数据库和文件级目录数据库。电子文件目录数据库一般是直接通过电子文件管理系统获取电子文件的目录信息,形成电子文件目录数据库。

2. 电子文件全文数据库

电子文件全文数据库是通过数据库、数据仓库等技术方法将档案全文按照一定的分类、排序方式排列形成的集合①,是电子文件信息数据库建设的主体。电子文件全文主要来自归档电子文件,一般通过与目录数据库挂接的方式进行管理。随着信息技术和检索技术的发展,可直接对电子文件信息进行管理。电子文件全文数据库能够对电子文件进行信息组织、信息存储和信息服务,保障电子文件信息资源的安全和长期存取。电子文件全文数据还要与元数据保持联系,以确保电子文件信息的真实、完整、可靠。

3. 电子文件专题数据库

《"十四五"全国档案事业发展规划》提出:普遍开展专题档案目录建设,推动重点地区、重点单位建设专题档案数据库,建设国家级专题档案记忆库;统筹重大历史事件、重大活动、突发事件应对活动等档案专题数据库建设;积极进行专题档案开发,更好发挥档案在服务国家治理、传承红色基因、建构民族记忆、文明交流互鉴等方面的独特作用。专题数据库主题较为丰富,影响广泛的重大历史事件、重要历史人物、特定研究主题等可视为专题,主要围绕历史传承、文化传播、经济发展、科技创新等内容开展档案数据资源建设,发挥专题档案数据资源特有的社会价值,如红色档案数据资源库、婚姻档案数据资源库、古村落档案数据资源库、特色档案数据资源库等。

4. 多媒体档案数据库

电子文件信息资源除了以文本形式存在的电子文件外,还有大量的非文本形式的电子文件,如照片、音频、视频等,这些电子文件存储容量大,管理技术要求高,需要专门的技术和设备进行整理、分类、保管,为此需要建立多媒体档案数据库。多媒体档案具有内容的真实性、形式的生动性、传播的便捷性、利用的大众性等特点,有利于优化馆藏档案资源结构,有利于档案信息的广泛传播,有利于推进档案利用的社会化,有利于提高全民的档案意识,多媒体档案件数据库成为电子文件信息资源建设的一大亮点。

5. 元数据库

元数据记录了电子文件的特征及其变化情况,是反映电子文件的内容、结构、背景的信息,有助于对电子文件信息的组织、检索和维护,有助于对电子文件的信息安全进行有效控制,有助于异构电子文件信息的整合。因此,保存电子文件元数据是保证电子文件可靠和可用的一项重要措施。元数据库的建立应根据《文书类电子文件元数据方案》(DA/T 46—2009)等标准规范进行详细描述和标引著录,通过系统自动生成和适当人工添加方式而形成。

---

① 国家档案局:《数字档案馆建设指南》(档办〔2010〕116号)。

第二节 电子文件著录

一、现代著录理念的确立

(一) 电子文件著录的定义

在传统档案学理论中,著录是"在编制档案目录时,对档案内容和形式特征进行分析、选择和记录的过程"[①]。这种著录的直接目的是编制档案目录作为检索工具;著录的对象包括档案的内容特征和形式特征(其中对内容特征的分析与提炼的过程即为标引);著录的时间是在文件移交进馆(室)之后;著录的实际人员往往是档案工作者。

电子文件的出现,使著录问题引起国际档案界的高度重视。国际档案理事会和一些发达国家成立专门的著录标准化委员会对之进行研究,经过一定的理论论证和实践验证,意识到著录是维护文件历史联系从而保证文件证据性的一种有效手段。利夫·米克兰在国际档案理事会大会上提出:"准确的著录为用户提供了帮助其理解他们正在利用的资料的工具,它使人们清醒地意识到易逝的信息单元之间的联系,它为把事实和数据看成证据创造了可能,而不是将其看成混乱的、没有联系的空洞的材料。"[②]在此基础上国际档案界逐渐形成新的著录理念。

1993年国际档案理事会批准通过并出版的国际标准《国际档案著录规则(总则)》对档案著录作了如下定义:"获取、核对、分析和组织用以确认、管理、存入、了解档案机构的馆藏以及解释其背景和文件系统的各种信息的过程,以形成对其所描述的单位及其构成部分的准确表述。"该定义强调著录是一个动态的过程,较之传统的著录有了两个基本的变化:由"编制"著录变为"获取"著录;由著录文件变为著录文件和文件系统。这意味着著录信息的形成并不是对文件信息的二次加工,在更大程度上是对已有信息的采集和组织;著录信息不仅包含文件本身方面的内容,更多地包含了文件形成背景以及文件管理系统等方面的信息。正因如此,美国戴维·比尔曼在其1994年出版的专著《电子证据——当代机构电子文件管理战略》中提出用文件著录(documentation)的概念取代传统的档案著录(description)概念。

[①] 《档案著录规则》(DA/T 18—1999)。
[②] 转引自冯惠玲:《电子文件利用的障碍与对策——〈拥有新记忆——电子文件管理研究〉摘要之五》,《档案学通讯》1998年第5期,第45页。

为此,根据《档案著录规则》(DA/T 18—2022)中的相关定义,将电子文件著录定义为检索和管理电子文件资源,对电子文件内容、结构、背景或管理活动进行分析、选择、组织和记录的过程。

(二)电子文件著录的特点

1. 全要素

对于电子文件而言,需要描述的对象包括三要素:内容、结构和背景信息。同时,因为电子文件具有系统依赖性的特点,因此电子文件管理系统也是著录中不可或缺的内容。对文件管理系统的著录不仅包括文件生成时所在的系统,还包括文件管理、存储、利用、迁移后所在的所有系统。对于同一份文件的著录可能分散地保存在不同地点,应保证针对相同文件的著录之间建立联系。电子文件著录全要素的特点决定了著录的信息源不仅是文件内容本身,还包括生成、管理电子文件的活动。

2. 全过程

电子文件著录将贯穿于电子文件的整个生命周期,包括电子文件形成、积累、归档、迁移、利用等全过程。在这个意义上而言,电子文件著录信息是与电子文件同步形成的,电子文件著录的时间不再是一个时间点而是一个时间段。其中相当多的内容在电子文件形成时即已完成,如电子文件的生成系统、形成者、编制目的等。电子文件著录的全过程性与电子文件系统开发的全过程原则是相当吻合一致的。

3. 综合性

电子文件既然是在电子环境下生成的,对于电子文件的著录也应在系统中进行。在电子文件管理的初始阶段,由于技术能力有限,人工著录仍是电子文件著录的主导方式。随着自动化程度的提高和人工智能技术的发展,人工著录方式渐渐演化为系统自动著录与人工控制著录相结合的方式,其中电子文件著录的自动化技术主要是元数据技术。

4. 多级性

电子文件著录多级性是由电子文件之间具有有机联系的特点决定的。文件及档案工作者根据电子文件之间的有机联系,对文件进行分类,从全宗、大类、属类、小类、案卷直到单份文件,呈现出多个级别、多个层次。针对不同级别的电子文件集合或电子文件,著录结果是不同的,电子文件著录应维护电子文件之间的有机联系。在完善的电子文件检索系统中,应能展现各级著录的层次结构,并提供通畅的导航,以加强对电子文件生命周期前期阶段的有效管理[①]。

---

① 冯惠玲:《电子文件管理教程》,中国人民大学出版社 2001 年版,第 73—74 页。

(三) 电子文件著录与传统文件著录的不同

电子文件著录在内涵和外延以及著录工作的性质上与传统档案著录均有较大的不同,具体表现在:

1. 著录目的有所拓展

传统著录的直接目的是编制检索工具,满足利用者利用需求;同时,著录还可以为机构和档案馆(室)内部管理档案服务。而电子文件著录工作还有一个更为重要的目的,即实现电子文件的证据性,维护电子文件的长期真实性,"无论复制和转载的过程是多么谨慎,负责监督文件保护过程的人员是多么具有权威而且富有责任心,只有档案著录工作才能证明电子文件的长期真实性"。"当利用者查考的电子文件曾经历了若干次复制和转载,其物理格式较原始文件基本上面目全非,而负责复制和转载的工作人员已经故去,……最终要依靠档案目录来评定该信息源是否可信。通过对档案全宗的信息整理和著录,文件编制和管理过程中的各种联系——即文件的背景和内在联系——得以永久保存,因此著录是保证文件真实性的一种可靠手段"。①

2. 著录对象有所扩展

电子文件的著录涉及文件形成过程的各种因素,包括文件的三要素:文件内容、结构、背景信息,而且著录的重点也从文件的内容转移到文件的形成背景上。总之,只要是与文件发生联系的对象,一般都需要进行著录,以保证文件的完整性和真实性。很多文件著录中需要描述的对象在传统著录工作中是不予考虑的,如文件管理及保管、利用的历史,文件管理系统等。

3. 著录时间有新改变

在电子文件保管系统设计时,应将著录标引纳入其中,使系统具有自动著录的功能,著录过程将贯穿文件形成到归档的整个生命周期,包括编制索引、分类、归档、复制、分发、处理、利用等全过程,将该过程中涉及的各种因素全部记录下来,方便用户从各个角度检索文件、追溯文件。因此,著录的时间是一个时间段,而不是一个时间点。著录与文件同步形成,而不是滞后形成。

4. 著录人员有新变化

著录时间上的改变,就意味着形成著录信息的人员不仅是档案工作者,而且包括文件形成者。文件在现行期内主要是由文件形成者来负责著录信息,而档案工作者负责著录归档后文件运动过程中的各种信息,并借助于一定的技术手段和方

---

① [加拿大] 露西娅娜·杜兰特、海塞尔·麦克耐尔:《保护电子文件的完整性——不列颠哥伦比亚大学研究项目综述》,加拿大档案工作者协会会刊《档案》第 42 期,转引自刘越男:《电子文件著录问题初探》,《档案与建设》2001 年第 2 期,第 35—36 页。

法,将所有著录信息予以收集和管理。因此,著录人员就由单一的档案工作者变为档案工作者与文件形成者共同组成。

5. 著录手段不断更新

著录手段由人工直接参与的著录方法渐渐转变为系统自动著录和人工控制相结合的方式。自动著录主要是使用元数据技术,在电子文件管理系统设计中应对电子文件管理所有的元数据元素进行规划、建模并予以实现,直接利用元数据技术进行著录。元数据具有有效加强电子文件的凭证作用,保证电子文件的长期可读性。元数据著录是一种动态的、多维的,而且是过程性的著录方式。采用元数据技术著录手段,一方面可实现自动著录,改善电子文件形成后的著录环境;另一方面可加强对电子文件整个生命周期的有效管理。

然而,元数据著录不能完全取代著录系统,某些著录信息无法从元数据中提取,需要人工辅助著录而成,比如"载体规格""提要""缩微号"等等。[①]

二、电子文件著录规则

电子文件著录规则是电子文件著录中不可缺少的,其根本目的是规范电子文件目录信息的内容、形式和结构,使电子文件目录数据能够交换,建立起高质量、标准化、结构化的检索系统,实现资源共享。

电子文件著录规则可以划分为三个层次,即数据结构著录规则、数据内容著录规则和数据值著录规则。

(一) 数据结构著录规则

电子文件数据结构著录规则是专门对电子文件著录事项作出的规定,规范电子文件著录事项和内容。数据结构著录项,设计总体著录方案,明确文件级、案卷级等不同层级电子文件的著录内容结构。

(二) 数据内容著录规则

电子文件数据内容著录规则是对数据结构中具体某一著录项的著录数据提供的著录规则,如规定著录顺序、著录方式和著录表达形式。例如,在著录外国人名时,规定要采用倒叙方式著录,比如在著录"乔治·怀特"时,就要先著录"怀特",然后才是"乔治",并用逗号隔开,即:怀特,乔治。

(三) 数据值著录规则

电子文件数据值著录规则是对数据结构规定的著录项中所使用的术语词汇进行控制。在著录中所使用的主题词表、分类法和名称规范文档能使术语词汇达到

---

① 徐维:《元数据:电子文件管理的关键所在》,《山西档案》2000年第4期,第11—14页。

规范化,从而使电子文件的著录结果成为有助于提高检索效率的工具。

对电子文件著录的完善有赖于电子文件著录规则的完善。相关人员可根据国家标准《信息与文献 信息交换格式》(GB/T 2901—2012)、《电子文件归档与电子档案管理规范》(GB/T 18894—2016)和档案行业标准《档案著录规则》(DA/T 18—2022)等标准规范进行著录。

三、电子文件著录项目

根据《档案著录规则》(DA/T 18—2022),结合电子文件的特点及其现代著录的要求,电子文件著录项目主要有[①]:

(1) 标题和内容摘要项。指归档电子文件的标题和内容摘要。

(2) 形成单位和责任者项。指归档电子文件的形成部门,归档的电子文件若是上级部门发送的应填写发送部门全称。要填写归档电子文件的第一、第二责任者,其余参加者可不填写。

(3) 时间项。指归档电子文件的形成时间、归档时间。

(4) 稿本项。指归档电子文件的功能属性,是草稿性的、是辅助性的还是正式电子文件,要如实著录。

(5) 密级项。指归档电子文件的秘密等级及应用范围的限制。

(6) 保管期限项。指归档电子文件在经过鉴定审核和检测后,由档案工作者和责任者及单位领导共同确定的保存时间。

(7) 载体形态项。指归档电子文件存储的载体类型。

(8) 分类号项。指归档电子文件在编号时所赋予的分类号。

(9) 档案管理部门代号项。指电子文件归档后上交档案馆保存,该档案馆的代码。

(10) 档号项。指归档电子文件在编号时所赋予的档号。

(11) 主题词和关键词项。指归档电子文件的主题词或关键词,以便于将来的模糊检索或组合检索。

(12) 软硬件环境项。指归档电子文件在形成时的软硬件条件,若用计算机网络系统传送归档的,还应将网络条件填写清楚。

(13) 相关文档资料项。指与归档电子文件相关的文档资料名称、存放地点等,以保证归档电子文件的可利用性和可理解性。

(14) 相同内容的其他载体存放位置项。指内容相同的纸质文件或其他形式拷贝件的存放地点。

---

① 徐义全:《电子文件的归档》,《北京档案》2001 年第 5 期,第 15—16 页。

（15）相同内容的其他载体检索号码项。指内容相同的纸质文件、缩微品或其他形式拷贝件的检索号码。

（16）附注项。指电子文件归档时，除上述各项外，还有需要说明的事项。

根据《档案著录规则》和相关规定，电子文件著录项目的参考性结构如表6-1（以"各省、市、自治区关于1993年林业情况的报告"为例）。①

表6-1 "各省、市、自治区关于1993年林业情况的报告"文件著录项

```
J08093（分类号）                                    00112（档案馆室代号）
      1—23—2—1        1—E—23—2—11—12       84.5（缩微号）
       （档号）          （电子文件号）

各省、市、自治区关于1993年林业情况的报告+系统安装盘.—正本.—文本文件（1个文件；95 000字
节）.—秘密；永久.—1993.12.5.—只读光盘；1张；14 cm.—系统要求：IBM PC兼容机；640RAM；MS-
DOS；WPS V2.1；CD-ROM驱动器.—本地文件名：ATT；未加密.
各省报告了营造农田林网、速成林、丰产林和经济林、木材采伐、木材加工和综合利用情况。
造林  育林  木材采伐
```

四、电子文件著录工作的组织实施

在现有技术条件下，完整的电子文件著录工作可分为两个过程：归档前单份文件级电子文件的著录和归档后案卷级以上的电子文件的著录。所形成的著录信息包括三个部分：其一，存在于文件管理系统（或业务处理系统，即文件形成时所处的系统）中的关于文件、人员、业务活动、系统及其相互关系的著录信息；其二，存在于档案管理系统中关于案卷级以上文件、系统、归档后管理活动及其相互关系的著录信息；其三，以纸质形式存在的著录信息，主要包括电子文件归档登记表、归档电子文件移交、接收检验登记表、电子文件使用权限保护登记表、计算机软件产品登记表等，样表可参见国家标准《电子文件归档与电子档案管理规范》《CAD电子文件光盘存储、归档与档案管理要求 第一部分：电子文件归档与档案管理》和档案行业标准《档案著录规则》《公务电子邮件归档管理规则》等。

文件级电子文件的著录工作一般应由形成部门完成，著录文件与电子文件同时归档。获取"著录文件"的方法很多，最佳方法是在文件形成之前便将著录信息的生成和获取纳入电子文件管理系统设计范围，真正实现"前端控制"。为了方便文件形成部门的著录标引，保证这项工作的标准化，以便档案部门将著录数据纳入统一的数据库中，档案部门可以与形成部门合作，将需要著录的项目编制成统一的

---

① 董永昌、何嘉荪：《电子文件与档案管理》，百家出版社2001年版，第166页。

表格软件，发给文件形成者（或置于内部网上）。在技术条件许可的情况下，表格当中的著录项目可由系统依靠元数据技术自动获取。

案卷级以上的电子文件著录则由档案部门完成。当文件归档时，其管理思路、管理职能发生了变化，需要的著录信息也有所不同。由档案管理人员进行著录，目的在于确认各类文件的处置，揭示其更为广泛的内在联系，保证非现行文件的真实可靠性，使之成为长期保管、安全存储、有效利用的信息源。

在系统设计过程中，应充分考虑上述两项工作之间的内在关系，用一定的规则和方法，使系统自动著录与人工著录结合起来，为针对同一文件的所有著录信息的获取建立长效机制和有机联系，使电子文件著录信息一次获取，全程使用。

第三节 电子文件标引

一、电子文件标引含义和作用

电子文件标引是指对电子文件的内容特征进行分析和选择，并赋予其规范化检索标识的过程。

标引与著录是互有联系而又不尽相同的两项工作。著录的外延大于标引，著录项目中作为检索途径的检索标识（主题词、分类号、档号）属于标引内容，描述电子文件的其他著录项目不在标引之内。

标引是建立检索系统的基础和前提。文件或案卷经过标引，获得检索标识，便纳入一定的检索系统，作为有序的存贮集合，组成利用者查找文件的检索工具。标引的质量对检索效率和质量有着决定性的影响，正确的标引能把档案馆、室或某一全宗内某一主题的文件信息集中在一起，组成一个互有联系的有机体，以利于检索。否则，便会造成一定的混乱。

当然，对于电子文件而言，其标引主要是由计算机来实现全文自动标引，即由计算机自动对文件进行全文扫描处理，抽取关键词并规范成主题词或赋予分类号。其质量一方面与自动标引软件有着直接的关系，另一方面也需要通过人工干预来加强对自动标引结果的质量控制。

二、检索语言和标引种类

标引是把自然语言转换成规范化的检索语言。检索语言按其使用场合、用途，又称标引语言、情报语言、文献检索语言、索引语言、标识系统等,它是根据检索的需要而创造的人工语言,是表示文件内容信息及其相互关系的概念标识系统,用以对文献内容和情报需求进行主题标引、特征描述或逻辑分类。检索语言的基本功能主要有以下几个方面:对文献的主题(及某些外表特征)加以标引的功能;对内容相同及相关的文献主题加以集中或揭示其相关性的功能;对大量文献信息加以系统化和组织化;便于将标引用语和检索用词进行相符性比较。检索语言作为检索系统的一个构成因素,在提供文献内容检索途径方面起着语言保障作用。

检索语言在检索中的语言保障作用是根据检索原理实现的,即将特定的档案需求与存储在检索系统(如图 6-1 所示)中的档案信息进行相符性比较,如果两者一致,检索目的即可实现。这里的条件是:标引人员对档案内容的表达(标引用语)和检索人员对相同内容的档案要求(检索用语)必须用一种语言,而且使用相同的词语(标识),才能使相符性比较取得成功。因此,检索语言连接档案存贮和检索两个过程,同时起到沟通标引人员和检索人员双方思想的桥梁作用。

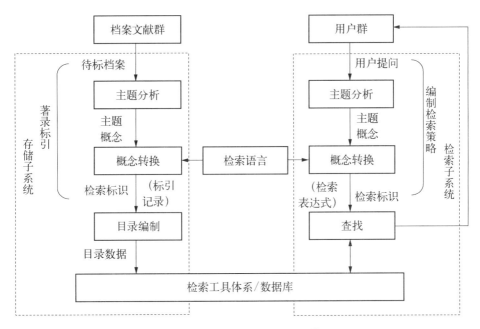

图 6-1　档案文献检索系统[①]

---

① 冯惠玲:《档案文献检索》,高等教育出版社 1999 年版,第 3 页。

检索语言由词汇和语法组成。词汇是指登录在分类表、词表、代码表中的全部标识,一个标识(分类号、检索词、代码)就是它的一个词语,而分类表、词表、代码表则是它的词典。语法是指如何创造和运用那些标识来正确表达文献内容和情报需要,以有效地实现检索的一整套规则。目前全世界有数千种检索语言被使用着,其应用十分广泛,档案文献检索也是它的一个应用领域。如《中国档案分类法》和《中国档案主题词表》就是两种不同的检索语言。

可以表达档案内容主题特征的检索语言(标引语言),按编制规则区分主要有分类法检索语言、主题法检索语言和馆藏法检索语言。三种检索语言的对照见表6-2。

表6-2 档案检索语言一览表

检索语言类型	检索词典	检索词汇	检索语言特征	使用规则	目录组织形式
分类法	中国档案分类法	分类号	系统性 人为性 严密性	档案分类标引规则	分类目录
主题法	中国档案主题词表	主题词	专指性 直观性 灵活性	档案主题标引规则	主题目录
馆藏法	档案馆(室)馆藏组织结构一览表(档号表)、全宗划分方案、全宗分类方案和立卷类目	档号	原始性 派生性 多元性	档号编制与标引规则	馆藏目录

(一)分类法检索语言和分类标引

分类法检索语言是用分类号来表达各种概念,把各种概念按知识分类进行系统组织和排列,有很好的系统性。分类法检索语言包括等级体系型分类检索语言(即体系分类法)和分析——综合型分类检索语言(即组配分类法)。各种分类法检索语言可统称为分类法系统。体系分类法主要运用概念划分与概括的方法;组配分类法主要应用概念分析与综合的方法。事实上,无论是前者还是后者,都既采用概念划分与概括的方法建立等级体系结构,又采用概念分析与综合的方法实行组配。

分类号自动标引的基本算法是基于对分类号人工标引思维方式和思维过程的分析和模拟。主要方法是运用搜索、比较、推理的算法,对电子文件或电子文件案卷题名中所包含的关键词集合与分类号之间的归属关系进行运算,用统计率描述某一个词隶属于某些类的可信度及某个类隶属于某些词的可信度。通过统计计算,求出待标引电子文件的主题词(关键词)集合与相关分类号之间隶属可信度的最大值来判定该文件或案卷的分类号。

(二) 主题法检索语言和主题标引

主题法检索语言是一种以规范化的自然语言作为档案文献主题标识和查找依据的检索语言。它的检索词汇是主题词,检索词典是《中国档案主题词表》。这种语言打破了类目或职能体系的限制,采用网络状的语言结构,在表达主题内容方面有较大的灵活性,并且可以对档案文献内容特征做更深入的标识。

电子文件主题标引(或称主题词标引)是计算机自动从电子文件内容或标题中选出有用的关键词,将关键词自动转换成主题词,并进行上位主题词自动登录,使之成为受控标引。

(三) 馆藏法检索语言和档号标引

我国学者认为,所谓馆藏法就是将文件和档案信息按来源及形成过程的历史有机联系组织起来,形成有机整体的方法。尽管它以往是作为传统实体的存放方法,但由于电子文件依然是社会实践活动的真实历史记录,它们与社会实践之间以及文件相互之间仍存在密切的有机联系,仍可以用馆藏法加以管理和智能控制。

馆藏法检索语言是以来源原则为指导,以档案的立档单位为依据,按照档案自然形成规律和有机联系而编制的人工检索语言,其检索词汇(标识代码)是档号,检索词典是档号表、全宗划分方案、全宗分类方案和立卷类目,检索语法是档号编制规则。

1. 档号的组成

档号是全宗号、案卷目录号、案卷号和件(页)号的总称。《电子文件归档与电子档案管理规范》(GB/T 18994—2016)规定:应按照 DA/T 13—2022 等标准以及电子档案全程管理要求确定档号编制规则;应采用同级国家综合档案馆档号编制规则为室藏电子档案、纸质档案编制档号;档号应能唯一标识全宗内任一电子档案或纸质档案;以档号作为电子档案命名要素时,计算机文件名应能在计算机存储器中唯一标识、有序存储全宗内任意一件电子档案及其组件。档号的具体组配可参照传统档号的配制方法,但有几点须加以说明:

一是全宗号。全宗号是档案馆内每个全宗的代号,一般由档案馆统一确定。电子文件全宗实际上是虚拟的,并不一定具有实体组织。但通过确定电子文件全宗,可保持来源于某一机关(符合立档单位条件)或某项活动档案的联系。

电子文件全宗可划分为主体全宗和客体全宗。所谓主体全宗是由一个相对独立的主体单位或个人在其执行社会职责的活动中形成的档案有机整体。所谓客体全宗是人们在围绕着具有相当规模而又相对完整、独立的客观事物而开展的社会活动过程中形成的档案有机整体。档案馆应该对收集进馆范围内的档案全宗作出明确的划分标准，并在超前控制过程中，将全宗名称和全宗号分配给有关电子文件信息的形成者，由其在立卷归档时标在电子文件上。特殊情况下，档案馆才需要为收存的电子文件信息标引全套的档号。

二是案卷目录号，又称系列号。由电子文件形成机关的档案室（馆）在编制全宗内分类方案时确定。它可以按机关的组织机构来编号，也可以按年度、工程项目、问题来编号。各文件形成机关情况不同，全宗内分类方案也不同，因此案卷目录号也不一致。机关档案室在确定案卷目录号后，也在超前控制过程中分配给各部门或文件形成（处理）者，由其在归档时标引。

三是案卷号。案卷号是案卷排列的顺序号，由立卷人员在立卷过程中具体确定。

四是件号。件号案卷内文件的顺序号，由立卷人员在立卷过程中具体确定。

2. 档号标引的程序

以馆藏法检索语言为基础的标引称档号标引，其具体程序或步骤如下：

第一步，编制或者选用适合于本信息系统的馆藏法语言词典。由于来源原则的最基本要求是尊重并保持文件间来源于形成过程的历史有机联系，所以馆藏法语言词典不可能是全国统一的，因此除了语法相同以外，馆藏法语言词典不能通用，每个信息系统在开始设计研制的时候即在电子文件生命周期第一阶段的孕育期，就应该编制"全宗区分方案""全宗内分类方案"。一般来说现行机关（企业）的信息系统都应该编制"全宗内分类方案"。对于档案馆信息系统来说，则要从由其接收档案信息的整个辖区的范围考虑划分全宗的问题。对于只有一个全宗的信息系统，重点应该编制"全宗内分类方案"。

第二步，标引档号，即根据馆藏法语言词典为电子文件分类。在现行机关（企业）的电子文件管理系统中，尤其是真正实现了文件管理与档案管理一体化的系统，标引档号的工作应该放在文件生成或收到（外单位来文）时进行，也就是在电子文件网络归档的同时进行。本单位制作的文件由负责拟稿或审稿的人标引，外单位来文由负责承办的人标引。档案部门必须能够从网上监督、检查，并具有监管权。

对档案馆信息系统而言，主要是考虑全宗号的标引问题。一般情况下，全宗号应该在超前控制过程中预先分配给有关档案的形成者，由其标引在电子文件上。

特殊情况下,档案馆才为收存的电子文件标引全套的档号。①

思考题

1. 简述虚拟整理技术和电子文件整序的基本概念。
2. 简述电子文件著录与传统文件著录的不同点。
3. 简述电子文件标引的内涵和作用。
4. 谈一谈主体全宗和客体全宗的应用。

参考答案要点

---

① 董永昌、何嘉苏:《电子文件与档案管理》,百家出版社 2001 年版,第 152—153 页。

第七章　电子文件的保管

电子文件的保管是一项综合性的业务工作。随着信息技术的发展和档案管理现代化程度的提高,电子文件在现代档案工作中的地位日益突出,如何保管好电子文件,是档案部门需要面对的重要课题。目前,电子文件大量形成,电子文件的载体特性和记录方式与传统纸质档案显著不同,电子文件载体的脆弱性和内容信息的不安全性使人类社会已经生成的大量电子信息存在损毁、丢失等安全风险。《档案法》第十九条规定:"档案馆和机关、团体、企业事业单位以及其他组织应当建立健全档案安全工作机制,加强档案安全风险管理,提高档案安全应急处置能力。"第三十五条规定:"各级人民政府应当将档案信息化纳入信息化发展规划,保障电子档案、传统载体档案数字化成果等档案数字资源的安全保存和有效利用。档案馆和机关、团体、企业事业单位以及其他组织应当加强档案信息化建设,并采取措施保障档案信息安全。"《档案法实施条例》第三十八条规定:"电子档案管理信息系统应当按照国家有关规定建设,并符合国家关于网络安全、数据安全以及保密等的规定。"为此,需要加强对电子文件保管的研究,丰富和完善档案保护技术理论,构建集人防、物防、技防于一体的电子文件保管体系,确保电子文件安全存储。

第一节　电子文件保管概述

电子文件是数字时代档案部门接收的主要文件形态,妥善保管电子文件,对电子文件的长期存取、电子文件价值的有效发挥、社会记忆的传承保护有着重要的意义。电子文件本身固有的特性,使得它和传统纸质档案的保管不完全相同,需要深入探讨和研究。

电子文件保管是指对电子文件/电子档案进行信息存储和日常维护,减少人为或自然破坏,延长电子文件/电子档案寿命,确保电子文件/电子档案的载体安全与信息安全。

一、电子文件保管的内容

传统纸质档案的保管主要是研究纸质档案制成材料的损毁规律及其保护纸质档案的技术方法,其任务是最大限度地延长档案的寿命。因此,传统纸质档案的保管主要是在防光、防有害生物、防有害气体与灰尘以及库房温湿度的控制等方面下功夫。由于纸质档案载体具有较好的耐久性,只要避开天灾人祸,遵守相关的管理制度和保护要求,就能达到长期保存的目的。

而对电子文件的保管,技术要求更高,难度更大,内容也更复杂。电子文件载体的耐久性较差,与传统纸质档案载体特性不同,必须加强对电子文件物理载体的保护;计算机技术和网络技术存在着诸多不安全因素,必须保证电子文件的内容信息安全可靠;同时,由于电子文件存储类型多样,需要根据电子文件信息的保存需求确定存储方式和存储技术。因此,电子文件的保管需要从电子文件的信息存储、物理载体的保护和内容信息的保护三个方面开展工作。

(一) 电子文件的信息存储

电子文件保管的关键技术在于电子文件信息存储系统,一个良好的电子文件信息存储系统应能满足电子文件信息的海量存储和不断增长,应能适应网络环境复杂性和技术扩展性的不断提高,应能保障电子文件的信息安全和有效利用,应能保护电子文件信息的长久保存。电子文件信息存储系统既要求采用先进的存储技术,又要求具有很高的稳定性和可靠性,同时还要求能够适应信息技术的发展。因此,电子文件信息存储是电子文件保管的重要内容,关系到电子文件的长期保存、安全存储与有效利用。

(二) 电子文件物理载体的保护

随着科技的发展,自 20 世纪 20 年代以来,一大批具有光、电、磁特性的唱片、磁盘、光盘、U 盘等新型档案载体问世。这些新型档案载体的制成材料,按记录原理大致可分为五类:一是由磁带、磁盘、磁鼓、磁泡、磁卡等组成的磁性载体档案;二是由光盘、光磁盘等组成的激光记录档案;三是由 U 盘、存储卡等组成的电记录档案;四是由唱片的金属模板、唱片等组成的机械录音档案;五是由银盐感光胶片、照片、重氮片、微泡片等组成的感光记录档案。电子文件的记录载体主要涉及磁记录载体、光记录载体和电记录载体三类。

电子文件新型载体的出现,给档案保护技术工作带来了新的问题和挑战,使档案保护技术的内容和方法发生了较大的变化。电子文件磁记录载体、光记录载体和电记录载体不同于纸质档案记录载体的记录方式与物理结构。因此,需要加强对电子文件物理载体的特性和损毁规律的研究,采取与之相适应的保护措施,最大限度地延长电子文件物理载体的寿命。保障电子文件物理载体的安全是电子文件保管的基础。

(三)电子文件内容信息的保护

电子文件作为信息技术的衍生物,具有与纸质档案完全不同的特征,如电子文件信息的非人工直读性、系统依赖性、信息与特定载体之间的可分离性、信息的可变性、信息存储的高密度性、多种媒体信息的集成性以及信息的可操作性等。这些特征使得电子文件内容信息的安全性难以保障,其凭证作用遭到人们的质疑,面临的危险因素更多,如面对完好无损的载体和软硬件设备却无法读出电子文件的内容信息,保存的电子文件信息遭到黑客的侵扰、计算机病毒的破坏而使电子文件信息丢失或损坏等。为此,需要加强对电子文件内容信息的保护,防止电子文件信息被非法变更或破坏,确保电子文件内容信息的真实性、完整性、有效性和安全性。

二、电子文件保管的特点

由于电子文件的形成过程和特性不同于纸质档案,电子文件损毁、信息丢失的风险远远大于纸质档案。电子文件保管由于载体的脆弱性,复杂因素增多、难度加大,其特点主要表现在以下几个方面:

(一)电子文件保管贯穿于电子文件的整个生命周期

电子文件具有非实体性、不稳定性和对载体、环境的依赖性等特征。这就要求档案工作者对电子文件的保管从电子文件载体本身转向其运动过程。因为在电子文件形成、运动的整个过程,每个环节都存在着信息丢失、安全的风险。对于电子文件的保管,除了保存电子文件的载体之外,更要注意保护它的可用性、可存取性和可理解性,保证电子文件的真实性、完整性、可用性和安全性。因此,在电子文件形成之前,就应注重电子文件各项管理标准、法规、安全技术和制度的建立,以防具有保存价值的电子文件在形成、使用、归档和后来的维护过程中遭到破坏。电子文件的保管是一个系统过程,应贯穿于电子文件从设计阶段开始到销毁或永久保存的整个运动过程,也就是电子文件的整个生命周期。

(二)电子文件保管技术要求高、难度大

电子文件的数字化信息形态增大了保管的技术难度。在计算机显示器或在打印硬拷贝上所见的只是电子文件的某种输出形态,它在物理介质上的存储形态完

全不同于其逻辑显示,具体存储方式依存储介质的特性而定,如在磁介质上以一定的剩磁强度来表示,在光盘上以微米级大小的凹坑来标记。为保证这些以数字化形态存储的信息能够被读取、理解,必须依靠相应的读取、显示等软硬件设备,并保存相关参数,这就增加了电子文件保护的技术难度。同时,电子文件载体上的数字编码往往经过加工、压缩、加密等处理,电子文件的这种非直读性使其保护工作涉及面广,具有很强的技术性。

电子文件的数字化形态还使得日常保护的难度加大。首先,电子文件不能被人们直接阅读理解,其保护工作不可能像传统纸质档案那样可直接采取有关针对性保护措施。例如,纸质档案可以通过观察纸质载体的物理状况、字迹磨损程度或者生物虫害等特征来开展保护工作,而电子文件载体上的数字化编码记录是人眼无法直接识读的信息,像磁性载体用来记录编码的"磁畴"极性是物质内部的物理性质,并没有提供相应的物理外观特征用以辨识,难以直接开展保护工作。其次,电子文件载体的信息记录密度大,保护工作技术要求高,如一张 DVD 光盘的容量可达 4.7 GB,刻录激光斑的直径小于百万分之一毫米,保护工作难度加大。再次,数字信息的存取依赖于软件、硬件与操作平台,IT 技术的迅速发展对长期保存的数字信息的读取构成了威胁。当使用特定的技术和设备,将具有长期保存价值的电子文件信息记录于存储载体后,电子文件就永远无法离开这种技术和设备而单独存在。人们只有采用特定的技术和设备进行逆处理还原、输出,才能识别它的内容。由于技术的发展,软硬件不断更新换代,迫使电子文件保护需要有不断更新的技术和措施作保障。

(三) 电子文件结构的复杂性影响电子文件的真实性、完整性和可用性

电子文件物理结构与逻辑结构关系的复杂性影响电子文件的真实性、完整性和有效性。所谓物理结构是指信息在存储介质上的物理分布,如文件的正文、图形、附件等各自在载体上的存储位置。所谓逻辑结构是信息的内容表示。物理结构与逻辑结构在计算机中的处理是相对独立的。可以简单地认为载体及其状况代表着文件的物理结构,文件内容的编排就是逻辑结构。对于纸质文件来说,特定载体与信息内容是不可分离的,也就是说其物理结构和逻辑结构是统一的。而电子文件则不然,其内容的存储位置是变化的,并不固定依附于特定的载体。它可以以拷贝的形式依附在多个载体上,也能通过分布式存储的方法将电子文件内容分解后存储于不同地点和设备,在需要的时候才将它们重新组配结合。特别是多媒体电子文件,其涉及多种文件格式,如文本、音频、图像、视频文件等,它们可不在载体上连续存储,甚至可以存储在不同载体上,这样就造成同一份电子文件的内容在存储时出现载体分离现象,在读取这份电子文件时就需要从不同的载体中分别进行

抽取,如果缺少某一部分内容,则该电子文件的完整性就受到了破坏。电子文件的保管因之产生一系列特殊问题。电子文件保管要明确电子文件的物理结构和逻辑结构的关系,保证各部分内容的同步更新,防止非法更改或替换,如果处理不当,便会影响电子文件的真实性、完整性和可用性。

(四) 电子文件内容信息安全是电子文件保管的重要内容

对于电子文件信息而言,安全是其立身之本。与纸质文件相比,电子文件内容信息的安全尤为突出。电子文件的共享性在为用户提供利用便利的同时,其信息的安全也面临威胁。电子文件赖以生存的电脑与网络空间充满了不安全因素和隐患,使得电子文件信息的真实与完整受到严重的威胁。共享性是通过网络环境实现的,但随着网络化的发展,网络安全问题日益凸显。电子文件保管部门应当强化安全意识,采取安全措施,确保电子文件内容信息安全。

电子文件的形成、处理、收集、积累、归档、保管和利用等各个环节都有信息更改、丢失的可能性。建立并执行一整套科学、合理、严密的管理制度,从每一个环节消除信息失真的隐患,对维护电子文件的真实性、完整性十分重要。

(五) 电子文件保管投入大

《档案法实施条例》第二十二条规定:"配置适宜安全保存档案、符合国家有关规定的专门库房,配备防火、防盗、防水、防光、防尘、防有害气体、防有害生物以及温湿度调控等必要的设施设备。"电子文件的系统依赖性增大了电子文件保管投入成本。电子文件的系统依赖性包括对字符编码、软件、硬件、标准、技术设备更新以及加密技术的依赖,这一特点对电子文件的保管、利用影响巨大。如设备发生故障或系统瘫痪,电子文件将被损坏甚至丧失;电子文件对其他设备环境的不兼容性,导致其只能在某种特定的设备上处理,而不能在其他设备上读取;不同软件环境形成的电子文件难以实现格式转换;软硬件的更新换代速度不断加快,使得电子文件所生存的软硬件环境剧烈动荡;出于安全保密的需要,人为地进行复杂而独特的编码加密或信息拆分处理,加大了电子文件的系统依赖性;等等。因此,很有可能出现保存完好的电子文件载体却无相应读取环境的情况。要使得电子文件得到有效利用,必须保存完整的读取环境,这无疑会增加管理成本。[1]

同时,电子文件载体寿命远远不及纸质载体,其脆弱性要求有较高的技术条件和优良的环境条件进行保护,并依据载体的寿命不断地进行备份,这样就大大增加了电子文件的保护和管理投入。

---

[1] 冯惠玲:《电子文件管理教程》,中国人民大学出版社 2001 年版,第 113—115 页。

第二节 电子文件信息存储

电子文件信息存储是电子文件保管的重要内容,关系到电子文件的长期保存、安全存储与有效利用。

一、存储载体选择

(一) 存储载体的类型

目前,电子文件的存储载体主要有磁存储载体、光存储载体和电存储载体三种。

1. 磁存储载体

磁记录技术自1898年诞生以来,已经跨越了一个多世纪的发展历程。在诸多存储技术中,信息容量大、更方便的存储主要还是由磁技术来实现。正是由于磁记录技术的存取最方便、最容易实现、成本较低,所以磁存储技术发展迅速,而且在信息存储领域占有十分重要的位置。磁存储载体作为最早出现并应用到计算机存储技术中的一种载体,已广泛应用于各行各业。随着影像技术和信息技术的发展,越来越多的信息用磁性材料进行记录,从而形成数量浩大的磁性载体档案。

磁存储载体是将声音、图像和数据等变成数字电信号,通过磁化磁介质来保存信息的。磁存储载体主要有软磁盘、硬磁盘、磁带、磁盘阵列、磁带库等。

2. 光存储载体

从磁存储到光存储是信息记录的飞跃,光存储是利用光学原理读/写的。光存储技术是采用激光照射介质,激光与介质相互作用,导致介质的性质发生变化而将信息存储下来的。读出信息时则利用定向光束(激光)在存储载体表面进行扫描,通过检测所经过点的激光反射量,读出所保存的信息。光存储载体有光盘、光带、光卡等,其中以光盘应用最为广泛。

光盘(optical disc)是继磁性载体之后产生的又一种数字信息记录载体。它具有存储密度高、信息容量大、可移动、成本低等特性,也是电子文件的重要存储载体。光盘又分为CD、DVD、蓝光光盘等几种,它们各自的特点如下:

CD(compact disc)采用波长红外激光器读取数据,存储容量较大,存储成本相对较低;在日常使用中易发生磨损,造成数据被错误读取和解析;在受力不均匀时易发生变形,造成数据无法读取等。

DVD(digital versatile disc)容量比 CD 大得多,通常用来存储大容量的数据信息,其在录写时可分为三种规格,并且各规格之间不能完全兼容,影响利用的便捷性。

蓝光光盘(Blu-ray Disc™)用以存储高品质的影音以及大容量的数据,极大地提高了光盘的存储容量。

3. 电存储载体

电存储载体是一种利用半导体技术做成的电子装置,通过电子电路以二进制方式来实现信息的储存。根据储存能力与电源的关系,其可分为挥发性记忆体和非挥发性记忆体。挥发性记忆体指的是当电源供应中断后,记忆体中所储存的信息便会消失的记忆体,如计算机中常见的内存(RAM)。非挥发性记忆体是指即使电源供应中断,记忆体所储存的信息并不会消失,重新供电后就能读取内存信息的记忆体,主要有只读内存(ROM)、闪存(flash memory)等。

作为电存储载体之一的闪存凭借其良好的存储特性,在外部存储装置领域发展极为迅速,主要产品有 U 盘、存储卡、固态硬盘等。它们均以闪存为核心存储部件,技术原理基本相同,拥有共同的特点——体积小,容量大。随着半导体技术的发展,闪存产品的容量越来越大,目前已经有 TB 级的 U 盘,且体积小巧、安全可靠性高、抗振性能极强,还具有防潮防磁、耐高低温等特性。但闪存数据恢复能力差,一旦因错误连接导致电子电路损坏,其存储的信息将无法恢复。

(二)存储载体选择的原则

根据电子文件的特性,在存储载体的选择上,首先要考虑存储信息的安全性,要确保电子文件在保管期内可读、可用,并能还原所存信息的内容;其次要考虑所存信息的真实性,要保证脱机存储的电子文件不会被人为修改;再次要考虑信息存储的连续性和完整性,要保证存储载体在一定的时间内,不会因存储技术的进步而被淘汰;最后要考虑存储成本,不能增加过多的负担。因此,在电子文件存储载体的选择过程中,应遵循以下几项原则:

一是选择标准化程度高的载体。载体的标准化程度越高,其所获得的技术和市场支持也就越多,技术寿命也就越长。

二是选择耐久性好的载体。这主要从载体的物理寿命方面考虑,尽量选择理化性能稳定、对环境要求低、不易损坏的载体,避免因环境或外力等因素影响而导致数据丢失的情况。

三是选择存储容量适当的载体。载体存储容量过大时,容易造成存储空间的浪费,增加存储成本,发生载体损坏导致数据丢失时所造成的损失也大;相反,载体存储容量过小,存储的信息量有限,需要大量的存储载体,不利于存储载体的维护和保管。

四是选择性价比高的载体。存储载体的价格总是和性能(容量、寿命、存取速度等)成正比的。应在价格和性能之间寻找一个平衡点,尽量选择性能优良、价格相对较低的载体。同时,还应考虑存储载体读取时所需驱动设备的价格。

五是选择具备一定防篡改能力的载体。电子文件需要长期保存,对数据的真实性和完整性要求很高,要选择能够防止被人有意或无意地篡改或删除数据的存储载体。[1]

二、存储方式

存储方式的选择是实现电子文件安全存储、高效管理的重要措施之一。目前,不同的单位对电子文件采用不同的存储方式。在一个较大的存储系统中,通常有在线存储、离线存储和近线存储三种方式。

(一) 在线存储

在线存储是指存储设备和所存储的数据时刻保持"在线"状态,可供用户随意读取,满足计算平台对数据访问的速度要求,就像 PC 机中常用的磁盘存储模式一样。一般在线存储设备为磁盘和磁盘阵列等存储设备,价格相对昂贵,但性能较好。

在线存储是开放的、利用率高的电子文件存储的一种重要方式,能满足用户的随时利用需求。

(二) 离线存储

离线存储主要使用光盘或磁带存储,通常将不经常访问的电子文件存放在离线存储设备或载体上。离线存储主要用于数据的备份和恢复,大多数情况下主要用于对在线存储的数据进行备份,以防范可能发生的数据灾难,因此其又被称作备份级的存储。离线存储的典型载体就是磁带、光盘或磁带库。

离线存储是电子文件存储的主要方式。保密的电子文件和未开放利用的电子文件必须采用离线存储,电子文件备份也必须采用离线存储。

(三) 近线存储

近线存储是随着存储环境的细化所提出的一个新的概念,外延相对较广泛,主要定位于在线存储和离线存储之间。近线存储是指将那些不经常用到或者是访问量不大的电子文件存放在另外一套主机的文件系统直接管理的磁盘设备中。

近线存储对存储设备的性能要求相对不高,但其应具有相对良好的访问性能,

---

[1] 任龙:《电子档案脱机存储载体的特点与选择》,《陕西档案》2010 年第 5 期,第 28—29 页。

要求存储设备寻址迅速、传输率高。同时,多数情况下由于不常用的数据占有的比重较大,这也就要求近线存储设备的容量应相对较大。

三、存储技术

信息存储技术随着科技的发展也在不断地发展和变化。目前,电子文件信息存储技术可分为直接存储技术和网络存储技术。

(一) 直接存储技术

直接存储技术是目前电子文件数据存储采用的主要技术方法。直接存储技术是利用计算机等存储设备,将电子文件信息保存在性能稳定的载体上。存储载体设备主要包括磁带、磁带库、硬磁盘、只读型光盘、一次写入型光盘、可擦写型光盘、光盘塔、光盘库等。

采用光盘塔和光盘库作存储设备是一种应用比较广泛的数字档案信息存储方式,能够实现几十张或几百张光盘的系统管理、大容量存储、网络化多光盘同时刻录及跨盘检索等功能。其特点是:投资低,但读取速度慢;资料可供同时读取的人数少;检索光盘时,内部机械手臂容易出故障,光盘容易磨损划伤等。

(二) 网络存储技术

网络存储技术指的是通过网络连接将数据存储在远程服务器或存储设备上的技术。这种技术使得用户可以通过网络访问、管理和存储远程位置的数据。网络存储技术的发展演化过程可以追溯到计算机网络的早期阶段,今天,新一代信息技术下的云存储、分布式存储、容器存储等依然发生着日新月异的变化。

1. 文件共享

文件共享技术一般是指通过网络将文件或资源共享给多个用户或设备的技术。在计算机网络发展初期,最早的网络存储形式是简单的文件共享,通过在网络上共享文件夹或目录,用户可以在多台计算机之间共享文件和资源。这种技术使得用户可以方便地在不同设备之间访问文件,促进了协作和信息共享。

2. 网络附加存储

随着网络技术的进步,出现了专用的网络附加存储(NAS)设备,它是一种专门设计用于存储和共享文件的设备系统,通过网络连接到局域网(LAN)或广域网(WAN),允许多个用户在网络上访问存储在其中的文件和数据。NAS设备通常是独立的存储服务器,具有自己的操作系统和文件系统,并通过网络协议提供用户管理、权限控制等功能服务。

NAS具有以下特点:一是简单易用。NAS设备通常具有友好的用户界面和设置向导,使得其配置和管理变得简单易用,即使非技术人员也能较快上手。二是灵活扩展。NAS设备通常支持灵活的存储扩展,用户可以根据需求随时增加额外的存储容量,以满足不断增长的数据存储需求。三是跨平台兼容。NAS设备通常支持多种操作系统和平台,包括Windows、MacOS、Linux等,用户可以在不同的设备和操作系统上方便地访问和共享文件。四是数据保护和备份保障。NAS设备通常提供数据保护和备份保障功能,包括磁盘陈列数据保护、定期备份、远程复制等,保障数据的安全性和可靠性。五是远程访问性。许多NAS设备支持远程访问功能,用户可以通过互联网访问和管理存储在NAS中的文件,实现远程工作和协作功能。六是场景应用广泛。NAS设备适用于多种应用场景,包括家庭娱乐、小型办公室、企业文件共享、数据备份、多媒体存储和流媒体服务器等。

3. 存储区域网络

随着企业对存储需求的增长和对性能要求的提高,存储区域网络(SAN)技术应运而生,它适用于大规模数据存储和应用场景。SAN是一种专门设计用于连接存储设备和服务器的高速网络架构,旨在提供高性能、高可用性和可扩展性的存储解决方案。SAN技术将存储设备(如磁盘阵列、磁带库等)连接到服务器,使得服务器可以通过SAN网络访问存储设备上的数据,而无须直接连接到特定的存储设备。

SAN的主要技术特点:一是性能高。SAN网络通常采用高速的专用网络技术提供高带宽和低延迟的数据传输,从而实现高性能的存储访问和数据传输。二是可用性强。SAN架构通常具有冗余设计和故障恢复机制,如存储冗余、路径冗余、交换机冗余等,以确保存储系统的高可用性和数据的持久性。三是可扩展性。SAN架构支持灵活的存储扩展和管理,用户可以根据需求动态地调整存储容量和性能,而无须中断服务,也不会影响数据访问。四是集中化管理。SAN技术使得存储资源可以集中管理和配置,管理员可以通过中心化的管理界面对存储设备和存储资源进行统一管理和监控,提高了管理效率和便捷性。五是数据保护功能完善。SAN架构提供了多种数据保护和备份功能,如快照、镜像、复制等,以保障数据的安全性、完整性和可靠性。六是支撑虚拟化。SAN技术与虚拟化技术结合使用,为虚拟化环境提供高性能的存储支持,实现虚拟机的高可用性和灵活性。七是多租户支持。SAN架构支持多个用户或应用共享存储资源,通过权限控制和分区管理,确保不同用户或应用之间的数据隔离和安全性。

4. 云存储

随着云计算技术的兴起,云存储成为一种重要的存储形式。云存储是一种基于云计算架构的存储解决方案,允许用户通过互联网连接将数据传输并存储在云服务提供商的远程服务器上(云端),云端提供各种功能和服务来管理和操作这些存储数据,为用户提供了便捷的存储服务,云存储已经成为大数据时代数字化转型和数据备份的重要手段。

第一,云存储技术优势。

云存储技术优势主要有:一是高可用性和可靠性。云存储服务通常具有多个数据中心和冗余备份机制,确保数据的高可用性和可靠性。即使发生硬件故障或数据中心故障,数据也能够得到保护和恢复。二是弹性扩展性。云存储允许用户根据需求动态地增加或减少存储容量,而无须购买额外的硬件设备。这种弹性扩展的特性使得用户可以根据业务需求灵活地调整存储资源,降低了成本和管理的复杂性。三是数据安全和隐私保护。云存储服务提供了多种数据加密、访问控制和安全审计功能,确保用户数据的安全性和隐私保护。云服务提供商通常具有严格的安全认证和合规性要求,如 ISO 27001、HIPAA 等,以确保用户数据的安全性和合规性。四是灾难备份功能。云存储服务提供了灾难备份功能,用户可以轻松地将数据备份到多个地理位置,并设置自动备份和恢复策略,以保障数据的灾后恢复。五是生态集成性。云存储服务通常与其他特定的云服务如区块链技术、云计算技术、人工智能技术等集成在一起,为用户提供了丰富的生态应用场景,如金融交易去中心化、大数据分析、机器学习、物联网应用等。

第二,云存储技术分类。

云存储技术按部署方式可分为公有云、私有云、混合云。其中,公有云存储是由第三方云服务提供商提供的存储服务,其通过互联网对外提供多租户共享服务;私有云存储是由企业自建或委托第三方提供的专用存储服务,其部署在私有数据中心或托管服务提供商的环境中,数据通常受到严格的访问控制和安全保护;混合云存储是结合公有云和私有云的存储解决方案,其可根据需求灵活选择在公有云和私有云中存储和处理数据。

云存储技术按存储类型可分为对象存储、文件存储、块存储。其中,对象存储是以对象(object)为基本存储单元的存储方式,提供了更灵活的数据管理和访问方式,适用于大规模数据存储和分布式存储场景,具有高扩展性和高可用性;文件存储可提供类似于传统文件系统的存储方式,用户可利用文件存储协议如 NFS、CIFS 等以文件目录的形式进行组织和管理数据,实现和本地文件系统一样的文件级访问操作,其适用于文件共享和传输等场景;块存储是利用块存储协议将存储设备划分为块(block)并提供给用户的存储方式,适用于需要高性能和低延迟的应用场景,如虚拟化环境、数据库存储等。

5. 分布式存储

随着大数据和云计算的发展,分布式存储逐渐成为主流。分布式存储是一种将数据存储在多个物理节点上,并通过网络连接实现数据分布式存储和访问的存储技术。与传统的集中式存储系统不同,分布式存储系统将数据分散存储在多个节点上,通过数据分片、复制、冗余等技术为用户提供高可靠性、高性能和可扩展性存储解决方案。分布式存储技术在大规模数据存储和处理场景下具有重要的应用价值,如大数据应用和视频流媒体等领域。目前主流公有云存储服务也采用分布式存储技术。

分布式存储主要技术特点:一是数据分片化和分布化存储。分布式存储系统将数据分割成多个部分,并将这些数据分布存储在多个物理节点上。数据分片可以提高数据的并行处理能力和存储效率,同时实现了数据的分布式存储和访问。二是数据多副本和冗余化。为了提高数据的可靠性和容错能力,分布式存储系统通常采用数据复制和冗余机制。数据复制将数据副本存储在多个节点上,当某个节点发生故障时,可以从其他节点获取数据副本,保证数据的可用性和一致性。三是存储负载均衡调控。分布式存储系统通过负载均衡机制实现数据访问的均衡分布,确保每个节点的负载均衡,提高系统的性能。四是存储系统的容错和自愈能力强。分布式存储系统具有良好的容错和自愈能力,当节点发生故障或数据损坏时,系统可以自动检测和修复故障,保证数据的可靠性和完整性。五是存储扩展性良好。分布式存储系统具有良好的可扩展性,可以根据需求动态地增加或减少存储节点,从而实现存储容量和性能的弹性扩展。六是数据一致性保障。分布式存储系统通过一致性协议和相关算法,保证数据的一致性和可靠性,确保多个副本之间的数据一致性和同步更新。

6. 容器存储

随着容器化技术的兴起,容器存储成为一个新的发展方向。容器存储技术是一种专门用于管理和存储容器化应用程序所需数据的存储技术。容器存储解决了容器化应用开发中持久化存储的问题,为容器化应用提供了可靠的存储支持。虽然容器存储技术涉及的存储数据通常通过网络进行访问和传输,但是容器存储更侧重于容器化应用程序内部的持久性存储解决方案,而不是在网络上提供存储服务。因此,容器存储技术通常不被归类为传统的网络存储技术。

容器存储技术具有多种优势,使其成为现代软件应用系统开发和部署的重要组成部分。其主要优势有:一是轻量级。容器存储技术采用轻量级的容器化技术,将应用程序及其依赖的数据资源项打包到一个独立的容器中。这种轻量级的打包方式使得容器可以快速启动、停止和迁移,提高了应用部署的灵活性和效率。二是可移植性。容器存储技术提供了高度的可移植性,容器可以在不同的平台和环境中运行,无须修改任何系统参数。这种可移植性使得数据资源可以在开发、测试和生产环境之间轻松迁移,降低了应用部署的成本和风险。三是资源隔离。每个容器都运行在独立的环境中,并且具有自己的文件系统、进程空间和网络空间。这种资源隔离可以有效地防止容器之间的相互干扰和安全漏洞,提高了应用程序的稳定性和安全性。四是良好的弹性扩展。容器存储技术支持动态伸缩,可以根据应用负载的变化自动调整容器数量和资源分配。这种弹性扩展的特性使得应用程序和数据资源可以根据需求快速扩展或缩减,提高了系统的性能和可用性。五是具有版本控制功能。容器存储技术可以轻松地管理和控制应用程序的版本,通过容器镜像和容器注册表保存和共享应用程序的不同版本。这种版本控制的特性使得数据资源开发团队可以快速回滚和测试新的应用程序版本,降低了应用程序更新的风险。六是持久性存储。容器存储技术提供了持久性存储解决方案,使得容器化应用程序可以将数据存储在持久性存储介质上,并且在容器重新启动或迁移时保留数据。这种持久性存储的特性使得容器化应用程序可以处理和存储大规模的数据,适用于数据库、文件存储等应用场景。七是良好的生态系统支持。容器存储技术拥有丰富的生态系统和工具链,包括 Docker、Kubernetes、OpenShift 等开源项目以及各种容器存储解决方案和服务提供商。由于其具备良好的生态支持,开发者可以快速构建、部署和管理容器化应用程序,加速了数据资源开发和利用的速度。

第三节 电子文件物理载体的保护

信息技术的发展,使电子文件的存储方式也不断地发生变化,以磁性、光学性、电性等材料为记录载体的电子文件大量出现,并呈加速发展的趋势。目前,如何做好电子文件载体材料的保护,延长电子文件载体寿命,保证电子文件实体安全,成为档案保护技术研究的一个重要课题。

电子文件载体的寿命取决于内因和外因两方面。内因是指电子文件载体本身的耐久性,如载体的性能、质量、生产工艺等。外因是指电子文件保存的环境因素,如温湿度、空气质量、光照、环境磁场等。如何做好电子文件存储材料的选择、存储环境的控制以及在利用、转移过程中的保护,是电子文件保护工作的重要内容。

一、电子文件载体的种类

存储载体不同,存储原理也不相同。目前,电子文件的存储载体主要有磁存储载体、光存储载体和电存储载体三种。

(一) 磁存储载体

1. 磁存储载体的结构

磁记录载体主要由磁性层、底基、黏合剂三部分组成(如图7-1所示)。其中磁性层和底基是最重要的组成部分。磁性层是记录层,其性能的优劣对于信息的记录和读取起决定性作用。底基主要决定磁性载体的机械性能,是磁性层的支撑物,虽对磁性能没有直接影响,但它的材料、机械强度等对磁性载体的质量和寿命也有很大影响。

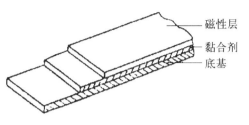

图7-1 磁性载体结构示意图

第一,磁性层。磁性层由磁介质、黏合剂、助剂组成。

磁介质通过其独特的磁性能和电性能用来记录信息,它一般涂敷于底基材料上,以颗粒或结膜的方式形成磁层来存储信息。磁介质是磁记录的记录介质,是由磁性物质的微粒构成,磁记录信息存储的稳定性主要取决于磁介质微粒的稳定性。对磁介质的基本要求是:有足够的矫顽力和剩磁值,磁性稳定,颗粒均匀,结晶完整。常用的磁介质有 $\gamma\text{-}Fe_2O_3$、含 Co 的 $\gamma\text{-}Fe_2O_3$ 及 CrO_2 等。磁介质多为粒状材料和连续材料。粒状材料通过其与黏合剂和助剂混合制成磁浆涂于载体上制成磁记录材料;而连续材料则通过电镀、沉积等方法,使其在载体上形成磁性薄膜。

黏合剂的作用是把磁性层黏合到底基上,同时保持磁性层内磁粉牢固、均衡,防止其脱落、变形,维持磁性层的稳定。对黏合剂的要求是:对磁介质的分散性能好,具有较高的耐磨性、较好的导电性和润滑性。黏合剂的主要成分是可溶性的热塑性和热固性高分子化合物,如烯烃类树脂或聚氨酯类等。

助剂主要包括分散剂、稳定剂、增塑剂、润滑剂、防静电剂和固化剂等。

从整个磁性层组成成分看,其含有较多的高分子材料和有机化合物。这些材料在高温、潮湿及光照条件下会发生理化性能变化从而影响磁带的寿命。

第二,底基。

底基主要用来承载磁性层。磁带、软盘和硬盘都有底基,磁带的底基为带基、软盘和硬盘的底基为盘基。常用的底基材料有塑料、玻璃和铝合金三类。塑料常作为磁带或软盘的底基,目前主要使用的是机械强度好、耐老化、几何尺寸稳定、能制作具有较高表面光洁度的聚酯薄膜。而玻璃和铝合金由于其抗冲击能力强等优点,常作为硬盘的底基。

2. 磁记录原理

磁记录是通过磁头对磁性材料表面进行局部磁化来实现信息记录的,即从磁头的缝隙向外发散一个磁场，发散的磁进入磁记录介质使之磁化。写入过程是当载有各种信息的变化电流送入磁头的线圈时，在磁头缝隙产生与电流变化相应的发散磁场，并通过磁性层与磁头形成闭合磁路，该磁路的磁感线使磁性材料微小区域上的磁介质磁化，电流的正反方向与信息中的二进制码0或1对应，从而在磁介质上产生记录有信息的二进制码的饱和磁体。读出信息时，当记录有信息的磁介质以记录时相同速率通过重放磁头时，磁性层表面的磁场便会在重放磁头线圈中产生相应的感应电动势，再经放大电路处理即可使信息重现。简单地说，磁记录原理是通过"电生磁"与"磁生电"的可逆过程来完成信息的写入与读取(如图7-2所示)。

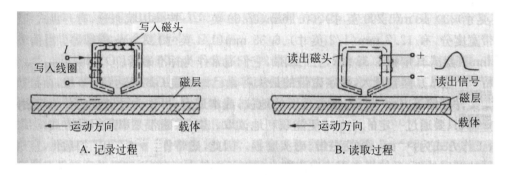

图7-2　磁记录原理示意图

3. 磁存储载体的种类

目前，常用来存储电子文件的磁存储载体主要有如下几种：

第一，软磁盘。

软磁盘(即软盘)由盘片和保护套组成。盘片以厚度为76 μm 的聚酯薄膜为底基，涂敷一层2~3 μm 的磁性层。为保证磁层的平整度、光洁度、磁性能和膨胀系数等，还需经过压光、冲裁、热处理等工序。盘片要求始终在保护套中，保护套为塑料板或纸板制成的疏松内层，防止盘片受磨损和污染，也可避免静电作用造成数据丢失。

软磁盘的类型：按尺寸可分为8英寸盘、5.25英寸盘、3.5英寸盘；按记录密度可分为单密度软磁盘、双密度软磁盘、双面双密度软磁盘和高密度软磁盘；按存储容量可分为720 KB、1.2 MB、1.4 MB的3.5英寸盘和一些GB级的大容量软盘。

软磁盘的特点：软盘的成本低，驱动器和软盘的价格均较便宜，采用随机存取方式，数据存取速度快。同时软盘存储容量十分有限，数据传输速度慢，易受环境影响，易发生存取错误和数据丢失。因此软盘已被淘汰，不再作为电子文件的保存载体。

第二,硬磁盘。

硬磁盘即硬盘,是由若干个盘片重叠在一起放入密封盒内组成的。盘片的结构类似软盘,盘片一般用合金或玻璃材料制作,磁性层则一般使用 $\gamma-Fe_2O_3$ 磁粉、金属膜等制成。现在的硬盘仍采用温氏硬盘(Winchester disk),其采用浮动磁头和固定盘片定位于盘腔内,以防止外界力量对腔内设备的损害。

硬磁盘的类型:按硬盘尺寸,有14英寸、8英寸、5.25英寸、3.5英寸、2.5英寸、1.8英寸、1.0英寸之分,其中3.5英寸硬盘是应用最广的硬盘;按接口类型,有ST506、IDE、SCSI之分;按硬盘转速,有5 400 r/min、7 200 r/min、10 000 r/min和15 000 r/min之分;按存储方式分,有固态硬盘(SSD,新式硬盘,采用闪存颗粒进行存储)、机械硬盘(HDD,传统硬盘,采用磁性碟片进行存储)、混合硬盘(一种把磁性硬盘和闪存集成在一起的新硬盘),目前绝大多数的硬盘都是固态硬盘。

硬磁盘的特点:硬盘的存储量大,数据传输速度快;硬盘盘片与驱动器装在密封容器内,不易受周围环境影响,工作稳定性好、可靠性高;硬盘的价格相对较高。硬盘常作为网络数据传输的在线存储载体。

第三,磁带。

磁带一般由聚酯薄膜带基和附着在带基上的磁性涂层,经过磁性定向、烘干、压光和切割等步骤制成。

磁带的类型:按磁带的格式,有DAT-DDS、QIC、DLT、VXA等类型;按磁带的长度,有15.24 m(600英寸)、30.48 m(1 200英寸)、60.96 m(2 400英寸)等类型;按使用状态,有开盘式和盒式两类;按磁带的宽度,有12.7 mm(1/2英寸)、6.35 mm(1/4英寸)、8 mm等类型。目前多采用12.7 mm开盘式磁带和6.35 mm盒式磁带,它们通常作为标准磁带。

磁带的特点:磁带存储容量大,数字磁带的最大容量已经达到TB级,在数据备份和档案文件存储等方面一直占据着重要的地位;成本适宜,可作为硬磁盘的备份长期保存;操作方便,只要通过一定的驱动器便能顺利地读取。但是,磁带采用串行记录方式,存取速度较慢;工作方式为接触式,易使磁带、磁头磨损。因此,磁带作为电子文件的载体,宜用在数据存储按顺序处理、存储量大而读取次数少的电子文件应用场景中,可作为硬磁盘的备份存储载体。

4. 磁盘阵列

磁盘阵列(RAID)是一种当前比较流行、技术比较成熟的存储系统。

磁盘阵列的存储原理就是应用磁盘数据跨盘技术,组合多个硬盘,把多个读写请求分散到多个硬盘以突破单个磁盘的极限,并使其协同工作。磁盘阵列在使用过程中如同使用一个硬盘一样,但却获取了比单个存储设备更快的速度、更高的稳定性、更强的存储能力、更佳的容错能力。它可以按照用户对于存储容量的需求来进行阵列配置,从而满足海量存储的要求。

磁盘阵列的类别:磁盘阵列技术采用分级标准,目前业界公认的标准是RAID0(0级盘阵列)~RAID5(5级盘阵列)。RAID0 没有安全的保障,但因其快速,所以适合高速 I/O(输入/输出)的系统;RAID1 适用于需安全性又要兼顾速度的系统;RAID2 及 RAID3 适用于大型电脑及影像、CAD/CAM 等处理;RAID5 多用于金融机构及大型数据处理中心,故使用较多而较有名气,但也因此形成很多人对磁盘阵列的误解,以为磁盘阵列非要 RAID5 不可;RAID4 较少使用,其虽与RAID5 有共同之处,但 RAID4 适合大量数据的存取。其他如 RAID6、RAID7,乃至 RAID10、RAID50、RAID100 等,均为厂商各自生产,并无统一的标准。RAID5 是目前应用最广泛的磁盘阵列技术。

磁盘阵列的特点:磁盘阵列系统存储容量大、安全性高。数据存储在由多个磁盘组成的磁盘组上,通过数据的冗余存储,可保证在一个或多个磁盘损坏、失效时数据不会丢失;磁盘阵列通过并发读写,能够提高数据的存取速度,把多个硬盘驱动器连接在一起协同工作,大大提高了数据的读写功能。某些级别的磁盘阵列技术可以把数据的读写速度提高到单个硬盘驱动器的 400%,如果再加上一个热备份盘,可以把硬盘存储系统的可靠性大幅提高,从而很好地满足多人对数字化资源的在线并发访问。[①]

5. 磁带库

磁带库是一种机柜式的、将多台磁带机整合到一个封闭系统中的数据备份设备,是离线存储系统中的关键设备之一。它主要由磁带驱动器、机械臂和磁带构成,可实现磁带自动卸载和加载,在存储管理软件的控制下具有智能备份与恢复、监控统计等功能,能够满足高速度、高效率、高存储容量的要求,并具有强大的系统扩展能力。

磁带库通过机械臂从装有多盘磁带的磁带匣中拾取磁带并放入驱动器中进行读写,读写完毕后又通过机械臂执行相反的过程。其读写原理和磁带一样,但它简化了单份磁带存取的步骤。磁带库并不是简单的存放磁带的容器,它具有自动备份和恢复功能,还可以自动搜索磁带。

磁带库的类型:目前,线性磁带开放协议(Linear Tape Open,LTO)技术的飞速发展提供了两种存储格式,即高速开放磁带格式(Ultrium)和快速访问开放磁带格式(Accelis)。这两种存储格式解决了一些应用程序要求具有快速的数据访问速度,而另一些应用程序则要求具有最高的磁带存储能力的复合性问题。

---

① 曹雷:《指挥信息系统》,国防工业出版社 2021 年版,第 150 页。

磁带库的特点：磁带库具有自动备份和恢复功能，可实现数据的连续备份，也可在驱动管理软件控制下实现智能恢复、实时监控和统计；存储量大，存储容量达到PB级，备份能力也很强大，是集中式数据备份的主要设备。

磁记录设备不仅在计算机等专业应用领域有着不可替代的地位，在音像等家用电子领域和各种便携设备中也已经成为光记录设备和闪存卡等的有力竞争对手，而且根据预测，磁记录技术还有很大的发展空间和潜力，其存储容量甚至可达数百PB以上。所以，在今后相当长的时间内，磁记录技术在信息存储领域仍将占有一席之地。

（二）光存储载体

用来存储电子文件的光存储载体主要是光盘。光盘指的是利用光学方式进行读写信息的圆盘。

1. 光盘的结构

光盘是用于电子文件存储的主要载体。光盘的种类很多，不同颜色、容量、形状的光盘其结构基本相同，都由涂覆在盘基上的光反射层、记录层和保护层组成（如图7-3所示）。

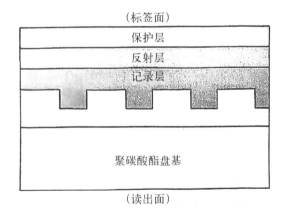

图7-3 单面记录光盘(CD-R)结构示意图

盘基：盘基是记录层和其他辅助层的支撑体，厚约1 mm。盘基表面一般都具有较好的光学性能，所以可用作盘基的材料主要有聚碳酸酯(PC)、玻璃等。其中，聚碳酸酯制成的盘基具有极好的光学和机械性能，适用温度范围大，几何尺寸稳定，无毒性。

记录层：记录层是用来记录激光信息的，是光盘的核心部分。因此，记录层的记录介质是光盘信息存储的关键。光盘记录层的厚度一般只有几微米。用作记录介质的材料有多种,如金属薄膜、多元合金薄膜、非晶态合金薄膜和一些有机染料与聚合物等。根据记录介质材料的读写性质又可以把记录介质分为不能重写的只写一次式记录介质和能重写的可擦写式记录介质两类。

保护层:保护层是一层透明薄膜,来保护记录层及记录信息免受周围大气中有害气体和水蒸气的侵蚀,同时也可减少灰尘微粒、指印和划痕对信息读出质量的影响。一般使用硅树脂或塑料薄膜作为保护层。

反射层:在透明盘基的上面镀有一层极薄的反射率很高的金属膜,它是用于信息读出和写入的光反射层。光盘的反射层多由金属铝、金或银制成。

2. 光盘的记录原理

光盘是利用激光束的发射和反射来记录和读取信息的技术。光盘作为一种新的信息存储手段,因其记录密度高、数据传输快、存储容量大、物理尺寸小以及检索、传播方便等优点,近年来得到了飞速的发展。

光盘是通过记录介质在激光作用下产生物理变化的方式来实现信息存储的,其记录方式有烧蚀记录、变形记录、相变记录、磁光记录等。目前,光盘的记录方式较多采用烧蚀记录。

烧蚀记录光盘的记录原理主要是:由于光盘记录介质的吸光能力强、熔点较低,在激光光束的照射下,其照射区域由于温度升高而被熔化,在记录介质膜张力的作用下熔化部分形成一个凹坑,此凹坑可用来表示一位信息,此为写入过程。用凹坑的边缘(未烧蚀区)来记录二进制码 1,用凹坑和非凹坑的平坦部分(烧蚀区)来记录二进制码 0,从而根据凹坑和未烧蚀区对光反射能力的差异,利用激光读出信息,此为读取过程。

3. 光盘的类型

光盘盘片的形状与磁盘盘片类似。光盘盘片的直径有 14 英寸、12 英寸、8 英寸、5.25 英寸、4.75 英寸、3.5 英寸等多种。目前,最常见的光盘直径有 4.75 in(也称 120 型光盘。其外径为 120 mm,内径为 15 mm,厚度为 1.2 mm;该尺寸的 DVD 光盘容量有 4.7 GB、8.6 GB,CD 光盘容量有 650 MB、700 MB、800 MB、890 MB)和 3.5 英寸(也称 80 型光盘,其外径为 80 mm,内径为 21 mm,厚度为 1.2 mm,容量为 200 MB)。光盘的种类很多,常用来保存电子文件的光盘按其信息读写方式可分为只读型光盘、一次写入型光盘和可擦写型光盘。

对于只读型光盘,只能读出其中的数据,不能对其进行写操作。这种光盘由模板压制而成,模板在光盘的记录层上压制出一些小坑,当激光照射在光盘上时,有小坑的地方和没小坑的地方的反光率会明显不同,以此来表示二进制码 0 与 1。这种光盘除了制模外,制造工艺简单,成本低,价格便宜,适合批量生产。常见的只读型光盘有 LD 光盘、CD-audio 光盘、CD-ROM 光盘、VCD 光盘、DVD-audio 光盘、DVD-ROM 光盘、DVD-video 光盘等。

由于一次写入型光盘的未记录部分可以追加记录，故其又可称为追加型光盘。这种光盘的记录层涂有感光染料，在写入数据时，激光束照射在记录层上，感光染料就会部分融化。在信息读取时，染料融化处与未融化处的反光率明显不同，以此来记录二进制码信息。该光盘允许用户对其进行一次性写操作，一旦写入则不能修改和擦除。这种光盘适合于电子文件信息的存储、备份与长期保存。常见的有 CD-R 光盘、DVD-R 光盘、DVD+R 光盘等。

可擦写型光盘又称可改写型光盘，它能将已写入的信息擦除，再写入新的信息。可擦写光盘根据物理结构的不同又分为"磁光型"和"相变型"两种。可擦写型光盘结合了磁盘与光盘的很多优点，可反复擦写，使用方便，且寿命也较长，是理想的资料存储介质。但可擦写型光盘在擦写时需要专用刻录机，制作成本相对较高。常见的有 CD-RW 光盘、DVD-RW 光盘、MO 光盘、PD 光盘等。

4. 光盘塔/光盘库

光盘塔/光盘库及其技术的发展为大容量存储数字信息提供了可能，光盘塔/光盘库已成为存储电子文件的主要设备。

CD-ROM 光盘塔（CD-ROM Tower）是由多个 SCSI 接口的 CD-ROM 驱动器串联而成的。光盘预先放置在 CD-ROM 驱动器中，用机械臂或类似的装置，将光盘由储存盒与光盘机之间来回输送。用户访问光盘塔时，可以直接访问 CD-ROM 驱动器中的光盘，因此，光盘塔的访问速度较快。

光盘库是一种带有自动换盘机构（机械臂）的光盘网络共享设备。光盘库一般由放置光盘的光盘架、自动换盘机构（机械臂）和驱动器三部分组成。光盘库配置有 1—12 台驱动器，可以是只读 CD/DVD-ROM 驱动器，也可以是 CD-R/DVD-R 刻录机或 DVD-RAM 驱动器。光盘库可容纳 100—600 片光盘，其分别存放于盘仓内，每个盘仓可容纳 50 片光盘（盘库内置 2—12 个盘仓），盘仓可方便光盘的存放和取用。光盘库通过高速 SCSI 端口与网络服务器相连，光盘驱动器通过自身接口与主机交换数据。用户访问光盘库时，自动换盘机构首先将驱动器中的光盘取出并放置到盘架上的指定位置，然后再从盘架中取出所需的光盘并送入驱动器中。自动换盘机构（机械臂）的换盘时间通常在秒级。

光盘塔/光盘库由于其存储容量巨大、成本低、制作简单、体积小的优势，已成为多媒体海量信息或重要文献资料备份经常选用的信息存储设备。

（三）电存储载体

电存储载体是继磁存储载体和光存储载体之后的一种新型存储载体，主要有闪存盘(U盘)和数据存储卡等。

1. 闪存盘

闪存盘是一种容量大、体积小、不需要驱动器、安全可靠的移动存储设备。闪存盘又名U盘,可用于存储任何格式的数据文件,并可在电脑间方便地交换数据。闪存盘采用闪存芯片存储介质和通用串行总线(USB)接口,具有轻巧精致、使用方便、便于携带、安全可靠等优点。

闪存盘从容量上讲,可达1 GB—1 TB;从读写速度上讲,采用USB接口,读写速度大大提高;从安全性来讲,没有机械读写装置,结构简单、不易损坏。部分闪存盘还具有加密等功能,令用户使用更具个性化。闪存盘小巧轻便,易于携带,存储容量大,性价比高,越来越受到人们的青睐,是目前主流的移动存储设备之一。但是,闪存盘的保存寿命较短,这导致其不能作为长期存储电子文件的载体。

第一,闪存盘的结构。

闪存盘主要是由USB插头、主控芯片、稳压IC(LDO)、晶振、flash存储芯片、PCB板、贴片电阻、电容、发光二极管(LED)等组成,其结构见图7-4。

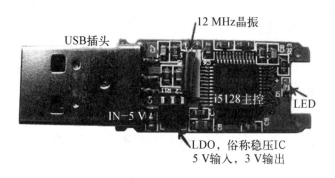

图7-4 闪存盘结构图

USB(universal serial bus)即通用串行总线,其接口是连接外部装置的一个串口汇流排标准输入口,在计算机上广泛使用。

主控芯片担任闪存与USB衔接,是闪存盘的控制核心。它控制着flash存储芯片的读写,同时也可实现诸如加密、驱动等功能。

稳压IC又称LDO,其输入端电压为5 V,输出端电压为3 V。

Flash存储芯片是闪存盘的最主要构件,且占闪存盘总成本的80%以上,是一种基于半导体介质的存储器的存储单元,具有掉电后仍可保留信息、在线写入等优点。Flash存储芯片是电可擦除程序存储器的一种,它使用浮动栅晶体管作为基本存储单元,依靠电子在硅晶元中的移动来实现非易失存储,不需要特殊设备和方式就可实现实时擦写。

晶振的作用在于产生原始的时钟频率，这个频率经过频率发生器调整后就能与计算机中的某段总线频率相一致。早期的闪存盘大多采用 6 MHz 的晶振，现在的闪存盘普遍采用 12 MHz 晶振。晶振相对脆弱，是闪存盘上的易损件。

PCB 板负责提供相应处理数据平台，且将各部件连接在一起。PCB 板和元器件对闪盘的质量和控制芯片也有着决定性的影响。它们通过电容和电阻等过滤 USB 接口附近的杂讯，以保证数据传输的质量。

第二，闪存盘的工作原理。

闪存盘的工作原理是：USB 端口负责连接电脑，是数据输入或输出的通道；主控芯片负责各部件的协调管理和下达各项动作指令，并使计算机将闪存盘识别为"可移动磁盘"，是闪存盘的核心和"大脑"，一般所说的闪存盘方案就是指主控芯片的型号，量产工具也是与它对应的；Flash 存储芯片与电脑中内存条的原理基本相同，是保存数据的实体，其特点是闪存盘 Flash 存储芯片属于电擦写电门，在通电后可改变状态，不通电就固定状态，所以闪存盘断电后数据不会丢失，能够长期保存。

第三，闪存盘的类型。

闪存盘按其容量大小主要有 1 GB、2 GB、4 GB、8 GB、16 GB、32 GB、64 GB、128 GB、256 GB、512 GB、1 TB 等。随着技术的发展，存储容量将会越来越大。

根据闪存盘的加密程度可分为普通闪存盘、密码闪存盘（通过软件设定密码）以及指纹闪存盘（利用指纹识别技术自动加密）。

2. 存储卡

存储卡的数据存储原理与闪存盘基本相同。存储卡是用于手机、数码相机、便携式电脑及其他数码产品上的独立存储介质，一般是卡片的形态，故统称为"存储卡"。存储卡具有体积小巧、携带方便、使用简单的优点。同时，大多数存储卡都具有良好的兼容性，便于在不同的数码产品之间交换数据。近年来，随着数码产品的不断发展，存储卡的存储容量不断得到提升，应用也快速普及。

目前的存储卡主要有小型闪存卡（CF 卡）、智慧卡（SM 卡）、多媒体卡（MMC 卡）、记忆棒（MS 卡）、安全数字卡（SD 卡）和 XD 图像卡等。

二、电子文件载体的保护

目前，档案部门的电子文件存储载体主要是磁存储载体和光存储载体。电存储载体是近年来使用的一种新型的存储载体，其性能有待进一步实践和检验，未作为电子文件长期保存的存储载体。所以，关于电子文件载体的保护，重点讨论磁存储载体和光存储载体。

以数码形式存在的电子文件,其载体多为高精密性的磁性材料和光学材料。这些材料独特的物理特性和化学特性,使电子文件在保护条件和保护方法等方面具有比纸质载体档案更为严格的要求。现阶段对磁性载体的保护可参照行业标准《磁性载体档案管理与保护规范》(DA/T 15—1995)、《电子档案存储用可录类蓝光光盘(BD-R)技术要求和应用规范》(DA/T 74—2019)、《档案数据硬磁盘离线存储管理规范》(DA/T 75—2019)等的有关规定执行。

(一) 电子文件载体与纸质档案载体耐久性的比较

随着存储技术的发展,电子文件载体材料的耐久性虽不断增强,但它们的寿命平均只有 10—20 年,与纸张的寿命相比,电子文件载体材料的寿命要短得多。由于影响纸张耐久性的因素主要取决于造纸原料中纤维素的性质和生产工艺,因此,只要注重纸张的选择,并且在使用和保存过程中注意环境因素的调控,避免强光、酸、氧化剂等有害物质和有害生物对纸张的侵蚀,控制好温湿度,就能使纸张长久保存。

对于以磁性载体和光盘作为存储介质的电子文件来说,影响其长期保存的因素则要复杂得多。对于磁带而言,一般使用聚酯塑料等材质作带基,而聚酯遇碱后稳定性较低,温湿度的变化也使其易卷曲、发脆,摩擦产生的静电易使其吸附灰尘,破坏磁介质分子原有的排列顺序而导致退磁;外磁场的存在易使磁介质被磁化,导致剩磁受影响而使信息丢失;黏合剂中有机物含量较高,保管不当易发生霉变、脱落、黏连等现象,影响信息的读取。对于光盘而言,影响其耐久性的因素主要是盘基的平直度和记录层记录介质的寿命。光盘的盘基多为聚碳酸酯,这种高分子材料容易发生外观、物理化学性能、机械性能、电性能的变化,导致材料变硬、透光率和耐磨强度减小等老化现象。目前常作为记录介质的碲(Te),在空气中易被腐蚀和氧化,而导致记录层存储介质产生疲劳效应,影响光盘存储信息的稳定性。由此可见,影响电子文件载体安全的因素要比纸质档案复杂得多,导致电子文件载体寿命也比纸张短,保护的难度也就大得多。

现阶段适宜作为长期保存电子文件的载体主要为磁带、硬磁盘和光盘。从对电子文件载体的安全性能、存取响应时间、成本控制、技术特点等方面考虑,磁带和光盘都具有存储容量大、可靠性强、费用合理等特点,是电子文件信息存储的首选载体。在实际工作中,由于对电子文件信息的要求不同,各单位可根据自身情况选择存储载体。对于电子文件存储载体的选择,《电子文件归档与电子档案管理规范》(GB/T 18894—2016)规定,应采用一次写入型光盘、磁带、硬磁盘等离线存储介质,参照相关国家和行业标准实施电子档案及其元数据、电子档案管理系统配置数据、日志数据等的离线备份。

(二)磁性载体的保护

1. 防止外磁场的影响

磁介质中的剩磁在信息的记录与读取中起着决定性的作用,这种剩磁是非常微弱的,外来磁场作用于磁性载体,能使剩磁发生消磁或磁化,将直接影响磁性载体中信息的质量,甚至导致信息丢失。实验表明,当外界磁场强度超过 2 387 A/m 时,就会使磁性载体产生磁化效应,导致载体上信息的改变;当外界磁场强度超过 3 979 A/m 时,就有可能将磁性载体上信息的丢失。不过,磁场强度是随距离的增加而急剧减小的,只要与磁场源保持一定的距离,就可有效避免外磁场的干扰。因此,对于磁性载体的保护,一要远离发电机、电动机、变压器和扬声器、磁铁等磁场源和磁介质,二要用一些抗磁介质(软铁、镍铁合金等)制成的装具来保存磁性载体。

2. 控制好温度和湿度

不适宜的温度或湿度会直接影响磁性载体的质量和寿命,因此要保证磁性载体环境温度和湿度的稳定。温度过高,黏合剂易发生热氧老化,导致黏合度下降,使磁粉脱落、退磁;并会加速底基的老化,使载体发生形变等;同时也会增加磁带的复印效应。湿度过高,容易引起磁盘膨胀或弯曲变形;也易发生霉变,使磁记录材料遭到霉菌的腐蚀;还会引起黏合剂的水解反应。湿度过低,在使用过程中易使磁性载体发生静电集聚而吸附尘埃,出现读取困难等现象。

根据《磁性载体档案管理与保护规范》(DA/T 15—1995)的规定,磁性载体应在温度 15—27℃、相对湿度 40%—60% 范围内选定一组值,一旦选定,在 24 小时内温度变化不得超过 ±3℃、相对湿度变化不得超过 ±5%。推荐的环境温度是 18℃、相对湿度是 40%。

3. 保持空气清洁

空气中带有许多灰尘和异物,这些固体杂质对磁性载体的危害极大。灰尘是带有棱角的微小颗粒,不仅会污染磁带、磁盘,还易进入磁性载体磨损磁性层。信息读取时由于从磁头到磁盘(带)的距离只有 0.3—0.6 微米,而灰尘微粒的直径可达 0.5—5 微米,随着磁盘(带)的运行,会使灰尘颗粒与磁性层发生摩擦,使磁性层表面受损,轻者磨损磁头,重者造成信息丢失。空气中有害气体和灰尘的成分复杂,会引起磁性材料的腐蚀、降解、霉变,从而导致载体变质,如不及时处理,还有可能进一步影响其他载体。因此,为了防有害气体和灰尘,要保持库房空气的洁净度;及时处理尘埃,保持设备清洁;禁止用手直接接触磁性载体的信息部。

4. 避免强光

磁性载体中的黏合剂及助剂为高分子聚合物,光线的照射会加速其内部的光解作用和光氧化作用,导致磁体变质,甚至造成磁粉位移或脱落。另外,长时间的强光照射还会加速磁分子的运动,从而破坏磁性层中剩磁的稳定性,不仅影响读取信息时的清晰度,还会降低磁带的抗断力。因此,库房内可选择LED光源照明,并将磁性载体置于盒内保存。

5. 防复印效应

复印效应是磁带记录的一种特有现象,又称回声效应、拷贝效应或转印效应。它是指录制好的磁带缠绕在一起时,某一层的信号场强感应到相邻层上,从而引起回声效应,导致磁带在信息读取过程中出现回声和杂波干扰等现象。这种效应的出现与带基的厚度、磁介质颗粒的大小、卷绕的松紧程度、存放时间以及温度有很大的关系。为减少复印效应,存放磁带环境的温度不能太高,每半年或一年需重新卷绕磁带,卷绕时要以放音速度进行,不可快进、快退。

6. 防止机械振动

磁盘(带)需要在高速运行的驱动器内才能被存取,而运行过程中的振动会对其造成摩擦损伤,加速其自然磨损的速度。对于硬盘来说,磁头和盘片之间距离是微小的,振动会使磁头在盘片上刻出凹沟,经常如此,凹沟中的数据就会丢失。同时,强烈的振动,会造成剩磁衰减,破坏已记录的信息。所以,在磁盘(带)使用过程中要避免移动工作台,应将驱动器平放固定,尽量避免振动的发生。

(三) 光盘的保护

1. 减少使用

不同类型的光盘虽然在性能上各有不同,寿命略有差别,但总体来说,光盘寿命的长短与光盘累计使用的次数以及使用时间是成反比的。光盘上信息的读写都是通过激光进行的,因为激光属于高能量束,其能量会对光盘制成材料的稳定性造成影响,长时间的使用会造成破坏效果的累积。同时,使用次数的增加,不仅增加了光盘与外界环境接触的机会,还易使它受到有害气体、灰尘等的影响,增加光盘的自然磨损。因此,为了延长光盘的寿命,应尽量减少光盘使用的时间和次数。

2. 防有害气体与灰尘

光盘与磁性载体一样,要注意有害气体和灰尘的侵袭。有害气体对于光盘的危害较大,实验研究表明:一般光盘抗酸性气体的能力较强,但对臭氧等氧化性气体的抵抗力较弱,氧化性气体会氧化光盘的记录层。卤化物、氨气、有机溶剂等污染物会腐蚀破坏盘片的各层组分,造成记录层退色、反射层氧化、盘基变形龟裂等,导致信噪比下降、误码率增高。因此,保存光盘时应远离有机溶剂工厂等污染源,改善保存环境,避免与经过化学制剂处理的档案同库保存,做好密封防尘、空气净化工作。

3. 控制好温湿度

光盘应当保存在低温干燥、恒温恒湿的环境中。一般情况下,光盘受温湿度影响较小,在适宜的温湿度条件下光盘老化衰变得非常缓慢。而高温高湿则会加速光盘材料的老化,造成记录层退色、反射层氧化、盘基形变等现象,严重威胁光盘的寿命和数据安全。如果长期处于高温高湿环境中或温湿度变化幅度很大且频繁,记录层的性能以及各层之间的黏合度也会大幅下降,造成记录层与保护层脱落。为此,要控制好温湿度,避免温湿度的急剧波动。

《电子文件归档与电子档案管理规范》(GB/T 18894—2016)中规定:环境温度选定范围为 17—20℃,相对湿度选定范围为 20%—50%。

4. 避免盘面损伤

划痕是光盘最常见的机械性损伤,在使用和保存过程中,稍有不慎,就可能造成光盘的损伤,导致信息被破坏甚至丢失。对于这类损伤,应注意以下三方面:

(1) 保持光盘平直存放。光盘记录的信息密度大,保持光盘平直存放是光盘保护的重要措施,严禁折弯损伤盘片,防止光盘堆积挤压变形,尽量保持盘面垂直放置。

(2) 避免读取面损伤。光盘的信息读取面包括记录层和反射层,它们很薄也极其脆弱,如果盘面有灰尘或受到坚硬的物体划伤或擦伤,轻则影响其透光性,重则可能伤及其记录层和反射层,使所存的信息遭到损坏。因此,在使用时要避免读取面被划伤,注意做好环境卫生工作。

(3) 防止标记面的机械损伤。标记面主要是保护层和反射层,如果反射层受到破坏,激光将不能被反射,信息也就无法读取。因此,一般不要在光盘上做标记,在标记面作标记可能会划伤反射层,同时有的字迹材料可能会对盘片产生污染。标签上的黏合剂也会对盘片产生污损,标签也会使光盘在高速旋转时产生重心不稳,导致信息读取出错。

(四) 日常维护

从磁性载体和光盘的保护来看,影响电子文件载体耐久性的因素主要为物理因素和化学因素。在防止物理因素和化学因素对电子文件载体损害的基础上,还要加强日常管理维护工作,保证电子文件载体的安全。

(1) 载体的保存要求:电子文件存储载体应一式三套(三套存储载体可以不同),一套封存保管,一套供查阅利用,一套异地保存。载体上应作防写处理。

(2) 载体的存放要求:磁性载体和光盘都应该平直放置,避免载体的变形和叠放挤压;保持磁盘和光盘盘片的平整,严禁折弯盘片。不能用手直接触摸光盘、磁盘盘面和磁带带面,应戴非棉质手套。磁带、磁盘和光盘应放置在专用的装具中,保证载体装具的洁净。定期对磁带进行绕卷,缓解磁带的卷绕张力,避免磁带发霉和复印效应。

(3) 载体的清洁要求：不可随意擦拭或清洗盘片，如果盘片放置时间过长，可轻轻吹去灰尘；若出现发霉现象，要用干净的药棉蘸取高纯度酒精擦拭盘片裸露部分，边擦拭边翻转，然后放置于清洁的环境中让酒精挥发干燥后再使用；若光盘表面沾染油脂，可用中性洗涤剂或乙醚以柔软绒布轻轻地从内环向外环擦洗。

(4) 信息的转存要求：在目前技术条件下，电子文件载体还不能长期保存，为了避免电子文件信息丢失，应根据磁带、磁盘和光盘的耐久性，定期对它们记录的信息进行备份及转存。

第四节　电子文件内容信息的保护

电子文件由于信息记录方式与纸质档案完全不同，对载体的保护只是电子文件保管的一个方面，还必须树立国家安全观，采取有效措施和各种技术手段对电子文件内容信息实施保护。

一、影响电子文件内容信息安全的因素

电子文件内容信息的不安全性是由多方面因素构成的，既有电子文件自身特性决定的内在因素，也有自然灾害、人为破坏、技术障碍、管理疏漏等一系列的外在因素。

(一) 内在因素

1. 电子文件的不稳定性

电子文件的不稳定性主要表现在两个方面：一是电子文件信息与特定载体的可分离性；二是电子文件信息的易操作性。

电子文件信息具有相对独立性，不再固定存储在某一载体上，它与特定的载体之间是一种"寄居"关系，可以随时根据需要转移到其他载体上"生存"。在转移过程中，有可能对信息的原貌造成破坏，甚至会使一些重要的信息丢失。因而，很难将最初的文件格式、形式等像纸质档案那样真实完整地再现出来。

电子文件的易操作性是把"双刃剑"。一方面，可以按操作者意愿对电子文件信息进行动态组织，在适当的时候自动更新某些数据，保持数据新颖、有效，保持其与所反映事物状态一致，也可以对原始信息进行加工，利用已存在的文件信息生成新的文件。另一方面，如果不对电子文件的可操作性进行严格规范，允许任何人在任

何时间任意对电子文件信息进行增加、删除、修改,那么电子文件的真实性、完整性就难以保证,电子文件将难以承担"历史记录"这一重任,"数字记忆"将会丢失。所以,电子文件的易操作性如果利用不当,将成为电子文件内容信息安全的"定时炸弹"。

2. 电子文件的系统依赖性

电子文件的生成、传递、存储、利用都离不开计算机软硬件系统的支持,随着信息技术的发展,计算机软硬件系统不断更新换代,但一些耐久性较长的光盘等电子文件载体却已保存几十年。也就是说,几十年以后,可能会出现保存完好的电子文件载体存储的电子文件内容信息因软硬件环境的改变难以完整准确地读出,而变成"电子文物"的情况。这样,电子文件就将如同一张消失了字迹的白纸,变得毫无意义。因此,电子文件的系统依赖性成为影响其长久保存和有效利用的一大障碍。

(二) 外在因素

电子文件不是孤立存在的,它会与周围的环境条件产生各种各样的联系。因此,一些不利的外在因素会影响电子文件内容信息的安全。

1. 自然灾害和意外灾害

电子文件管理系统一旦遭受自然灾害和意外灾害的袭击,通常会对电子文件数据造成毁灭性的打击。近年来,地震、水灾、火灾等造成档案数据损毁的事件时有发生。战争、恐怖袭击、群体事件等也会对档案数据造成巨大影响。[1]

2. 技术障碍

电子文件不仅是社会活动的伴生物,同时也是人类有意识行为的产物。在电子文件生命周期的每一个阶段,都会有人的参与,人有意或无意地会对电子文件内容信息进行增加、盗用、修改或摧毁,这些行为都会对电子文件内容信息安全造成破坏。目前电子文件面临的主要威胁有以下几个方面。

第一,"黑客"攻击。

"黑客"是指利用不正当手段窃取计算机网络系统的口令和密码,从而非法进入系统的人。黑客的攻击可以分为两种:一种是主动攻击,目的在于篡改系统中所含信息,或者改变系统的状态和操作,它以各种方式有选择地破坏信息的真实性、完整性和有效性;另一种是被动攻击,在不影响网络工作的情况下,进行信息的截获和窃取、信息流量分析,并通过信息的破译以获得重要机密信息,对信息的机密性构成威胁。"黑客"行为普遍带有攻击性,网络信息系统一旦遭到破坏,将会导致诸如信息泄露、拒绝服务、缓冲区溢出甚至系统崩溃等严重后果。[2]

---

[1] 李瑞环:《统一建设"国家电子档案战略备份中心"》,《中国档案报》2022年3月7日第1版。
[2] 冯惠玲:《政府电子文件管理》,中国人民大学出版社2004年版,第281页。

第二，计算机病毒。

计算机病毒是指隐藏在合法程序中的一种程序段，它具有自我繁殖扩散的能力，能够将自身复制到其他合法程序或数据文件中。它具有破坏性、传播性、潜伏性和扩散性等特点，同生理学上的病毒表现特点类似，所以使用病毒的概念来描述它。"这些病毒对计算机系统的危害程度、危害方式各不相同，如破坏文件分区表，使硬盘上信息丢失；改变磁盘分配，造成数据写入出错等，对数据的完整性、机密性、可访问性以及系统效率造成危害，甚至使计算机无法正常运行，陷于瘫痪。"①

第三，设备故障和失效。

设备故障和失效主要是由电源故障和系统与设备故障造成的。在计算机故障中，50%—70%是由电源故障造成的。电源故障包括电网电压过高、欠压、瞬时跌落、失压和停电等。突然断电、供电，系统会变得不稳定，将对电子文件管理系统造成危害，甚至会导致电子文件数据的丢失。由于电子文件系统所处的网络环境十分复杂，不同的机械设备、操作系统并存，极有可能造成设备间的冲突，从而导致系统发生运行事故。此外，系统的硬件故障也会严重威胁数据安全。

计算机系统极易受到外力的干扰和破坏，如磁场、电磁脉冲等都有可能直接导致对数字信息的危害。电子载体的自然退化、物理损伤以及电子文件的迁移过程中的损失，都可能影响电子文件的真实和完整。②

第四，计算机操作平台漏洞。

各类操作系统是电子文件的操作平台，如果没有操作系统，电子文件将无法正常运行。而操作系统本身的安全性不能得到保障的话，即使电子文件本身的安全性再高，还是会导致信息安全问题的发生。因此，操作系统的安全是十分重要的。

由于我国计算机操作平台的研究起步较晚，市场上还没有完全由我国自主研发的操作平台。现阶段我国计算机使用的操作平台，除少部分使用的是 Lunix 系统和 Unix 系统，大部分使用的是微软的 Windows 系统。这些系统存在一定的安全漏洞，可能影响电子文件内容信息的安全性。

3. 管理疏漏

电子文件内容信息保护首先要求具有合理、科学的信息安全规范。信息安全是由安全的软硬件技术和完善的管理规范、法律法规提供保障的，它包括技术行为的安全规范和工作人员行为的安全规范。人们往往重视技术行为的管理，而忽视对工作人员行为的管理。统计数字表明，信息安全事件中的 60%—70% 起因于内

---

① 冯惠玲：《保证电子文件的长久性》，《档案学通讯》1998 年第 4 期，第 41 页。
② 刘家真：《电子文件管理理论与实践》，科学出版社 2003 年版，第 116 页。

部。如对密码、口令的保密管理不严格;对电子文件管理人员的责任划分不明确;操作人员因困倦、劳累、疾病等原因对电子文件的误操作等都可能对电子文件信息内容安全造成威胁。因此,培养高度自觉、遵纪守法的技术人员队伍是保证计算机系统安全最重要的一环。大量危害事件表明,通过严格管理,制定有效的管理规范能将各种危害降到最低限度,事实上,这也是信息安全体系中最经常、最大量、最有效的部分。2011年1月修订的《中华人民共和国计算机信息系统安全保护条例》(以下简称《计算机信息系统安全保护案例》)第十三条规定:"计算机信息系统的使用单位应当建立健全安全管理制度,负责本单位计算机信息系统的安全保护工作。"由此可见管理规范和管理制度的重要性。

二、电子文件内容信息安全的保护举措

电子文件信息面临的不安全因素类型多、范围广,因此,保护电子文件内容信息安全是一项复杂的系统工程,需要从技术、管理和法律等方面综合考虑。

(一) 技术保障

1. 电子文件内容信息安全防御技术

电子文件内容信息安全防御体系主要包括具有自主知识产权的系统软件、防毒杀毒技术、加密技术、身份验证技术、数字签名技术及信息备份技术等。

第一,具有自主知识产权的系统软件。

电子文件内容信息安全关系着国家安全和社会稳定,技术安全是电子文件内容信息安全的重要部分。然而,当前我国大量使用国外的硬件和软件,电子文件存在着严重的安全隐患,解决办法就是研发具有自主知识产权的系统软件。将信息技术发展的立足点建立在自有技术的基础上,强调本国信息技术的独立,不受制于信息技术大国,是保证电子文件信息安全的必要条件。

第二,防毒杀毒技术。

计算机病毒对电子文件的危害是显而易见的,电子文件管理要对其高度警惕,防患于未然。

一要树立"预防为主"的观念,不要心存侥幸,寄望于病毒发作后的恢复手段。因为防毒是主动的,表现在其监测行为的动态性和防范方法的广谱性,从病毒的寄生对象、内存驻留方式、传染途径等病毒行为入手进行防范。一方面防止病毒向机内和系统传播,另一方面抑制病毒向外传播。

二要构建"防杀结合"的防毒体系,有针对性地选择性能优秀的专业防杀毒软件。配备最新的查毒杀毒软件,在病毒可能入侵的各个入口处进行监控,将防病毒技术的实时扫描、定时扫描、人工扫描和防病毒组件的自动更新有机地结合起来,

从而确保整个系统的安全。同时,由于目前的病毒不但种类繁多,而且破坏原理和方式千差万别,要想保证病毒防御系统的完善、可靠、实用,不能仅仅使用一种手段,必须将多种防病毒措施结合起来,以彻底屏蔽系统及网络中可能存在的病毒。

第三,加密技术。

加密是信息安全最早应用的技术手段之一。采用加密技术可以保障不可公开的电子文件内容信息的安全性,也是保证电子文件机密性的有效方法。涉密的电子文件可以采用加密的方式进行制作,保证电子文件在形成、传输、利用等过程中不被非法查看、篡改和窃取。

电子文件加密方法多种多样,通常应用"双密钥码"法,即加密通信者各拥有一对密钥,一个是可以公开的加密密钥,一个是严格保密的解密密钥。发方使用收方的公开密钥发文,收方使用自己的解密密钥解密。任何人都可以利用公开密钥向收方发文,而收方只有掌握解密密钥才能获取这些加密文件。由于加密和解密使用的是不同的密钥,故第三者很难解密,从而保护了电子文件内容信息的安全。

目前,在密钥基础上又开发出一种 PKI 技术。PKI(public key infrastructure)即"公钥基础设施",是一种遵循既定标准的密钥管理平台。它能够为所有网络应用提供加密和数字签名等密码服务及所必需的密钥和证书管理体系。简单来说,PKI 就是利用公钥理论和技术建立的、提供信息安全服务的基础设施。PKI 技术是该设施的核心。其作用是通过注册机构、证书机构、健全的密钥管理和安全服务构建一个安全的信息基础设施平台,为电子商务、电子政务、电子事务提供良好的应用环境,有效解决电子商务、电子政务、电子事务活动中信息的机密性、真实性、完整性和不可否认性等安全问题。

第四,身份验证技术。

为了保障电子文件存储系统的信息安全,有必要对访问用户进行身份验证。身份认证技术是在计算机系统中确认操作者身份过程的一种技术。最常用的方法是给每个合法用户一个由数字、字母或特定符号组成的密码(password),来代表用户的数字身份。当用户要求进入系统访问时,首先输入自己的密码,计算机自动将这个密码与存储在机器中该用户的数字身份进行比对。如果验证通过,该用户可进入系统对相关业务进行访问;如果验证未通过,该用户就会被系统拒之门外。

第五,数字签名技术。

签名技术主要有两种:手写式光笔签名和证书式数字签名。光笔签名是使用一种专用的光笔直接在屏幕上签名,同纸质档案上的签名一样,易于辨认。数字签名是对现实生活中手写签名的模拟,是利用"双密密钥"在电子文件上进行的签名。数字签名的基本特征是其必须能够用来证实签名的作者和签名的时间,在对信息进行数字签名时,必须能够对信息内容进行鉴别。同时,数字签名应具有法律效力,必须能被第三方证实,用以解决争端。

采用证书式数字签名需要向专门的技术管理机构注册登记,这种机构通常称为"安全电子邮件认证站点""数字证书服务中心""数字标识授权机构"等,其职能是对其管辖的用户有效身份进行认证,向用户发放有限期的密钥和数字证书等。[①]我国在 2015 年 4 月修正了《电子签名法》。

第六,信息备份技术。

《电子文件归档与电子档案管理规范》(GB/T 18894—2016)规定:"应结合单位电子档案管理和信息化建设实际,在确保电子档案的真实、完整、可用和安全基础上,统筹制定电子档案备份方案和策略,实施电子档案及其元数据,电子档案管理系统及其配置数据、日志数据等备份管理。"信息备份是信息安全保障最重要的辅助措施,它可以为受损或崩溃的信息系统提供良好、有效的恢复手段。随着信息技术的广泛应用,信息安全威胁和文件容量也在不断增长,对信息备份技术的要求也越来越高,已经不再是简单的拷贝,而是需要一个完善的备份管理机制。同时,备份技术也在不断推陈出新,从最初的拷贝到磁盘镜像、磁盘双工,到镜像站点、服务器集群技术和灾难恢复方案,让档案部门在电子文件信息安全保障上有了更充裕的选择。

电子文件信息备份时,一要明确备份形式。对静态数据可采用定期备份;对实时数据系统最好使用实时备份,以避免宕机延误造成损失。二要选择适当的备份方式。例如按照备份的内容可选择增量备份(对增加的数据进行备份)、全备份(对所有的数据进行备份)、集成备份(对整个系统包括数据和程序进行备份)等方式;按照备份的状态可选择脱机备份和联机备份方式;按照备份的时间可选择日备份、周备份、月备份等方式。三要确定备份存储设备。结合单位实际情况和设备存储特点,合理选择并组合磁带机、磁盘阵列、光盘塔、光盘库、光盘、硬盘等存储设备。四要完善备份策略,形成备份制度。例如是否需要多套备份、是否需要异地存储备份、如何保证备份的智能恢复和灾难恢复等,总之要从保障电子文件信息系统安全运行的高度来考虑电子文件的备份工作,形成一个比较完善的备份制度。

2. 电子文件信息网络安全技术

电子文件信息网络安全技术主要有防火墙技术、隔离技术、入侵检测技术、区块链技术等。

第一,防火墙技术。

防火墙最初是指保护木质结构房屋免遭火灾侵害,位于房屋四周的石块墙。

[①] 丁海斌、卞昭玲:《电子文件管理基础教程》,辽宁大学出版社 2011 年版,第 239 页。

随着信息技术的发展与应用,现在这一概念更多地被使用在网络安全领域。防火墙技术是针对互联网网络不安全因素所采取的一种保护措施,顾名思义,就是用来阻挡外部不安全因素影响的内部网络屏障,其目的就是防止外部网络用户未经授权进行访问。

防火墙由计算机软件和硬件设备组合而成,在内部网和外部网之间、专用网与公共网之间建立起一个安全网关(security gateway),从而保护内部网免受非法用户的侵入。防火墙实际上就是一个位于计算机和它所连接的网络之间的软件或硬件(其中硬件防火墙价格昂贵,用得很少),该计算机所有流入、流出的网络信息均要经过设定的防火墙。防火墙具有很好的保护作用,入侵者必须首先穿越防火墙的安全防线,才能访问目标计算机。电子文件管理系统可以根据需要配置不同保护级别的防火墙。

第二,隔离技术。

随着电子政务的不断发展,政务内外网之间的数据交换和互联成为必然。互联网潜在的不安全因素,造成人们对政务内外网互联的担忧,采取网络安全隔离势在必行。具体技术有以下几种:一是在计算机终端安装隔离卡,使内外网从根本上实现物理隔离,保障内网安全,防止涉密信息泄露。二是设置安全岛。安全岛是独立于电子政务内外网之间的一个特殊的过渡网络,被置于内网与外网相交的边界位置。一方面可实现内外网的物理隔离,防止黑客利用漏洞等进入内网;另一方面可又可在其安全策略控制下实现数据传输,从而达到内外网间数据交换的目的。

第三,入侵检测技术。

入侵检测(intrusion detection)是对计算机和网络资源的恶意使用行为进行识别和响应处理的过程。它可以帮助系统防止漏洞,应对网络攻击,扩展系统管理员的安全管理能力,提高信息安全基础结构的完整性。

入侵行为大多利用网络及系统的漏洞。这些漏洞可以分为两大类:一类是在系统设计开发中形成的漏洞;一类是由于对系统的错误使用和管理形成的漏洞。入侵检测系统从计算机网络系统中的若干关键点收集信息,并分析这些信息,核查网络系统是否有违反安全策略的漏洞和遭到攻击的迹象,具有监视用户和系统行为、审计系统配置和安全漏洞、评估敏感系统和数据完整性、识别违反信息安全和黑客攻击行为等功能,使系统管理员可以有效地监视、审计、评估计算机网络系统。

入侵检测被认为是防火墙之后的第二道安全闸门,它在不影响网络性能的情况下对网络系统进行监测,从而提高系统的实时保护能力。

第四,区块链技术。

区块链技术是一种基于分布式存储架构的数据管理模式,由一组技术族构建而成。与数据管理有关的技术主要包括区块底层结构与事务、共识机制、智能合约、侧链技术以及语义区块链技术等。

区块链技术作为一种文件档案管理技术，具有去中心化、数据不可篡改、数据可追溯、数据安全可信等特点，是一种"天然的数据管理工具"，对保障档案数据安全具有重要作用，为电子文件/电子档案安全管控提供了新思路。为保障电子文件/电子档案安全性，基于区块链技术的智能合约对控制访问机制进行部署和实现，全程记录控制访问操作过程，使得操作过程公开透明，保障电子文件/电子档案控制访问机制不会被人为恶意篡改，确保电子文件/电子档案在利用过程中的安全保密性。

3. 电子文件信息长期保存技术

由于信息技术的迅猛发展，电子文件存储载体的寿命一般都要超过读写它的计算机软硬件的生命周期。在数字环境中保管电子文件的主要问题不在于信息载体，而是如何使数字信息随技术的更新能一代一代地流传下去。因此，在对电子文件实施载体保护和信息安全保护的基础上，还要考虑电子文件信息的长期可存取性问题。

电子文件信息长期保存技术主要解决电子文件存储载体的非耐久性、软硬件技术的过时性和电子文件信息的真实性等问题。目前主要采用的技术手段有：

第一，迁移。

《电子文件归档与电子档案管理规范》（GB/T 18894—2016）规定："离线存储介质所采用的技术即将淘汰时，应立即将其中存储的电子档案及其元数据等转换至新型且性能可靠的离线存储介质之中。"将数字信息从一种技术环境转换到另一种技术环境上的复制过程称为迁移。迁移是随计算机软硬件变化适时改变数字信息格式的一种处理方式。简单地说，迁移就是不同信息格式之间的转化，很多时候还涉及整个系统配置的改变，需视具体的信息类型而定。其目的在于保护数字信息的完整性、可读性，以针对不断升级换代的技术进步，保留人类对数字信息的检索能力、显示能力与使用能力。

迁移要求软硬件具有良好的兼容性，能够读取多种格式，并保证迁移文件的内容真实和有效使用；同时，也应当看到迁移技术可能会造成部分文件格式的受损和丢失。因此，在进行迁移时应当考虑受损格式对于文件价值的影响，不能盲目进行迁移转换。目前，迁移技术被认为是保护数字信息长期存取的有效方式之一。

第二，仿真。

仿真，或者说仿效，是用一个计算机系统模拟另一个计算机系统，使前者的功能完全与后者相同，即用前者接收与后者相同的数据，执行与后者相同程序。从维护数字信息可读性角度讲，所谓仿真就是制作一个仿真器，模仿数字信息生成时的软硬件环境，使数字信息能够以原始状态得以重现。

仿真技术主要包括模仿应用软件、模仿操作系统、模仿硬件平台三个方面。仿真有以下几个类型：

一是建立一种具有普遍适用性的技术，用于描述在将来未知平台上运行的、能够捕捉再现当前和未来数字文档所需的各种属性的仿真器。

二是设计一种技术能以人们可读的方式保存、查找、访问和重现数字文档所需要的元数据，从而使仿真技术可以用于存储。

三是设计一种技术，将文档、元数据、软件和仿真说明一起封装，从而保证其相互间的联系，防止丢失。

在计算机系统中，虽然仿真已是一个经证明有效的技术，并存在普遍的协议，但对于复杂数字对象的读取，其可行性仍有待证明。有人认为，它只适合于某些被淘汰的系统，作为长期保存电子文件信息的仿真策略还没有经过广泛检验。实际上，它只是一种延迟技术淘汰的方法，而且实践证明仿真器的兼容性及可靠性仍存在问题，有待改进。况且，在新的硬件、软件不断涌现的今天，花费人力物力研制一个执行过时硬件与软件的系统，代价太大，显然不是明智之举，在经济上难以立足。[①]

第三，计算机技术档案馆。

建立计算机技术档案馆，收集存储技术过时的计算机软硬件系统，为利用过时存储系统记录的信息提供技术支持，帮助读取和使用那些技术已经过时的电子文件信息。如保存一些过时的驱动器、操作系统、播放器和磁带录放机等，收集、保管这些过时技术的全套软硬件设备，并掌握相关设备使用方法和操作技术。

第四，再生性保护技术。

这里所述的再生性保护是指将存储技术过时的电子文件信息适时地转移到缩微品或纸张上。转移到缩微品上可能更合适，因为缩微品存储密度高、容量大，便于保管，不再使用计算机软硬件读取。同时，缩微品记录的模拟信息和计算机记录的数字信息能够方便地转换，实现联机操作。这种方法为电子文件信息长期保存提供了路径。但这种方法也存在一些现实问题：一是有些信息无法转移到缩微胶片或纸张上，如声音信息、超文本信息、多媒体信息等；二是信息一旦转移到缩微胶片或纸张上，就失去了数字记录的风格和魅力（如失去了数字化的传递与使用的灵活性），同时还有可能造成电子文件产生背景信息的丢失。[②]

[①] 张绍武：《数字信息资源长期保存研究》，云南科技出版社2009年版，第148页。
[②] 徐义全：《电子文件的特性与长期保存》，《档案学研究》2000年第1期，第53—57页。

(二) 管理保障

1. 对电子文件运行全程实行有效监管

2020年修订的《档案法》新增"监督检查"一章,规定档案主管部门依照法律、行政法规有关档案管理的规定,可以对档案馆和机关、团体、企业事业单位以及其他组织的档案信息化建设和信息安全保障情况进行监督检查。由于部分电子文件存在保密性,因此不能无原则地向所有利用者提供全部电子文件信息。应依据电子文件信息内容的密级层次,设置利用权限,对电子文件运行全程进行有效的监督管理。一般情况下,对信息内容尚未开放的电子文件,不宜用拷贝的方式提供利用,若需要提供拷贝,必须在专人监控下进行;对有密级内容信息的电子文件要进行保密处理,严格管理;对电子文件利用的全过程要进行有效的跟踪监控,并自动记录相关数据,作为利用工作查证的依据。这些都是电子文件进行有效监控的方法,以保证电子文件的信息安全和保密性。

2. 提高电子文件工作人员与管理人员的安全防范意识

信息安全的实现离不开管理。人是一切管理活动的中心,即使采用了最先进的安全技术和系统,若没有完善的实施计划和管理制度,没有电子文件工作人员与管理人员的参与,电子文件信息安全性只是一句空话。所以,要想确保电子文件信息的安全与可靠,凡是能接触到电子文件信息的工作人员与管理人员都应牢固树立安全意识。

工作人员要时时留意电子文件的管理系统、网络环境,及时发现问题,妥善解决。电子文件工作人员不可能都是计算机专业人员,对信息安全技术的了解程度各异,应定期进行的安全教育和新技术、新工作方法的培训,掌握信息安全有关方面的知识,使其能够处理一些基本问题,提高管理水平和防范技能,强化安全意识、保密意识,真正做到"以防为主,防治结合"。

3. 建立健全相关管理制度

电子文件从形成到开发利用以至长期保存,中间经过很多环节。任何环节的职责不清、制度不明、考虑不周,都可能造成对电子文件真实性、完整性和有效性的损坏。因此,建立电子文件全过程管理制度,建立岗位责任制,就显得非常重要。

建立电子文件全过程管理制度包括建立电子文件制作、管理人员责任制度,电子文件收集、归档、保管制度,电子文件利用制度等。通过完善的跟踪登录管理体系为每一个电子文件建立文件处理档案,一份文件要经过多个人甚至跨越多个机构才能完成运作过程。为避免差错,在管理上应严格控制相关人员权限,在技术上应对任何人的任何操作都进行记录,建立可靠的电子文件档案。

(三) 法律保障

电子文件信息的安全关系到国家的主权、国家的安全和公众利益，所以电子文件内容信息的安全实施和保障必须通过标准及法律法规的形式加以固化。

1. 加强电子文件管理标准化建设

计算机及信息技术的发展和使用由一系列严密的电子（文件）技术标准作支撑，它包括电子文件代码生成、存储、读取的格式标准，网络传输协议标准，检索语言标准等。应当分析电子文件工作标准的构成，建立和完善电子文件工作标准体系，保障电子文件管理系统的互联、互通，有效地减少因差异性而导致信息在传递过程中出现的信息安全问题。电子文件管理标准化建设是一个长期的过程，随着信息技术的发展，现有标准也需要不断地修订、补充。

2. 完善电子文件信息安全的法律法规体系

建立健全相关法律法规体系是保证电子文件信息安全的重要手段。目前，我国已制定公布了一批相关法律法规，如《计算机信息系统安全保护条例》《电子签名法》《计算机信息网络国际联网安全保护管理办法》《中华人民共和国网络安全法》《中华人民共和国个人信息保护法》《数据安全法》等。但总体而言这些法律法规的内容基本属原则性的规范，还需要在操作层面上的实施细则，以达到防范和惩治信息违法行为，维护电子文件内容信息安全的目的。

思考题

1. 阐述电子文件保管的内容和特点。
2. 简述电子文件存储载体选择的原则。
3. 简述电子文件载体日常管理维护的措施。
4. 谈一谈电子文件内容信息安全的保护举措。

参考答案要点

第八章 电子文件的利用

社会的发展为信息利用提供了越来越完备的条件,同时也对信息的利用工作提出了更高的要求。保存电子文件的目的,是使电子文件能够准确、完整、可靠地提供利用,起到凭证和查考作用,实现电子文件的价值。在中国第一历史档案馆新馆开馆之际,习近平总书记对档案工作作出重要批示:"加强党对档案工作的领导,贯彻实施好新修订的档案法,推动档案事业创新发展,特别是要把蕴含党的初心使命的红色档案保管好、利用好,把新时代党领导人民推进实现中华民族伟大复兴的奋斗历史记录好、留存好,更好地服务党和国家工作大局、服务人民群众!"《档案法》第二十八条规定:"档案馆应当通过其网站或者其他方式定期公布开放档案的目录,不断完善利用规则,创新服务形式,强化服务功能,提高服务水平,积极为档案的利用创造条件,简化手续,提供便利。"第四十一条规定:"档案馆负责档案数字资源的收集、保存和提供利用。"《档案法实施条例》第四十四条规定:"国家档案主管部门应当制定数据共享标准,提升档案信息共享服务水平,促进全国档案数字资源跨区域、跨层级、跨部门共享利用工作。"电子文件利用的方式、方法与纸质档案有着明显不同,且面临着新的问题和障碍,因此需要加强研究,创建电子文件利用规则、开发方式和服务模式,充分发挥电子文件利用的优越性,激活电子文件存史资政育人惠民的重要价值,更好满足社会日益丰富多元的信息需求,赋能新质生产力创新发展。

第一节　电子文件利用概述

一、电子文件利用的含义

利用是档案工作的出发点和落脚点。电子文件的有效利用是电子文件管理的最终目的,没有利用,电子文件管理也就失去了方向和意义。电子文件的主要管理活动,如形成积累、捕获归档、鉴定、整序、保管、利用等,本质上都是为利用做准备和铺垫。电子文件利用是指档案用户通过电子文件检索系统查找所需电子文件信息,并将其转化为现实价值的过程。其中,用户凭借电子文件检索系统查检出所需的电子文件,是电子文件利用的前提,因为用户只有查检到所需的电子文件才能利用电子文件;电子文件内容价值的实现是电子文件利用的目的。所以,除了必须建立高效率的电子文件检索系统外,还应该采取各种手段进一步对电子文件信息资源进行有效的挖掘和开发,充分释放电子文件信息资源的价值与潜能。

二、电子文件利用的特点

电子文件以其"积极的""动态的"特性改变着长久以来的档案利用方式,给利用者带来前所未有的便捷。

(一)电子文件具有共享性,不再受"孤本"利用限制

传统档案从整体上不可能对档案馆藏进行多份复制,如果多个用户要同时利用一份档案,只能按顺序先后逐个利用。而电子文件则可轻而易举地实现"多人共用同一文件"。如果需要的话,一份文件不仅可以在档案馆内所有的终端上同时显示,还可以通过网络,在所有与网络相连接的计算机上查阅,可供多人同时利用。这样,一份文件如同有了无数个副本,将传统档案的顺序利用变为并行共享利用。

(二)电子文件具有非消耗性,重复利用不会留下老化痕迹

一份电子文件无论多少次在计算机屏幕上被显示,或是多次被打印在纸上,都不会使它的信息内容受到任何损失和破坏,正当的利用活动不会对电子文件的信息寿命产生一丝一毫的损害,可多次循环往复使用,边际成本低。

(三)电子文件具有交互性,可满足各种利用需求

电子文件利用者在阅读过程中可以随着思维活动的需要,随时提出新的要求,计算机可立刻按照要求把相关文件调入屏幕。一些超文本文件已将许多相关的文件、图像、数据链接起来,任凭利用者调阅,一份文件成了特定范围信息网的连接站,为利用者提供了极大的便利。

电子文件具有互操作性,利用者可以把获得的信息"变活",利用者可以通过计算机对文件中的信息进行分类、统计、汇总、打印或复制,将这些信息转换成自己需要的形式。档案工作人员可以按照专题对电子文件进行信息挖掘和加工,形成特定内容的信息专辑,满足利用者的信息需求;同时,还可以根据用户的需求,提供"私人定制"的个性化信息服务。

（四）电子文件具有虚拟性，可通过网络远距离传输

传播技术使信息利用更为方便和快捷，它不仅消除了书籍、文件数量对利用者人数的限制，而且消除了利用者与信息的距离。单从技术上讲，利用者不用到档案馆来，在任何地方通过网络就可以利用档案馆内的开放档案。这不仅免去了利用者的奔波之苦，而且会使更多的用户了解档案、利用档案，让档案真正成为大众的文化财富。因此，电子文件能够使档案利用得到进一步的普及。

（五）电子文件具有及时性，可不受时间限制随时利用

目前，全世界只有极少数档案馆实行全年 24 小时开馆，大多数档案馆即使在开馆日，也有时间限制和规定，利用者可以利用档案的时间十分有限。电子文件的利用可以不受时间限制，利用者可以在任何时间、任何地点通过网络利用开放档案，所有的利用手续都由利用者与系统"交涉"，这种"方便"受到利用者和档案管理人员的欢迎，为人们展示了电子文件利用的美好前景。[①]

三、电子文件利用系统的构成要素

《电子文件归档与电子档案管理规范》（GB/T 18894—2016）规定："应根据工作岗位、职责等要求在电子档案管理系统为利用者设置相应的电子档案利用权限。"电子文件利用系统是指将电子文件利用的各种要素结合在一起所形成的有机整体。构成电子文件利用系统的要素有：法律法规要素、信息资源要素、技术平台要素、用户需求要素以及安全防范要素。认识和把握这些要素，对于有效、安全地利用电子文件具有重要作用。

（一）法律法规要素

电子文件利用的法律法规要素主要体现在以下三个方面：

一是对电子文件信息而言，并不是所有电子文件都可以无限制地利用，而是要根据有关的法律法规合法地利用。《档案法》第二十七条规定："县级以上各级档案馆的档案，应当自形成之日起满二十五年向社会开放。经济、教育、科技、文化等类档案，可以少于二十五年向社会开放；涉及国家安全或者重大利益以及其他到期不宜开放的档案，可以多于二十五年向社会开放。国家鼓励和支持其他档案馆向社会开放档案。"

二是对用户而言，电子文件的利用是要受到有关的法律法规要素制约的，也就是说并不是任何人都能成为电子文件的合法用户。《档案法》第二十八条规定："单

[①] 冯惠玲：《电子文件利用的障碍与对策——〈拥有新记忆——电子文件管理研究〉摘要之五》，《档案学通讯》1998 年第 5 期，第 43—46 页。

位和个人持有合法证明,可以利用已经开放的档案。档案馆不按规定开放利用的,单位和个人可以向档案主管部门投诉,接到投诉的档案主管部门应当及时调查处理并将处理结果告知投诉人。"《电子文件归档与电子档案管理规范》(GB/T 18894—2016)规定:"电子档案的提供利用应严格遵守国家相关保密规定。"

三是对电子文件的利用行为而言,也要受到有关法律法规的制约。这里所指的电子文件利用行为是指对电子文件的复制、摘录、引用及借阅等行为,即狭义上的电子文件利用。电子文件就其内容而言是具有情报价值和知识产权的,所以为了合法保护电子文件的情报信息和知识产权所有者的合法权益,也需要有法律法规来制约利用行为。《电子文件归档与电子档案管理规范》(GB/T 18894—2016)规定:"利用者应在权限允许范围内检索、浏览、复制、下载电子档案、电子档案组件及其元数据。电子档案及其元数据的离线存储介质不得外借,其使用应在档案部门的监控范围内。对电子档案采用在线方式提供利用时,应遵守国家有关信息安全的相关规定,从技术和管理两方面采取严格的管理措施。"

(二) 信息资源要素

电子文件利用的信息资源要素主要体现在数量和质量两个方面:

1. 电子文件信息的数量

数量是塑造容量的前提、筑牢质量的基础和释放能量的关键,量变才会引起质变。《"十四五"全国档案事业发展规划》提出,要"推动档案全面纳入国家大数据战略","实现对国家和社会具有长久保存价值的数据归口各级各类档案馆集中管理"。现代信息技术的应用和各种移动终端的生成,促使社交媒体、数字文本、用户踪迹等移动信息、泛在数据大规模生成,电子文件急剧增长与有效收管之间的"剪刀差"愈发突出,有效收管的体量、速度远不及电子文件的产量、增速。为此,需要树立"大档案"观,强化电子文件规模建设,科学规划、合理布局、统筹发展、系统推进,加强部门协调联动,拓展电子文件采集捕获功能,应收尽收、应归尽归、应管尽管,广泛采集政务活动、社会民生、社交媒体、智能终端、地理空间等新型档案资源,建立特色档案资源库、专题档案资源库,构建数量丰富、结构优化、质量丰裕、特色鲜明、门类齐全的数字档案资源体系,夯实档案馆运行的物质基础与货源仓储。

2. 电子文件信息的质量

档案资源是档案事业赖以发展的水之源、木之本、塔之基,档案资源质量决定着档案信息资源开发的广度和深度,也决定了档案工作的服务内容和服务水平。《"十四五"全国档案事业发展规划》提出,要"加强档案资源质量管控","促进档案信息资源共享规模、质量和服务水平同步提升"。电子文件作为档案信息资源新形态,是具有高价值的数据资源,也有着较高的质量要求。电子文件来源广泛、形态多样、结构复杂,受制度、组织、技术、文化等多重因素影响,电子文件质量参差不齐,面临着失真失读、污染冗余、离散异构等质量问题,掣肘电子文件要素价值发挥,唯有质量转型才能破解资源建设困境。为此,需要加强电子文件质量控制,系统探析电子文件全流程质量控制路径,确保电子文件资源来源可靠、程序规范、要素合规、安全可用,以优质电子文件赋能国家治理现代化和新质生产力发展。

(三) 技术平台要素

技术平台是电子文件利用的主要渠道和开现媒介,电子文件利用的技术平台要素主要体现在以下三个方面:

1. 档案网站

档案网站是电子档案利用的重要途径,当前,各级综合档案馆已基本建立档案网站平台,设有网上预约、数字档案查阅系统、网上展览、一网通办、馆藏指南等栏目板块,为电子文件利用提供便利。

2. 检索系统

电子文件的检索与传统的手工档案检索相比,其最大优势是能够实现远程检索,用户可通过网站上的电子文件检索系统对电子文件目录数据库或全文数据库进行检索,查阅所需信息,实现跨时空、跨地域利用。

3. 展示传播

借助移动互联、虚拟现实、多媒体等技术,将电子文件挂接发布到相关门户网站、档案信息网站、社交媒体平台等以传播电子文件,具有非定向性和在线性的特点,能够提升电子文件的传播及利用效率。

(四) 用户需求要素

电子文件利用的用户需求要素体现在以下两个方面:

一是电子文件利用者的利用需求,即电子文件利用者对获得电子文件信息的一种要求和欲望。电子文件的利用者是具有利用需求的一方,当前档案利用者数量较少、需求单一,需要加大宣传力度,提升社会档案意识,激发利用者的需求,扩大档案利用者群体,将潜在利用者转化为现实利用者。

二是电子文件利用者的利用行为,即在利用需求驱动下对获得电子文件信息所进行的一系列活动。这一系列活动表现为电子文件信息的检索、甄别、选择、阅读、复制与摘录等。只有当利用者将利用需求付诸于利用行为,电子文件的潜在价值才能转化为现实价值。

(五) 安全防范要素

电子文件利用的安全防范要素主要体现在以下两个方面:

1. 系统及网络安全

电子文件的利用需要遵循安全底线原则，在利用过程中避免"黑客"攻击、网络病毒、恶意破坏等安全风险。为此，需要加强电子文件软硬件系统及其网络安全治理，确保电子文件利用过程的安全。

2. 保密安全

随着现代信息技术的发展，电子文件利用中各种窃取电子文件信息的新手段也不断出现，信息失真失密、失窃失控等问题时有发生。虽然窃取电子文件信息不构成对电子文件信息本身的破坏，但对电子文件安全保密、个人隐私、知识产权保护构成严重威胁。所以，应加强电子文件利用的保密安全防控。

上述电子文件利用系统的构成要素不是简单地相加，而是构成一个整体系统。电子文件利用系统的各要素在这个系统中都具有自己明确的职能，它们之间的关系是：电子文件技术平台要素是电子文件利用的基础要素，是保障电子文件有效利用、安全运行的必要载体；电子文件信息资源要素是电子文件利用系统中的核心要素，是电子文件价值产生的源泉，没有可利用的电子文件信息，电子文件利用系统就没有存在的必要；电子文件用户需求要素是电子文件利用系统中的智力要素，承载着将电子文件潜在价值转化为现实价值的功能；电子文件律法规和安全防范要素是电子文件利用系统中的保障要素。它们从不同的方面承担着保障电子文件信息真实完整、安全可用的功能。

第二节　电子文件利用方式与管理

电子文件利用与传统纸质档案利用有极大的不同，这种不同主要在于电子文件的利用必须以计算机技术为基本工具，这对电子文件的利用方式和利用管理也提出了新的要求。

一、电子文件利用方式

根据网络的使用情况可将电子文件的利用方式分为在线利用和非在线利用。

（一）在线利用

所谓在线利用，就是在网络上进行电子文件的利用活动。这种利用方式适用于网络环境下电子文件的利用，具有快捷方便的特点，利用者不需获得电子文件的存储载体，档案部门也不需向利用者提供电子文件存储载体的拷贝件，这是网络时

代电子文件利用的主要方式。根据利用者的利用行为,在线利用的具体形式可分为:

1. 网上阅览

网上阅览就是将公开可利用的电子文件上网发布,利用者只要上网就可检索所需的电子文件并进行阅览。电子文件上网,不同类型的文件有不同的软件环境要求,因此,为了方便利用者阅览,还应指出阅读电子文件所需的软件环境,配备必要的阅览设施。网上阅览简便、快捷,没有时间空间限制,适用面广,是电子文件利用的最基本方式。

2. 网上复制

网上复制就是档案馆通过网络将电子文件信息传递给利用者,利用者将档案馆传来的电子文件信息从网上下载下来,复制到计算机存储载体中。这种复制方式无地域和时间的限制。网上复制一般只针对组织机构内部利用者,需要履行相应审批手续,以防止恶意下载和信息泄密。

3. 网上咨询

网上咨询是档案利用方式在现代化条件下的新发展,它是档案工作人员根据利用者需求通过网络提供服务的一种方式。电子文件网上咨询包括两个部分:一是通过网络解答咨询;二是通过网络协助检索,指导利用者使用检索工具,为查找馆藏电子文件信息提供线索。随着信息技术的发展,网上咨询方式越来越便捷,目前主要有电子邮件、短信、网络电话、网络视频、微博、微信等。

4. 信息推送

信息推送是指通过掌握档案利用者动态需求和社会热点,利用馆藏档案信息资源,采用大数据、人工智能、云计算、大模型等现代信息技术主动为利用者提供档案利用服务的方式。主动性是信息推送的基本特征,是与其他档案利用方式的根本区别。信息推送的方式主要有基于利用者需求和基于馆藏资源两种,其有助于精准洞察利用者需求,挖掘馆藏档案资源,提供针对式、个性化的档案信息服务。

在利用网络环境进行在线利用电子文件信息的实践方面,中外已有不少报道及成功的范例。2020年,中国电子科技集团公司第十四研究所企业电子文件归档和电子档案管理试点项目通过验收。该研究所是国家档案局第二批企业电子文件归档和电子档案管理试点单位,在试点中实现了可视化动态管控,确保电子文件归档的及时性、准确性。同时还在三维电子文件管理、科研档案的动态智能化管理等方面进行了有益的探索,构建了以"数字档案"为核心的新型档案管理模式。2021年,浙江省宁波市镇海区档案部门在"浙政钉"App开通"机关查档直通车",实现机关内部网上查档。在"浙里办"App 上线"镇海掌上查档",将"镇海档案电子证明"接入"宁波办事"自助服务终端,实现婚姻、工伤认定、契税等十几类民生档案掌上数据化出证服务。

在线利用的关键问题在于利用程序的设计和利用者权限的审查(由系统自动进行),因此,保密档案的在线利用将成为数字档案馆在线利用的难点。

(二)非在线利用

所谓非在线利用,就是利用者不通过网络而是在计算机上直接阅读或利用电子文件。这种方式适用于未联网(包括局域网和因特网)的档案馆(室),以及保密档案和不宜公开档案的查阅利用等。非在线利用为利用者的检索和"摘录"电子文件内容带来很大不便,利用者必须到档案馆(室)去查阅,失去了时空上的便捷。根据档案馆(室)提供的条件和要求,非在线利用的主要形式有:

1. 单机阅读

单机阅读是将电子文件放在计算机单机上阅览的一种方式。这种阅览方式主要针对不宜公开的电子文件或有密级的电子文件。这类电子文件不宜上网、不可随意复制,但又是机读档案,其内容必须由计算机"读出"之后用户才能利用。单机阅览通常是在档案馆(室)进行的,采用这种方式保密性好、安全性强,但失去了电子文件利用的某些便利性优势。

2. 拷贝阅读

拷贝阅读是指为利用者提供电子文件拷贝件,由利用者通过计算机阅读使用。提供拷贝件时应注意:其一,应将电子文件转换成通用标准的存储格式,以便利用者查阅利用;其二,根据利用者需要进行复制,在合法合规前提下,利用者需要什么就拷贝什么,其他电子文件信息不允许利用者同时复制;其三,尽量为利用者提供只读光盘等无法进行复制的电子文件拷贝件,以免电子文件信息被无原则地传播。

3. 纸质阅读

纸质阅读是将电子文件打印成纸质副本,提供给利用者直接阅读。纸质阅读是传统的利用方式,可为利用者提供针对性的阅读信息,有利于对电子文件信息内容的控制。

4. 缩微阅读

缩微阅读是利用 COM 技术将电子文件信息转化并记录在感光胶片上,形成拷贝件后再利用缩微阅读机进行阅览。COM 是 Computer-Output Microfilm(计算机输出缩微胶卷)或 Computer-Output Microform(计算机输出缩微品)的缩写,COM 技术实际上就是利用缩微摄影的方式代替纸质打印机的输出,它是将电子文件、数字化源代码转换成直读信息后,对直读信息的拷贝。与纸质阅读相比,采用这种技术的电子文件在输出信息时占用的空间较小。

二、电子文件利用管理

(一) 建立新的利用规则

应依据电子文件的特性建立相应的利用规则,这些规则要方便利用者的利用活动并有利于保证电子文件安全。与纸质文件相比,电子文件利用中最为突出的问题是信息安全。一方面,电子信息的易变性使利用活动中潜藏着对信息真实性的威胁;另一方面,随着网络的普及,电子文件的利用"窗口"将从档案馆(室)分散到四面八方的网站平台,"黑客"攻击、网络病毒等安全风险大大增加。为了有效保障利用过程中的信息安全,保证利用活动顺利开展,有必要建立并推行专门的电子文件利用规则。

1. 严格执行电子文件备份制度

电子文件通常一式三套,一套封存保管,一套供查阅使用,一套异地保存。其中封存保管的电子文件只用于与拷贝件的对照校验,不对外提供利用。封存旨在保障电子文件的真实性,使其具有"档案"的资格。对外提供的一般应为只读文件,档案馆应为利用者配备阅览终端。

2. 采用适当的控制技术

《电子文件归档与电子档案管理规范》(GB/T 18894—2016)规定:"电子档案的提供利用应严格遵守国家相关保密规定。利用者应在权限允许范围内检索、浏览、复制、下载电子档案、电子档案组件及其元数据。"因此,电子文件的利用必须采用适当的措施,确保电子文件信息安全。档案管理人员无法面对身在各处的利用者,利用者的利用权限只能靠系统来鉴别和控制。可用密码技术、用户身份验证、数字水印、审计跟踪等技术方法对需要控制利用的电子文件进行加密管理、网络隔离和监管审查,使无关人员无法查阅被控制的电子文件。对于不宜上网的电子文件或保密电子文件,应仅限在档案馆(室)内阅览,或转换成纸质文件提供利用等,严防出现信息泄密、信息失真损毁、病毒入侵、恶意使用等问题。

3. 最大限度地发挥电子文件的优越性

利用制度应该有利于利用者阅读利用,最大限度地发挥电子文件的优越性。例如,在合乎法律法规要求下,电子文件阅览室应该允许利用者像阅读纸质档案那样边阅读边摘抄;档案部门应能够提供电子文件拷贝,或通过网络提供远程服务,使利用者摆脱时间和空间限制,随时随地获取所需信息;档案部门还应建立电子文件利用的咨询服务系统(即专家系统),随时为利用者解难释疑,使利用者随时能够得到帮助和引导。

(二) 电子文件的利用统计

利用统计是利用系统中不可缺少的环节,其过程是对电子文件信息的传输、利用及管理工作等进行量化分析,通过量化分析,客观、准确、科学地揭示电子文件利用管理工作的特点规律,并以此调整工作方式,拓宽利用途径,提高电子文件的利用水平。

电子文件利用是借助计算机软硬件平台,通过利用管理系统实现的。因此,其利用统计工作相对便捷。电子文件利用管理系统中的利用统计应包含利用信息的采集、不同时段的综合统计、统计结果分析等几个方面。

1. 建立利用统计的综合指标体系

根据各种统计分析目标及要求,可将所采集的数据项按反映的不同内涵和外延概念进行各种组合,建立各种统计指标体系。《电子文件归档与电子档案管理规范》(GB/T 18894—2016)规定:"应按照档案统计年报要求及本单位实际需要对各门类电子档案情况进行统计。可按档案门类、年度、保管期限、密级、卷数、件数、大小、格式、时长、销毁、移交等要素,对室藏电子档案数量等情况进行统计。可按年度、档案门类、保管期限、卷数、件数、利用人次、利用目的、复制、下载等要素对电子档案利用情况进行统计。"

2. 利用信息采集

利用信息采集是利用统计分析的基础。可通过大数据对档案利用者信息进行采集,也可在利用过程中由利用系统自动进行采集。应根据电子文件利用统计的综合指标体系要求采集信息,主要内容包括利用者情况、电子文件查询使用情况、利用结果情况、评价反馈情况等。为充分满足利用统计分析研究的需要,所采集的信息应全面、准确、客观、翔实。

3. 利用统计分析

根据利用统计数据信息,形成电子文件利用统计表、统计图等。借助数据深度挖掘、数据计算分析、数据可视化、知识图谱等技术方法,绘制立体、全面的用户画像,对统计指标进行深入解读和动态呈现,预测掌握利用需求,为改进电子文件利用水平提供参考依据和现实指导。

(三) 电子文件利用中的障碍

档案的利用是一种与政治、经济、文化、技术具有密切关联的社会现象,必须承认和接受来自多方面的限制条件,电子文件在利用上也存在许多新问题,需要引起重视。如果这些问题不解决,将会成为电子文件开发利用的重要障碍。

1. 电子文件利用中的心理问题

使用可视记录方式早已成为人们的习惯,以纸质档案提供利用为主的档案利用观念在相当一段时间内可能成为利用电子文件的无形障碍。由于一些档案利用者的知识结构、年龄结构相对老化,对电子文件利用方式不熟悉、不了解,从心理上惧怕利用电子文件。此外,检索利用电子文件以及对电子文件中的信息进行加工处理需要一定的技术,这也成为部分群体利用电子文件的障碍。计算机专家们已经使计算机操作界面变得越来越简捷友好,如果档案工作人员能够对利用者给予必要的指导和帮助,将更加有利于缩短利用者与电子文件管理系统的心理距离。

2. 电子文件利用中的资源问题

一方面,电子文件在时间和空间上都还没有积累足够的量。我国已是名副其实的数据大国,在规模指数增长的大数据中具有保存价值的电子档案数据资源也堪称海量,电子档案数据有限收管的体量与速度远不及急剧扩张的产量与增速。另一方面,现有的电子文件大多还处于现行阶段和半现行阶段,有一定的封闭性,掣肘电子文件信息开放共享。资源匮乏的信息系统可能抑制利用者的利用欲望,因为它不能提供足够的可利用信息。有人曾把互联网比作路,把连入网络的计算机或工作站比作车,而信息资源则是车上要装载的货物,要充分发挥信息网络的作用,没有"路"则不通,有路无车则不行,有车无货就更不行了。电子文件从形成积累到开放利用需要一定的时间,而且许多文件有特定的利用范围,因此,可利用资源的丰富性不可能在短期内体现。

3. 电子文件利用中的法律问题

电子文件在利用过程中会涉及隐私侵犯、知识产权侵害、数据主权侵袭等法律问题。《档案法》第二十八条规定:"利用档案涉及知识产权、个人信息的,应当遵守有关法律、行政法规的规定。"第二十五条规定:"属于国家所有的档案和本法第二十二条规定的档案及其复制件,禁止擅自运送、邮寄、携带出境或者通过互联网传输出境。确需出境的,按照国家有关规定办理审批手续。"

隐私权是人的一项基本权利,是人格尊严的象征。"隐"是指隐秘,"私"是指私有,隐私是一项限制他人触探知晓个人领域的基本道德权利。2020 年,"由全国135 家网络安全行业协会和相关社会组织联合发起的 2020 年度全国网民网络安全感满意度调查显示,网民对于侵犯个人信息的关注度高达 80.94%,49.42%的网民认为自己的个人信息遭遇过侵害,隐私保护是网络安全亟须治理的问题。"[①]侵犯隐私权是电子文件利用中的突出问题,许多国家作出控制使用隐私信息的规定。一些国家允许移交给档案馆的电子文件免于销毁或隐去姓名,在档案法规定的年

---

① 张东华、尹泷杰、卢俊:《数据伦理视角下档案用户数据隐私保护研究》,《档案学研究》2022 年第 2 期,第 97—101 页。

限中不向公民开放。保护个人隐私和保证电子文件的完整性成为电子文件管理、利用政策方面的新课题。如巴西国家档案馆制定《隐私和信息安全计划》,该计划面向拥有信息技术资源管理系统(SISP)的机构单位(直属、自治和基础联邦公共行政机构和实体等),旨在在 SISP 范围内提高机构和实体在隐私和信息安全方面的成熟度和弹性。

现代机构管理的电子文件中包含有大量数据信息,如果在利用过程中处置不当,就会侵犯他人的知识产权。凯瑟琳·贝利指出:档案人员如何才能合理地处理一个大型共享数据库中不断变化的信息的知识产权问题,知识产权是否归该数据库拥有者所有,每个把信息输入数据库的人是否都能要求知识产权,档案人员能否对这种流动性相当大、在任何时候都可能生成无数新形式的电子文件实施知识产权法律法规等等,这些问题的解决对档案人员的意义极为重要。在电子文件利用中必须严格遵守《中华人民共和国著作权法》《中华人民共和国知识产权法》等法律法规,切实保障知识产权,维护组织机构和个人合法权益。

大数据时代,数据跨境流通日益频繁,基于网络空间形成的大数据场域成为继陆海空以外各国主权竞争新赛道,由此引发数据主权问题。数据主权是指"一个国家对其政权管辖地域范围内个人、企业和相关组织所产生的数据拥有的最高权力"①。网络技术的发展使电子文件的"超国界流通"成为可能,这不仅使各国必须重新确定本国档案所有权的范围和维护措施,而且还要考虑与其他国家在利用法规上的协调问题。国际间数据流动是"计算机系统处理、存储的数据和信息的跨国界流动"。信息的超国界流通使信息能够从一个国家转移到另一个国家,在信息保密、知识产权、行政信息查阅等方面,产生了国与国之间法律一致性的问题。它对一个国家的经济、主权、个人隐私和文件特性都存在显著影响。"由于数据存储国法律不能在别的国家得到执行,一些国家禁止出口机读数据。但是为了适应由信息的超国界流通所形成的需求,欧洲理事会、经济合作组织等国际组织正努力采取协调的措施。"②

国际间数据流动与数据主权相联系时,档案人员主要关注的是信息自由和隐私保护。国际间数据流动要求有明确的国家法规和国际公约来保护电子信息的主权安全,同时,档案人员也应关注国际间数据流动对文化特性的影响。《档案法实施条例》规定:"一级档案严禁出境。二级档案需要出境的,应当经国家档案主管部

---

① 沈国麟:《大数据时代的数据主权和国家数据战略》,《南京社会科学》2014 年第 6 期,第 113—119、127 页。

② [法]C. 诺加雷:《信息技术对档案和档案工作的影响》,《第十三届国际档案大会文件报告集》,中国档案出版社 1997 年版,第 223 页。

门审查批准。""档案或者复制件出境涉及数据出境的,还应当符合国家关于数据出境的规定。"

第三节 电子文件检索

检索是信息利用服务的重要手段。电子文件检索直接连接利用者和电子文件信息资源,决定着电子文件的价值能否得以实现。广义地说,电子文件检索包括著录、标引等为建立电子文件检索系统所开展的前期基础性、准备性工作,旨在完成电子文件利用前的数据准备,为电子文件的利用查询提供条件;狭义地说,电子文件检索是为利用特定电子文件信息所开展的查检工作。

一、电子文件检索概述

(一)电子文件检索的含义

"档案检索"或称"档案文献检索",有广义和狭义两种理解。广义的档案检索包括存储和查检两个具体过程。前者是指将档案中具有检索意义的特征标识出来,通过编制检索工具建立数据库等方法使之成为有序的档案信息集合的过程;后者是指在档案信息集合中选择特定档案信息的过程。狭义的档案检索仅指后一过程。电子文件信息的存储和查检是密切联系的,存储是查检的前提,查检是存储的目的。

电子文件检索是指在电子文件信息数据库中以计算机为检索手段,对存储在各类载体上的电子文件信息进行查询,选择所需的电子文件信息以满足利用需求。

(二)档案检索技术的发展

档案检索技术的发展大约经历了三个阶段:

1. 手工检索(线性检索)阶段

充分发挥档案信息资源作用的一个不可缺少的条件就是要有一套科学的检索方法和技术。长期以来,在手工检索中主要使用"线性方式"进行检索,即按照文件整理后形成的体系一级一级地检索,档案工作人员根据利用者的提问确定该文件的形成机关(即所在全宗),然后判断是机关中哪个部门在何时形成的。这种检索的局限性在于检索点之间的线路基本上只有一条,因而无法实现同一主题的广泛搜索。虽然档案工作人员早已发现了这种信息组织方式的局限性,但由于手工编制多元检索工具实在是耗时费力的巨大工程,而且要对检索级别和检索深度加以控制,所以多途径检索一直未能实现;否则,庞大的目录体系不仅会使编目工作量成倍增加,还会使检索者望而生畏。

2. 计算机辅助检索阶段

计算机辅助档案管理是人们利用计算机对纸质档案进行辅助管理。档案管理部门早期使用计算机时,检索信息的加工和查询是最主要的应用领域。全国的档案馆和企事业单位的档案部门运用机读目录(MARC)来取代手工目录卡片,许多单位还建有联机检索系统。计算机辅助档案管理的检索方式相对于传统档案检索方式是一个巨大的变革,打破了原有线性检索的局限,实现了对目录信息的网状检索。只要做好前期处理工作,将必要的数据录入检索系统,检索系统就可以根据利用者的需求进行多维度检索。但是,从世界各国计算机辅助检索系统的情况看,由于其本质还是对纸质档案的检索,因此检索效率和检索效果受到多方面限制。

3. 电子文件检索阶段

电子环境下,由于文件记录方式和文件特征的改变,存储检索信息的方法、提供利用的手段、利用需求发生了一系列变化,所有这些都对电子文件检索的内容和方式产生巨大影响,并由此影响到整个电子文件管理及其开发利用工作。电子文件检索是针对电子文件信息内容的特定查询方式,是数字时代档案检索的新途径,极大拓展了档案检索查阅的空间,提升了档案检索效率效能。

(三) 电子文件检索与档案计算机辅助检索的区别

人们容易将电子文件检索和档案计算机辅助检索(简称档案计算机检索)联系到一起。但是,电子文件检索和档案计算机检索并不完全相同,两者的区别主要有以下三个方面:

1. 工作基础不同

档案计算机检索的对象是机读目录,这些机读目录基本都将纸质文件目录输入计算机中,其实质是将检索工具由纸质形式转为数字形式,物质基础仍然是纸质文件和档案,馆藏本身并无变化。而电子文件检索则以电子文件目录及电子文件全文为检索对象,其工作基础是电子文件原件,其实质是采取一种与电子文件技术特点相适应的检索方法,较传统的档案计算机检索有了根本性的变化。

2. 技术手段不同

档案计算机检索所运用的技术手段比较简单,一般是采用单机形式,即使联网查询,也只是档案部门内部计算机之间简单的连接。而电子文件检索可采用网络环境,能满足利用者"足不出户便知天下"的要求,获得权限的利用者在世界任何地方、任何时间都可获得档案馆提供的检索服务和电子文件信息。

3. 服务模式不同

档案计算机检索采用的是"以档案馆(室)为中心的服务模式",强调的仍然是档案馆(室)内部信息的加工,而不是利用。其目的在于提高人工管理的效率,服务模式并没有实质性的改变。而电子文件检索的物质对象及工作环境已发生了革命性变化,致使服务模式也随之改变。数字环境下,各种信息资源之间的转化变得极其方便,信息的传输变得无比快捷,各类信息服务部门间的业务交叉现象日益普遍,竞争也随之加剧。档案部门只有按照利用需求来设计检索方式,将提高利用效率、利用效益作为根本目标和评价标准,才能真正发挥电子文件信息自身的优势,因此,电子文件检索采取的是"以用户为中心"的服务模式。

这两项有着明显区别的检索工作出现在不同的历史阶段,是不同工作条件下的产物。尽管存在着诸多区别,由于两项工作采用的工具都是计算机,所以档案计算机检索无疑是纸质档案人工检索向电子文件检索的过渡形式,是电子文件检索的工作基础,为电子文件检索提供了必要的基础条件和技术方面的支持。档案计算机检索开展得较好的单位,电子文件检索工作会有较高的起点;同时,纸质档案数字化的开展,有利于计算机辅助检索系统与电子文件检索系统的无缝链接,通过统一的用户界面,利用者既可以查询电子文件信息,也可以浏览纸质档案转化为数字化形式的历史信息。[①]

二、电子文件检索特点

电子文件是在数字环境中形成和生存的,它的形成环境和自身特征决定了其在检索过程中具有许多新的特点。

(一)电子文件的多途径检索

电子文件检索系统可对档案信息实现多途径检索。可将电子文件与人工智能联系起来,对电子文件进行全文检索,不再是一级一级的线性推进,而是形成一张纵横交错的信息捕捉网,从各个入口查找利用者所需要的电子文件。检索结果也不再只是二次文献,可以直接调阅电子文件原文。由于电子文件检索系统途径多,利用者可根据需要选定任何可检索项目作为检索途径,利用检索系统提供的逻辑组配和全文检索功能,随时分析判断检索结果,根据需要扩大或缩小检索范围,不断地调整策略,直到获得满意的检索结果。

(二)电子文件的网络化检索

电子文件检索系统的网络化是档案资源共享中效率最高的现代化措施。传统

---

① 刘越男:《电子文件检索初探》,《档案学研究》2001年第2期,第43—47页。

档案信息的交流受载体限制，而电子文件的形成和利用皆可在网络上进行，其检索系统可在网络上应用，通过网络检索和传输电子文件及各类档案数据，从而实现不受时空限制的远距离信息存取。

（三）电子文件的灵活性检索

电子文件信息类型多样，如文本、照片、图像以及动画、音频、视频等各种信息，可以利用计算机的组织、管理和检索能力，将电子文件原文内容作为检索结果直接输出浏览，便于利用者检索利用，并可进行"人机对话"式的互操作检索。检索结果既可以在检索终端上显示阅读，也可以进行打印、复制、编辑、上传、发布、脱机存储等操作活动。

（四）电子文件的实时性检索

这是电子文件检索系统最突出的优点。电子文件检索系统能检索到刚刚收入数据库系统的、允许查阅利用的电子文件，以及最新开放的档案信息。而且计算机具有高速运算能力和强大的逻辑判断能力，可以实现高速查检，检索时间短，输出效率高，极大地提高了档案检索效率和利用时效。

（五）电子文件的智能化检索

计算机不具备人脑的思维能力，它完全按照输入的提问词或其他标识进行机械"匹配"来检索。所以，电子文件检索系统的查全率和查准率完全取决于所用提问词及其组配关系，这是一个比较复杂且难处理的问题。有时为了取得正确的提问词和检索策略，还需要进行预检。为此，开发出高质量的电子文件检索系统至为关键。近年来，大数据、人工智能、云计算、移动互联、大模型等新一代信息技术日新月异，促进电子文件检索技术不断迭代升级，推动电子文件检索向智能化、精准化、高效化方向发展。

三、电子文件检索系统

电子文件检索系统是指专门执行检索任务的计算机系统（如图 8-1 所示）。电子文件检索系统是电子文件管理系统的一个模块（或者子系统），其系统分析、系统设计、系统实施和系统运行维护都必须在电子文件管理系统的设计和维护框架下进行，其系统功能也必须符合电子文件管理系统的整体功能需求。但作为一个直接面对档案利用者的子系统，在体现出一致性、整体性的同时，电子文件检索系统还具有以下特点：

（一）建立友好的用户界面

由于检索系统是所有管理工作中唯一直接连接利用者和档案信息资源的环节，因此，应采取以利用者为中心的服务导向，档案管理部门须紧紧围绕利用者需

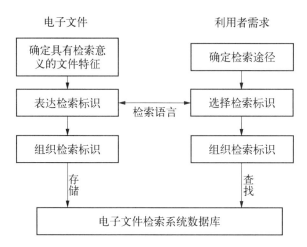

图 8-1 电子文件检索系统简图

求开展工作。在检索系统设计过程中,必须以利用者需求为基本依据,掌握利用者的心理需求特点,充分利用人工智能技术、多媒体技术、触摸屏技术、虚拟现实技术等现代化技术,开发出界面友好、方便实用的系统,提高利用者的兴趣和查检的便利性,从而发挥电子文件信息的优势。档案馆网站应向利用者提供多种检索方式,且根据利用者群体不同的检索能力和检索偏好提供不同的检索界面,如简单检索、高级检索和专业检索等,并对检索结果页面进行排序和分类优化、提供不同格式的下载,打印服务等,实现档案信息服务与利用者需求的匹配。英国国家档案馆网站为学生和教师设置了"教育资源"板块,在教师教学资源部分,资源均以纯文字形式展现,凸显内容的专业性和信息获取的高效率;在学生学习资源部分,通常是以图文和视频组合的工作坊形式进行呈现,知识性和趣味性并存。[1]

(二) 丰富检索语言

检索语言是根据检索需要而创制的、表达文献主题概念和检索主题概念的人工语言,即根据《中国档案分类法》和《中国档案主题词表》对电子文件著录标引,建立检索工具体系。在电子环境下,由于计算机技术具有强大的信息处理和检索查找功能,电子文件检索语言可以突破原有的档案检索语言约束,合理采用馆藏法语言(档号)标引、关键词标引、自由词标引等自然语言,运用检索语言的"控制"功能,将检索语言和自然语言有机结合起来,大大提高查检效率。

(三) 提供多种检索入口

检索入口又称检索途径,从理论上讲,电子文件存入检索系统后,该系统向利

---

[1] 潘雨婷、朱韵姿:《区分用户群体 优化网站建设与服务》,《中国档案报》2023年11月2日第3版。

用者提供的检索入口越多,它被利用的概率就越高。当然,检索入口越多,也意味着检索系统本身越复杂,而复杂检索系统的速度相对简单系统要慢,开发成本也较高。因此,在成本一定的前提下,检索入口越多,检索系统的功能就越强大。

按照利用者的使用方式,检索入口可以分为两类:一是主动式,也就是利用者根据系统提供的检索入口主动输入要查询的文件元数据值,如关键词、主题、时间、责任者、文种等。目前,较为普遍的检索入口是关键词,关键词或者来自题名,或者来自全文。利用者可以根据需要,对多个关键词进行逻辑运算,更精确地表达检索需求。二是被动式,即系统为利用者提供分类体系,利用者按照既定的目录结构层层搜索,直至发现所需的文件。这里的目录结构可以包括多个维度。主动式检索入口适用于强意向和中意向利用者,他们对所需文件中的关键信息有一定的了解;而被动式检索入口适用于那些弱意向和零意向利用者,在完整的等级体系中浏览有助于他们逐渐明确检索需求。

此外,检索系统还应支持对全宗、类目、案卷、文件、组件、元数据、全文等层次的检索,为这些层次的检索都提供必要的检索入口。[①]

(四)展现文件层次结构,提供通畅导航

电子文件检索与一般数字信息检索最大的区别在于检索对象的不同,即文件信息与一般信息之间的差异。而这种差异除了表现为文件信息具有真实记录业务活动、成果的特性外,还表现在文件与文件之间的联系上。文件的价值往往不单独体现在某一份具体的文件上,而是体现在一系列相关的文件整体上。为了反映这个特点,在著录时,要进行多级著录,即不仅对单份文件进行著录,还要对文件集合进行著录,而且文件集合的著录信息可以向下传递继承。优秀的电子文件检索系统,应能够展现从文件集合到单份文件的层次结构,并提供通畅的导航,以便让利用者获得其所需文件的完整的背景信息。

展现文件的层次结构,也是在提供一种被动式检索入口,它体现了文件、档案管理者关于文件来源、文件形成背景、文件间内在联系等方面的专业知识。利用者在利用检索系统的时候,不仅可以获得所需的文件、档案信息,而且在不知不觉中接受了文件、档案管理知识的熏陶。这实际上也是知识管理、知识服务的一种具体体现。借助于信息技术,文件、档案管理者将信息内容知识(文件、档案信息)和信息组织知识(文件档案分类、著录)与利用者共享。

文件形成机构的检索系统主要展示的是全宗内的文件层次结构,因管理范围的限制,有的系统仅能展示个别或部分类目下的文件层次结构,如合同管理系统展

[①] 冯惠玲、刘越男等:《电子文件管理教程》(第二版),中国人民大学出版社2017年版,第260—261页。

示不同项目合同拟定、签署、变更等活动中的文件信息,工程项目管理系统中可按项目展示规划、设计、施工、竣工等不同阶段的文件信息。而档案馆的检索系统则能够展示多个全宗的完整的文件层次结构。①

四、电子文件检索方式

档案检索按照不同的标准可划分为不同类型:按照检索对象的内容可分为文献检索、数据检索与事实检索;按照信息组织方式可分为文本检索、超文本检索、超媒体检索;按照检索手段可以分为人工检索和计算机检索等。电子文件检索方面,文本、图像、图形、音频、视频、数据、多媒体、超文本等各种形式电子文件形式各异,不同形式电子文件具有不同的检索方式。按照检索对象以及不同检索对象采取的检索方式,可将电子文件检索方式分为目录检索、全文检索、数据检索、特征检索(如图 8-2 所示)。

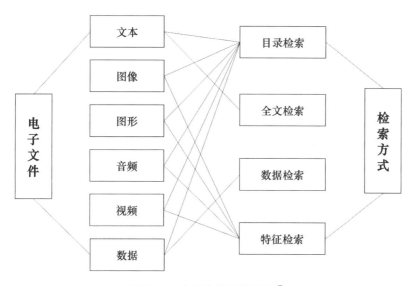

图 8-2　电子文件检索方式②

(一) 目录检索

目录检索是指通过著录标引建立电子文件目录信息,并通过目录进行电子文件查找的检索方式。目录检索的一般过程是:对电子文件进行著录标引,形成电子文件目录数据库、元数据库、专题数据库等各种形式数据库;利用者查询时,检索

---

① 冯惠玲、刘越男等:《电子文件管理教程》(第二版),中国人民大学出版社 2017 年版,第 261 页。
② 丁德胜:《电子档案管理理论与实务》,中国文史出版社 2023 年版,第 228 页。

程序会使用数据库查询方法进行查找,并将查找结果反馈给利用者。目录检索是最基本的也是应用最为广泛的电子文件检索方式,适用于文本、图像、音频、视频等所有类型电子文件的检索。

(二) 全文检索

全文检索是指通过计算机索引程序对文本型电子文件建立索引,并通过索引信息进行电子文件查找的检索方式,适用于文本类电子文件检索。

文本检索一般有顺序扫描、全文检索两种方法。比如要查找文本内容包含的某一个字符串,顺序扫描便会一个文档接着一个文档进行扫描,如果此文档包含此字符串,则进行定位,然后扫描下一个文件,直到全部扫描完毕。这种方式可以实现检索任务,但速度一般比较慢。全文检索是将非结构化数据中的一部分信息提取出来并重新组织,形成具有一定结构的索引信息,然后通过对索引信息进行查找实现检索任务。这种方式创建索引时比较耗时,但索引一旦创建就可以多次使用,检索速度比较快。

全文检索的一般过程是:通过计算机索引程序按顺序扫描文本,对每个字(词)建立一个索引,指明该字(词)在文章中出现的次数和位置,建立索引库;利用者查询时,检索程序根据建立的索引进行查找,并将查找的结果反馈给利用者。全文检索主要适用于文本型电子文件的检索,音频、视频电子文件中的语音文本内容或图像、图形、音频、视频等电子文件说明性文本也可以使用全文检索。

(三) 数据检索

数据检索是一种基于数据库的检索,是指将数据库中存储的数据根据利用者需求提取出来的检索方式。其适用于各种运用数据库管理的数据型电子文件的检索,比如统计数据、观测数据、财务数据等。

数据检索依托数据库管理系统进行检索,数据检索的一般过程是:利用者提出查询请求,接口程序根据查询请求构建 SQL 查询语句,提交数据库管理系统,管理系统执行查询后,将查找结果反馈给利用者。数据检索不仅能够直接提供有关的数据或数值,还能提供对数据的运算推导功能以及制表、绘图功能,利用者可用检索到的数值信息做进一步的定量分析。数据检索的结果会生成一个数据表,既可以放回数据库,也可以作为进一步处理的对象。

(四) 特征检索

特征检索是一种基于内容的检索,是指通过计算机程序提取图像、图形、音频、视频类电子文件特征信息,并通过特征信息进行电子文件查找的检索方式,适用于图像、图形、音频、视频类多媒体电子文件的检索。

图像、图形、音频、视频类电子文件的检索一般包括基于文本的检索和基于内容的检索两种方式。基于文本的检索是指运用目录检索、全文检索对目录信息或者语音文本、说明性文本进行检索；基于内容的检索，也就是特征检索，是指对图像、图形、音频、视频等多媒体文件的内容及上下文语义环境进行检索。

特征检索的一般过程是：通过计算机系统对图像、图形、音频、视频内容进行分析，抽取特征和语义，比如图像的颜色、纹理、形状，声音的音调、音强、音色，视频中的场景、镜头的运动和关键帧的图像特征等，利用这些内容建立特征库；利用者查询时，检索程序通过将特征与多媒体电子文件进行匹配查找，并将查找的结果反馈给利用者。[1]

第四节 电子文件开发

一、电子文件开发概念

电子文件的开发是档案信息资源开发的重要组成部分。《"十四五"全国档案事业发展规划》提出，要"加大档案资源开发力度""加强档案文化创意产品开发，探索产业化路径""加大在电子档案凭证价值保障、结构化数据归档、档案内容信息深度开发、纸质档案去酸技术及其效果评估等技术方面的攻关力度，力争实现突破"。电子文件开发是指按照一定的需求或主题将相关电子文件信息资源集中并加工成各种形式的电子文件产品，向社会各方面提供专题的电子文件信息服务的活动。

电子文件开发主要有四个方面的内容：

一是以方便利用者查找为目的的电子文件信息开发工作，诸如编制检索工具、设置电子文件检索窗口和网页、提供查找电子文件的线索和路径，形成电子文件检索体系，尽快引导利用者认识、了解、熟悉馆藏电子文件，使电子文件得到迅速广泛的利用。这方面工作与电子文件整序、电子文件检索系统建立密切相关。

二是以协助利用者利用电子文件为目的的电子文件信息开发工作，即由电子文件的管理部门根据社会对电子文件需求的预测，对电子文件进行筛选、综合、归纳和提炼，通过若干次加工，形成文化产品、科技产品、信息产品，为社会各方面的利用提供系统、优质的电子文件信息，提高电子文件的利用效果。这方面工作与电子文件编研密切相关。

---

[1] 丁德胜：《电子档案管理理论与实务》，中国文史出版社2023年版，第228—231页。

三是以参与利用者的信息研究为目的的电子文件信息开发工作，即针对利用需求，同利用者共同研究开发电子文件信息资源，为利用者的决策、科技攻关、市场谋划、指导生产、社会运行等提供信息支持。档案部门既是信息的提供者，又是信息的利用者。这方面工作与电子文件的直接利用有关。

四是以社会需求为目的的电子文件信息开发工作，即根据重大活动、突发事件、社会热点等社会需求，及时开发电子文件信息资源，为社会提供有针对性的档案信息服务产品，契合社会热点和重大纪念活动，满足社会信息消费需求。

电子文件的开发是电子文件利用工作的重要组成部分。电子文件利用一般分为提供利用和开发利用。提供利用是通过提供信息查询，满足利用者的信息需求；开发利用是对电子文件信息进行加工，为利用者提供系统、专题性的电子文件信息。提供利用与开发利用两者相互衔接、相互促进，是电子文件利用活动不可分割的两个方面：提供利用是常规性、普遍性利用工作，开发利用既是基础也是提高，两者共同推动电子文件利用工作的全面开展。

二、电子文件开发方式

一般情况下，各类文件在产生时其主题常常是无序的，而满足人们需要的文件信息则应该是有序的。文件开发利用工作的基本任务就是解决文件形成无序和利用有序的矛盾，这一点无论在电子环境还是在纸质环境中都是一致的。不同的是，由于电子文件的特性与利用手段与纸质文件存在一些根本性的区别，且信息时代社会信息资源开发利用又呈现出一些新的特征，因此电子文件开发利用工作的方式与纸质文件开发利用工作会有所不同。

按照电子文件信息加工部门和服务部门的不同，可将电子文件信息资源开发方式划分为以下几种：

（一）自行开发，面向利用者直接提供服务

这也就是机构和各类档案馆直接为利用者提供信息产品和服务的方式。具体的服务项目包括建设检索系统，提供各种检索服务，如脱机检索、光盘检索、网络在线检索、专题检索等；提供电子文件拷贝（包括纸质形式和电子形式）；出售信息加工产品（如光盘）；提供咨询服务等。这是机构开发电子文件、提供利用服务的主要方式，也是档案馆开发利用信息资源的重要方式。

各级各类档案馆可以发挥馆藏优势，大力推进特色档案信息的数字化利用。档案部门可以根据现代社会的多元化需要，提供合适的文件、档案信息产品，为社会大众服务。档案馆应通过展、编、宣、教等形式，加强对档案的开发利用，让档案资源"活"起来。一方面，可深入挖掘馆藏电子档案资源，推出系列历史纪录短片，

让沉睡的档案绽放活力,普及历史知识,开展爱国主义教育。另一方面,可连起"档案＋文化"一条线,依托各具特色的档案资源,从红色根脉方向深入挖掘,建立起一批内容丰富、形式多样的特色档案,全面打造档案文化品牌,拓展档案服务利用的"深度"。

(二)自行加工信息产品,提供给中间服务商

信息产品的加工与传播过程类似于普通商品,也有生产者、批发商和零售商的区别。因此,档案部门可以借鉴一些数据库生产者的经验,不仅由自己向最终利用者提供信息产品,而且可以将信息产品提供给中间服务商,通过中间商为最终利用者服务。采用这种开发方式,一方面可以增加电子文件信息资源传播的途径,扩大其影响力;另一方面也可为档案部门节约时间,不必为产品销售问题投入太多资源。这种方式适用于一些大型科研机构、科技企业、档案馆等有能力加工数据库的单位,与信息中间服务商合作是扩大数据库利用范围的好办法。

(三)与其他部门合作开发,发挥各自优势

档案部门在技术方面的力量比较薄弱,在面向普通利用者的服务方面也经验有限,因此可以与其他部门合作,弥补自身的不足,拓展开发途径。合作的对象包括数据管理部门、Web 站点、数据库生产者、图书音像出版社、新闻媒体、同类型单位等。其中,数据管理部门、Web 站点、数据库生产者等机构处理数字信息的能力强,技术装备好,技术人才多,资金充裕;图书音像出版社、新闻媒体的信息来源广泛,社会影响大,为百姓喜闻乐见;同类型单位之间业务比较熟悉,可以实现资源互补,形成联合效应。合作是加强电子文件开发利用力度、扩大利用范围的有效方式。近年来,国家和浙江省数据战略相继出台,明确数据已演变为数字经济时代的关键生产要素,并日益成为推动人类经济社会发展的"新石油"。基于上述战略背景,嵊州市档案馆和大数据中心积极开展数据要素在县域的探索和实践,针对公共数据存在数据多源、数据不一致、数据不完整、数据不合规等问题,迫切需要开展数据治理的现状,共同谋划建设"个人全生命周期档案"综合智治应用,通过先行先试,为县域公共数据的归集、治理和供给提供了一条可行路径。[①]

需要指出的是,由于机构内档案部门和档案馆的利用者不同,对电子文件资源的权益关系不同,两者开发利用电子文件的具体方法、侧重点也有所区别。对于机构来说,为本单位利用者提供电子文件信息资源服务是其最主要的职责。在这项工作的基础上,才能考虑为外部利用者提供服务,而为外部利用者提供服务的直接

---

① 汪伟民:《浙江嵊州:"个人全生命周期档案"综合智治应用建设》,《中国档案》2023 年第 8 期,第 30—31 页。

目的是为机构获取一定的效益,包括社会效益和经济效益。而对于档案馆而言,所有的利用信息资源的利用者几乎都是外部人员,其工作目标是促进全社会对档案文件信息的利用,更多地考虑社会效益。①

(四) 个性化开发,满足不同人群需求

倡导个性化服务。个性化服务是满足利用者信息需求特点、尊重利用多样化、体现亲民形象的一大举措。因为伴随国民生活水平和文化程度的提高,民众信息需求个性化、专业化、多样化趋势越来越明显。在电子文件利用方面,在内容上表现为对有关人生、家世、家族的档案,个人学历和履历、业绩和财产,城市历史的人物和事件,地方历史风貌,社会重大事件等方面的档案感兴趣;在手段上表现为不拘泥手工翻阅案卷,也普遍兴起电话咨询、联机检索、网络查找、档案外借、递送服务、定题服务、展览服务等;在心理上表现为求快、求全、求准、求便利、求尊重。提供电子文件利用个性化服务就要从研究利用者在利用内容、利用手段、利用心理上的特点入手,满足多样化的需求,真正树立并践行"以人为本"的服务理念。不仅在档案机构中研究来馆利用者的信息利用特点,还应走向社会,了解整个时代发展趋势和民众文化需求的走向,密切关注利用技术手段的新发展,借鉴其他信息部门在利用环节上的有效做法。在了解、吸收、借鉴和研究的基础上,探索有电子文件利用社会化特色的个性化开发服务模式。

三、电子文件编研

档案编研是档案信息资源开发利用的主要形式,是档案工作的重要组成部分。档案编研是指档案编研人员根据利用者需求,围绕特定的主题,通过对档案信息的采集、汇总、考订、编辑、集成等加工处理程序,形成不同媒体形式的档案编研成果,向利用者提供有效、便捷的信息服务,满足社会对档案信息资源利用的需求。② 随着信息技术的发展,纸质档案一统天下的局面已被打破,电子文件大量产生,从而为档案编研提供了大量档案资源;同时,对档案编研也提出了新的挑战。依托新时期的时代背景、技术条件、社会需求和资源特色,创新电子文件编研方式,是盘活和整合档案信息资源的时代要求,是新时期档案工作发展的重要举措,也是提升档案工作社会生态位的重要途径。

电子文件的编研是指根据客观需要对电子文件内容进行分析研究,按照一定的主题将相关文件信息加工、编辑成各种形式的电子文件编研成品的业务工作。

---

① 侯希文:《现代电子文档管理》,陕西人民出版社 2009 年版,第 266 页。
② 金波等:《档案多媒体编研研究》,世界图书出版公司 2021 年版,第 78 页。

电子文件编研是电子文件信息资源开发利用的重要形式和手段。

电子文件的编研成品是电子文件编研工作知识产品的总称。电子文件编研成品的类型：按信息加工方式可分为汇编型、摘要型、编译型和著述型；按照编研成品的作用可分为报道型、资料型和研究型；按照信息的类型可分为文字型、数字型、图像型、声音型和多媒体型。电子文件编研成品的载体包括光盘、磁带等，亦可根据需要打印或出版纸质材料。

（一）电子文件编研的特点

与传统编研工作相比，电子文件的编研同样要坚持保证编研信息的真实性、适合利用者的客观需要、优化电子文件信息和遵守相关法律法规等原则，也要遵循选题、拟制编研方案、选材、加工与编排、审校与批准等程序。同时，由于电子文件的特点以及计算机技术的应用，电子文件编研的特点体现在以下几个方面：

1. 编研主体多元化

信息时代，人们的档案意识显著增强，利用档案信息资源的能力显著提高。电子文件编研工作需要打破封闭的格局，充分利用各种社会资源，加强电子文件编研工作的社会化。电子文件编研的主体并不局限于档案编研人员，需要突破档案馆内与馆外的界限，大众媒体如广播电台、电视台、网站、杂志社等的相关专业人员甚至普通民众都可参与电子文件编研工作，从而使电子文件编研的主体越来越多元化。事实上，目前电视中许多与档案有关的栏目都是由电视台、新闻媒体与档案部门共同完成的。电子文件编研不再是一项封闭、神秘的工作，而变成一项社会性、大众化的工作，这有利于增强全民档案意识，营造全社会参与开发档案资源的态势，由此对整个档案工作的发展也将起到积极的推动作用。

2. 编研客体多样化

编研客体多样化是由素材形式的多样化和素材内容的多样化两方面来具体体现的。传统的档案编研主要是对纸质档案的编研，素材形式相对单一；而电子文件编研的对象不局限于纸质档案，还包括视频档案、音频档案、照片档案和数字化档案等，编研素材形式多样化。随着计算机技术和网络技术的发展，档案信息资源获取更加便捷，网络上的档案信息资源也可作为电子文件编研的素材。同时，电子文件编研的内容可以涉及政治、经济、科技、文化乃至人类社会生活的各个方面，其信息量大，涉及面广，可塑性强。由此可见，电子文件编研客体呈现出多样化态势。

3. 编研技术现代化

传统的档案编研主要以人工编研为主，编研手段和编研技术较为落后。而基于数字化和网络化的多媒体技术，为电子文件编研工作提供了新的机遇。利用现代信息技术进行电子文件编研，不仅能够对文本档案、照片档案、音频档案、视频档案进行多媒体编辑和加工,而且能够实现网络选题、网络选材、网络编排、网络检索、网络传播和网络利用,加工成多种形式的编研成品,有效克服传统档案编研工作效率低下,成果形式单一,以及成果传播、利用、查找困难等难题,提高了利用者对编研成品的接受程度。

4. 编研成果生动化

电子文件编研成品为档案编研成品家族中增加了很多新成员,如图书、数据库、多媒体信息产品、CD-ROM等。电子环境中的一些传统的提供利用方式也借编研的手段得以实现,如档案网站中的"网上展览",就是将相关的照片、图片、文字材料扫描处理后按照一定的要求排列,方便用户网上浏览。这种"网上展览"实质上也是一种数字化的编研成品。通过电子文件编研,可以集成音频、视频、图形、图像、文字等各种媒体信息,以丰富多彩的编研成果呈现给档案利用者,有效提高档案信息传播的生动性、形象感。

(二)电子文件编研的作用

随着多媒体技术的发展和应用,电子文件编研在档案编研中的优势逐渐体现,地位逐渐提高。电子文件编研的作用主要体现在以下几个方面:

1. 创新档案编研方式,促进档案编研理论的发展

传统档案编研建立在纸质档案整理加工的基础上,其理论与方法已经很难适应信息时代的要求。电子文件编研不但为档案编研工作提供全新的形式和手段,而且为档案编研理论的发展提供强大的动力。

2. 检验档案管理质量,促进档案基础业务的建设

电子文件编研作为档案利用的一种方式,是对于前期电子文件的收集、整序、保管等工作的一种检验。电子文件编研的材料大多是多媒体档案,而多媒体档案的管理工作在我国目前仍处于弱势。电子文件编研的开展有利于加快多媒体档案管理的进程,有利于改变档案部门的思想观念、技术手段和管理方法,促进电子文件管理基础业务工作的建设。

3. 盘活档案存量资源,促进馆藏资源结构的优化

电子文件编研的素材主要来源于馆藏电子文件和数字化档案信息,通过编研,可以激活馆藏档案的利用价值,使"死档案"变成"活档案"。通过电子文件编研,还能够发现馆藏资源的不足,通过征集来充实馆藏档案资源,以编研工作来促进档案征集工作的开展,使馆藏档案的门类和内容越发丰富,逐渐形成馆藏特色,馆藏资源的整体结构将得到优化。

4. 改善档案服务手段,促进档案部门地位的提升

档案部门的服务能力和服务效果决定了档案部门的地位和作用。传统的档案

管理之所以作为有限、地位不高,是由于其服务手段落后、服务资源短缺。电子文件编研能够通过全媒体为利用者提供高效快捷的档案信息服务,在服务形式和服务内容方面开辟崭新的渠道,有利于全面提升档案工作的社会地位,获得社会的广泛认同。

(三)电子文件编研的类型

按编研对象划分,电子文件编研可分为文本类编研、图像类编研、音频类编研和视频类编研等。

1. 文本类编研

文本类编研对象主要基于 DOCX、WPS、RTF、PDF、OFD 等格式,以字符方式形成的电子档案,该类档案包括在各类活动中直接形成的电子文本,也包括对馆藏档案进行扫描、文字识别后形成的电子文本。为了确保电子文本与原始档案实体的一致性,通过扫描识别形成的电子文本必须经过仔细校对。文本类编研不仅仅要对文字进行编辑,还需要注重文字显示方式的布局、排版、美工等,以尽可能发挥多媒体技术的优势。此类编研工具一般为 Powerpoint、PDF、Authorware。其中,Powerpoint、Authorware 有利于展示生动活泼的视觉效果,而 PDF 则有利于保持文献材料的原始性。文本类编研常用于叙述事实、观点、思想和知识,因此此类编研较适用于学术研究、科普宣传、文化教育和知识传播。如 2007 年 10 月 26 日在厦门举行的第三届海峡两岸图书交易会上,推出《馆藏民国台湾档案汇编》电子版出版项目,该项目包括《明清宫藏台湾档案汇编》(200 册)、《馆藏民国台湾档案汇编》(300 册)、《民间遗存台湾文献汇编》(50 册)、《海外遗存台湾文献选编》(50 册),总计 600 册、30 余万页、1.5 亿字。收录文献史料包括明清两代、民国时期,时间跨度约 400 年,范围涵盖官方馆藏、民间收藏及海外遗存。这些原始的、真实的文献史料,充分反映了我国台湾地区的历史变迁,有力地证明了两岸源远流长的文化传承。

2. 图像类编研

图像类编研对象主要基于 JPEG、TIFF 等格式的位图文件。与文本文件相比,图像文件具有直观、形象的特点。由此,图像文件的选用需对以下两点加以考量:一是图像质量,包括其构图、清晰度、色彩、光线等质量要素。二是文件容量。文件容量关系到图像质量,也影响文件的扫描速度、传输效率、存储空间和展示效果,应当在保证质量的前提下,尽可能选用小容量文件或减小文件容量。此类编研的工具一般为 Photoshop、ACDSee、Powerpoint、Authorware、Flash 等。其中,Photoshop 用于照片处理,ACDSee 常用于图像播放,Flash、Powerpoint、Authorware 擅长于图像的灵活编排和展示,在图像类编研中一般可将这些工具综合应用,以追求编研成果的美观性和生动性。图像类编研常用于展示物体形态、活动场景、人物形象等,因此此类编研较适用于对重大事件、重点工程、重要人物以及社会文化等编研。如上海市档案局馆举办的"解放之路——庆祝上海解放六十周年档案图片展""中法文化交流在上海图片展""上海风情图片展""难忘青春岁月——上海知青在江西档案图片展""母亲河——黄浦江的昨天、今天和明天图片展"等展览,受到社会民众的广泛好评。

3. 音频类编研

音频类编研对象主要基于 MP3、WAV 等格式的音频文件。顾名思义,音频文件以听觉媒体记录和展示信息,给人以身临其境的感受与丰富的想象空间。音频文件的选用重点是考量质量,主要包括频带宽度、动态范围和信噪比等指标。此类编研工具一般为 Adobe Audition(前身为 Cool Edit)、Goldwave、WaveLab、Sound Forge 等。音频类编研主要适用于重要会议、领导视察、人物访谈、口述历史等材料的编研。如 2006 年年底,广州人民广播电台发起了"留住红军的声音"大型拯救式革命史料专题采集出版活动,得到了全国 55 家电台的积极响应。经过半年多的采集、整理,形成"留住红军的声音"录音 17 个小时,真实记录了 100 多位老红军亲身经历的长征历史和革命故事,其中一些鲜为人知的革命史事为首次披露。

4. 视频类编研

视频类编研对象主要基于 AVI、WMV、MPEG 等格式的活动图像文件以及单媒体文件。该类文件具有多媒体的特点,能够图文声情并茂地展示多媒体信息。视频文件的选用需考量帧速、分辨率、颜色数、压缩比等指标。此类编研工具中,Premiere、Ulead Visual Studio、Vegas 主要用于视频编辑,Windows Media Player、Realplayer、影音风暴主要用于视频播放。视频类编研常用于影视媒体、网络媒体,适用于记录重要活动、人物、事件以及各种社会现象等,具有广泛的适用性。如 2002 年 1 月 1 日成立的上海电视台纪实频道作为中国第一家纪录片专业频道,推出一系列专题纪录片,具有传承文化、传播知识、传达真相的作用;从各种渠道收集的反馈信息显示,纪实频道受众特征明显,每年有多部作品获得国内外一系列重要奖项,在观众中享有良好的声誉。2009 年,为了庆祝中华人民共和国成立 60 周年,中国共产党新闻网和中央档案馆联合推出"共和国脚步——1949 年档案"专题。"共和国脚步——1949 年档案"专题选取 1949 年发生的 52 个重大事件的档案资料经过整合编辑制作而成,内容包括反映当时历史事件的珍贵文件、照片、报刊资料、视频资料等。通过这些历史记忆,再现了新中国成立、成长、壮大的珍贵画面和动人情景。

第五节 电子文件传播

一、电子文件传播途径

电子文件既可以以信息形式传播,也可以以实体形式传播,因而具有文件实体和文件信息传播的双重性质。可以充分发挥两种传播的优势,使传播途径具有更强的广泛性和多样性。

结合电子文件的利用方式和传播路径,可将电子文件传播大致分为以下具体形式:

(一) 现场查阅传播

现场查阅传播即电子文件用户到档案馆、档案室查阅利用电子文件信息,属于电子文件的直接利用,具有定向性和非在线性。

(二) 脱机实体传播

脱机实体传播即将电子文件打印成纸质副本,或刻录在光盘、存储到磁盘(磁带)等脱机载体上,可制成拷贝件、举办档案展览等方式进行传播。一般具有定向性,也属于非在线传播。

(三) 网络通信传播

网络通信传播简称通信传输,即通过点对点数据通信的方式将电子文件传递给固定的查档单位或个人,具有定向性和在线性,是电子文件传播的重要形式,可以快捷、方便地将电子文件传递给特定用户,如通过电子邮件、电话、短信等方式。

(四) 网络发布传播

网络发布传播即将电子文件挂接、发布到门户网站、档案信息网站、数字档案馆信息平台等来传播电子文件,具有非定向性和在线性。随着数字档案馆建设和档案网站建设的加快,这类传播越来越丰富。

(五) 有线电视传播

有线电视传播即将电子文件制成电视节目等,通过有线电视网加以传播。数字电视的发展,为电子文件传播提供了另一条便捷的途径,它可以将文本、音频、视频、多媒体等原生电子文件合成新的视频文件,提高传播的视觉效果。这种传播也具有非定向性,但与网络发布不同,它既可以是在线传播,也可以是非在线传播。

（六）社交媒体传播

社交媒体传播即利用电脑、手机等客户端，依托互联网社交媒体平台，传输、发布电子文件信息，是一种新的信息传播平台和途径。与网络通信传播相比，它的受众更为广泛；与网络发布传播相比，它又具有一定的定向性。

随着信息技术和移动通信技术的发展，互联网、电信网、广播电视网正呈现"三网合一"的趋势，电子文件的网络传播界限越来越模糊，跨界传播越来越明显，实现电子文件的无障碍传播已成必然。

二、电子文件展览传播

20世纪60年代中期开始，我国档案实体展览逐渐兴起，到20世纪90年代末，随着信息技术飞速发展和网络普及，档案展览工作发生巨大变化，迎来现实与虚拟并存的新时代。档案部门审时度势，与时俱进，运用先进的科技手段，将传统展览搬到网络上，孕育出电子文件/电子档案展览的新形式——网上档案展览。电子文件"网上展厅"是在互联网空间档案信息资源的展示形式，它既是档案实体展厅的线上展区，也是电子文件信息资源展示的网络专区。

（一）展览特点

电子文件"网上展厅"作为时代发展的产物，以得天独厚的功能特点成为档案文化宣传主力军，在增强社会档案意识方面发挥着不容小觑的关键作用。与传统线下展厅相比，它在受众范围、观展体验和发展理念方面表现出诸多优势。

1. 受众范围广泛

首先，它延长了展览时间。传统的档案实体展览受空间限制，展览时间有限，展览一段时间后需要撤展。电子文件"网上展厅"凸显数据存储技术的优势，可实现档案信息长期展览，延长电子文件展览生命周期，增加时间跨度，积累观展人数。其次，它突破了空间限制。电子文件"网上展厅"打破空间限制，在网上设立各种展区，展示丰富多彩的馆藏电子档案资源，公众足不出户、动动手指即可体验档案魅力。

2. 观展体验沉浸

电子文件"网上展厅"利用3D建模、数字孪生、人机交互等技术形式创建互联网虚拟展示空间，借助VR、AR、MR等可视化技术活化档案场景，实现从静态展示到动态呈现的转化。通过对细粒度档案数据进行上下文识别、元数据标注、要素提取、静态关联、动态聚合、深度计算、语义重组、叙事化表现等，挖掘和串联档案数据知识单元，形成档案数据叙事形式，重构档案故事情节，以形象化、情境化的展览形式再现档案记忆。电子文件"网上展厅"沉浸式、交互式的自主观展方式不仅能充分调动观展人员的积极性,建立互动关系,而且从视觉、听觉、触觉多感官、全方位增加展览生动性和真实性,使观展人员身临其境,加深观展印象,丰富观展体验。

3. 发展理念绿色生态

与实体展览相比,电子文件"网上展厅"具有明显的经济优势。实体展览不仅要考虑场地空间、展厅布置、展台搭建、展览设备维护等经费投入,而且要考虑展览接待、人员讲解、展览运行等开销,需要耗费大量人力、物力和财力资源。在提倡低碳环保理念的当下,电子文件"网上展厅"相较于传统档案展览更加绿色环保:其展览通过网络开展,不需要实体空间;其展品素材可以循环利用,降低展览制作成本;其利用在线语音讲解等技术方法,降低展览运行成本。电子文件"网上展厅"更加契合绿色生态发展理念,有利于推动档案事业健康可持续发展。

(二)展览形式

我国电子文件"网上展厅"的展览形式主要有四类:

1. 图文形式

用图片辅以文字解释进行展陈的方式是我国档案"网上展厅"中最为常见、占比最大的展览形式。如河南档案信息网以图片文字的形式展出的"新中国成立65周年河南发展成就档案史料"。

2. 音视频形式

直接展出音视频档案或对传统纸质、胶片、照片档案进行加工,通过语音和字幕形式辅助展示。如贵州档案方志信息网"网上展厅"中的"贵州省荔波水书"与"贵州省黔南水书"均以视频形式呈现档案内容。

3. 3D形式

以三维立体形式对档案馆线下展览进行实景模拟并在线上展出。如辽宁省档案馆网站的"清代皇室档案展"与"辽宁记忆"。

4. 360°全景形式

360°全景形式是3D形式走向VR展示的关键环节。目前使用这类技术的"网上展厅"较少,北京市档案信息网的"档案见证北京"是其中的先驱者,其以全景图、平面图、视频、语音等形式充分展示了北京的历史变迁。

三、社交媒体发展与电子文件传播

(一)社交媒体及其种类

"社交媒体"又称社会化媒体或社会性媒体,是一种给予人们极大参与空间的新型在线媒体,是允许人们撰写、分享、评价、讨论、相互沟通的网站和技术,也是人们彼此之间用来分享意见、见解、经验和观点的工具和平台。

Web 技术的发展改变了互联网单向传播信息的方式,强调用户间以及信息间的相互性,赋予了人们更多的主动权,但也更加强调信息传播者的规范性以及自身传播的动机。随着 Meta、Twitter、微信、微博、抖音等的普及,社交媒体的概念逐渐被人们熟知和运用。

根据社交活动的目的,社交媒体大体可分为四类:

1. 以分享信息为主要目的的社交媒体

此类社交媒体如视频类网站 YouTube、优酷等,论坛类网站豆瓣、知乎等,以及各类博客。在这类社交媒体上,人们可以通过注册成为用户,分享视频、音频或文字信息,对各类信息进行评论和转载,并在用户之间建立新的联系。

2. 以沟通交流为主要目的的社交媒体

此类社交媒体以微信最具代表性。微信最初是为相互认识的用户沟通交流提供便利,随着朋友圈的普及,人们分享的视频、音频、文本等信息在越来越多不同类型的圈子里得到扩散,通过微信公众号也将自身的关注点与其他朋友圈相结合,逐步扩大了信息传播范围及微信的影响力。

3. 以传播实时信息为主要目的的社交媒体

此类社交媒体如国外著名的社交网站 Twitter,国内的新浪微博、腾讯微博等。微博作为一个基于用户关系分享、获取实时信息的平台,通过关注机制,以广播式方式传递即时信息,用户可以通过电脑、手机或其他便携式设备随时随地关注事件的发展。

4. 以展示个性化信息为主要目的的社交媒体

此类社交媒体如社交网站 Meta、Instagram 等。在这类社交网站中,用户可以免费使用照片线上存储与共享功能,可以对照片进行分类、标注、搜索等操作,也可以将朋友分享的照片有规则地组织起来,以便浏览和交流。

(二) 社交媒体的特点

1. 用户间通过关系相连

用户间的关系是社交媒体不断发展和充分发挥作用的重要保证。当前最受关注的社交媒体,如微博、微信、抖音等,最初都是通过用户间的关系,建立相对稳定的关系网,并通过不断扩大和发展而形成的。美国社会学家马克·格兰诺维特认为,强联系是每个人在社会中接触最频繁的关系,如亲戚、朋友、同事等;而弱联系是一种与无意间提及或偶然在视频中看到的人的关系。与强联系相比,弱联系虽然不稳定,却有着极快的传播速度和较低的传播成本。社交媒体以强联系为基础,利用本身的平台,充分发现与拓展弱联系,为用户扩大自己的社交圈,并由此增加更为灵活的关系建立渠道,实现信息在更大范围内的传播。

2. 用户互动广泛

Web 技术打破了传统"写"与"读"的界限,将"共同建设"的概念引入网络。社交媒体以此为基础,建立了内容更加全面、形式更加丰富、范围更加广泛的互动,将"独白"变为"对话"。微博用户发布一则信息,其他用户就可以通过评论或转发的方式对该信息进行讨论,或为同一信息提供不同侧面的佐证材料。广泛的互动可以为信息的原始发布者提供多方面的材料反馈,有时甚至可以形成社会舆论,影响事件的发展方向。

3. 信息传播高效快捷

社交媒体用户不仅可以通过互动来改变传统媒体说教式的传播方式,而且还可以通过弱联系扩大信息的传播范围。用户可以通过浏览已经关注的信息发布者,选取其中认为有价值的信息进行评论或转发。由此,被大众认为有意义的信息就会得到越来越多的关注和转发。微博中,高转发率或评论量大的信息会成为热门话题;视频网站中,点击或评论量大的视频音频会被移至首页;论坛中,讨论多的信息会成为精华帖。通过参与式讨论、转发,信息可以得到选择性的快速传播,从而使某些信息尽快传递到需要或感兴趣的用户手中,实现信息的高效传播。

4. 信息平台高度融合

随着信息形式的多样化与用户需求的增加,社交媒体进行了多方面的技术融合。微信不仅可以发布文字,还可以将文字、图片、音频、视频、链接等内容综合发布,提高了信息的可读性与可靠性。同时,许多社交媒体都实现了平台间的开放,豆瓣上的一篇好文章可以直接转载到微博、微信,优酷中的视频可以直接分享到其他社交平台,跨平台合作或平台间融合已是大势所趋。

(三)社交媒体对电子文件传播的影响

社交媒体在信息传播上的优势和特点,为电子文件传播提供了新平台、新渠道。在社交媒体的参与式活动中,不仅产生了大量的新的电子文件,更为电子文件的传播带来了发展机遇。

1. 社交媒体极大拓展电子文件的传播渠道和传播空间

网络技术的发展与网民规模的扩大,使互联网成为当代信息传播的主渠道之一。在互联网用户中,社交媒体拥有数量庞大的用户群。据中国互联网信息中心的统计,截至 2023 年 12 月,我国网民规模达 10.92 亿人,较 2022 年 12 月新增网民 2 480 万人,互联网普及率达 77.5%[①]。国内有上网功能的手机中,微信安装率极高。在主流的社交媒体中,每天大量的用户分享着数以亿计的信息,他们既是信息

---

① 中国互联网信息中心:第 53 次《中国互联网络发展状况统计报告》。

的接收者,又是信息的发布者、转发者,为电子文件提供了数量巨大的潜在用户和潜在传播主体,极大拓展了电子文件潜在的传播空间。而且随着电脑、手机等移动终端设备的互联互通以及各种社交媒体的合作与融合,传播电子文件的信息渠道也更为通畅。如中央档案馆联合中央人民广播电视总台,以叙事化手段、融媒体方式"隆重推出了百集微纪录片《红色档案——走进中央档案馆》,精选中央档案馆大量馆藏珍贵档案,生动讲述档案背后的人物和故事,从多个角度呈现中国共产党始终秉承的初心和使命"[①],充分彰显档案文化的"红色根脉""红色基因""红色底蕴",在微博、微信、短视频等网络平台广泛传播,增强了档案文化的社会影响力。

2. 社交媒体形成促进电子文件传播的信息传播圈与关系网

社交媒体是现实社会中的关系在网络上的延伸,它同时也创造着单独存在于网络中的新型关系网。在以兴趣为结点建立起来的圈子中,符合兴趣的特定主题在圈子内的传播效果要远远高于无差别组群内的传播效果。在微信公众号中,以"档案"为关键词进行搜索,可以搜到超过100个与档案相关的公众号。这些公众号的主要推送内容涉及历史档案、档案节目、档案管理方法、档案设备等方面,如同微博的粉丝群,公众号的关注者绝大多数都是出于对其推送的内容感兴趣。在这样的圈子中,档案信息的传播速度和传播效果更为快捷、高效。利用社交媒体中形成的档案信息传播圈,可以提高电子文件传播的速度和效率。

3. 社交媒体赋予电子文件信息受众新的意义

在传统的档案信息传播中,档案信息受众一般为档案文件的查阅利用者,档案文献编研成果、档案报刊的阅读者,或者参观档案展览的观众。以电视为媒介的档案信息传播其影响范围广,受众数量也相对较多。但是,这些档案信息的受众都是单向的接收,主动选择信息的权力有限,没有信息的反馈渠道,而且传播者和受众的身份相对稳定。

社交媒体的信息受众既是信息的接收者,也是信息的传播者。其可以将感兴趣的电子文件信息通过社交媒体的关系网传递给自己的好友、"粉丝";可以对电子文件信息进行评论,形成意见导向;可以搜寻、添加与某一信息相关的其他信息,使媒体用户获得更完整全面的信息;可以对传播的信息内容和形式进行重组,使信息更加有序或更加立体化、形象化。总之,受众身份的转换,打破了传播者与接收者之间的界限,也改变了"一对多"的单向单次传播模式,提高了电子文件信息受众的参与度和影响力。

---

① 李安涛:《百集微纪录片〈红色档案——走进中央档案馆〉重磅上线》,《中国档案报》2021年3月11日第1版。

4. 社交媒体有力推动档案部门对社会舆情的引导

社交媒体既是一般网民的沟通交流平台，也是档案部门与社会沟通交流的平台。档案部门可以充分利用社交媒体的信息传播特点和优势，主动融入社会信息交流系统，及时推送电子文件信息，引导社会舆论，形成有利于社会稳定、和谐发展的舆论导向和正确的社会历史意识。

与传统传播途径相比，社交媒体的传播更具有直接性、即时性和广泛性。档案部门可以直接将社会关注的热点问题的电子文件或数字化文件通过电脑、手机等直接传送给网民，网民可以随时随地获得社会热点问题信息，不仅能提高对社会热点问题的了解，也能感受到档案部门的存在。

社交媒体作为新兴社会交流渠道，为档案信息、电子文件等的传播提供了新契机。如何利用社交媒体进行档案信息传播，提高和扩大档案部门的社会影响力，值得社会各界进一步探讨与研究。

思考题

1. 简述电子文件利用的特点。
2. 简述电子文件检索与档案计算机辅助检索的区别。
3. 简述电子文件开发的概念和内容。
4. 论述电子文件编研的作用。
5. 谈一谈档案多媒体编研的内涵和特点。

参考答案要点

第九章　电子文件管理系统

电子文件的管理是通过电子文件管理系统来实现的。电子文件管理系统是电子文件形成、运行、处理、长期保存和利用的信息管理平台,是电子文件的生存环境,是保障电子文件真实性、完整性、可用性和安全性的关键。电子文件管理系统的开发是一项复杂的系统工程,需要专业技术人员来设计和研制。

第一节　电子文件管理系统概述

一、电子文件管理系统概念

电子文件管理系统是一个发展变化的概念,从国际上看,早期一般称为电子文件保存系统(electronic record keeping system,ERKS),有广义与狭义之分。广义的电子文件保存系统是包括所有与电子文件管理有关的技术、管理、法律、标准、人员等相关因素在内,以保证电子文件的行政有效性和法律证据性,保证电子文件的科学管理和高效利用为目的的信息系统,它是一个宏观的、综合的管理系统,能够最大限度地支持和维护电子文件的管理。狭义的电子文件管理系统是以信息技术为支撑,具有文件保存功能,能够对机构内产生的电子文件、档案部门保管的电子文件(电子档案)进行科学管理,保证电子文件的行政有效性和法律证据性的计算机软硬件系统,尤其是与之相对应的软件程序。电子文件保存系统特别强调能够随时间的流逝保存电子文件的内容、结构与背景信息,能够模拟电子文件管理的业务流程,能够贯彻全程管理与前端控制思想,具有很强的专业指向。简而言之,电子文件管理系统就是对电子文件进行接收、管理、保存和利用的计算机管理信息系统。

随着电子文件管理理论与实践的发展,电子文件管理系统(electronic records management system,ERMS)开始与电子文件保存系统交替或者同时出现,后来逐渐占据了主导地位,例如欧盟制定的《电子文件管理模型需求》即是关于电子文件管理系统的功能需求标准。一般认为,电子文件管理系统主要针对电子文件的捕获、识别、分类、保存、使用和处置等活动进行有效的系统化管理。从文件生命周期的视角出发,可以认为电子文件管理系统主要关注电子文件的半现行阶段,也包含该阶段与现行阶段、非现行阶段的衔接过程。国际档案理事会制定的相关需求规范指出,电子文件管理系统是为业务活动提供证据而对电子化生成文件进行形成、利用、维护和处置的计算机系统。这些系统要维护恰当的背景信息和元数据,将文件与其证据支持相联系。[1] 以上对电子文件管理系统的定义都特别强调要维护背景信息和元数据,强调它与一般计算机信息管理系统的区别。

与电子文件管理系统密切相关的还有两个概念:一是业务系统,即生成或管理业务活动数据的自动化系统,旨在为机构和用户之间开展业务提供便利。这类系统包括 OAS、CAD(计算机辅助设计)、ERP(企业资源规划)、HR(人力资源管理)、CRM(客户关系管理)、PDM(产品数据管理)等。这些系统的内部往往也设置相关的文档管理系统(电子文档管理系统),但总体上说,业务系统的文件管理更注重业务流程、版本控制等,不太重视文件信息固化后的管理。二是数字档案馆系统,它致力于解决数字档案信息的正确性、可理解性和长期保存性。当然,数字档案馆也具有保管数字化档案的功能,可以预见数字档案馆将是传统档案与电子档案长久保存的最终归宿。数字档案馆系统的核心功能是真实长久地保存馆藏数字档案资源,这个功能模块在更大的范围内也被叫作"可信数字仓储"(trusted digital repository,TDR),即将数字档案馆系统视为一个维护档案文件长久保存的可信数字仓储。国际上目前从事该系统研究的项目和成果也非常多,如 OAIS 参考模型(开放档案信息系统参考模型)、TRAC(可信数字仓储审核与认证:标准与审核列表)等。这些系统在实际环境和软件产品中并不一定以独立的软件形式出现,可能存在复杂的交叉组合关系。如由于文档一体化和全程管理思想的贯彻,在国外常有 EDMS/ERMS(或者叫 E-DRMS)。文件档案管理联合会(ARMA)还专门发布了 EDMS 和 ERMS 的集成管理系统框架报告(TR48—2004)。我国目前不少电子文件中心系统其实可以理解为电子文件管理系统和数字档案系统的组合,国外的项目如美国的 ERA 就涵盖电子文件管理系统与数字档案的功能

---

[1] 钱毅:《电子文件管理系统功能需求规范定位研究》,《北京档案》2011 年第 4 期,第 24—26 页。

范围。①

国内的电子文件管理系统一般是指那些与电子文件(档案)管理有关的计算机软件系统,如"电子文件(档案)移交接收管理系统""电子档案管理系统""数字档案馆系统"等。这里要说明的是,由于电子文件管理系统的管理对象是电子文件,电子文件在计算机内主要是以数据库的形式存在,因此电子文件管理系统往往就是一个数据库应用软件系统。

无论是国外还是国内、宏观还是微观,电子文件管理系统首先指向一个软件系统,而且该软件系统在电子文件管理的过程中占据不可替代的重要地位,是电子文件管理系统的核心。因此,电子文件的管理最终将归结到软件系统的实施上,很多管理思路、规范标准都将最终具体落实到软件系统的设计中,而且某种方法和规范是否具有软件实施的可行性甚至会成为衡量它是否具有发展潜力的主要标准。②

二、电子文件管理系统特点

电子文件管理系统与一般信息系统、档案计算机辅助管理系统、办公自动化系统等相比,具有以下特点:

(一) 保障电子文件的行政有效性和法律证据性

电子文件管理系统是特殊的信息系统,该系统保存的电子文件必须是机构职能活动的伴生物和证据。一般信息系统中所存储的电子信息可能在技术特点上与电子文件管理系统并无差别,但它们不需要具备此种社会属性。电子文件管理系统具有与此相关的程序严密性,一般不允许随意省略其中的环节。电子文件管理系统在保障电子文件真实性的同时,允许必要的数据冗余,将重要文件独立保存,以维护法律证据性,保存机构记忆。

(二) 支持电子文件构成的多维性

电子文件管理系统中的文件是指文件内容、结构和背景共同构成的整体。在一般的信息系统中,这三类信息各自独立存储和管理,完全可以在不考虑信息背景和结构的情况下利用信息内容。而电子文件管理系统具有其他信息系统不具有的功能,需要在管理电子文件之前"制作"电子文件,即通过一定的技术手段(主要是元数据技术),将构成一份文件的完整信息记录下来并与文件整合在一起,构成真正意义上的"文件",同时保证文件和档案工作者可以记录、管理和维护文件的构成

---

① 钱毅:《电子文件管理系统功能需求规范定位研究》,《北京档案》2011 年第 4 期,第 24—26 页。
② 于丽娟:《电子文件管理系统的功能——基本功能及其功能拓展》,《北京档案》2002 年第 10 期,第 18—20 页。

要素,且将文件以整体的形式提供利用。

(三) 能够作为执行业务活动的辅助系统

从功能上来讲,电子文件管理系统主要管理机构文件和档案。但它和业务流程紧密结合,跟踪整个文件流转过程,从这个意义上来讲,它不专属于机构的档案部门,而成为机构各部门运行的信息系统的组成部分。如戴维·比尔曼所言:"设计文件保管系统的初衷是为业务人员服务,而不是为档案工作者或研究人员服务;而且目的在于支持形成单位的业务管理和事务处理,而不是为了实现一般的情报信息检索。"[1]

三、电子文件管理系统功能

系统的功能需求即指系统所能满足人们的工作需求,它是系统开发设计的前提。只有在调查研究的基础上,全面分析机关的职能活动和文档管理的要求,明确电子文件管理系统的功能需求,才能有目的地开发出理想的管理软件。

电子文件管理系统不可能有统一的标准,但作为一类具有机构文档管理和机构记录管理功能的系统,也具有一些共同的功能需求。

(一) 基本功能

一般来说,电子文件管理系统必须具备以下功能:

1. 综合管理文件功能

实现机构各种载体文件的综合管理,如光盘、磁盘、磁带、胶片、纸张等的管理;实现机构文书、科技、财会、人事等文件的集中管理,尤其是实现包括文本、图形、图像、声音等不同类型的电子文件的综合管理,提供能支持多种文件格式阅读的功能。

2. 电子文件捕获和归档功能

《电子档案管理系统通用功能要求》(GB/T 39784—2021)规定电子档案管理系统"应具备电子档案接收功能,支持在线和离线的批量接收与处理,并保存过程信息","系统应具备对拟接收电子档案的数量、质量和规范性等进行检查的功能,对不合格的进行标注"。电子文件管理是从文件被捕获时开始的,电子文件管理系统的第一项功能也就是捕获和归档,即捕获电子文件内容及其元数据,并将其归档至电子文件管理系统中。电子文件捕获和归档包括三个子功能:一是通过嵌入各个业务信息系统中的电子文件登记功能实现文件的实时捕获,或者通过系统对机

---

[1] [美]戴维·比尔曼,王健等译:《电子证据——当代机构文件管理战略》,中国人民大学出版社1999年版,第27页。

构网络内部文件的实时扫描,实现电子文件的实时收集,捕获电子文件及其元数据;二是按照标准格式,对电子文件进行格式转换;三是在电子文件管理系统中登记归档电子文件,并将文件保存在合适的系统和安全的载体上。

3. 电子文件信息管理功能

电子文件信息管理功能主要负责对捕获和归档后的电子文件信息进行分类、标引与鉴定等管理工作。其主要包括以下子功能:

(1) 电子文件标准化:电子文件标准化主要是对捕获和归档后符合或通过转换使其符合一定规范(包括电子文件元数据标准、数据交换标准、文件的语言格式标准、数据交换的物理存储介质标准和数据交换的逻辑格式标准等)的数字信息及其元数据,根据捕获时所带的目录信息,采取一定的分类方案,将这些数据有序地存储到系统中。

(2) 电子文件分类:《电子档案管理系统通用功能要求》(GB/T 39784—2021)规定电子档案管理系统"应具备电子档案的聚合、分类与排序等功能,支持分类与排序的调整"。电子文件的组织是以分类为基础和核心的,除了设置一级目录之外,还可以根据需要设置若干子类,并可以在类目或子类下划分案卷。电子文件的分类使得电子文件管理更加条理化,更好地体现了文件间动态、多维的有机联系,有助于提高检索效率。系统还应具备定义、修改和维护分类方案,支持类目、案卷的划分、更改、移动等。

(3) 元数据记录和维护:《电子档案管理系统通用功能要求》(GB/T 39784—2021)规定电子档案管理系统"应具备电子档案元数据和目录数据的定义与维护功能,内置常见种类电子档案的元数据方案"。主要是对归档后的电子文件进行内容、结构、背景信息等相应项目的元数据进行检查和缺项补充著录,建立元数据库。区分不同技术类型、不同种类的文件,自行设计或选用国内外先进的元数据模型,建立机构电子文件管理系统所需的元数据服务器,记录和维护各种元数据,并提供这些元数据作为文件检索入口。电子文件提供利用时,保证其权限范围内的文件信息和元数据信息都能够提供利用。

(4) 主题词自动标引:《电子档案管理系统通用功能要求》(GB/T 39784—2021)规定电子档案管理系统"应具备电子档案的著录、标引等功能,形成电子档案目录,并与电子档案相关联"。按逻辑关系将符合《中国档案主题词表》有关要求的主题词和符合《中国档案分类法》有关要求的信息分类号,组合在一起所形成的一套分类号主题词对照表,系统可以从对照表中自动提取相应的分类号/主题词,完成著录标引工作。

(5) 电子文件鉴定:电子文件的鉴定包括内容鉴定和技术鉴定,而且涉及电子文件管理的多个环节,是多维、连续、分散的鉴定。电子文件管理系统可以根据档案价值鉴定要求、保管期限划分标准和保管技术标准等因素,制定鉴定规则,利用计算机的智能技术,对归档保存的电子文件实施实时批量鉴定。档案管理人员可以根据系统鉴定的提示信息进行审核确认。这不仅能减少人工直接鉴定的工作量,而且能够保证鉴定的质量。在实施鉴定的过程中,还应该标识文件的重要程度,并根据已经定义好的鉴定规则,记录和维护相应的日志内容。系统应具备电子文件销毁功能,对实施销毁处理的电子文件进行彻底销毁,留存已销毁的电子文件的目录信息和销毁处理记录。

4. 电子文件检索利用功能

(1) 查询检索：应具备依据利用需求生成电子文件利用库的功能,支持电子文件的检索、筛选和输出,能够为利用者提供标准格式的电子文件。此外,应具备对电子文件进行多条件模糊检索、精确检索和全文检索等功能,支持跨全宗、跨门类和递进检索,检索结果能够进行局部浏览和有选择性的输出。

(2) 电子借阅：应具备电子文件在线借阅服务功能,支持在线申请、在线审批、在线阅览、授权下载与打印等,并记录利用者使用电子文件的意见和效果等信息。

(3) 信息发布：将受众感兴趣的档案信息、社会热点、档案专题、电子文件编研成果通过网站、微博、微信、抖音等媒体进行发布,设置用户讨论、分享、沟通、评价意见观点平台,提升档案信息资源的传播速度,扩大档案信息资源的传播范围,扩展电子文件传播渠道和传播空间。

(4) 编研统计：应具备档案编研功能,包括但不限于选题、档案查找、档案筛选、文献加工、辅文撰写、审核与校对以及编研成果发布与管理。系统应具备对电子文件数量与容量的统计功能,可按照电子文件的全宗、门类、文件格式、开放程度和年度等进行统计。

5. 电子文件信息安全维护功能

《电子档案管理系统通用功能要求》(GB/T 39784—2021)规定电子档案管理系统"运行应安全可靠,宜根据需要采用一定的技术方法,防止非授权访问,保存电子档案管理关键业务过程记录,保障电子档案安全","系统应具备对电子档案存储状况的监控和警告功能,对存储介质不稳定、存储空间不足、电子档案非授权访问和系统响应超时等情况发出警告,跟踪和记录警告事项处理过程","系统应具备电子档案保护功能,保障电子档案不被非授权访问、修改与删除,完整准确记录长期保存过程中的变动信息"。电子文件信息的安全维护功能应从物理安全、内容安全和安全保密等几个方面着手,实现以下几个子功能：

(1) 数据存储方式选择：电子文件一旦被捕获,就面临存储在什么介质、以什么格式存储的问题,这需要根据文件的内容特点、利用需求、安全特征等来决定。应该提供至少以下四个备选方案:即存储在档案管理部门的服务器上、保存在业务部门的服务器上、分散保存在个人台式机上、脱机保存。

(2) 数据备份和灾后恢复:《电子档案管理系统通用功能要求》(GB/T 39784—2021)规定电子档案管理系统"应具备对电子档案及其目录数据进行备份与恢复功能,设置备份与恢复策略,制作备份数据,对备份数据和介质进行登记、检测与管理,使用备份数据进行恢复处理,记录备份恢复过程信息"。其包括对系统主要设备、软件、数据等的备份;并提供技术措施和组织措施,可以在发生故障后较短时间内恢复系统运行。服务器要采用双机备份,主服务器出现故障后,备用服务器自行启动工作。其还应提供数据光盘脱机备份,而软件备份则可以通过关系数据库系统自身提供的功能,对元数据和存储文件的对象数据库进行备份恢复。

(3) 权限管理:通过鉴别主体身份的口令、密码等来实现电子文件管理系统对其操作权限的自动鉴别和控制,不仅包括功能权限和数据权限,还包括查阅利用权限,防范利用者的越权访问和操作。

(4) 真实性、完整性、可用性和安全性"四性"校验:通过提供数字水印等技术来防止信息被非法篡改、插入或删除,对电子文件进行"四性"检查验证。

(5) 日志和审计:《电子档案管理系统通用功能要求》(GB/T 39784—2021)规定电子档案管理系统"应具备对电子档案数据库操作日志及其分类管理功能,记录用户访问、存取和使用电子档案的行为和信息。系统应具备对电子档案关键业务过程、档案管理操作行为和系统非授权访问等事项进行审计、跟踪的功能"。其主要目的是为确保和证明电子文件的真实、完整和安全。日志包括对文件流转、利用、技术处理等各类过程的记录;审计则是可以利用数据库、操作系统、安全保密产品和应用软件的审计功能来实现对文件状态的检查功能。

(6) 数据迁移和转载:为确保系统中所有文件可读,当系统的技术平台发生变化时,电子文件管理系统应支持将原来软硬件环境下形成的文件迁移进新平台,以避免存储载体受损或技术退化;当系统升级时,应支持对原来的文件进行数据转载。

(二) 拓展功能

《电子档案管理系统通用功能要求》(GB/T 39784—2021)规定电子档案管理系统结构"应具备开放性,可实现与其他系统的功能集成、数据交换与共享","系统功能应具备可扩展性,满足当前及可预见时间内的业务需求,可方便地进行功能扩展","系统配置应具备灵活性,支持电子档案管理的业务模式、工作流程和数据结构等的灵活定义与部署"。电子文件管理系统作为机构重要文档资料的"仓库",在参与机构业务活动和各种工作中,其系统功能会进一步扩展。就其在知识管理方

面而言,其功能可在以下方面进行扩展:

1. 知识收集

知识可以分为两种形式:显性知识和隐性知识。显性知识是指存储在信息系统中、已经表述出来的结构化和半结构化的信息内容。隐性知识是指专家和员工头脑中具有的实践经验、思想和思维方式。

所谓知识收集,是指及时获取专家和员工头脑中的技能和工作经验,及时收集,实时整理,随时提供利用。

在知识管理中非常强调对隐性信息的收集和提供利用。电子文件管理系统完全可以在记录和保存正式文档的同时,完成对重要的隐性知识的收集、整理和提供利用工作,而不需要成立专门的机构或者设计实施专门的系统。

2. 信息分析挖掘

在电子文件管理系统参与机构职能管理建设的过程中,在注重电子文件之间历史有机联系的同时,必要时可以在电子文件管理系统中实现对文档信息的内容提取、识别、分析和归纳,为利用者提供所需的档案信息。[1] 随着新一代信息技术的发展,可以借助自然语言处理(NLP)和深度学习等人工智能技术对文件和档案信息内容加以深度挖掘和分析利用。

第二节 电子文件管理系统开发与设计

一、开发电子文件管理系统的必要性

电子文件管理系统是电子文件的生存环境。电子文件的形成和各种处理都是在电子计算机软硬件平台支持下完成的,从文件的制作、处理,以至归档后的全部管理活动都必须借助于计算机系统才能实现,离开计算机软硬件平台,电子文件既看不见也摸不着,当然其形成和管理活动更无从谈起了。因此,电子文件只有依赖计算机系统才具有生命力,才能发挥作用。

良好的电子文件管理系统能够确保机构职能活动的顺利开展,提供机构职能活动的证据。文件是在机构职能活动的执行过程中产生的,所以文件管理系统和

---

[1] 于丽娟:《电子文件管理系统的功能——基本功能及其功能拓展》,《北京档案》2002 年第 10 期,第 18—20 页。

相应的机构职能活动存在着十分密切的关系(如图9-1所示)。特定职能活动是电子文件管理系统的平台,它在很大程度上规定了文件管理系统的特点。同时,文件管理系统对机构的职能活动也起着强大的反作用力,不够科学和完善的文件管理系统将阻碍机构职能活动的开展。

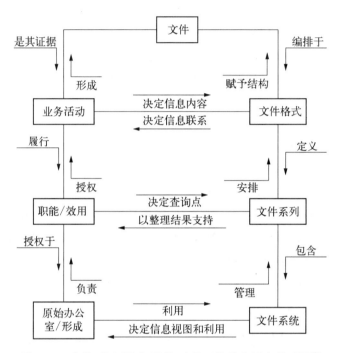

图9-1 文件、业务活动、职能、文件系统等各要素关系图①

电子文件管理系统是具有行政有效性和法律证据性文件的"聚集地",在为机构提供业务活动的证据过程中发挥着至关重要的作用。电子文件管理系统之所以不同于一般的信息系统和档案计算机辅助管理系统,就在于它可以对机构业务活动过程中形成的电子文件实行直接的、全程的管理和监控。戴维·比尔曼指出,一旦将重点放在业务应用系统上,文件和档案工作者便可准确评价各种策略方法,保证对电子证据实施有效控制。② 电子文件管理系统可以为文档一体化管理、电子文件真实性、完整性、有效性维护和电子文件证据价值的实现提供根本的技术保障和运行环境,保证电子文件的行政有效性和法律证据性。

---

① [美]戴维·比尔曼,王健等译:《电子证据——当代机构文件管理战略》,中国人民大学出版社2000年版,第32页。
② [美]戴维·比尔曼,王健等译:《电子证据——当代机构文件管理战略》,中国人民大学出版社2000年版,第10页。

二、电子文件管理系统开发原则

（一）全程性原则

电子文件管理系统必须对电子文件从产生到销毁的整个生命周期进行全程管理。主要体现在：其一，系统要对文件流程各阶段进行相应的登记、分类、鉴定、归档、保管和提供利用等管理和监控操作，保证"数出一门"，有助于电子文件行政有效性和法律证据性的证明与保障；其二，系统允许利用者选择或自定义日志的范围和详略，记录和保存文件在整个生命周期过程中形成的各项元数据，包括在现行期、半现行期和非现行期的所有管理活动、技术处理和利用过程；其三，系统需支持工作流程和文件运转流程的自动执行。

（二）安全性原则

电子文件管理系统必须保证电子文件的安全，能够兼容多种软件格式，提供有效的数据迁移和转载功能，提供数据备份和灾难数据恢复功能，提供严格的用户角色定义、全线分配和口令审查功能，提供互联网防火墙功能，提供必要的防杀病毒和病毒实时检测的功能。不仅要保证数据的长期保存和安全、有效及正确读取，防止数据被非法修改删除，保持其原始性，同时也要防止涉密档案数据内容泄密，在确保安全的前提下提供信息管理与信息服务。

（三）综合性原则

电子文件管理系统的综合性表现在多个层次上，具体表现在：对不同类别信息的管理，比如文件、档案、图书、情报等；对不同存储载体上信息的管理，比如磁盘、光盘、磁带、录像带、纸张等；对不同存储格式信息的支持，比如文本文件、程序文件、数据库文件、声音文件、图像文件、多媒体文件、超文本文件等；对不同来源信息的管理，比如机构内部各应用软件生成的文件、机构的电子邮件、传真、档案部门存储的档案、购买的图书、情报部门收集的情报、互联网上的信息。

（四）实用性原则

系统实用性原则表现在：电子文件管理系统整体解决方案要适应机构目前文件档案管理需求，根据机构实际资金状况、技术手段、现实需要，针对性地开发符合实际需求的电子文件管理系统，在现有条件下最大限度地提高管理水平。电子文件管理系统对于所有业务系统和工作人员来说，界面要清晰统一、操作简便、易于掌握，帮助信息直观明确、各项功能设置合理，并有应对特殊情况灵活处理方法等功能。实用性原则将直接影响电子文件管理系统能否被接受和使用。

（五）可扩展性原则

随着业务的发展，新的需求会不断出现，包括新的档案管理方式、更高级的计算机体系结构、更大容量的存储要求等,系统设计应尽可能地预留相应的端口和模块接口,方便日后系统不断地扩充、升级和完善。

可扩展性是系统能够持续改进的必要条件,在开发过程中还要充分考虑到平台的可移植性、技术架构的开放性和业务模块的独立性和耦合性,确保系统在未来的需求变化中继续保持良好的可扩展性。

(六)先进性原则

先进性原则要求提高系统的技术含量,增加系统的科研含量,不是对文件管理流程和职能的简单对应模拟,而是前瞻性、科学性的转换。一要提高系统的自动化程度,使得电子文件的形成积累、捕获归档、鉴定、整序、保管、利用等工作都能达到较高的自动化;二要提高系统的集成程度,尽量在不增加各业务系统软件维护工作量和机构各业务人员操作复杂程度的基础上,以适当的技术手段完成电子文件管理系统和业务系统的集成与分工合作。

先进性是电子文件管理系统得以持续应用的前提。在开发过程中要充分考虑系统未来发展的需要,通过选用国内外先进的计算机技术和潜在新技术(如大数据、人工智能、云计算、区块链、大模型、元宇宙等),确保应用系统在未来相当长的一段时间内的技术领先性。

三、电子文件管理系统开发技术要素

电子文件管理系统尽管功能要求不尽相同,但是它首先是个软件系统,而且主要是一个数据库应用软件系统。数据库应用软件的设计与开发是复杂的系统工程,应遵循软件工程以及数据库管理系统开发设计的一般规律。

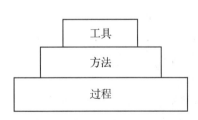

图9-2 软件工程三要素示意图

实际上,软件开发技术是一种层次化的技术,它不仅包括工具和方法,而且包括过程方面的内容,又称软件工程三要素(如图9-2所示)。

软件工程的基层是过程层。软件过程可以看成软件开发的一种规范化流程,它定义了软件开发中采用的方法和技术,定义了一系列步骤,如可行性分析、需求分析、概要设计、详细设计、程序编码、单元测试、集成测试、交付实施等,并规定了每个步骤应使用的方法、应交付的文档以及为了保证质量而应采取的措施。方法层明确了开发软件在技术上需要"如何做",即如何建立软件的技术,包括项目的技术和评审、系统整体架构、数据结构定义、程序流程设计、算法选择、编码方式、测试方法和维护手段等,确定给出实现这些任务的技术方法,也包含建模活动和其他描述技术。工具层对过程和方法提供了自动或半自动的支持,当这些工具被集成起来使得一个工具产生的信息可被另一个工具使用时,一个支持软件开发的系统就建立了[①],这样就形成了支持软件开发的集成开发环境(integrated development environment,IDE)。过程使方法和工具很好地相结合,从而使软件开发工作经济、准时、高效地完成。

四、电子文件管理系统开发过程

在电子文件管理系统开发过程中,主要包括电子文件管理系统需求分析、系统设计、系统实施、系统评价等活动。之所以称为活动而不叫作步骤,是因为这些内容不完全按照时间顺序进行,不同的开发过程,其顺序不同,而且某些活动(如系统需求分析)要贯穿于整个开发过程。

(一) 系统需求分析

在电子文件管理系统开发中,系统需求分析必须有文档部门人员参与,提出完整、准确、具体的需求。

1. 系统需求分析的意义

在任何信息管理系统的开发设计中,需求分析都是关乎系统质量的重要环节。它是系统开发的起点,满足需求是项目建设的归宿。

由于需求分析的工具和内容与计算机软硬件距离较远,不需要掌握特别专业的计算机技术和技能,因此,很长时间里人们一直有一个误解,即认为需求分析是整个软件最简单的一个步骤。根据美国专门从事跟踪 IT 项目成功或失败的权威机构 Standish Group 1999 年对美国 23 000 个项目进行的研究结果表明,28%的项目是彻底失败的,46%的项目超出经费预算或者超出工期,只有约 26%的项目获得成功。而在这高达 74%的不成功项目中,约 60%是因为需求分析出了问题,这一结果使人们不得不对需求分析高度重视,越来越多的人认识到它是整个软件系统开发过程中最关键的过程,也是最困难的一个过程。在四年之后的 2003 年公布的调查数据中,在被调查的 1.35 万个项目中,绝对成功的项目比例大大低于 50%,仅为 34%,彻底失败的项目为 15%,受到质疑的项目占所有 IT 项目的 51%。从历年 Standish Group 公布的分析报告看,导致项目失败的最重要原因均与需求分析有关;报告同时证实了与项目成功关系最密切的因素是良好的需求管理。需求分析做得好,将为整个软件开发项目的成功打下良好的基础;反之,在需求分析时,分析者们未能正确认识需要的话,最后的软件是不可能满足需求的,软件也很可能无

---

① 陈培友、高太光:《基于面向对象方法的自动谈判系统分析设计与管理》,哈尔滨工业大学出版社 2016 年版,第 58 页。

法在规定的时间内完工。

事实上,这个现象很容易解释,当软件进入编程、测试、运行以及维护阶段后,软件的质量主要取决于技术要素,因此,计算机开发人员比较容易控制软件的技术质量。而需求分析阶段尚未涉及具体的技术问题,主要是项目开发人员与用户之间的沟通,用户对于功能需求的表达大多采用自然语言,计算机技术人员则要将这些自然语言转化为计算机能够实现的形式。在转化过程中,双方存在着技术和业务方面的信息不对称,交流就存在着障碍,使得需求分析的准确性和全面性受到影响。同时,由于种种原因,需求会在整个软件开发过程中不断更新,即用户的需求是动态变化的,在开发过程中系统变更的代价与需求的变化之间可能呈几何级数增长。由于经费方面的原因,频繁修改系统也比较困难,这便导致用户对系统的满意度下降。

2. 需求分析国际经验

第一,具有国际影响的电子文件管理系统需求标准。

国际上对电子文件管理系统功能需求非常重视,一般是以功能需求规范和标准的形式来管理电子文件管理系统的开发设计与维护。①

国际上有很多与电子文件管理系统相关的需求标准。1997 年,美国国防部颁布了《电子文件管理软件应用设计评价标准》(Design Criteria Standard for Electronic Records Management Software Applications,DoD5015.2);2001 年,欧盟推出的《电子文件管理模型需求》(Model Requirements for the Management of Electronic Records,MoReq),详细规定了电子文件管理的需求及管理元数据,具有鲜明的通用性、开放性和丰富性;2002 年,国际信息和影像管理联合会(AIIM)启动了"电子文档、电子文件一体化管理系统功能需求"项目,更加全面而透彻地分析了集成系统的功能需求;同年,美国修订了 DoD5015.2,颁布 DoD5015.2 - STD(2007 年再次对 DoD5015.2 - STD 进行了修订),英国颁布了《电子文件管理系统需求》;2006 年,国际标准化组织发布的《信息与文献—描述文件管理需求标准指南》(ISO 22310:2006),是应用于开发文件管理需求的任何机构组织的最高层次标准,以满足一致性和互操作性需求;澳大利亚发布了《电子文件管理软件功能规范指南》,等等。② 此后,国际档案理事会制定了《电子办公环境中文件管理原则和功能要求》(Principles and Functional Requirements for Records in Electronic Office Environments,ICA - Req),这些管理系统功能需求规范在一定范围内得到了有效应用,在国际上具有广泛的影响。

---

① 钱毅:《电子文件管理系统功能需求规范定位研究》,《北京档案》2011 年第 4 期,第 24—26 页。
② 杨安莲:《聚焦电子文件管理前沿——国际电子文件管理研究热点及启示》,《档案学通讯》2007 年第 6 期,第 60—64 页。

在这些需求标准中,DoD5015.2、MoReq2 和 ICA-Req 是颇具影响的电子文件管理系统需求标准,值得在电子文件管理系统建设时借鉴与参照。

第二,国际电子文件管理系统需求规范的启示。

国际电子文件管理系统需求研究给我国的电子文件管理系统需求分析提供了宝贵的经验和启示。

一是需求分析应遵循相关法规标准。电子文件管理的需求必须遵从国际/国家的相关法规标准。从我国的实际情况看,我国的电子文件管理系统需求必须与国家信息管理、文件管理、档案管理等相关领域的法律法规和标准规范相一致,要使法律法规和标准规范的基本要求在电子文件管理领域得以反映;同时,要积极吸收和采纳国际标准,提高我国电子文件需求的科学性和规范性。在这一点上,上文提到的国际知名标准规范提供了可资借鉴的经验。

二是需求分析应动态更新。国际电子文件管理系统功能需求标准版本的多次更新,是与电子文件管理系统发展的动态性相适应的。由于信息技术环境和业务环境的发展变化很快,因此,在确定电子文件管理需求时,既要从我国电子文件管理实践出发,制定切实可行的电子文件管理需求,也要充分认识到电子文件管理实践发展的变化性和复杂性,及时对电子文件管理系统需求进行动态更新,保证管理系统能够实时满足我国电子文件管理实践的发展需要。

三是需求分析标准应具有全面性和通用性。MoReq2 提供了一个全面详尽的电子文件管理通用需求标准,全面性和通用性正是其在国际上具有影响力的关键。全面性和通用性要求我国电子文件管理需求的确定要顾及国家不同机构产生的不同类型、不同价值形态的电子文件。从广度上说,需求类别划分要科学,能够囊括不同类别和等级的电子文件;从深度上说,需求描述要详尽具体,揭示出不同层次电子文件的管理要求,保证可操作性。

四是需求分析应有专业针对性。DoD5015.2-STD 是美国研制的电子文件管理系统需求标准,它始终坚持专业领域原则,明确自身的服务对象,但是这丝毫没有影响其适用面和社会影响力。从这个角度而言,在保证通用性的前提下,电子文件管理需求也要充分考虑到国家信息化建设的不同领域对电子文件管理的个性化要求,适应各个领域电子文件管理的特殊要求和特定职能。[1]

五是考察开发商的专业分析能力。美国 ERA 系统的需求分析横跨七年。而我国大多数电子文件管理系统的开发用时不长,原因有两方面:一方面是软件开

---

[1] 杨安莲:《国际电子文件管理系统需求研究进展及启示》,《档案学研究》2009 年第 4 期,第 42—46 页。

发商急于追求经济效益；另一方面是档案部门急于求成，急于出成果。当然，需求分析不是越久越好，在开发中要选对开发商，选择那些能认真进行需求分析，对本专业领域有较高认知程度的开发商。

3. 我国电子文件管理系统需求分析研究进展

制定并发布电子文件管理系统的功能需求规范，是解决电子文件证据作用的关键所在，也是确保各类电子文件管理系统的性能和质量的有效举措。为避免低水平重复研发，我国也应当持续完善电子文件管理系统功能需求规范，尤其是适用于国家机关的系统功能通用需求规范，并通过对电子文件管理系统的质量认证、推介示范产品等措施推动实施，为电子文件管理软件供应商制定更为科学的规则，为机关文件管理人员、档案管理人员和操作人员提供更具操作性的标准，始终保证文件在生命周期各个阶段的真实性。在密切跟踪国际需求规范发展动态以及汲取国际上先进的电子文件管理系统需求规范经验时，要立足于我国电子文件与档案管理实际，尤其需要关注近年来我国在电子文件管理体制、工作方法、实践基础以及行业发展等方面的情况。

4. 系统需求分析的步骤

系统需求分析的主要步骤为：

（1）调查分析：调查分析是系统开发的第一个阶段，目的是了解机构所处的行政、法律、业务及社会背景，明确影响文件生成和保管利用需求的主要因素。电子文件管理系统的调查分析包括对机构宏观环境的调查、职能活动的调查和业务活动的调查三部分。宏观环境调查主要是对机构的主要职能、组织结构、文化和机构所处的社会环境的调查；职能活动调查是为了明确机构职能活动的执行方式和基本步骤；业务活动调查则主要是揭示电子文件与机构业务活动之间的关系，反映各业务活动的执行方式和基本步骤，为系统设计实施过程中确定文件捕获、登记、归档、处置等各环节的实践和具体方法奠定基础。

（2）明确需求：系统需求确定阶段的目的在于明确机构对文件形成积累、捕获归档、鉴定、整序、保管、利用等业务活动各方面的需求，包括文件需求和质量需求。文件需求是明确机构在各项业务中需要生成和保存哪些电子文件；质量需求是要确定如何储存和管理这些电子文件，并且以一种准确、清晰和易于技术实现的方式表达出来。围绕这个目的，采用风险分析的方法衡量机构丢失这些电子文件所面临的风险，在此基础上提出对电子文件管理的功能需求，最终为电子文件管理系统提交详细的、易于技术实现的功能需求说明。

（3）确定管理方案：在明确机构电子文件管理的范围和基本需求之后，必须结合相关政策、实施标准等构建机构电子文件管理的整体方案。在制定方案前，首先应该明确机构现有信息系统和机构提出的系统功能需求之间的差距；其次要在充分考虑机构性质、业务活动类型、技术环境、机构文化和外部影响因素的前提下，制定相应的原则、方法和要求，保证机构采用确定的方案后能够满足其功能需求；最后，将拟采用的管理方案和机构的电子文件管理需求对照比较，查看问题是否被解决。

（二）系统设计

系统设计阶段是将系统分阶段确定的方案、策略逐项转化为具体的软件系统、方法或工具等。这是一个档案管理人员与业务工作人员、软件开发人员反复交换意见的过程，主要工作内容包括辅助编程、制定政策和标准、划分权责、设计工作流程、拟订系统测试计划、编制系统使用指南等。电子文件管理系统目前主要由软件公司等信息技术企业在档案部门的指导下开发设计，满足电子文件管理功能需求，最大限度地保障电子文件的高效流转、长期保存和安全利用。

（三）系统实施

系统实施是将已经设计完成的各项工具、方法以及软件系统付诸实践，以落实包括软件在内的整个管理战略。这一过程需实现三个目标：一是在保证对业务活动干扰最小的前提下，将完善的电子文件管理系统嵌入机构的各个业务系统和机构各个工作人员的工作中；二是提高机构的文件管理和查询效率；三是间接提高机构的整体管理水平。

系统实施的主要内容包括：一是将系统实施的计划和日程安排通知机构员工，提示系统实施过程和实施之后可能给员工造成的影响，以及整个实施过程需要的配合事项；二是下发各项规范、标准和工作指南；三是执行文件的分类方案、鉴定方案、元数据管理方案；四是根据不同的安全级别，规定用户的权限，分配用户名和密码；五是实施新旧系统的替换；六是落实文件存储载体、文件灾难防护和恢复计划；七是实施一段时间后调研并通报实施情况。

（四）系统评价

对系统开展客观、准确的评价是电子文件管理系统开发中不可缺少的环节，它可以促使电子文件管理系统的完善，并根据要求确定维护方案，将电子文件管理系统存在的问题以及所带来的风险降到最低。

评价指标主要从两个方面入手：一方面是从档案管理角度评价电子文件管理系统的实用性，即对档案管理业务需求的满足程度，对档案工作现在和将来的影响程度，如工作效率、服务质量、科学化规范化管理等进行评价。另一方面是从计算机系统角度评价经济性和技术性。其中，经济性即投入/产出，经济效益/社会效益，直接效益/间接效益等；技术性即数据量、操作界面、响应速度、系统可靠性、处理灵活性等。

第三节 电子文件管理系统运行及维护

电子文件管理系统在测试与验收合格后应交付给用户使用,作为一个逻辑产品的软件系统,其运行过程中不可避免地存在各种问题,其可靠性和有效性需要在系统运行及维护中不断完善。电子文件管理系统在系统运行过程中,其数据、操作内容会不断更新变化,因此,在运行阶段不仅仅是技术上的维护,更重要的是运行中数据的导入导出与迁移、业务人员权限的分配、系统功能的扩充与完善等。IT界一般将软件系统的运行和维护统称为"系统运维",对于电子文件管理系统而言,其运行和维护不可轻视。

一、系统运维与系统维护的关系

系统运维有运行和维护两层含义,是在系统维护概念基础上发展起来的,只不过系统运维的概念更注重系统的正常运行,强调为了维护系统运行所进行的维护与修复工作。

(一)系统维护

早期的系统维护概念仅针对软件生命周期最后一个环节,其目的是对正在运行的系统不断修正,或者为了适应环境及其他各种因素的变化,保证系统能够在比较长的时间里正常运行,满足用户的需求而对系统所做的修改、补充、完善与预防等活动。

广义的系统维护内容包括硬件维护、软件维护和数据维护,硬件维护一般由硬件厂商负责。狭义的系统维护指软件维护和数据维护,软件与数据的维护由软件开发商和用户共同完成,其中技术方面的支持主要由软件开发商负责,业务方面的维护由用户辅助技术人员开展。软件与数据的维护包括改正性维护、适应性维护、扩展性维护(或称完善性维护)和预防性维护。

改正性维护是指诊断和改正正在使用过程中发现的软件错误,包括修改程序代码或者改正设计结构甚至修正需求。这类错误多数是由需求分析不充分、测试数据不充分或不全面、输入的有效性、安全性控制缺陷等因素造成的。修改代码的成本最低,若要修改需求,则成本会大大增加,因此初始需求分析尤为重要。

软件在运行过程中,运行环境可能发生变化,如硬件升级、操作系统改变或者支撑平台改变等,这在日新月异的信息化时代是非常正常的,适应性维护就是不断修改软件以适应这些环境的变化。

扩展性维护是指在软件的使用过程中，系统的需求可能随着业务的改变而变更，这时需要对系统增加新的功能或者对现有功能进行改进。一般来说，一个系统所做的扩展性维护占整个维护的大部分。

在软件开发完成之后，为了改进应用软件的可靠性和可维护性，适应未来的软硬件环境的变化，也会进行预防性维护。预防性维护中应主动增加一些预防性的新功能，使应用系统能适应各类变化而不被淘汰，或者适应各种风险而不出现重大的系统隐患。

（二）从系统维护到系统运维

从系统维护到系统运维，概念的转变表明了人们开始重视系统的运行环节，也表明了人们对于用户参与保障系统运行与维护的重视，这是对以往软件只重视研发不重视运行理念的一种修正。

我国电子文件管理部门也存在着重电子文件管理系统的研发、轻系统运行维护的倾向。对于开发一个电子文件管理系统，机构往往会花费大量人力、物力和财力在立项论证与系统研发上，但对系统运行关注不高，造成很多系统在运行中问题不断，虎头蛇尾现象明显。

电子文件管理系统要求能在计算机环境中完成电子文件管理的全过程，能够涵盖电子文件管理的整个业务流程，因此，系统运维也是电子文件管理系统的实质性部分。

二、电子文件管理系统运维模式选择

根据电子文件管理系统的规模、功能与适用范围，可以选择不同的运行与维护模式。对于比较大型的系统，应选择专门的IT运维服务商负责系统的运行与维护；对于中小型的系统，可以由软件开发商、电子文件管理部门的IT人员以及业务操作人员共同完成，如我国各独立机构开发运行的各类电子文件管理系统。

（一）专门的电子文件管理系统运维服务

专门的电子文件管理系统运维服务也称完全外包运维模式，是指电子文件管理系统用户通过与专业运维机构签署运维外包协议，将本机构电子文件管理系统运维工作外包给该专业机构。专门的电子文件管理系统运维服务模式的优势在于可以充分利用专业运维团队的经验，能够快速定位系统故障发生的原因，如应用软件、数据库、操作系统、服务器故障等；能够及时解决系统故障，提高系统可靠性，为电子文件管理用户提供全方位的运行与维护。同时，该模式的运维队伍较易扩充，可应对大规模的运维需求。但是，外包机构的技术人员存在理解用户需求和处理业务时间较长的问题，同时也存在外部人员管控难度大、信息泄露风险高的问题。虽然可以通过签署安全保密协议以及制定相关物理与逻辑安全防范制度来避免信息泄露等问题，但对于电子文件管理系统这种安全性要求较高的系统来说，这种模式不是首选的运维模式。

（二）自主的电子文件管理系统运维服务

该模式是指电子文件管理系统用户专门配备自己的系统维护人员，自行负责对整个系统的运维工作。自主运维模式的优势是运维人员属于本单位，容易管控，并且可根据机构自身需要进行能力培训，以达到系统维护人员的技术与业务技能。其缺陷在于文件档案部门人员的计算机运维能力有限，即使经过培训，也很难达到专业运维人员的运维技能水平，而且运维的相关专业知识培养时间较长，难以满足机构运维工作的正常进行。

（三）混合的电子文件管理系统运维服务

该模式是指电子文件管理系统用户对所拥有的一部分系统资源自行运维，同时，通过与专业运维机构签署运维外包协议，将一部分的系统运维工作外包给运维商，由内部IT人员和专业机构人员共同配合完成运维工作。这种模式可以克服前面两种模式的缺陷，充分发挥自主运维和外包运维的优势，比较适合电子文件管理系统的运维工作。如常规性的硬件与网络维护以及软件升级性的维护交由专业运维机构，系统数据等安全性要求较高的维护则由内部运维人员自行承担。

当然，由于存在两种运维人员，也增加了运维工作的复杂度，延长了运维流程，如技术架构新建或不太成熟的系统，软硬件故障较多，内部运维人员需要经常将故障转交给专业机构人员处理，增加了故障处理的环节，延长了问题解决时间；同时需要充分考虑内外部运维人员的职责划分和人员比例，在合理的运维成本下，既保证运维工作的顺利完成，又确保内部运维人员能够得到充分锻炼以提升业务能力。

三、电子文件管理系统运维框架及组织

电子文件管理系统的运维工作与数据库应用系统运维工作的内容大致相同，即综合利用各种IT运维支撑工具为电子文件管理系统提供运行与维护服务，确保电子文件管理系统基础设施的正常运行，如外网、内网与专网的接入服务和维护；确保电子文件管理软件系统正常、可靠、安全、高效、经济地运行，如安全管理服务、内容信息服务以及综合管理服务等。

电子文件管理系统整体的运维方案设计可以参考一般IT系统的运维服务管理框架（如图9-3所示）。

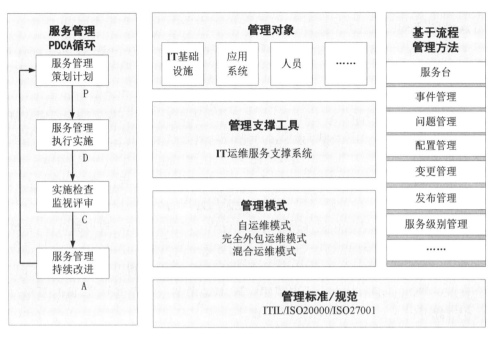

图 9-3 IT 运维服务管理框架

运维服务管理框架包括 IT 运维服务全生命周期管理方法、管理标准/规范、管理模式、管理支撑工具、管理对象以及基于流程的管理方法。其中服务管理 PDCA 循环是以全生命周期的 PDCA 循环为提升途径,体现了对 IT 运维服务全过程的体系化管理。

IT 运维服务管理框架以管理标准和规范为基础,以适应各种管理模式为目标,以管理支撑工具为手段,以流程化、规范化、标准化管理为方法。

IT 运维管理组织一般由运维领导工作组和运维执行工作组构成。对电子文件管理系统来说,领导组的负责人应由档案部门的信息化主管领导担任,成员由业务部门和信息化部门具有决策权的领导或者代表构成;在采用外包模式的情况下,领导组还应包括专业运维机构的代表。执行组成员由单位信息化部门人员构成;在采用外包模式的情况下,执行组还应包含专业运维机构的运维人员。

四、电子文件管理系统交付运行与用户培训

从国内外的情况来看,电子文件管理系统的研发一般采用外包的形式,由专业软件公司主持开发。在软件开发过程中,文件档案人员全程跟踪配合,特别是需求分析方案方面;在软件验收合格交付使用后,必须安排系统试运行和用户培训过

程。一般来说，交付使用前的技术方案可以有多种，针对电子文件管理系统的操作特点，可按下列阶段性方案执行：

第一阶段：准备阶段。拟定试运行部门，做好电子文件管理系统运行前的熟悉和准备工作，包括系统环境安装测试、系统功能操作、流程及人员岗位分工等。

第二阶段：模拟部分模块阶段。由主要业务人员对业务流程中的主要模块进行操作，包括从电子文件及其元数据的捕获开始到归档保存的全过程，注意此阶段使用的是模拟数据。

第三阶段：模拟全部模块阶段。在部分业务模块熟悉之后，开始全方位运行，特别是各个权限部门的权限分配与认证，此阶段使用的仍然是模拟数据。

一般来说，模拟数据在软件设计人员进行软件测试阶段已经模拟测试过，若软件验收成功，不会出现重大技术问题，而运行方案中的模拟主要是让业务人员进行操作。业务人员由于不熟悉计算机技术，其操作路径与计算机专业人员有所不同，会发现一些新的问题，这个阶段出现的问题，应由软件公司及时修复，此时模拟过程仍继续进行下去，一边发现问题一边解决问题。

第四阶段：总结阶段。各业务部门负责人和操作人员总结使用心得，建立管理规范。

上述四个阶段完成，系统正式投入运行与维护。

五、电子文件管理系统运维的关键环节

电子文件管理系统交付用户使用之后，其运行过程中还有很多工作需要完善。

（一）电子文件数据资源安全维护

针对数据安全的技术方法很多，电子文件管理系统运行的数据安全控制主要包括权限识别、数据加密、日志跟踪等。

一般的信息系统都有系统使用权限设置模块，通过权限的设置区分不同的访问者、不同的访问类型和不同的数据对象，以便区别对待。用户使用权限一般与组织机构层级对应，通常分为四级：

一级：可以对系统的各项业务记录进行综合查询，适用于如档案局（馆）长、副局（馆）长等高层负责人。

二级：可以对部门的信息进行查询，适用于各个部门的负责人，如档案局（馆）各处处长、副处长；如果中层部门还下设某个业务科，也适用于科长、副科长等。

三级：可以输入各项业务的记录信息，适用于各部门的业务管理人员。

四级：可以检索和查阅公开电子文件信息，适用于公众利用者。

级别在系统中可以通过组织定义的形式实现,各类组织包括部门及科室,其中组织下面可定义子组织,支持多层深度组织定义(如图 9-4 所示)。

图 9-4 权限设置的组织结构示意图

另外,也可以通过角色分配的形式设定权限,在允许的权限范围内最大限度地为利用者提供方便,同时也能有效地控制文件的安全。例如可以将利用者划分为四类角色,每类角色都有对应权限。

领导:可以通过网络任意查询各种文件,不受限制。

特许人员:必须得到有关领导授权,到档案馆(室)备案以后,在规定的时间和范围内自由查阅。

文件作者:可以自由查阅自己的文件。

普通用户:必须向档案人员提出申请,档案人员按照规定向其开放文件查阅权限。

为了使利用的功能充分实现,档案部门要通过系统对角色具体人员进行权限设置并对数据进行控制操作,这些设置和操作也要根据有关的规定,办理一定的手续。系统通过对用户角色的划分,为每个用户使用的系统功能、利用的数据范围进行定义,保证系统的安全运行。角色定义如图 9-5 所示,不同角色人员的权限分配如图 9-6 所示。

除了权限设置以外,还要注意对涉密的文件进行加密操作,并且要选取合适的解密算法;根据系统日志,监视系统是否有异常,以判断其安全性等。

(二) 电子文件数字资源质量维护

电子文件数字资源质量维护主要包括真实性、完整性、可靠性等内容。真实性是指归档电子文件的内容、逻辑结构和形成背景与形成时的原始状况相一致;完整

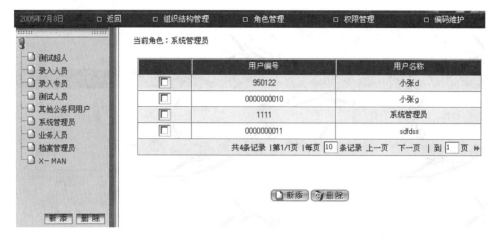

图 9-5 角色定义示意图

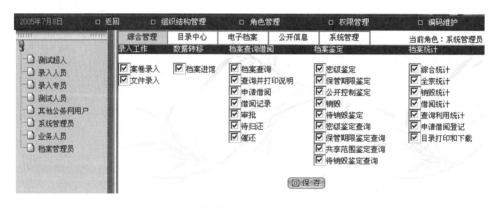

图 9-6 不同角色人员的权限分配示意图

性是指归档电子文件内容完整、背景信息完整、归档电子文件整个生命周期活动记录完整;可靠性是指内容、背景信息、生命周期活动记录都是可靠的。完整性和可靠性可以通过电子文件管理系统设置的自动检查模块进行自动检查,而真实性则需要档案人员打开文件以后人工判定,如果档案人员有疑问,应该请文件形成者一起确认,检查电子文件内容、结构、背景信息的一致性。

(三) 电子文件数字资源导入完整性维护

电子文件管理系统管理的数据中除了实时业务数据之外,还有历史的目录数据和全文数据。这些数据如果之前已经录入临时数据库,则应该将临时数据库中的数据导入系统,当然,在系统需求分析过程中,应该将导入功能加入系统基本功能需求分析中。在导入的过程中,应该进行数据检查,以免导入过程中由于操作失误而破坏数据或者丢失数据。

（四）电子文件数字资源变更维护

电子文件管理系统运行过程中，所依赖的软硬件环境经常会发生变化，当某台计算机的软硬件环境变更时，可能会导致某些文件无法使用，因而这些文件需要在软硬件环境变更时进行一些处理，即资源变更处理。

如果该计算机的软硬件环境的变更不会对文件的使用产生影响或整个系统中拥有相同的软硬件平台，则可以变更资源。

如果该计算机的软硬件环境的变更会对某些文件的使用产生影响，其可能无法在新的软硬件环境下运行，则必须通知系统管理员进一步判断是否可以变更资源或进行迁移。

如果该计算机的软硬件环境的变更会对某些文件的使用产生影响或整个系统无相同的软硬件平台，就应将这些文件进行升级，使之可以在新的软硬件环境下运行，对文件进行升级需要将其迁移。

迁移是为了解决电子文件长期保存和外部软硬环境变化迅速、淘汰频繁之间的矛盾而设计的，目的是使电子文件能与外部软硬环境相适应。它包括资源变更登记、资源变更受理、迁出、迁入四个功能。

"资源变更登记"用来记录业务部门软硬件资源的变更情况，包括原环境（系统依据 IP 地址自动获取该计算机环境信息）、现有环境，该功能可以及时提交环境变更信息，档案人员也可以及时接收到有关信息。"资源变更受理"由档案人员操作，可以查看环境变更的所有文件集信息，并从中选择准备迁移的文件集，给定待迁移标记。"迁出"是将需要迁出的电子文件从正式目录转移至迁出目录，由管理人员对这些文件做升级转换工作，并将已升级转换完毕的电子文件移至迁入目录。"迁入"是自动把迁入目录下已升级转换完毕的电子文件移至正式目录，并登记迁入相关信息。

思考题

1. 简述电子文件管理系统的特点。
2. 简述电子文件管理系统的开发原则。
3. 简述电子文件管理系统运维的环节。

参考答案要点

第十章 电子文件管理元数据

元数据是电子文件管理不可或缺的重要工具之一。由于电子文件内容极易被删改、破坏,为了保证电子文件信息的原始真实,人们开始重视元数据。元数据可以记录电子文件在形成、处理、保管、利用等运转流程中的全部情况。因此,只有在掌握元数据的基础上,才能对电子文件进行安全有效的控制,保证电子文件的真实性、完整性、可用性和安全性,同时元数据也是电子文件信息组织管理和检索利用的重要依据。

将元数据应用于电子文件管理的意义重大。电子文件管理元数据记录了电子文件的特征及其变化过程,是反映电子文件内容、结构、背景的全面、系统和有序的信息。元数据可用来组织和管理电子文件信息,准确地识别、定位和访问电子文件信息;元数据可用来建立电子文件的数据目录,维护电子文件信息数据,共享电子文件信息资源;元数据还能提供电子文件数据转换迁移和利用传播等方面的信息,保障电子文件信息的长期存储和安全利用。

第一节 电子文件管理元数据理论

一、电子文件管理元数据的概念

电子文件的大量涌现改变了传统的档案管理模式,需要新的技术方法和手段,元数据的出现为电子文件管理提供了新的思路。

元数据概念最早出现于计算机领域,是为了满足计算机网络中共享数字资源的需求而使用的。其后,在地理学、图书馆学、情报学和档案学等多个学科领域得到广泛应用。在计算机、图书情报等领域,元数据主要用于描述与标识数字资源,其主要目标是用于资源组织和资源发现。到了档案领域,元数据的概念和作用则得到进一步拓展。

(一) 元数据在档案管理中的应用

元数据在文件、档案管理领域中的应用,起始于20世纪80年代末90年代初。就元数据的本质来说,档案界早就开始了其应用研究,如传统载体档案的著录数据就是元数据的实践应用。传统的文件管理工具,如文件登记簿、文件处理单、索引、文摘、著录卡片等都为人们提供了文件的一部分元数据,这类数据不仅描述了文件的内容,还提供了文件重要的背景信息,有助于控制和管理文件,比如"谁"在"什么时候""在哪里""如何"使用过该文件。在传统的文件处理过程中,档案工作者通过制作索引、文件清单和其他辅助工具等又创建了新的元数据信息,用来帮助利用者快速找到并理解他们所需的文件,即使文件此时已经被转移到他所,也不会因此而丢失。

在电子文件领域,元数据在文件管理中占据了愈来愈重要的地位。在传统的档案库房中,即使事先没有为文件制作任何的检索工具,人们依然能在档案架上逐份搜寻发现所需的文件。然而对于数量庞大的电子文件,这种方法显然是行不通的。电子文件比传统文件所包含的元数据元素更加丰富、复杂。有些元数据元素是特地为计算机设计的。例如,在文件创建时给其赋予格式识别标识,计算机便能自动在相应的软件中打开该文件。而关于镜像数据位置的描述,则为选择最佳通信带宽来传输数据提供了方便。关注文件保管方面的元数据,如文件创建和修改日期、维护责任人等,将会对文件的妥善保存大有裨益。

对于电子文件工作者来说,元数据成为他们管理电子文件内容、结构和背景的重要工具。电子文件的元数据是动态描述电子文件各方面特征的数据,它以结构化的规范语言如实地记录了电子文件的内容、结构和背景及其变化情况,反映某文件(或文件集合)与其他文件(或文件集合)的区别与联系,便于对馆(室)藏文件的智能控制和结构化存取,也有利于在脱离原件的情况下对文件的存储状态与内外部特征有充分的认识。[1]

(二) 电子文件管理元数据概念的形成

在电子文件领域关于元数据概念的理解,目前普遍认为经历了三个发展阶段,分别为文件元数据阶段、文件管理元数据阶段以及电子文件管理元数据阶段。

1. 第一阶段——文件元数据

在文件档案领域,最先采用元数据这一术语的是联合国信息系统协调委员会

---

[1] 周耀林、王艳明:《电子文件管理概论》,武汉大学出版社2016年版,第84页。

1990年出版的《管理电子文件：问题与指南》。由于"关于数据的数据"作为元数据的定义太泛，所以，文件与档案工作者在将元数据引进后作了重新定义，在该指南中，将元数据定义为描述数据和数据系统，即数据库的结构、特征、位置等一类的数据。

很显然，该元数据定义偏重于计算机的数据库，并没有揭示出元数据在电子文件管理领域中应用的本质属性。所以，到了1997年，在国际档案理事会电子文件委员会出版的《电子文件管理指南》中，仍然将元数据定义为：关于数据的数据。

然而，"元数据是关于数据的数据"这一概念并不容易被文件与档案工作人员所理解。因此，在实践基础上，国际文件、档案领域及各国文件档案专家、学者又对元数据定义进行了更深入的探索。

2. 第二阶段——文件管理元数据

为了使元数据在文件、档案领域有其更为专指的性质和含义，国际标准化组织于2001年10月正式颁布了国际上第一个文件管理国际标准《信息与文献—文件管理 第1部分：通则》(ISO 15489.1：2001)，专门定义了在文件、档案领域中应用的元数据的概念：自始至终描述文件背景、内容和结构及其管理的数据。

在该国际标准中所提出的元数据定义，将其特殊本质紧紧地与文件的多维结构——内容、结构和背景及其管理结合起来，并贯穿于文件的整个生命周期，这样元数据的定义就与文件的定义紧密地结合起来了，体现了元数据在文件、档案领域中应用的特殊性。应该说，该定义比起之前的大大前进了一步。

3. 第三阶段——电子文件管理元数据

当初将元数据引进档案界主要是为了解决数字环境中的电子文件管理问题。如何使元数据与电子文件管理更直接地结合起来，就成为文件、档案界致力探索的领域。为此，国际标准化组织颁布了国际标准《信息与文献—文件管理过程—文件元数据 第2部分：概念与实施问题》(ISO 23081.2：2009)。该国际标准对文件管理元数据又作出了专门的定义：能自始至终地并能在领域内与领域间支持文件创建、文件管理与文件使用的结构化或半结构化信息。

该元数据定义与2001年国际标准《信息与文献—文件管理 第1部分：通则》中的定义相比，一是强调了元数据的结构化或半结构化特征，在概念上更多地反映出其适合于数字环境的特性，因而在元数据的功能上进一步深化了；二是强调了元数据在文件生命周期各个阶段即创建、管理、使用中领域内与领域间的互操作性，因而在元数据反映文件生命周期各个阶段的特性上进一步深化了。

此后，在国际文件、档案领域中对文件管理元数据的认识逐渐达成了共识，并以国际标准的形式加以规范，且电子文件管理元数据具有文件管理元数据所具有的一切特征。所以,在表达电子文件管理元数据时往往强调"元数据对象"——电子文件。

(三) 电子文件管理元数据的内涵

在国家标准《电子文件归档与电子档案管理规范》(GB/T 18894—2016)中,电子文件元数据的定义为:描述电子文件和电子档案的内容、背景、结构及其管理过程的数据。

在这个定义中,将元数据限定为描述电子文件数据属性的数据。从电子文件管理理论和实践看,电子文件管理元数据不仅包含其内容、结构和背景方面的信息,还应包含业务办理过程、电子文件管理运行过程、责任者背景以及电子文件之间的关联等元数据。因此,电子文件管理元数据是指自始至终支持电子文件创建、管理和利用的结构化信息。

无论是文件管理元数据还是电子文件管理元数据,其定义均突出了对文件全生命周期的控制功能,可以说其外延是相当广泛的,囊括了有关电子文件(或文件)的一切元数据。国际档案理事会 2005 年发布的《电子文件:档案工作者实用手册》,从利用角度将元数据划分为技术元数据、文件元数据和档案元数据三个类别。

所谓电子档案元数据,即指在电子档案阶段,由档案保管机构所形成的对电子档案进行智力与物理控制的著录元数据。与此相对应,所谓电子文件元数据,即指在电子文件的现行和半现行阶段所形成的相关元数据。鉴于此,电子文件管理元数据的外延囊括了电子文件元数据和电子档案元数据(如图 10 - 1 所示)。此外,电子文件管理元数据还包括用于形式化表述的电子文件置标元数据。但在实践中,并没有严格进行概念区分,通常所说的电子文件元数据即指电子文件管理元数据。①

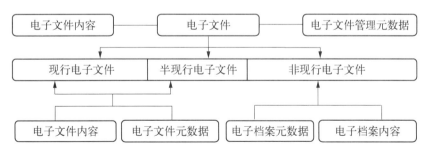

图 10 - 1 电子文件元数据、电子档案元数据与电子文件管理元数据之间的关系

---

① 王大青、张新建、蒙泓:《大数据环境下电子文件管理元数据研究与实践》,四川人民出版社 2015 年版,第 87—88 页。

二、电子文件管理元数据的类型

（一）基于电子文件运动阶段划分的电子文件管理元数据类型

根据文件连续体模型，从电子文件运动不同阶段来看，当文档创建阶段结束之后，就进入了电子文件的捕获阶段。由此，电子文件管理元数据就可以划分为两种类型，即捕获节点元数据和捕获点之后元数据。所谓捕获是指适时获取电子文件及其元数据的方法与过程，而电子文件管理元数据就是在这一过程中对电子文件进行获取，使其处于业务背景之中，并对其进行自始至终的控制。

1. 捕获节点元数据

捕获节点元数据即电子文件创建或导入应用系统时所形成的元数据，也就是电子文件形成的背景信息。在电子文件捕获节点上，记录此前文件内容、创建等元数据，包括电子文件内容、结构和技术特征信息，以及电子文件创建环境、业务环境和相应责任者的信息。这部分的元数据是固化的，是与电子文档同时捕获的，捕获后不应进行修改。

2. 捕获点之后元数据

捕获点之后元数据即记录电子文件管理活动和业务办理过程的元数据。这些的元数据包含了电子文件逻辑和物理结构变化、技术属性变更、文件处理过程、文件利用环境、文件之间关系、文件与相关业务间关系、文件与责任主体间关系的记录等信息。

（二）基于实体划分的电子文件管理元数据类型

1. 电子文件自身实体元数据

电子文件自身实体元数据主要是指对电子文件（或文件集合）内容、结构等进行描述的元数据，包含电子文件内容元数据、结构元数据、技术元数据等。其层级结构可分为件、组合、案卷、类别、全宗和全宗群等。

2. 责任者实体元数据

电子文件责任者实体元数据是指与电子文件创建及其管理、利用相关的责任者（人员或机构）的元数据，包括文件起草、审核、签发等责任人员、机构的相关描述信息。其层级结构可分为个人、队组、部门和机构。

3. 业务实体元数据

电子文件业务实体元数据是指电子文件所记录的组织机构业务职能活动元数据，包括业务职能、活动和事务等相关元数据。其中包含的电子文件管理业务实体元数据指的是描述电子文件管理相关过程的元数据。电子文件管理过程元数据贯穿于整个文件生命周期。其层级结构可分为事务、活动和职能，并可根据需要进行拓展。

4. 法规标准实体元数据

电子文件法规标准实体元数据主要用于记录和反映电子文件所需遵循的业务规则、政策和法规，包括电子文件及其元数据创建、管理和利用的法规、制度、应用系统控制策略。其层级结构可分为业务规则、政策和法律法规。

5. 关系实体元数据

电子文件关系实体元数据用于描述文件、责任者、业务、法规标准四类实体内部以及各类实体之间的关系。可具体分为文件之间关系的元数据、集合之间关系的元数据、文件与集合之间关系的元数据以及文件与背景之间关系的元数据等。

（三）基于属性划分的电子文件管理元数据类型

1. 标识类元数据

标识类元数据用于标识对象实体，如电子文件档号、URI（统一资源标识符）和收发文编号。

2. 描述类元数据

描述类元数据用于描述和确认对象实体，如电子文件题名、摘要和主题词。

3. 使用类元数据

使用类元数据用于描述电子文件利用条件、记录重要利用行为等，如电子文件使用权限和利用环境。

4. 事件计划类元数据

事件计划类元数据用于保存电子文件管理事件计划，如事件内容、事件执行人员和事件触发条件。

5. 事件历史类元数据

事件历史类元数据用于记录电子文件管理事件历史，如事件发生时间和事件内容。

6. 关系类元数据

关系类元数据用于描述上述各类实体关系，即在各类实体之间或在同类实体各属性之间，一种感知到的关联，包括不同实体之间以及同一实体各属性之间关系，如电子文件与其责任者之间关系。

（四）基于系统划分的电子文件管理元数据类型

1. 基于时间维度的划分

根据电子文件所处的生命周期阶段，可以将电子文件管理元数据划分为文件元数据和档案元数据。电子文件移交、归档后著录的元数据称为档案元数据。为进行区别，将电子文件处于现行或半现行阶段所形成的元数据称为文件元数据。

2. 基于空间维度的划分

根据电子文件所涉及的职能活动，可将其元数据划分为文书类电子文件管理元数据、专门类电子文件管理元数据和科技类电子文件管理元数据。实践中可根据需要，再进行具体领域的细分。

3. 基于对象维度的划分

根据电子文件呈现形式的类型，可将其元数据划分为文本类、图像类、音频类、视频类、数据库类和软件类等类型电子文件管理元数据。

一种类型的信息资源所拥有的元数据多少，往往与该信息资源的服务对象、信息资源的价值相关。例如，短期使用的信息资源，则不需要长期使用的元数据；具有学术价值、凭证价值与商业价值的信息资源，则需要比普通的信息资源更多的元数据。

三、电子文件管理元数据的特性

元数据对电子文件管理所具有的重要作用，关键在于元数据本身的特性，元数据本身的特殊性质决定了元数据的作用。

（一）还原性

元数据最基本和最重要的特性就是它的还原性。所谓还原性是指电子文件运行管理过程中形成的元数据具有反映该文件原始记录的性质。在电子文件管理中，元数据系统能够对反映文件的原始特征信息并主动捕获，也就是将电子文件原始信息映射到文件的元数据记录中；当利用某一电子文件时，该电子文件的元数据也就同时反映出其原始状态。所以，元数据具有还原性。

电子文件与元数据映射关系见图10-2。从该图可以看出，元数据记录中的元数据与文件中的内容、背景、结构信息构成了一一对应的映射关系。由于具有这一关系，具有元数据记录的文件，其元数据能完整地记录该电子文件的原始状态。因此，元数据能够还原文件，进而还原历史，保障电子文件的凭证性。

（二）结构性

电子文件管理元数据的结构化特性是指电子文件管理元数据是高度结构化的数据。这种结构化特性表现为元数据之间关系是经过精心设计的，而不是任意堆砌的；每个电子文件元数据的构成是有标准的、规范的、统一的、有序的，而不是杂乱无章的。所以，元数据是经过结构化处理的信息。仍以图10-2为例，每一个元数据在

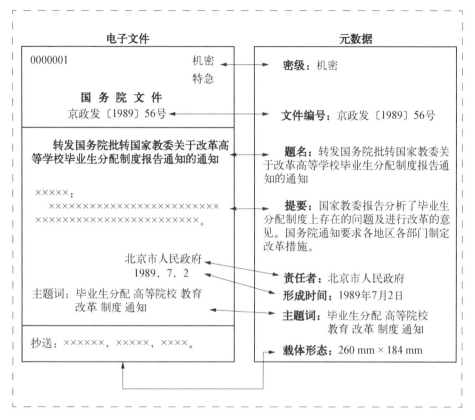

图 10-2 电子文件与元数据映射关系

构成上都分为"元数据元素"与"元数据元素值"两部分(如图 10-3 所示)。

这种结构化使各项元数据信息显示得清清楚楚,既便于识别又没有歧义,而在整体构成上元数据的排列顺序也是遵从于文件原始结构顺序的。此例中的元数据信息就是按文件的原始结构顺序——密级、文件编号、题名、提要、责任者、形成时间、主题词等进行排列。元数据的结构化特性有利于数据挖掘处理和计算分析。

(三)跟踪性

跟踪性是指电子文件管理元数据能在电子文件的整个生命周期中即时、动态地获取电子文件的元数据,从而保障电子文件的真实可靠性。元数据不是简单的著录信息,它是在数字化环境中生成的数据,所以能够跟踪记录电子文件从产生时的软硬件环境、形成背景以及业务活动、存储保管、利用传播的整个历史过程。电子文件运行过程中设备技术、操作系统、加工处理等形成的历史数据都能保存下来,年代越久远,积累下来的历史数据就越多。一个文件的产生、使用、载体、系统更替乃至销毁的历史痕迹全部可以记录在案,从而能够反映电子文件在整个生命周期的历史过程。

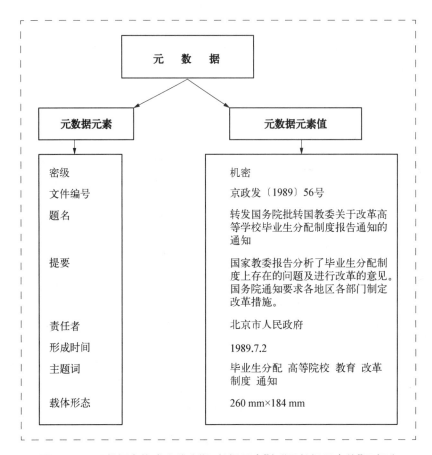

图 10-3　元数据在构成上分为"元数据元素"与"元数据元素值"两部分

（四）记录性

记录性就是指电子文件管理元数据不仅能够记录、还原电子文件，而且能够系统地记录和反映电子文件生成时所处的环境。就技术角度而言，元数据能记录反映技术环境。如果电子文件是在单机上生成的，元数据能够反映单机环境；如果电子文件是局域网系统中运作的，则能够反映局域网系统的环境；如果电子文件系统是在因特网中通信交流的，则能反映因特网的环境。就行政管理角度而言，元数据能记录反映行政管理环境，如电子文件产生时所必须遵循的法律法规、规章制度、政策标准等。

四、电子文件管理元数据的作用

电子文件管理元数据，有助于对电子文件的理解、管理和利用，确保电子文件的真实性、完整性、可用性和安全性。

1. 支持电子文件凭证价值

元数据为结构化或半结构化信息,支持在一个领域内或跨领域进行电子文件的创建、注册、分类、利用、保存和处置。电子文件管理元数据可用于文件和相关责任人员的确认、识别和描述;描述文件涉及的业务过程;描述文件创建、管理、维护和利用的应用系统;描述文件管理法规标准,将电子文件置于监控体系之中,可确保电子文件的凭证价值。

电子文件管理元数据可支持数字办公环境中业务决策和业务活动的执行,并进行实时记录,支持电子文件全程管理需求,对电子文件的形成、管理和利用进行控制,为组织机构(或个人)履行其职能提供凭证价值和情报价值。

2. 支持电子文件全程动态管控

电子文件管理元数据可以完整地实现电子文件著录,可以系统、动态地记录电子文件跨越时空的运动轨迹。不仅能在管理者与电子文件之间建立枢纽,还能成为智能的"电子文件管理者",通过其控制作用实现电子文件的全程管理。

在电子文件或文件集合的生命周期中,随着业务办理、文件管理处置操作和利用操作的发生,不断有新的元数据被添加进去。这就意味着,随着时间的推移,元数据将继续增加与业务处理、文件管理相关的信息。元数据可被追踪或者被多个应用系统重用,不仅可在电子文件现行阶段发挥作用,而且可在电子文件非现行阶段发挥作用。

3. 支持电子文件长久保存

科学的电子文件管理元数据体系是文档领域和计算机领域专家思维的直接体现,可以反映电子文件管理的学科理论及各类法律、法规和标准,具有较好的科学性、前瞻性和规范性,可以支持电子文件在不同环境或计算机平台之间的顺利迁移。在软件、硬件技术飞速发展的当今,元数据对于确保电子文件的长久保存是必不可少的。

4. 支持电子文件科学组织和高效利用

电子文件管理元数据可以全面而系统地描述电子文件;可以记录与反映电子文件个体之间、电子文件集合之间等的复杂关联;可以对电子文件进行分类组织,并以结构化方式实现文件与其背景之间的关联;可以捕获和形成相关著录信息,产生目录体系和检索系统,支持电子文件知识组织和高效检索。

借助标准化的电子文件管理元数据,可以实现语义层面和语法层面互操作,保障电子文件在其生命周期中的可用性,最大限度地实现电子文件资源共享。元数据从电子文件捕获开始,描述文件内容及其与相应业务活动的关系,将电子文件置于相应业务背景之中,有利于对电子文件的理解,有利于提供多个检索入口,有利于支持用户对电子文件信息的检索与资源共享。

5. 支持电子文件风险管理

电子文件管理元数据可以直接支持电子文件的风险管理，记录与反映电子文件的风险评估结果、安全状态等，对电子文件管理和利用实施权限控制，防范未经授权的操作与违规利用；通过对电子文件管理所面临的风险进行识别、评估、分析、研判，并在此基础上建立风险管理体系，有效地处置风险，以最低成本实现最大安全保障，使电子文件得到全方位的、安全、有效的保护，全面提升管理水平。

6. 支持业务活动顺利实施

电子文件管理元数据通过对电子文件的有效控制来支持组织机构数字办公环境下业务活动的顺利实施和持续开展。尤其是在组织机构结构、职能或者工作流程发生变更的情况下，电子文件管理元数据对于业务活动的持续性具有重要意义，能够有效保障电子文件业务活动的连续性、全程性和完整性。[1]

第二节 电子文件管理元数据标准和研究项目简介

元数据是电子文件管理的重要工具，对其标准化是提高电子文件管理质量的重要策略。在过去的几十年中，一些国家、地区、组织已经陆续出台了与电子文件管理相关的元数据标准，这些标准可以分为两类：一类是国际标准化组织直接针对电子文件管理元数据发布的国际标准；另一类是各个国家和地区发布的电子文件管理元数据标准。从已经出台的元数据标准来看，其主要内容是元数据元素集（metadata element set）的设计。元数据元素集是指需要捕获的所有元数据元素的集合，简称元数据集。这些元数据标准对元数据集中各元素的名称、作用、使用条件、相互关系、编码体系等作出了较为详尽的规定。

一、电子文件管理元数据研究项目

（一）美国匹兹堡大学项目

1993—1996年，戴维·比尔曼主持了美国国家历史出版物和文件管理委员会（NHPRC）在匹兹堡大学设立的科研基金项目"电子文件档案管理需求实现过

---

[1] 王大青、张新建、蒙泓：《大数据环境下电子文件管理元数据研究与实践》，四川人民出版社2015年版，第116页。

程中的变量",提出"可为业务活动接受的通信的元数据参照模式",按照元数据所支持的功能不同,将电子文件管理元数据划分为六个层次,分别为登记层(registration)、期限和条件层(terms and conditions)、结构层(structural)、背景层(contextual)、内容层(content)、利用史层(history of use)。其中登记层的作用在于确认文件;期限和条件层支持文件的安全控制;结构层记录文件的软硬件依赖性,保证文件的可读性;背景层说明文件的来源,维护文件的数据性;内容层描述文件的内容信息;利用史层记录文件产生后重要的利用情况。匹兹堡大学项目是最早研究电子文件管理元数据的科研项目,其研究成果被广为参考,澳大利亚联邦政府机关文件保管元数据标准就沿用了这种划分方法。

(二) SPIRT 项目

1998—1999 年,由澳大利亚工业、研究与培训战略合作组织(SPIRT)资助,莫西那大学苏·麦克米协会主持的"网络化环境中为长期管理和存取信息资源,发挥其行政、经济、社会和文化作用而建立的文件保管元数据标准"项目,制定了一个全面、结构化、可扩展的标准元数据集,适用于政府部门、商业部门、社会和文化机构。这个项目从元数据描述的实体对象出发将元数据分为四类:业务活动元数据、文件保管活动元数据、机构/人员元数据、文件元数据。每类实体元数据由 10 个共同的元素和自身特有的元素构成,共 51 个元素。10 个共同的元素分别是类别(category type)、标识符(identifier)、名称/题名(title)、日期(date)、法律依据(mandate)、地点/位置(place)、职能分类(functional classification)、关联(relation)、摘要(abstract)、语种(language),详见表 10 - 1。

表 10 - 1　SPIRT 元数据元素集

类　型	元　数　据　元　素
业务活动	类别、标识符、名称、日期、法律依据、地点、职能分类、关联、摘要、语种、业务规则
文件保管活动	类别、标识符、名称、日期、法律依据、地点、职能分类、关联、摘要、语种、业务规则
机构/人员	类别、标识符、名称、日期、法律依据、地点、职能分布、关联、摘要、语种
文件	类别、标识符、题名、日期、法律依据、位置、职能分布、关联、摘要、语种、主题、文件形式、鉴定、控制、保存、检索、存取、利用、事件史

二、国外电子文件管理元数据标准

继匹兹堡大学项目之后,许多国家和地区开始制定适合其自身的电子文件管理元数据标准,而决定各个标准或报告的科学性则主要体现在其各自建立的元数据集上。

(一) 美国国防部《电子文件管理软件应用设计评价标准》

1997年11月,美国国防部发布了《电子文件管理软件应用设计评价标准》(DoD5015.2),并于2007年4月再次发布了更新版本 DoD5015.2-STD。该标准规定了电子文件管理软件应用系统的强制性基本功能需求,同时也规定了更为合适的非强制性功能需求。

美国国防部《电子文件管理软件应用设计评价标准》(DoD5015.2-STD)中的元数据系统模型主要由7个层次构成,分别是文件实体层、案卷层、案卷计划层、文件类型层、案卷类别层、处置说明层以及终止说明层,详见表10-2。

表10-2 《电子文件管理软件应用设计评价标准》
(DoD5015.2-STD)中的元数据

类型	元数据元素
文件实体层	主题、归档日期、传送接收类型、物理位置、文件格式、文件存储介质、创建时间、创建者、形成组织、案卷代码、文件类别代码、文件唯一标识符、用户自定义数据、相关联文件信息、后续处理、处置行为日期
案卷层	案卷规划代码、案卷标识、文件标识集、案卷建立时间、案卷永久不变时间、案卷类别代码
案卷计划层	案卷计划代码、文件类别代码、处置权限、用户自定义数据
文件类型层	文件种类名称、标识、描述、文件部署指令标识
案卷类别层	类别、标识符、题名、日期、法律依据、位置、职能分布、关联、摘要、语种、主题、文件形式、鉴定、控制、保存、检索、存取、利用、事件史
处置说明层	处置名称、处置代码、处置类型、行为类型、保管期限、处置行为描述
终止说明层	终止代码、注释、终止类型

(二) 英国电子文件管理需求标准《电子文件管理系统需求》

2002年9月,英国公共文件局颁布了英国电子文件管理元数据标准,其由两个部分组成,分别为《电子文件管理系统需求 第一部分:功能需求》及《电子文件管理系统需求 第二部分:元数据标准》。

《电子文件管理系统需求 第一部分:功能需求》明确了该标准的主要目的,决定了英国政府机构工作中电子文件管理的需求。在该部分中,该标准首先对需求的层次及结构做了规定,随后,根据电子文件管理流程列出了电子文件管理系统中的核心需求及可选需求。《电子文件管理系统需求 第二部分：元数据标准》是针对第一部分中的需求所提出的元数据元素,该部分中规定了元数据 17 个元素及其子元素,这些元素是英国政府中支持跨部门电子文件管理所必须具备的,详见表 10 - 3。

表 10 - 3 《电子文件管理系统需求 第二部分：元数据标准》中的元数据

元 数 据 元 素	执 行 强 度
标识(identifier)	必要
日期(date)	必要
位置(location)	可选
权限(rights)	必要
处置(disposal)	必要
文件类型(record type)	必要
集合(aggregation)	必要
保存(preservation)	可选
形成者(creator)	必要
关联(relation)	必要
法律依据(mandate)	可选
题名(title)	必要
主题(subject)	可选
说明(description)	可选
语种(language)	可选
收件人(addressee)	只对邮件是必要的,对其他文件皆为可选
数字签名(digital signature)	该元素正在制定过程中

（三）国际标准《信息与文献—文件管理过程—文件元数据》

为了适应电子文件管理元数据的时代需求,国际标准化组织制定了文件管理元数据系列标准——ISO 23081 的 1—3 部分,涵盖了文件管理元数据的原则、元数据元素定义框架和文件管理元数据评估规则。2006 年发布的《信息与文献—文件管理过程—文件元数据 第1部分：原则》(ISO 23081.1：2006)明确指出：元数据可以确保电子文件的真实性、可靠性、完整性和可用性。元数据管理是文件管理不可或缺的构成部分，具有多种功能与用途。

《信息与文献—文件管理过程—文件元数据 第1部分：原则》主要对电子文件管理元数据建立的原则进行了标准化，该标准中的元数据进行了两层分类，分别为空间上的分类以及时间上的分类。空间上，元数据被分成五个实体，具体为文件实体、人员实体、业务实体、关系实体及法规实体；而时间上的分类，则将元数据分为捕获节点上的元数据及捕获后元数据。《信息与文献—文件管理过程—文件元数据 第2部分：概念与实施》(ISO 23081.2：2009)将电子文件管理元数据建立的原则具体化为可实际操作的体系框架。

《信息与文献—文件管理过程—文件元数据 第2部分：概念与实施》中电子文件管理元数据按照实体分为：文件实体、业务实体、责任者实体及法规实体；电子文件管理元数据按照属性分为标识元数据、描述元数据、利用类元数据、事件计划类元数据、事件历史元数据以及关系类元数据。其元数据元素集详见表10-4。

表10-4 《信息与文献—文件管理过程—文件元数据 第2部分：概念与实施》(ISO 23081.2：2009)中的元数据

类　　型	元　数　据　元　素
文件实体	件、复合件、案卷、类别、全宗、全宗群
业务实体	行为、活动、职能、社会职能
责任者实体	个人、单位、部门、机构
法规实体	业务规则、政策、法律/法规
标识元数据	实体类别、应用级次、登记标识符
描述元数据	题名、分类、提要、位置、行政、内容标识符
利用类元数据	技术环境、权限、利用、对象、语言、完整性、文件类型
事件计划类元数据	鉴定、处置、保存、利用控制、权限
事件历史元数据	事件标识、事件日期、事件类型、事件描述、事件关系
关系类元数据	相关实体标识、关系类型、关系日期

该国际标准的提出是电子文件管理元数据标准研究的里程碑，推动了各个国家和地区在电子文件管理元数据领域的研究，为各个国家和地区制定和修订适合

其自身的电子文件管理元数据标准提供了最佳指导。

（四）澳大利亚国家标准《澳大利亚政府电子文件管理元数据标准》

国际标准《信息与文献—文件管理过程—文件元数据》的颁布对澳大利亚国家标准《澳大利亚政府电子文件管理元数据标准》的发布产生了重大的影响。后者发布于2008年，是1999年澳大利亚国家文件档案馆发布的《联邦机构电子文件管理元数据标准》的更新版本。新的国家标准列出了机构在文件管理过程中需捕获的信息类型，以结构化的方式描述文件的标识、真实性需求、内容、结构、背景以及有效的管理需求，从而保证真实、可靠、可利用的文件的能满足业务的需要。而新版本的国家标准与旧版本的区别在于，新版本建立在国际标准《信息与文献—文件管理过程—文件元数据》的多实体元数据模型之上，允许对五个单独实体的描述，这五个实体分别为文件实体、责任者实体、业务实体、法规实体及关系实体，详见表10-5。

表10-5 《澳大利亚政府电子文件管理元数据标准》中的元数据

类型	元数据元素	执行强度
文件实体	类别（category）	必要
	标识（identifier）	必要
	名称（name）	必要
	日期（date range）	必要
	描述（description）	可选
	行政权限（jurisdiction）	可选
	密级分类（security classification）	条件必备
	安全警告（security caveat）	条件必备
	权限（rights）	条件必备
	语种（language）	条件必备
	覆盖范围（coverage）	可选
	关键词（keyword）	条件必备
	处置（disposal）	必要
	格式（format）	条件必备
	范围（extent）	必要

续　表

类　　型	元　数　据　元　素	执 行 强 度
文件实体	载体(medium)	条件必备
	完整性检验(integrity check)	条件必备
	位置(location)	可选
	文件格式(document form)	可选
	优先级(precedence)	可选
责任者实体	类别(category)	必要
	标识(identifier)	必要
	名称(name)	必要
	日期(date range)	必要
	描述(description)	可选
	行政权限(jurisdiction)	可选
	许可(permissions)	条件必备
	联系(contact)	条件必备
	地点(position)	可选
	语种(language)	可选
业务实体	类别(category)	必要
	标识(identifier)	必要
	名称(name)	必要
	日期(date range)	必要
	描述(description)	可选
	行政权限(jurisdiction)	可选
	密级分类(security classification)	可选
	许可(permissions)	条件必备
法规实体	类别(category)	必要
	标识(identifier)	必要

续　表

类　型	元　数　据　元　素	执 行 强 度
法规实体	名称(name)	必要
	日期(date range)	必要
	描述(description)	可选
	行政权限(jurisdiction)	可选
	密级分类(security classification)	条件必备
	安全警告(security caveat)	条件必备
	覆盖范围(coverage)	可选
关系实体	类别(category)	必要
	标识(identifier)	必要
	名称(name)	必要
	日期(date range)	必要
	描述(description)	可选
	相关实体(related entity)	必要
	改变历史(change history)	条件必备

三、我国电子文件管理元数据标准

而国际标准的出台也促进了我国电子文件管理元数据标准体系的建设。在国家标准方面，我国采纳了国际标准《信息与文献—文件管理过程—文件元数据 第1部分：原则》(ISO 23081.1：2006)，并将其同等采用为国家标准《信息与文献—文件管理—文件元数据 第1部分：原则》(GB/T 26163.1—2010)。在档案行业标准方面，已发布《文书类电子文件元数据方案》(DA/T 46—2009)、《版式电子文件长期保存格式需求》(DA/T 47—2009)、《基于 XML 的电子文件封装规范》(DA/T 48—2009)、《照片类电子档案元数据方案》(DA/T 54—2014)、《录音录像类电子档案元数据方案》(DA/T 63—2017)等行业标准。

1.《文书类电子文件元数据方案》

该标准规定了电子文件形成、交换、归档、移交、保管、利用等全过程中元数据设计、捕获、著录的一般要求。遵照了 ISO 15489、ISO 23081，明确了电子文件元数据分面结构,将电子文件元数据分为四个实体,即文件实体元数据、机构人员实体元数据、业务实体元数据以及实体关系元数据,规定了元数据元素及其结构,给出了元数据元素的描述方法,并对元数据元素进行了详细描述。其元数据元素详见表10-6。

表10-6 《文书类电子文件元数据方案》中的元数据

类型	元数据元素
文件实体元数据	集合层次、档号、全宗形式、立档单位、立档单位沿革、全宗档案内容介绍、全宗档案历史沿革、全宗档案整理体系、全宗档案数量、题名、主题、文件组合类型、文件编号、责任者、成文时间、起止时间、件数、页数、文种、语种、紧急程度、稿本、主送、抄送、内容摘要、附注、行文依据、覆盖范围、计算机文件属性、数字化属性、存储、电子签名、原始信息系统描述、文档创建环境
机构人员实体元数据	机构人员类型、机构人员名称、法定代表人、组织机构代码、档案馆代码、辖区范围、职能范围、个人职位、联系方式
业务实体元数据	业务类型、业务行为、行为受理时间、行为时间、行为移送时间、行为依据、行为原因、行为结果、行为描述
实体关系元数据	实体标识符、关系类型、关系、关系描述

2.《电子文件长期保存格式需求》

该标准规定了电子文件长期保存格式需求,明确了电子文件长期保存格式应具有的特征及其选择原则,列出了一些电子文件格式特征。

3.《基于XML的电子文件封装规范》

该标准运用《文书类电子文件元数据方案》中规定的元数据及其本身规定的封装元数据,实现了对电子文件的封装,规定了电子文件封装的结构模型,给出了封装元数据元素、结构及其描述方法,对具体的封装元数据元素进行了详细描述,确立了XML的技术要求、加密技术要求以及电子签名技术要求,附录了电子文件封装包的Schema定义和元数据索引。

4.《照片类电子档案元数据方案》

该标准规定了照片类电子档案元数据实体及其元数据构成,涉及电子档案形成、登记、归档、移交、接收、保存、利用、销毁等全过程。该标准适用于各级综合档案馆、机关、团体、企业事业单位,可描述、管理以卷、件为保管单位的照片类电子档案,银盐感光材料照片档案数字副本的管理,保障照片类电子档案的真实性、完整性、可用性与安全性。

5.《录音录像类电子档案元数据方案》

该标准规定了录音录像类电子档案元数据设计、捕获、著录的一般要求。采用多实体模式建立录音录像类电子档案元数据方案,并将其划分为档案实体、业务实体、机构人员实体、授权实体等四类元数据实体,从而有效记录录音录像类电子档案管理过程。

第三节　电子文件管理元数据设计与实施

一、电子文件管理元数据设计

电子文件管理元数据设计工作主要内容包括以下几个部分。

(一) 确定电子文件管理元数据的结构

从系统结构理论视角看,电子文件管理元数据的多元功能取决于其结构。电子文件管理元数据结构的组织,需要依据电子文件管理元数据的功能需求,明确其基本构成要素,遵循系统论的原理,科学架构,准确而完整地反映各要素之间的关系,并根据发展态势进行结构优化,以求电子文件管理元数据功能的最优化。

电子文件管理元数据的基本结构有宏观结构和微观结构之分,即元数据基本框架和各元素的具体构成。

1. 电子文件管理元数据的宏观结构

电子文件管理元数据的宏观结构即设计总体架构,依据元数据性质和特征进行分类组织,明确电子文件管理元数据所包含的元数据类组、各元数据类组之间关系、各元数据类组的具体构成元素、各元素之间关系。

元数据类组由若干个具有共同性质的元数据元素构成,可根据需要进一步划分子类组。例如,在戴维·比尔曼主持的美国匹兹堡大学的元数据研究项目中,将电子文件管理元数据分为文件元数据、背景元数据和利用元数据三个类组,并进一步划分子类组,即文件元数据类组包含处理层、结构层和内容层三个子类组;背景元数据类组包含条件层和业务背景层两个子类组;利用元数据类组下设利用历史层子类组。我国行业标准《文书类电子文件元数据方案》(DA/T 46—2009)中,各层级元素总共88个,在第一个层次上,将元数据划分为四个类组,即文件实体元数据、机构人员实体元数据、业务实体元数据和实体关系元数据四类;在第二个层次上,明确了各类实体元数据元素的组成,例如,文件实体元数据由聚合层次、来源、电子文件号、档号、内容描述、形式特征、电子属性、数字化属性、电子签名、存储位置和权限管理等构成;在第三个层次上,根据需要,进一步明确容器型元数据的构成,例如,来源元数据由档案馆名称、档案馆代码、全宗名称和立档单位名称等元素构成。其宏观结构如图10-4所示。

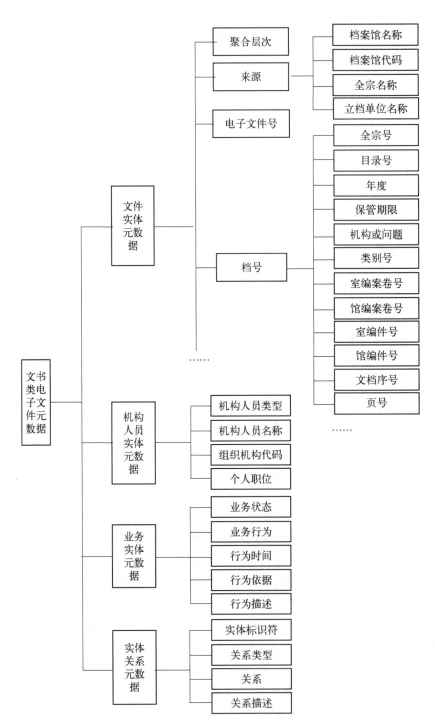

图 10-4 《文书类电子文件元数据方案》中的电子文件管理元数据宏观结构

2. 电子文件管理元数据的微观结构

电子文件管理元数据的微观结构是指元数据元素的具体构成,即其语义结构。元数据元素的确定是元数据管理中基础性工作,应明确各元素(或元素值)的语义及其相互之间关系,其微观结构如图10-5所示。各类元数据元素可根据需要设置子元素。

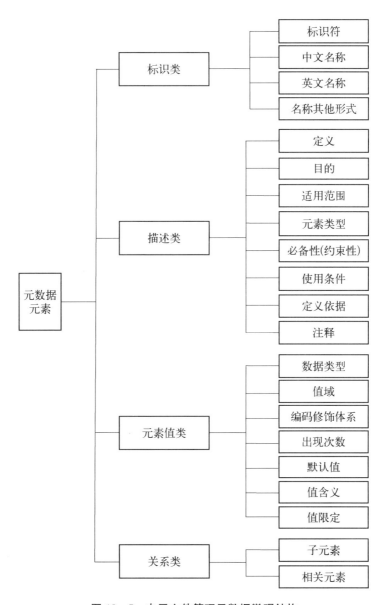

图 10-5　电子文件管理元数据微观结构

元数据元素也称元数据单元,是指元数据所描述文件某一方面的特征。元数据元素分为简单型、容器型和复合型三种。简单型是指不具有子元素的元素所对应的元素类型。容器型是指具有子元素且本身不能被赋值的元素所对应的元素类型。复合型是指本身可以被赋值且在一定条件下可以具有子元素的元素所对应的元素类型。在电子文件管理元数据设计阶段,需要明确各个元数据元素的名称、标识、定义、类型、编码体系、捕获时间、捕获方式以及与其他元素之间的关系等。一般来说,电子文件管理元数据的微观构成可划分为标识类、描述类、元素值类和关系类四个类别。

第一,标识类。

标识符:为元素或子元素分配的唯一一组符号,即元素或子元素的机读名称。每个元素都应有唯一的名称和标识。名称是管理人员和利用者识别元数据元素的依据,标识是机器识别元素的符号。名称和标识可能相同,也可能不同。

中文名称:以中文为元素或子元素赋予的自然语言名称,即中文人读名称。

英文名称:以英文为元素或子元素赋予的自然语言名称,即英文人读名称。

名称其他形式:元素名称的其他表达形式,如同义词。

第二,描述类。

定义:用于规定元素或子元素的概念,是对每个元数据元素外延和内涵的揭示和说明。

目的:明确元素或子元素应用的目的。

适用范围:用于指明该元素所适用的电子文件实体及其层级。

元素类型:用于表明该元素是简单型还是容器型。

必备性(约束性):分为必选、条件选和可选。必选,指无论何种情形必须具备;条件选,指特定环境和条件下必选;可选,指可以自由选择。

使用条件:使用条件即指"条件选"元素的使用前提,指明特定条件下元素或子元素的适用实体或具体的实体层级。

定义依据:指明元素定义所遵循的法规、标准。

注释:为理解和使用元素或子元素提供说明信息。

第三,元素值类。

数据类型:用于表明元素值的类型,包括字符型、数值型等。

值域:用于规定元素取值范围。

编码修饰体系:明确元素或子元素的定义标准、控制词表或编码方案。编码体系规定了元数据元素取自的标准、规则。比如对于元素"形成时间",其编码体系为《数据元和交换格式—信息交换—日期和时间表示》(ISO 8601:2004),采用

"YYYY-MM-DD"的格式,如果"形成时间"为"2004年1月1日",则表示为"2004-01-01"。编码体系可以是国际标准、国家标准、行业标准,也可以是机构自行编制的词表、代码表等。

出现次数:明确元素或子元素是否可重复使用。

默认值:除非特别声明,否则元素或子元素的取值为预先指定的值。

值含义:用于解释与说明元素值代表的意义。

值限定:用于明确元素取值约束条件。

第四,关系类。

子元素:用于明确该元素的子元素。

相关元素:用于表明该元素的相关元素。

(二)捕获电子文件管理元数据

电子文件管理系统中,电子文件管理元数据的捕获方式有三种:第一种是系统自动生成;第二种是人工著录;第三种是人工选择,即系统提供备选值,由管理人员根据具体情况决定。也可综合应用这三种方式。

(三)明确元数据与文件之间的关系

元数据可以作为其描述的电子文件的一个组成部分,如网页文件的部分元数据就是用标签表示并嵌入文件中的;也可以独立于电子文件存在,如数据库文件的许多元数据保存在数据字典中。如果要通过计算机系统对元数据加以多种应用,最好以结构化方式对元数据加以储存,精确定义每一个元数据元素。但目前大多电子文件的结构化程度不高,难以将结构化的元数据嵌入其中。而有些结构化程度高的电子文件如数据库,鉴于集中管理元数据的要求,也难以将元数据包含在文件中。所以,政府电子文件的元数据大多是独立于文件而保存、维护的,对于那些包含在文件中的部分元数据,也可以通过一定的手段以显性化的方式重新生成,另外保存。如果元数据与电子文件是分离的,那么需要通过链接等方式在两者之间建立联系。

同时,描述同一对象的元数据可能分散保存在不同地点,应在这些元数据之间建立联系,如此才能完整地说明文件或文件集合的来龙去脉。

(四)选择元数据的格式

选择元数据的格式用于决定和描述同一对象的所有元数据元素之间的逻辑关系及其数字化表示形式。若将描述同一对象的元数据集合称为元数据记录,那么格式就是元数据记录的结构。国内外常见的元数据格式有五种。

1. MARC格式

美国国会图书馆在1964—1968年开发研制并投入使用了书目机读目录交换

格式 MARC(Machine-Readable Catalogue)，后来国际标准化组织将其确立为国际标准，并根据技术的发展加以修订，现在的标准为《信息与文献—信息交换格式》（ISO 2709：2008）。美国政府信息资源元数据标准《政府信息定位服务》将 MARC 作为四种元数据格式之一加以推荐。不过 MARC 非常复杂，管理人员经过专业培训才能掌握其编制方法，冗余度高，国内使用这种格式的政府机构和企事业单位极少，详见表 10-7。

表 10-7 MARC 格式示例

代　码	格　　式
093	20040010@
200	＄a 关于召开"三农"问题工作会议的通知＄f 秘书处@
210	＄d20040104@
336	＄a 文字＄a.txt@
606	＄a 三农＄x 会议＄x 通知@
……	……

2. 关系型数据库格式

这是目前我国应用较为普遍的一种元数据格式，容易为管理人员所理解和掌握，结构化程度高。采用此格式，就可以通过在技术上较为成熟的关系型数据库方式对元数据进行存储、查询、维护。不过，由于关系型数据库格式下每个字段（元素）记录的长度固定，一旦不同系统的定义不同，在交换时就会遇到很大障碍，详见表 10-8。

表 10-8 关系型数据库格式示例

元 数 据 元 素	元　数　据　值
登记号	20040010
文件题名	关于召开"三农"问题工作会议的通知
收文日期	20040104
责任者	秘书处
媒体类型	文字

续 表

元 数 据 元 素	元 数 据 值
数据格式	.txt
关键词	三农　会议　通知
……	……

3. XML 格式

可扩展性置标语言 XML(Extensible Markup Language)是用来描述元数据之间关系的格式。XML 格式的优点包括：不限定元数据元素和元数据记录的长度；具有平台独立性，不同系统之间的元数据具有可交换性；可扩展，可以根据需要增加元数据元素；XML 文档具有树形结构，有利于表现文件集合和文件之间层次关系；与其他基于 XML 的信息资源元数据格式具有良好的互操作性等。因此，XML 元数据格式已经成为电子文件管理元数据的常用格式。

选用 XML 格式还有一个优势，那就是它为元数据和电子文件的紧密结合提供了可能，利用 XML 可以将元数据嵌入电子文件，实现电子文件的结构化，详见表 10-9。

表 10-9　XML 格式示例

序　号	格　　式
1	<登记号>20040010</登记号>
2	<文件题名>关于召开"三农"问题工作会议的通知</文件题名>
3	<收文日期>20040104</收文日期>
4	<责任者>秘书处</责任者>
5	<媒体类型>文字</媒体类型>
6	<数据格式>.txt</数据格式>
7	<关键词>三农</关键词>
8	<关键词>会议</关键词>
9	<关键词>通知</关键词>
……	……

4. HTML 格式

超文本置标语言 HTML(Hypertext Markup Language)是用来描述元数据元素之间关系的格式。HTML 是网页编写语言,HTML 格式的元数据非常适合在万维网(WWW)上发布、传播,使用起来相对方便。但是由于 HTML 只能描述简单结构的文档,不能反映文件之间的复杂关系,其对于元素语义的揭示能力差,因此,HTML 元数据格式在使用上受到一定局限。详见表 10-10。

表 10-10　HTML 格式示例

序　号	格　　　式
1	\<html\> 　\<head\> 　\<meta http-equiv="Content-Type"content="text/html; charset=gb2312"\> 　\<meta name="GENERATOR"content="Microsoft FrontPage4.0"\> 　\<meta name="ProgId"content="FrontPage. Editor. Document"\> 　\<title\>元数据记录\</title\> 　\<body\> 　…… 　\<p align="left"\>\<font size="5"\> 登记号：20040010\</font\>\</p\> 　\<p align="left"\>\<font size="5"\> 文件题名：关于召开"三农"问题工作会议的通知\</font\>\</p\> 　\<p align="left"\>\<font size="5" 收文日期：20040104\</font\>\</p\> 　\<p align="left"\>\<font size="5" 责任者：秘书处\</font\>\</p\> 　\<p align="left"\>\<font size="5" 媒体类型：文字\</font\>\</p\> 　\<p align="left"\>\<font size="5" 数据格式：.txt\</font\>\</p\> 　\<p align="left"\>\<font size="5" 关键词：三农,会议,通知\</font\>\</p\> 　…… 　\</body\> 　\</html\>
……	……

5. 文本格式

文本格式的元数据直接由元素及其值依次组成,从形式上看像是一段文字。详见表 10-11。文本格式传输方便、容量小、容易识读,但是计算机系统对于文本格式的处理能力相对较差。

表 10-11　文本格式示例

序　号	格　　式
1	登记号：20040010；文件题名：关于召开"三农"问题工作会议的通知； 收文日期：20040104；责任者：秘书处； 媒体类型：文字；数据格式：.txt； 关键词：三农，会议，通知； ……

以上各种元数据格式可以互相转化。一份元数据记录可以根据实际应用的需要，生成多种元数据格式。

二、电子文件管理元数据方案实施

（一）电子文件管理元数据方案实施的前提条件

电子文件的凭证价值取决于元数据的整体性，如果某份电子文件管理元数据整体中的某一项元数据缺失，那么该份电子文件的凭证价值也可能丧失。如一份加密电子文件，在其他元数据都具备的情况下，缺少记录加密密码的元数据，那么这份电子文件就会打不开，这时，无论其他的元数据多么齐全，也无法证明这份文件的真实性。在这种情况下，该份电子文件的密码元数据就成为该文件是否具有凭证价值的质变点。

电子文件管理元数据方案的实施一定要标准化，因为只有在标准化的情况下，才能保证元数据在实施中的整体性。否则，在网络环境中，电子文件的创建机构、发送机构与接收机构在元数据整体性上就会因各自的理解不同，各自机构所经历的经验和实践不同而对采取不同的元数据方案，那么要实现电子文件凭证价值就变得十分困难。所以，电子文件管理元数据标准化是电子文件管理元数据方案实施必备的前提条件。

（二）电子文件管理元数据方案实施的基本方式

在电子文件管理系统中，元数据系统一般是作为标准在设计阶段预设于电子文件管理系统中的。作为一个持续的动态过程，元数据对电子文件进行记录和管理，所有元数据与电子文件都不可分割地关联在一起，从而保证电子文件自始至终具有凭证性。元数据与电子文件之间这种不可分割的联系，一般形象地称为"封装"，即元数据和电子文件一起被存储、一起被传递，犹如一个信封将电子文件"封装"起来一样。经元数据封装的电子文件就具有实际的自我证明能力了。元数据封装一般有三种方式：

1. 一体式

一体式是指元数据与电子文件构成一体,两者在物理上也不分离,一起存储、一起流转、一起传递(如图10-6所示)。

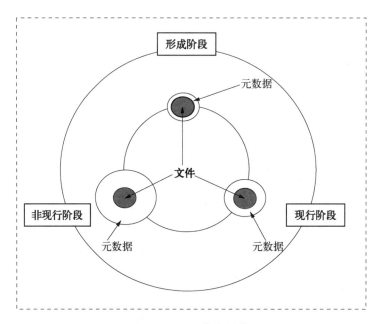

图10-6 一体式封装

采用一体式封装对系统设计来说相对简便。但倘若一份文件在每个处理阶段、每个步骤都要将获取登录的元数据与文件一起封装,那么最后与文件一起封装的元数据的数据量就会很大。

VEO(Victorian Encapsulated Objects)是一体式封装的常用方式之一,其由澳大利亚"电子文件管理策略"项目VERS(Victorian Electronic Records Strategy)提出,封装特点是层层包裹:最外层是档案元数据,中间层是文件元数据,最里层是编码元数据及编码的二进制内容。因为此结构类似于洋葱,俗称"洋葱式"封装。我国行业标准《基于XML的电子文件封装规范》(DA/T 48—2009)就是基于VEO封装方法制定的。

2. 分体式

分体式封装是指元数据与电子文件分离,元数据存储在档案服务器的数据库中,而电子文件在电子文件管理系统中存储、流转、传递的封装。但是,在元数据与电子文件之间设有指针,该指针将电子文件与元数据不可分割地联系在一起(如图10-7所示)。

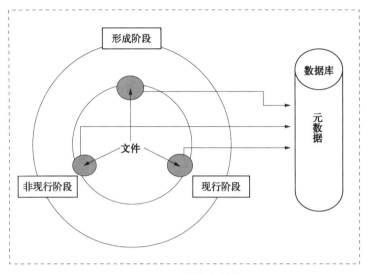

图 10-7　分体式封装

分体式封装虽然克服了一体式封装的不足，但也带来了元数据与电子文件之间关联的复杂性和管理的困难性，一旦指针出了问题，就会破坏元数据与电子文件之间的联系。

3. 混合式封装

混合式封装综合了一体式和分体式的优点。将重要、常用的元数据采用一体式封装，而对于不常用、反映电子文件环境的元数据则采用分体式封装。这样既可以解决一体式封装元数据数据量过大的问题，也可以缓解分体式元数据封装的复杂性问题。

第四节　电子文件管理元数据集成

随着电子文件的急剧增长，亟须对多元化的电子文件管理元数据进行有效的组织与控制，这就有必要对电子文件管理元数据进行集成。

一、电子文件管理元数据集成的基本内涵

（一）电子文件管理元数据集成的概念

在人类社会迈向知识时代的发展进程中，数字资源的集成管理和集成服务已经成为重要发展趋势。电子文件管理集成是指电子文件管理系统与其他应用系统或机制之间的紧密关联。电子文件集成可以实现电子文件资源在不同应用系统之

间共享，并使之置于共同框架之下，如同处于同一应用系统之中。电子文件的集成主要包括三个方面：一是建立和完善电子文件集成管理法规、政策、顶层规划和评估机制，以确保不同阶段、不同类型、不同领域、不同层级电子文件的集成；二是在业务应用系统设计与开发过程中，将电子文件管理需求集成至业务应用系统需求之中；三是在所有电子文件集成服务的基础上，将电子文件与其他数字资源集成起来提供服务。

在确保电子文件安全的前提下，开展电子文件的集成管理和集成服务是切实可行的，如电子文件中心、信息中心以及数字档案馆建设中的电子文件集成管理和集成服务。

综上，电子文件管理元数据集成可定义为：以集成理论为指导，通过集成战略、技术和手段等的运用，对电子文件管理元数据实施基于时间和空间维度的多元集成，并进而实现电子文件的集成组织与控制。

电子文件作为数字资源的组成部分，主要是利用电子文件管理元数据对其实施集成管理和集成服务，而电子文件实体则可以继续保持其分布式存储状态。电子文件管理元数据集成，实质上包含了元数据集成管理和集成服务两层含义。元数据集成管理，从直接含义看是在数据层面实现的集成，而从其本质上来看又蕴含了管理系统的集成，即在一定范围、一定层面上利用统一的元数据管理系统实现元数据的组织、控制与利用。电子文件管理元数据集成服务，则是在共同的服务平台上，从服务内容（如元数据检索、分析）和服务形式（如"一站式"档案检索门户网站）上为用户提供高效、便捷的一体化服务。支撑网络环境下分布式电子文件的集成管理和集成服务，已成为当前电子文件管理元数据的重要功能之一。因此，电子文件集成的实质就是电子文件管理元数据的集成。具体而言，就是要将分散、异构、多元的电子文件管理元数据作为一个整体，开展集成管理和集成服务。

（二）电子文件管理元数据集成的类型

电子文件管理元数据集成依据不同的划分标准可以分为多种类型：从时间上看，有文件元数据集成和档案元数据集成；从涉及范围上看，有横向集成和纵向集成；从集成结构上看，有宏观集成和微观集成；从集成方式上看，有列举式集成和组合式集成；从实现路径上看，有系统化集成和模块化集成；从空间上看，除了不同领域、不同门类电子文件管理元数据的集成，还有电子文件不同类型、不同层级实体属性元数据的集成。

电子文件管理元数据集成实践不仅仅是某一集成方法的简单运用，而是多个集成类型和多种集成方式的综合运用。在电子文件管理元数据集成实践中，既有横向集成又有纵向集成，既有宏观集成又有微观集成，既有系统集成又有模块化集成。

（三）电子文件管理元数据集成的理论基础

在数字办公环境下，电子文件正逐步成为人类记忆、文化遗产的重要组成部分。利用计算机网络开展基于元数据集成的电子文件资源乃至数字资源整合，提供高效、便捷的集成服务，以满足人类社会对电子文件多元化的利用需求，已成为文件和档案领域一个重要的时代性课题。

从理论上看，文档一体化管理、文件连续体理论、"后保管模式"、新来源观和开放档案信息系统参考模型等均为电子文件管理元数据的集成提供了理论支撑，这些理论分别从时间维度与空间维度对电子文件管理元数据集成提供现实指导。在时间维度上，关注职能活动、关注文件生命周期运动全过程的思想要求对处于不同运动阶段的电子文件管理元数据实施集成；在空间维度上，关注更为广阔的背景信息，关注"大档案""大利用""大安全"，关注全社会需求的理念要求对不同领域、不同门类、不同层级电子文件管理元数据实施集成。

国际标准《空间数据和信息传输系统—开放档案信息系统参考模型》（ISO 14721：2012）（以下简称OAIS参考模型）对于电子文件管理元数据集成具有重要的支撑作用。由于OAIS参考模型建立的是数字资源长久保存的综合概念框架，其不仅支持电子文件管理元数据自身的集成（如图10-8所示），而且支持和解释电子文件管理元数据与其他数字资源元数据的集成。

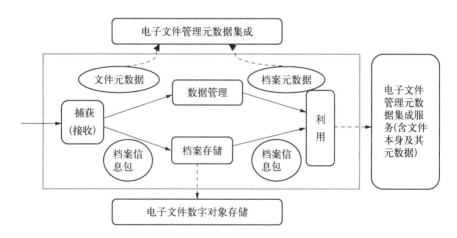

图10-8 开放档案信息系统参考模型对电子文件管理元数据集成的支撑

从当前的实践来看，文档一体化管理、档案信息资源共享、云计算平台建设、大数据技术应用等均为电子文件管理元数据集成提供了有力的现实支撑。实际上，电子文件管理元数据已经进入集成管理的发展阶段。

二、电子文件内容实体元数据集成实例

电子文件管理元数据集成类型多样，基于国际标准《信息与文献—文件管理过

程—文件元数据》(ISO 23081)中的电子文件管理元数据的体系架构,可实现不同层级、不同类型实体属性元数据的集成。

电子文件内容实体是一个具有等级结构的多层次体系,在每个层级上,其实体均拥有各自的属性元数据,对各层级实体的属性元数据实施组合式集成,可以很好地促进元数据应用的便捷与高效(如图10-9所示)。

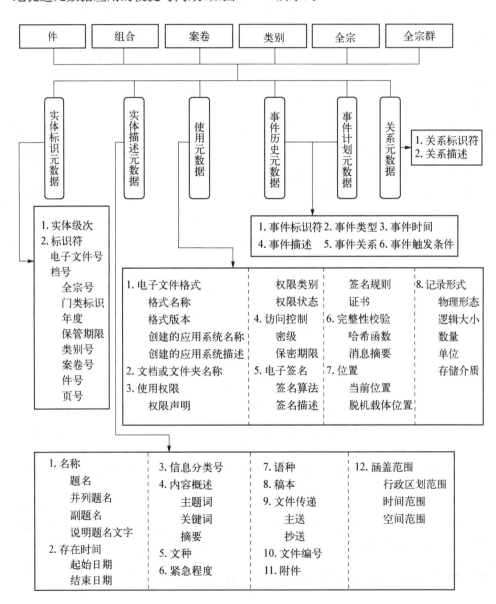

图10-9 电子文件不同层级实体属性元数据的组合式集成

第十章 电子文件管理元数据

电子文件不同层级实体元数据集成的语义描述详见表 10-12。

表 10-12 电子文件不同层级实体元数据集成的语义描述

元数据元素名称	语义描述	适用范围	子元素
中文名称：电子文件实体标识元数据 英文名称：Identity Metadata of Records Entity	唯一的标识和确认所描述电子文件实体的一组符号	适用于各层级实体；必选；不可重复	1. 实体级次 2. 标识符 （1）电子文件号 （2）档号：全宗号，门类号，年度，保管期限，类别号，案卷号，件号，页号
中文名称：电子文件实体描述元数据 英文名称：Description Metadata of Records Entity	对电子文件实体的名称、正文等内容进行描述的信息	适用于各层级实体；必选；不可重复	1. 名称：题名，并列题名，副题名，说明题名文字 2. 存在时间：起始日期，结束日期 3. 信息分类号 4. 内容概述：主题词，关键词，摘要 5. 文种 6. 紧急程度 7. 语种 8. 稿本 9. 文件传递：主送，抄送 10. 文件编号 11. 附件 12. 涵盖范围：行政区划范围，时间范围，空间范围
中文名称：电子文件使用元数据 英文名称：Use Metadata of Records Entity	描述电子文件长久保存和利用的相关信息	适用于各层级实体；必选；不可重复	1. 电子文件格式：格式名称，格式版本，创建的应用系统名称，创建的应用系统描述 2. 文档或文件夹名称 3. 使用权限：权限声明，权限类别，权限状态 4. 访问控制：密级，保密期限 5. 电子签名：签名算法，签名描述，签名规则，证书 6. 完整性校验：哈希函数，消息摘要 7. 位置：当前位置，脱机载体位置 8. 记录形式：物理形态，逻辑大小，数量，单位，存储介质

续 表

元数据元素名称	语义描述	适用范围	子 元 素
中文名称：电子文件事件元数据 英文名称：Event Metadata of Records Entity	对电子文件实体已经发生或计划发生的重要事件进行记录或说明的信息	适用于各层级实体； 条件选； 可重复	1. 事件标识符 2. 事件类型 3. 事件时间 4. 事件描述 5. 事件关系 6. 事件触发条件
中文名称：关系元数据 英文名称：Relation Metadata	对电子文件实体等相互之间关系进行说明的信息	适用于各层级实体； 条件选； 可重复	1. 关系标识符 2. 关系描述

三、电子文件管理元数据集成的优势

对电子文件管理元数据实施集成不仅仅是知识时代的社会实践需求，也是电子文件管理元数据集成本身所具备优势的使然。

（一）有利于保障电子文件的真实性、完整性和可用性

电子文件管理元数据集成可以获取电子文件形成、运行和保管的动态信息，保障各种电子文件的真实性、完整性和可用性，确保电子文件来源可靠、程序规范、要素合规。

（二）有利于维护电子文件安全

电子文件管理元数据集成对电子文件运行管理环节进行全方位、全天候、全过程监控记录，有利于追溯电子文件运行流转轨迹，保障电子文件内容信息的安全存储和长期保存。

（三）有利于提高电子文件管理效率

电子文件来源多元、形式多样，数据异构、系统异构、格式异构、平台异构、标准异构等现象普遍存在，电子文件数据量的激增，增加了各类组织机构电子文件管理的负担。同时，不可避免地存在着重复建设、资源利用效益不高、发展不平衡等现象。电子文件管理元数据集成能够集中管理各种资源，进行高水平、标准化、专业性的元数据管理与服务，大幅度地提高人、财、物等管理资源的利用效率。

（四）有利于提升电子文件服务能级

电子政务各类职能业务运转、决策需要数字资源的综合支撑，元数据集成有效推动了电子文件集成服务，避免了零散电子文件利用中的烦琐、低效、碎化，可以更好地服务电子政务建设。同时，电子文件管理元数据的集成，可以在不破坏现有档

案基本管理体制、确保电子文件价值的前提下，对处于分散状态、分布于异构系统之中的电子文件管理元数据实施集成，借助数智技术进行数据分析、数据挖掘和数据可视化，提供主动式、精准式、一站式档案信息服务，促进电子文件服务水平发生质的飞跃。将大数据应用于电子文件管理元数据集成，可为数据的集成共享和互联互通提供技术保障，有效提升电子文件集成服务能力。

（五）有利于实现电子文件要素价值

通过时间和空间维度的电子文件管理元数据模块化集成可扩展电子文件关联的时空范围，有利于维护和保持电子文件之间的多维联系。元数据集成是一个结构化、标准化、有序化的数据库，将电子文件置于更为广阔、全面和系统的数据环境中，借助数字孪生、数字人文、数字文创、数字叙事等新方式新方法进行数据深度挖掘、语义关联、聚类整合、计算分析、可视化展演，有利于电子文件数据要素价值的发现和增值，推动电子文件的知识服务和智慧利用。

思考题

1. 简述电子文件管理元数据概念的形成。
2. 简述电子文件管理元数据的特性和作用。
3. 简述电子文件管理元数据方案实施的基本方式。
4. 谈一谈电子文件管理元数据集成的优势。

参考答案要点

第十一章 数字档案馆

20世纪90年代以来,随着信息技术的发展,数字化生存方式更加凸显,档案信息的记录方式、存储方式、利用方式、传播方式都发生了根本性的变化,使建立在档案实体管理基础上的档案馆建设遭受巨大的冲击和挑战。数字档案馆是一种新型的档案管理模式,是档案学专业的重要知识领域,是当前档案工作的重要内容,关系到档案馆在档案事业中主体地位及其功能的发挥。为此,世界各国都在加快数字档案馆建设,取得了许多理论成果和建设经验。

第一节 数字档案馆的形成

一、数字档案馆概念的缘起

信息技术的迅猛发展,对档案工作产生史无前例的影响和推动作用。将计算机运用于档案管理始于20世纪50年代,当时主要应用于档案管理的自动化。20世纪90年代,随着计算机技术、数字存储技术与网络技术的迅速发展,数字时代来临,数字信息大量产生,给档案信息资源组织与管理带来巨大影响。1994年,玛格丽特·海兹乔姆在第二届国际人文学者与技术大会上提交了名为《电子档案馆:网络环境的集成与利用》("Electronic Archives: Integrity and Access in the Network Environment")的论文,首先提出了"电子档案馆"的概念,从网络环境下信息集成与利用的角度对之进行了探讨。1996年,戴维·比尔曼在第十三届国际档案大会上作了题为《虚拟档案》的报告,提出了数字档案馆的构想,指出"现在以保管为基础的实态档案馆将成为虚拟档案的连接点",并建构了虚拟档案管理的元数据体系。1997年,董健民在《国外图书馆网络化发展与信息服务》一文中提出

"在数字档案馆中,电子技术已使档案的保存和利用更加科学有效"的观点。1998年,冯惠玲在《无纸收藏——〈拥有新记忆——电子文件管理研究〉摘要之二》一文中指出,电子档案馆亦可称为"数字档案馆"、"虚拟档案馆"或"无墙档案馆",它已不再是一个实体机构、一个存放处的概念。从 1996 年第十三届国际档案大会开始,电子文件管理研究得以广泛开展。我国的档案馆逐步进入信息化发展阶段,档案目录数字化建设进一步深化,档案数据库系统开始应用。1999 年,为推动和促进我国国民经济和社会生活的信息化,实现信息资源共享,提高政务效率和透明度,国家启动了"政府上网工程",有力地推进了办公自动化和电子政务的开展,也使各类政务电子文件数量激增。2000 年,国家档案局将"数字档案馆工程研究与开发"作为该年度全国重点档案科技攻关计划,档案界开始了数字档案馆的研究和建设工作。

在数字档案馆(digital archives)的研究中,出现过电子档案馆(electronic archives)、虚拟档案馆(virtual archives)等概念。在数字档案馆、电子档案馆与虚拟档案馆的关系上,一般认为先有数字化,后有虚拟化,虚拟化建立在数字化之上,实质是探索档案馆实现现代化、信息化的表现方式。实现档案馆现代化、信息化主要分三步走:第一步是实现档案馆管理工作自动化,建立档案馆自动化管理系统;第二步是实现单个档案馆信息化,建立个体数字档案馆;第三步是实现档案馆整体信息化,建立数字档案馆生态系统。在数字档案馆概念的探讨中,档案界认为数字档案馆是档案馆信息化的完全表现,在早期还出现过无墙档案馆(archives without walls)、全球档案馆(global archives)、超级档案馆(hyper archives)等名称。

电子档案馆是"指各种档案信息附载于电子媒介之上"[1]。电子档案馆较数字档案馆的提法早,随着数字化时代的到来,数字技术应用的领域越来越广泛,"数字化"比"电子化"具有更明显的时代意义和更大的发展潜力,也更为科学。因为数字档案馆所运用的技术不仅仅是电子技术,还包括其他技术,如数字化技术、激光技术、人工智能技术等。

对虚拟档案馆的概念,学者有不同的认识和解释。如虚拟档案馆是"利用电子网络远程获取档案文件信息的一种方式"[2];虚拟档案馆是"指获取档案信息已脱离了物理实体的存在"[3];虚拟档案馆是"虚拟技术与网络技术的结合,简言之,它是通过网络技术和特定软件,将时空上分散的档案馆、室连接为一体,使之成为一

---

[1] 张晓霞、王宇晖、王萍:《数字档案馆——21 世纪档案馆的新发展》,《兰台世界》2000 年第 1 期,第 19—20 页。
[2] 吴品才:《试论虚拟档案馆与传统档案馆》,《档案学通讯》1999 年第 3 期,第 17—19 页。
[3] 张晓霞、王宇晖、王萍:《数字档案馆——21 世纪档案馆的新发展》,《兰台世界》2000 年第 1 期,第 19—20 页。

个有机的信息系统,对每个用户窗口而言,该系统就相当于信息量巨大、使用方便的单个档案馆,而浑然不觉原本存在的时空障碍"①等。关于虚拟档案馆和数字档案馆的界限早期难以确定,在学术刊物发表的一些文章中,一般将两者看成是一致的。实际上,虚拟档案馆和数字档案馆的概念还是有区别的,主要体现为三种不同的理解方式:第一种理解方式是从用户的角度出发,强调利用者利用档案的感觉,因为对数字档案馆的利用者来说,他们感觉不到有任何物理上的"档案馆"存在,因此,数字档案馆是"虚拟"的。以这种方式理解的所谓"虚拟档案馆",实际上和"数字档案馆"在本质上没有不同。第二种理解方式是从档案馆信息资源的结构看,虚拟档案馆的信息资源主要是网络信息资源,也称虚拟馆藏;而数字档案馆的信息资源除了网络信息资源外,还有储存于档案馆的实际档案信息资源。第三种理解方式是从技术发展角度看,数字化先于虚拟化,档案馆只有解决了数字化,才能进一步发展到虚拟化。

无墙档案馆强调的是档案信息的来源和服务已突破本馆的收藏范围和利用范围的限制。这是人们对数字档案馆、虚拟档案馆等类似概念形象化的提法,概念的界定不是很严格。

二、数字档案馆的内涵

自从数字档案馆的概念出现以后,档案界一直针对其进行探讨。具有一定代表性的提法有:

数字档案馆是"用二进制编译的数字方式存储、处理档案信息内容,应用计算机、通信和多媒体技术,提供电子网络检索和服务的档案信息系统"②。

数字档案馆是"一个数字化的信息系统,它把分散于不同载体、不同地理位置的信息资源以数字化的形式存储,以网络化的方式相互连接,从而提供及时利用,实现资源共享"③。

数字档案馆是以电子档案及其用户为对象的"一个有序的信息空间"或"一个信息系统",数字档案馆至少具有信息数字化、传送网络化、超越时空化等特征。④

数字化档案馆是"一个电子化信息的仓储,能够存储大量的各种形式的信息,用户可以通过网络方便地访问它,以获得这些信息,并且其信息存储和用户访问不受地域限制。它是把包括多媒体在内的各种信息的数字化、存储管理、查询和发布

---

① 薛匡勇、张照余:《展望虚拟档案馆》,《中国档案》1999年第10期,第26—27页。
② 张晓霞、王宇晖、王萍:《数字档案馆——21世纪档案馆的新发展》,《兰台世界》2000年第1期,第19—20页。
③ 王宇晖:《21世纪数字档案馆发展之我见》,《档案与建设》2000年第3期,第4—5页。
④ 丁海斌:《电子文件与电子档案管理》,辽宁大学出版社2000年版,第199页。

集成在一起,使这些信息得以在网络上传播,从而最大限度地利用这些信息"①。

数字档案馆是"应用计算机及其相关软硬件技术能够对数字(或电子)档案实施有效控制和科学管理的档案馆"。数字档案馆依然是档案馆,"只不过其采用的技术方法、管理手段、管理对象等有了较大的变化"②。

数字档案馆是"建立在现代信息技术普遍应用基础上,利用数字化手段,以综合档案馆信息资源为处理核心,对数字档案信息资源进行收集、管理,通过高速宽带通信网络设施相连接和提供利用,实现资源共享的超大规模、分布式数字信息系统"③。

数字档案馆是"传统档案馆功能的扩大,它以统一的标准和规范为基础,将有价值的馆藏信息资源数字化和通过各种途径收集、捕获的有价值的电子文件信息,在加工处理后以数字化形式进行存贮,并以智能检索技术为手段,提供统一友好的检索界面,利用先进的信息处理技术和互联的计算机网络,向用户提供多媒体数字信息服务"④。

数字档案馆是指"以档案管理的基本原理为前提,以信息网络基础设施为基础,以数字化长期保存、资源共享与远程服务为目的,通过信息管理系统与档案网站,对由传统档案资源经过数字化转换、由电子文件归档形成的数字档案资源以及档案馆收藏的其他数字资料进行管理的新型档案管理方式,其实质是一种序化的数字信息空间,它超越了传统单个实体档案馆的界限,以数字档案馆联盟的形式和网络化服务为特征,大大提高了档案信息资源共享与开发利用的效率"⑤。

《数字档案馆建设指南》中将数字档案馆定义为:"数字档案馆是指各级各类档案馆为适应信息社会日益增长的对档案信息资源管理、利用需求,运用现代信息技术对数字档案信息进行采集、加工、存储、管理,并通过各种网络平台提供公共档案信息服务和共享利用的档案信息集成管理系统。"⑥

从总体上来看,可将现行数字档案馆概念分为两类,一类是广义的定义,一类是狭义的定义。广义定义中的数字档案馆主要突出一种利用环境,只是借用了档案馆这个名称,实质就是一个信息利用系统平台。通俗地说,广义定义中的数字档案馆是没有时空限制、便于使用、超大规模的知识中心,是一个由若干档案馆通过网络联合的总称。狭义定义中的数字档案馆是指在信息技术、网络技术、档案信息

---

① 傅荣校:《关于数字档案馆的思考》,《档案学通讯》2001年第5期,第26—28页。
② 蔡学美:《数字档案馆建设的几点思考》,《中国档案》2002年第6期,第27—28页。
③ 李国庆:《数字档案馆概论》,中国档案出版社2003年版,第9页。
④ 潘连根:《数字档案馆的定义及特征——数字档案馆研究之二》,《浙江档案》2004年第4期,第7—9页。
⑤ 王芳:《数字档案馆学》,中国人民大学出版社2010年版,第5页。
⑥ 国家档案局:《数字档案馆建设指南》(档办〔2010〕116号)。

化大背景下，个体档案馆运用现代信息技术，对档案信息进行加工、存储、管理，实现档案利用服务方式的新跨越，实现档案馆的信息化。

数字档案馆是随着现代信息技术发展而出现的新型档案信息管理模式与组织形式，从发挥档案馆社会功能和信息资源建设的角度出发，建设数字档案馆首先要立足于狭义数字档案馆的建设，实现馆藏档案的数字化，再以此为基础通过网络连接，建成分布式、跨地域的档案信息服务系统。因此，可以将数字档案馆定义为：以现代信息技术为基础，利用各种技术手段收集存储有价值的数字档案信息资源，并将传统档案信息数字化，建立分布式、跨地域的有序的信息资源管理系统，为利用者提供各种信息服务。其实质是一种序化的数字信息空间，它超越了传统单个实体档案馆的界限，以数字档案馆联盟的形式和网络化服务为特征，大大提高了档案信息资源共享与开发利用的效率。

三、数字档案馆的发展态势

数字档案馆是现代信息技术发展的产物，随着信息技术的发展，数字档案馆的管理模式、服务模式会不断发生变化。当前，数字档案馆个体蓬勃发展、种群日趋壮大、群落广泛分布，数字档案馆生态系统持续演化成长。根据"Data（数据）-Information（信息）-Knowledge（知识）-Wisdom（智慧）"即DIKW信息链模型，可以将数字档案馆的发展划分为数据型数字档案馆、信息型数字档案馆、知识型数字档案馆和智慧型档案馆四个阶段。

（一）第一阶段——数据型数字档案馆

这一阶段是数字档案馆的创建阶段和初级阶段，是传统档案信息资源向数字档案信息资源转变的阶段，重点以档案馆信息化基础设施建设和数字档案信息资源建设为标志。

档案馆信息化基础设施建设是数字档案信息资源建设以及档案馆应用系统建设的前提和基础，是数字档案馆的技术保障，旨在为数字档案馆建设"铺路"。数字档案馆信息化基础设施主要包括硬件设备、存储设备、软件系统、网络系统等。数字档案馆是由高新技术、电子设备、计算机技术和网络技术支撑起来的，需要加强数字档案馆硬件设施、操作系统、应用软件、海量信息存储技术等的建设，为数字档案馆建立信息化管理平台、存储平台和服务平台。档案部门可借助已有的网络建设成果和经验，以各级档案部门的局域网为基础，与政务网、互联网等相连，建立基于公务网的电子文件归档及电子档案接收应用系统，构筑政府公开信息网上报送及应用平台，推进电子文件的归档、接收、保管与利用；加强档案网站建设，建立一个满足数字档案馆功能需求的网络架构，夯实数字档案馆资源基础。

数字档案信息资源建设是数字档案馆的物质基础,为数字档案馆建设集聚和组织"货源"。数字档案信息资源能够促进信息资源的网络化、开放化,强化信息的动态性、时效性,有助于档案信息资源的整理加工和有序组织,及时获取和有效利用信息。数字档案资源建设主要有两条途径:一条是电子文件的收集,实现增量档案电子化;另一条是馆藏档案的数字化,实现存量档案数字化。数字档案馆应通过对各种数字档案信息资源的整合,建立各级各类数字档案信息数据库,构筑一个多层次、分布式、规范化的数字档案信息资源数据库群,扩大数字档案信息资源总量,发挥各级综合档案馆综合管理的优势,提高档案信息资源的利用效率。

(二)第二阶段——信息型数字档案馆

这一阶段是数字档案馆的服务利用阶段,处于这一阶段的数字档案馆建设已初具规模,重点以数字档案信息资源规范管理和共享为标志。

由于档案信息的特殊性和保密性,以及数字档案信息资源传播的便捷性,在数字档案信息资源的管理和利用过程中,要按照信息安全等级保护要求,建立健全数字档案信息资源管理制度,确保数字档案信息资源可靠、可用、不泄密、不被非法更改,确保档案信息的安全。数字档案信息资源的规范管理,就是通过建立一系列法律、法规和标准,使数字档案信息资源标准化、规范化,实现对馆藏数字档案信息资源的有效控制,确保数字档案信息资源的有序、安全、保存和利用,从而有效应对数字时代的信息风险、延续社会新记忆。

档案信息资源共享,是数字档案信息资源的优势所在,也是数字档案馆建设的主要目标。数字档案馆通过网络技术、多媒体技术、搜索引擎技术等的综合运用,根据不同服务对象和不同档案开发范围建立相应的服务平台。一般主要包括:"一是基于局域网面向档案馆工作人员和来馆利用档案人员的馆内档案利用服务平台;二是利用当地政务网建设的面向本级党政机关各立档单位的电子文件归档和档案信息共享平台;三是利用公众网建设的面向广大社会公众和进行馆际交流的公共档案信息服务平台。"[①]各类档案利用者无论身处何时何地,都能够借助网络,通过一站式的服务平台,远程访问和获取分散在不同档案馆的数字档案信息,从而实现数字档案信息资源的广泛利用和共享。访问和存取的对象既可以是文本、图形,也可以是声音和图像等多媒体的档案信息。

(三)第三阶段——知识型数字档案馆

这一阶段是数字档案馆发展的高级阶段,重点是以数字档案信息的智能化服务为标志。

---

① 国家档案局:《数字档案馆建设指南》(档办〔2010〕116号)。

知识是信息的升华,由信息集成和提炼得来。"从世界范围来看,20世纪80年代以来,以材料和能源为主要动力的工业社会正在向以信息、知识为主要动力的社会转变……如何从海量的信息中发现信息与信息之间的关联,从而挖掘有价值的信息并转化为知识,则是新时代信息管理者的核心价值所在。"①知识管理强调借助先进的信息技术,通过现代化、智能化、人性化等技术手段,主动地为利用者提供所需的、深层的信息和知识服务。

建立在信息技术基础之上的数字档案馆的大量涌现,为知识管理的实施提供了一个良好的平台。因此,知识型数字档案馆不再满足于单纯的数字档案信息提供利用服务,而是"把着眼点从信息转移到知识上(探寻、传播、理解),从建立数据库到建立知识库上","引导利用者从泛滥的具体信息过渡到知识,甚至于智慧"。②知识型数字档案馆就是综合运用现代高新技术,对馆藏数字档案信息资源进行知识挖掘、知识发现、知识开发,并按照一定的规则和要求进行智能化组织、整合、集成数字档案信息资源,从而为利用者提供个性化、智能化信息服务,实现数字档案馆与档案利用者之间的互动,提升数字档案馆的服务层次和服务水平。数字档案馆只有不断创新服务形式,深度开发档案信息资源,"深入研究发掘档案内容,对档案信息进行整合、加工、提炼,使档案信息产品具有综合性、条理性、知识性、思想性,使档案服务深化、增值"③。

(四) 第四阶段——智慧型数字档案馆

智慧地球、智慧社会、智慧城市的快速发展,推动着数字档案馆向智慧档案馆转型升级。一方面,智慧档案馆理论研究不断深入,智慧档案馆项目建设广泛推进,人们对智慧档案馆的认识逐渐加深,认为智慧档案馆是"综合档案数据、信息、情报、知识来解决档案收集、管理、保存、利用等问题的智慧化系统和平台"④,其特征是网络化、感知化、系统化和智能化。智慧档案馆服务模式主要有以资源为中心、以技术为中心、以利用者为中心三种,通过应用先进信息技术,实现数字档案资源的有序整合、协同共享和高效利用,从而更好地为社会公众服务。另一方面,"智慧档案战略是档案工作应对数字转型、资源重构、智慧挑战、价值重塑的战略性安排,是档案信息化工作面向全行业全领域全链条提出的综合性、全局性要求"⑤。

---

① 张斌:《角色变迁:从信息管理者到知识管理者》,《档案学通讯》2011年第2期,第32—35页。
② [加拿大]特里·库克,刘越男编译:《电子文件与纸质文件观念:后保管及后现代主义社会里信息与档案管理中面临的一场革命》,《山西档案》1997年第2期,第7—13页。
③ 杨冬权:《在全国档案局长馆长会议上的讲话》,《中国档案报》2010年12月24日第1版。
④ 杨智勇、周枫:《试析智慧档案馆的兴起与未来发展》,《档案学通讯》2015年第4期,第45—50页。
⑤ 丁德胜:《新时代新征程档案工作呼唤智慧档案战略——从数字档案馆室建设角度探讨智慧档案战略的必要性》,《中国档案》2022年第5期,第36—37页。

数智时代,需要积极对接数字中国、智慧城市、智慧社会等战略,不断拓展数字档案馆功能,加强智慧收集、智慧管理、智慧服务、智慧保护、智慧监督等实践开展,实现档案资源数字化数据化转型和档案管理智能化智慧化升级。

"智慧档案馆为数字档案馆提供技术服务,数字档案馆为智慧档案馆提供基础数据支持。"[1]当前,以大数据、物联网、人工智能、云计算、区块链、5G、大模型、元宇宙等为代表的数智技术快速发展并广泛应用,驱动智慧社会深入发展,为数字档案馆智慧化转型提供动力支持和技术支撑。从数字档案馆走向智慧档案馆,正是技术驱动发展的结果,体现着技术的深层作用。智慧档案馆是"在传统的实体档案馆和数字档案馆的基础上,利用新兴的智慧技术,实现档案馆内多种资源的智慧管理,从而提供更加主动、立体互联的深层智慧化服务的新型档案管理体系"[2]。通过综合运用各类智慧技术,"助力构建标准性强、智能高效、安全可靠、共建共享的档案信息平台","将数字档案馆由资源存储中心转变为智能、开放、共建、共享、个性、精准的用户服务中心"[3],"再造档案工作流程、整合档案资源,实现档案馆全面信息化,使档案馆具有感知化、智能化、个性化的智慧服务能力"[4],赋能数字档案馆治理现代化。如深圳市档案局利用大数据、云计算等技术建立"深圳民生档案智慧服务平台",通过网站、微信等形式为社会各界提供有关档案的跨部门、跨层级的预约查档服务,真正做到"让数据多跑路、让百姓少跑腿",推动档案全流程、全覆盖信息化管理,积极探索"互联网+档案",推行网上办事,提升对城市建设、政务建设和社会民生的服务,档案治理能力和服务水平有了显著提高。

第二节 数字档案馆的特征与功能

一、数字档案馆的特征

与传统档案馆相比,数字档案馆具有增量档案电子化、存量档案数字化、档案传输网络化、档案管理规范化、档案服务实时化、档案工作现代化等特征(如图11-1所示)。

---

[1] 牛力、裴佳勇:《面向服务的我国智慧档案馆建设探析》,《档案学研究》2018年第2期,第89—96页。
[2] 钱毅:《智慧档案馆全域对象与建设层级分析》,《档案学研究》2019年第4期,第109—115页。
[3] 周林兴、谢林蓉:《数字档案馆生态系统主体的双维度治理研究》,《浙江档案》2021年第3期,第15—18页。
[4] 薛四新:《档案馆现代化管理:从数字档案馆到智慧档案馆》,电子工业出版社2019年版,第147—148页。

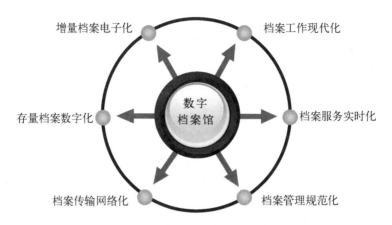

图 11-1　数字档案馆特征示意图

(一) 增量档案电子化

档案信息资源数字化是数字档案馆的基本特征。增量档案是指在现代信息技术环境和办公自动化条件下产生的电子文件及其归档保存的数字档案资源。电子文件是数字档案信息资源的重要组成部分。随着计算机技术和网络技术的发展，电子文件大量产生，必须充分掌握电子文件信息的形成、存储、检索和传递等方面的管理理论和技术方法，使产生的有价值的电子文件能够及时收集归档，保证电子文件信息的安全。

(二) 存量档案数字化

存量档案是指档案馆中长期积累、保管的档案资源。目前，档案馆保存的主要是传统载体档案，检索查找速度慢，保管、利用大都只能手工操作。为此，需要加快传统载体档案信息资源的数字化进程，运用数据库技术、数据压缩技术、数字扫描技术等手段将纸质、缩微胶片等传统载体档案信息数字化、数据化，扩大数字档案信息资源总量，改善档案信息资源结构，发挥数字档案资源处理、传播、利用的优势。

(三) 档案传输网络化

网络化是数字档案馆的重要特征。如果没有网络系统或网络系统不完善，数字档案馆也就失去了它存在的意义。信息的网络传输使数字档案馆超越了时空界限，使电子文件可以通过网络传输及时归档，使利用者可在任何时间、任何地点通过网络查阅任何一个数字档案馆的信息，从而大大缩短档案信息的传递时间以及数字档案馆和利用者之间的距离，加快信息交流和反馈的速度。通过网络，可将分散在不同地理位置的数字档案信息资源组合、连接起来，综合利用。

(四) 档案管理规范化

建立数字档案馆，需要从系统的高度、全局的高度，对数字档案信息资源具体的管理方法、管理程序、管理技术和管理手段进行全面合理的规划,实现档案管理的科学化、规范化和标准化。在数字档案馆中,档案信息的组织形式从原先纸张的顺序、线性组织方式转变为直接、网状的组织方式。计算机存储为数字档案信息的直接存取提供了可能,使档案信息按自身的逻辑关系组织成相互联系的网状结构,从而为便捷、高效的检索利用奠定基础。数字档案馆中数字档案信息的组织必须采用统一的规范标准,以免造成档案数据库中信息的格式异构。规范化、标准化也是数字档案信息网络传输和共享的前提,要使数字档案馆系统具有互联性和开放性,各个数字档案馆之间必须要有彼此兼容的软硬件环境,要有统一的文件格式标准、著录标引标准、元数据标准、全文数据库标准等,如此才能实现数字档案馆有效组织、控制"分布式"的数字档案信息资源,达到无缝连接和信息资源共享的目的。

(五)档案服务实时化

数字档案馆建设的重要目的之一是使利用者灵活地获取和使用档案信息资源,且不受时空限制,向利用者提供 24 小时不间断的远程档案信息服务。因而数字档案馆的服务模式必须以利用者为中心,利用者可以随时随地利用网络浏览、检索和利用数字档案馆组织的数字档案信息资源。当利用者在查找、利用过程中遇到困难时,数字档案馆能够提供强大的服务功能,通过进行在线干预,帮助利用者在线解决问题。

(六)档案工作现代化

数字档案馆是在传统档案馆的基础上,综合运用现代信息技术,如计算机技术、网络技术、存储技术、数据库技术、数字化技术、多媒体技术、通信传播技术、大数据技术、人工智能技术、区块链技术、数字孪生技术等,实现档案实体管理数字化、档案业务工作信息化、档案保护及库房管理智能化、档案馆办公自动化,从而实现档案管理数智化、档案工作现代化。

二、数字档案馆的功能

《档案法》第十条规定:"中央和县级以上地方各级各类档案馆,是集中管理档案的文化事业机构,负责收集、整理、保管和提供利用各自分管范围内的档案。"第四十条规定:"档案馆负责档案数字资源的收集、保存和提供利用。有条件的档案馆应当建设数字档案馆。"数字档案馆是档案馆在数字时代的一种新的组织形态,除了具有档案馆的基本功能外,还具有一些新的功能。

对数字档案馆的功能,不同的学者从不同的视角有着不同的看法,综合起来主要有以下几个方面:

（一）档案信息数字化功能

数字档案馆的建设归根到底就是档案信息化。档案数字化是档案信息化的基础，只有完成档案信息数字化建设，才能构建完整系统的档案信息资源，提供档案信息服务。数字档案馆档案信息化的当务之急是将现有馆藏档案数字化数据化，利用信息处理技术将物理介质信息转化为数字化信息。近年来迅速发展的数据库技术、数据压缩技术、数字扫描技术等更加有利于档案数字化数据化这项工作的开展。

（二）多层面信息采集捕获功能

数字档案馆的信息资源库内容丰富、形式多样，除传统档案馆的馆藏外，还包括收集的电子文件和数字化档案。同时，数字档案馆具有数字档案信息捕获功能，通过网络能够捕获各种档案信息资源，既能带动民生档案的收集，丰富民生档案馆藏；又能加快特色档案的征集，收集针对性、实用性强的档案信息，将具有某主题价值或鲜明特色的档案信息资源挖掘出来并加以整合，凝聚档案信息资源，建立特色档案信息资源数据库、专题档案信息资源数据库，形成馆藏特色。档案信息的捕获不仅充实了馆藏档案资源，而且使馆藏档案资源的整体结构得到了优化，让馆藏档案的门类和内容越发丰富。

数字档案馆还具有数字信息采集功能，通过网络能够连接政府信息资源库、各行业专业数据库、社会公共服务网站、个人网站、数字图书馆及其他数字档案馆，动态地集成各种数字信息资源，实现多层面数字信息资源的采集。使数字档案馆的信息资源扩展到现行文件、图书资料、社会公共信息等；信息形态进一步覆盖文本、图形、图像、音频、视频等各种类型的数字信息，形成一个以数字档案信息资源为主体的社会综合信息资源数据库，实现信息资源共享。

（三）海量数据接收、存储和管理功能

数字档案馆具有接收和存储海量数据信息的功能。一是接收归档电子文件及其元数据。对于立档单位的归档电子文件实行卸载存盘接收和网络在线接收，保证电子文件的真实、有效和完整，防止电子档案信息的流失。二是接收通过各种方式捕获的数字档案信息、网络上采集的有保存价值的数字信息。三是数字档案馆是档案集中永久保管基地和档案信息的存储基地，从档案的管理流程上看，"凡是具有长远保存价值的档案，档案馆应是其最终的归宿。档案馆是保证国家档案财富持续积累和世代相传的组织形式"[1]。由此可见，数字档案馆的存储功能必不可少，它不是临时的档案信息集散地，而是海量信息的存储中心，能够通过信息存储

---

[1] 王向明：《档案管理学原理》，上海大学出版社2009年版，第35页。

技术保证数字档案信息的长久安全保存。

数字档案馆是一个智能化的信息管理系统,具备强大的信息处理功能,通过数据库技术、网络技术、多媒体技术等各种现代技术来存储和管理海量数字档案信息资源。通过对收集的档案信息资源进行价值鉴定、分类整序、著录标引、组织加工,使之成为逻辑有序的信息集合体,具有真实性、完整性和可读性,便于利用。

(四) 访问查询利用功能

数字档案馆是以利用者为中心的一种服务模式,要求能够将分散的数字档案信息资源进行连接,提供操作界面简单而友好的、便于利用者访问和利用的服务"窗口",利用者可以从任何地方便捷地获取、访问、利用所需的档案信息;能够提供功能强大而实用的检索工具,并根据需求提供不同的检索方式,优化检索程序;能够为利用者提供文本、图像、声音、影像等各种媒体的档案信息服务,也可为利用者提供实时的、针对性强的个性化信息服务。

随着多媒体档案信息资源和社会对多媒体档案信息需求的递增,人类已进入一个多媒体文化崛起和多媒体资源消费的时代。多媒体档案的检索,特别是基于内容的检索,是充分实现多媒体档案资源共享的必要条件,并将为数字档案信息资源的开发利用开辟广阔的前景。

(五) 知识服务功能

随着档案工作重心的转移,档案人员要将职能向信息管理和知识管理转变,要向档案利用者提供高质量的信息和知识服务。近年来,Web 2.0、Web 3.0、新媒体等技术在档案利用中的应用越来越普遍,基于新兴技术的多元化、个性化、关联性的知识服务日益兴起,档案信息需求更加精细化、丰富化、便捷化,需要强化技术赋能,洞察、发现和预测利用者的需求。数字档案馆借助现代信息技术,通过利用者画像为其提供个性化、主动式、高附加值的知识服务,将档案库、数据库、信息库变成知识库、思想库、智库,为经济发展、政府决策、科技创新与社会运行提供知识供给和智力支撑。首先,建立利用者基本信息库和需求库。利用者基本信息库包括利用者的注册信息、调查记录、浏览记录、参考咨询存档及以往接受服务的情况。以利用者基本信息库为基础,跟踪利用者行为,挖掘利用者兴趣和使用偏好,通过对利用者需求的重点获取和分析来建立需求库。在获取利用数据的基础上,采用数据挖掘等技术分析利用者的基本信息、检索记录、兴趣偏好等,从而描绘利用者特征,对利用者群体进行识别、定位和分类,预测利用者潜在的隐性知识需求。其次,基于 Web 技术以及相关信息描述框架协议,对数字档案信息进行语义处理,促进数据聚合关联,形成数字档案知识仓储,挖掘并发现海量数字档案信息资源中相互关联的档案知识。最后,借助主动推送、智能检索等技术,向利用者主动推送针对性、关联性、精准性的知识服务。针对不同层次利用者的个性化需求,利用动态网页生成技术生成不同的个性化定制方案,以满足利用者的个性化体验需求。

(六) 信息发布传播功能

数字档案馆保存的大多是数字档案,与传统档案相比,可以依托网络的便捷性进行发布与传播。随着网络带宽和高清压缩比例的增大,数字档案的容量日趋"瘦身",数字档案的传播手段日趋多元,传播速度日益加快,传播范围日益扩大。由此可见,数字档案馆可以实现数字档案信息的无障碍发布与传播。数字档案信息及其编研成果除借助海量存储载体和互联网发布与传播外,还可依托电视台、广播电台、移动互联终端以及微博、微信、抖音等大众传媒走进机关、社区、企业、学校乃至千家万户,使档案资源的开发利用如虎添翼,给人们的工作、学习、生活带来崭新的档案信息体验。

(七) 系统管理维护功能

数字档案信息在方便利用的同时也面临着巨大的安全隐患。数字档案馆必须提高安全防范管理水平,确保档案信息资源的绝对安全。档案管理系统可以通过鉴别、加密、身份认证等技术手段,赋予不同利用者不同的访问权限。存取和利用档案信息必须在有效的管理权限下进行,使利用者能够安全地访问和利用存储于系统内经过许可公开的数字档案信息,防止非法访问和利用未公开的档案信息。数字档案馆的安全包括网络系统安全、信息安全、物理安全等方面,数字档案馆必须从技术、管理和法律等方面综合考虑,加强系统的管理与维护,保障数字档案馆的系统安全和有效运行。

第三节 数字档案馆与传统档案馆、数字图书馆的比较

一、数字档案馆与传统档案馆的比较

数字档案馆是在传统档案馆基础上建立起来的,管理对象都是档案资源,它与传统档案馆既有联系,又有区别。

(一) 数字档案馆与传统档案馆的联系

数字档案馆是档案馆在数字时代的一种组织形态,它与传统档案馆的性质一致、基本职能相同。"根据《档案法》和有关文件的规定,档案馆属于党和国家的科

学文化事业机构,是永久保管档案的基地,是科学研究和各方面工作利用档案史料的中心。"①档案馆的基本职能是"集中统一管理党和国家需要长远保管的档案和有关资料,维护历史的真实面貌"②,为社会提供信息服务。数字档案馆的发展是以传统档案馆为基础的,传统档案馆的一些管理原则、管理方法和管理实践,将在数字档案馆中得以体现。数字档案馆的馆藏除保存数字档案信息外,还保存有传统档案,如纸质档案、照片档案、传统的录音档案、录像档案、唱片档案、缩微胶片等。即使是数字档案信息,其中的一部分也是由传统档案数字化转化而来的。实际上,数字档案馆是对传统档案馆的继承和新环境的变革。

数字档案馆是档案馆的发展方向,能将传统档案馆的功能进一步增强和扩展,使档案馆的社会地位和社会价值进一步提高。数字档案馆的产生和发展,将会使档案馆管理水平和服务能力大幅提升,保存和再现社会记忆的功能大大增强。

(二)数字档案馆与传统档案馆的区别

虽然数字档案馆源于传统档案馆,但它们分别代表着两个不同的时代,即纸质时代与无纸时代(或者叫数字时代)。数字档案馆与传统档案馆的区别主要体现在三个方面。

1. 从以馆藏为中心到以利用者为中心

传统档案馆是以馆藏为中心开展工作的,服务方式单一,通常是定时定地等客上门、阵地式、被动式提供服务。利用者利用档案的主要方式是亲自到档案馆查找利用档案,在现场接受档案馆的各种服务,物理距离成为利用者选择档案馆的重要因素。而数字档案馆则完全以利用者为中心,因为在海量的网络信息资源中,数字档案馆的数字档案信息仅仅是可供利用者选择的信息源之一,而且物理距离根本不再是利用者选择数字档案馆的考虑因素,利用者真正关心的是数字档案馆能否为自己提供所需要的档案信息以及能为自己做些什么。因此,数字档案馆需要以利用者为中心来合理配置各种数字档案信息资源,加强对利用者的在线帮助,主动为利用者提供服务。由此可见,传统档案馆强调的是"利用者适应档案馆";而数字档案馆强调的是"档案馆适应利用者"。③

2. 从以档案文献实体为中心到以数字档案信息为中心

传统档案馆的业务流程是物流形态的,数字档案馆的业务流程是信息流形态的。传统档案馆十分重视档案文献实体的收藏,其物理实体馆藏量的多少往往反映着一个档案馆的规模和实力。这种以档案文献实体为中心的馆藏,也使传统档

---

① 陈兆祦、和宝荣、王英玮:《档案管理学基础》(第三版),中国人民大学出版社 2005 年版,第 61 页。
② 冯惠玲、张辑哲:《档案学概论》(第二版),中国人民大学出版社 2006 年版,第 85 页。
③ 潘连根:《数字档案馆研究》,中国档案出版社 2005 年版,第 224 页。

案馆的服务范围、服务能力等受到明显制约，即一方面传统档案馆因馆藏体系结构、馆藏能力的有限性，一旦利用者的需求超出了馆藏范围，传统档案馆就爱莫能助；另一方面传统档案馆的服务局限于传统档案文献这一物理单元层面和实体上，不能对档案文献所包含的丰富档案信息及相互关系进行深层挖掘和揭示，因而很难基于档案内容信息开展多种形式的信息服务。尽管传统档案文献实体作为人类社会活动的重要记录载体仍将继续存在，但数字档案馆保存的档案信息主要是电子档案和传统档案的数字化信息，从而使数字档案馆工作重心向建设数字档案信息资源中心转变。[1]

3. 从以"拥有"为中心到以"存取"为中心

拥有馆藏档案文献是传统档案馆的核心要素，因为传统档案馆只有实际拥有档案文献实体才能提供查阅利用，而且实际拥有的馆藏规模也是社会评价传统档案馆的一个重要指标。数字档案馆虽然也重视自己拥有的数字档案信息馆藏，但它更强调存取能力，即数字档案馆在提供服务时不一定必须拥有利用者所需要的档案信息，它可通过网络和搜索引擎技术查找利用其他数字档案馆所拥有的馆藏数字档案信息资源来满足利用需求，从而突破了数字档案馆馆藏范围的约束，扩大了档案信息资源的来源，增强了数字档案馆的服务能力，使馆藏的内涵有了进一步的拓展，馆藏资源从"物理实体馆藏"演变成"物理实体馆藏 ＋ 虚拟馆藏"。同时，人们对数字档案馆关注的可能不再是它"藏有什么"，而是从它那里能"得到什么、得到多少"，因此，网络环境中数字档案馆的"存取"能力往往比它的"拥有"能力显得更为重要。[2]

二、数字档案馆与数字图书馆的比较

档案馆和图书馆同属于信息管理部门，随着现代信息技术的应用，两者都在加快信息化建设步伐，走数字化之路。数字图书馆建设要早于数字档案馆，数字档案馆和数字图书馆在建设过程中面临着许多共同课题，数字档案馆可以借鉴数字图书馆的建设经验和研究成果。但是，数字档案馆毕竟不是数字图书馆，两者必然存在着一定的差异。

（一）数字档案馆与数字图书馆的联系

1. 建设目标具有相近性

图书文献信息资源和档案信息资源都是国家信息资源的重要组成部分。数字

---

[1] 潘连根：《数字档案馆研究》，中国档案出版社 2005 年版，第 224—225 页。
[2] 潘连根：《数字档案馆研究》，中国档案出版社 2005 年版，第 225—226 页。

档案馆的建设目标是建立馆藏数字档案基础数据库,实现对数字档案信息资源的网络化管理,提供档案信息资源利用和社会共享服务;数字图书馆的建设目标是建立超大规模、高质量的文献数字资源库群,通过网络向社会提供服务,实现信息资源共享。可见,两者都是在应用现代信息技术的基础上建成一个具有相当规模的数字信息资源系统,以便将分散于不同载体、不同地理位置的数字信息资源通过网络相互连接,向公众提供方便快捷的在线服务,实现信息资源的广泛共享。

2. 工作原理具有相通性

档案管理、图书管理从本质上讲都是一种信息管理或信息资源管理,其管理方法、管理手段、管理技术等具有诸多共性。20 世纪 80 年代以来,国内外学界研究探讨过图书、情报、档案的一体化管理问题,其原因之一就是档案馆与图书馆的工作原理相同,即都是从事信息的采集、整理、加工、存储、保护和利用等工作。数字档案馆和数字图书馆同样以数字信息为工作对象,因此,两者在工作原理方面存在着相通性,即应用现代信息技术手段收集、采集数字档案、数字图书信息,对其进行规范性的组织、加工、存储和保护,并通过网络通信技术等方式提供利用。

3. 技术手段具有相似性

数字档案馆和数字图书馆都是随着信息技术快速发展而形成的,在许多关键技术应用上是相似的,如大量并发查询、智能检索、数据挖掘、知识管理、海量数据存储、网络信息安全、网站建设、音频视频点播、数字化技术和多媒体技术应用等。"如果仅仅从技术角度而言,数字图书馆的特征非常接近于数字档案馆。"[1]数字档案馆和数字图书馆在建设过程中,都面临着许多技术问题需要进一步的研究,而这些技术可以联合研究、共同开发,研究成果可以相互借鉴,加快数字档案馆和数字图书馆建设速度。

(二) 数字档案馆与数字图书馆的区别

1. 数字档案馆与数字图书馆信息资源的信息特征不同

"档案本质上是人们在社会实践中直接形成的原始记录,图书本质上是系统知识的结晶,是人类对自然及社会现象进行系统认识研究的结果。图书的内容虽涉及社会实践,但却不是对社会实践的直接记录,而是经过加工、提炼、总结后的观念性、系统性产品。简言之,档案是社会实践的记录,图书是系统认识的产品。"[2]档案具有原始性和真实性,是社会记忆的重要载体,这种特性使其具有凭证价值和参考价值。数字档案馆维护和保障数字档案的真实性显得至关重要。图书属于知识

---

[1] 傅荣校:《档案管理现代化——档案管理中技术革命进程的动态审视》,浙江大学出版社 2002 年版,第 340 页。

[2] 冯惠玲、张辑哲:《档案学概论》(第二版),中国人民大学出版社 2006 年版,第 12—13 页。

类信息，其基本价值是参考价值。数字图书馆关注的重点是数字图书信息的传播和利用。由此可见，数字图书馆建设没有数字档案馆那么多的顾忌，数字档案馆在信息资源的建设、管理、安全、利用等方面比数字图书馆有更高的要求。

2. 数字档案馆与数字图书馆的信息来源不同

数字档案馆的档案信息主要来自档案馆接收范围内各立档单位形成的档案，档案信息来源相对固定。也可以通过征集、采集、捕获等手段收集相关档案信息，其信息内容比较明确。为此，每个数字档案馆保存的档案信息内容差异较大，重复较少。数字图书馆的信息来源较为广泛，它突破了单一图书馆图书文献信息资源的局限，更多地来自互联网，其信息资源的内容尽管主体是图书文献信息资源，但又不仅仅是图书文献信息资源，它针对的事实上是整个互联网的信息资源，即将互联网上散乱、无序、海量的信息资源组织成有序的、结构化的综合信息资源库。[1] 由此可见，数字图书馆的信息主要来自本馆数字化的图书文献、购买的电子期刊、电子图书、专业数据库以及网络资源等，每个数字图书馆保存的信息内容有一定的重复。

3. 数字档案馆与数字图书馆的服务工作不同

数字档案馆、数字图书馆的服务工作实际上是传统档案馆、传统图书馆服务工作的延伸，因此，其服务工作的原则和模式必然受到传统档案馆与传统图书馆服务工作的影响。尽管数字档案馆与数字图书馆的服务方式、服务手段、服务范围等会有所改变，但传统档案馆与传统图书馆在服务方面的一些本质区别依然会在数字档案馆与数字图书馆的服务中存在。

档案馆与图书馆都被称为"公共文化事业机构"，图书与档案都具有一定的公开性，但其公开性的内涵有极大的不同。对于图书来说，其大部分在出版阶段就被赋予了公开性，则图书馆具有高度的开放性，只有"孤本""善本"的阅读才受到限制，就是这一限制在图书数字化后也不复存在。对于档案来说，其大部分在文件阶段就被赋予了保密性或其他形式阅读范围的限制，档案馆的公开性是建立在保密和时限原则之上的，具有一定密级和时限的档案其公开性受到限制，只在一定范围内公开。只有在解密和达到公开期限后，才具有社会公开性，即使数字档案馆的档案信息全部数字化后仍要遵循这一原则。

图书馆面向全社会，服务范围广泛。数字图书馆更加扩大了读者的范围，任何人在任何地点任何时间都可以利用数字图书馆的文献信息；而档案的利用范围和利用权限有一定的限制，并不是谁想利用就可以利用。《档案法》第五条规定："一

---

[1] 潘连根：《数字档案馆与数字图书馆的比较研究》，《浙江档案》2006年第3期，第22—24页。

切国家机关、武装力量、政党、团体、企业事业单位和公民都有保护档案的义务,享有依法利用档案的权利。"第二十九条规定:"机关、团体、企业事业单位和其他组织以及公民根据经济建设、国防建设、教学科研和其他工作的需要,可以按照国家有关规定,利用档案馆未开放的档案以及有关机关、团体、企业事业单位和其他组织保存的档案。"数字档案馆同样必须遵守这些规定,对在网上利用档案信息的利用者要进行严格的身份鉴定,并为之提供与其权限相应的信息服务。

图书有商品性,因而它的内容对社会大众具有吸引力。其内容可以是真实的,也可以是虚构的,内容五花八门,任何人都可以走进图书馆,找到感兴趣的图书,以满足自身的需求。而档案的利用具有较强的目的性,大多为调查取证、工作查考、学术研究、编史修志等,没有明确用途的档案阅读按规定是不被允许的。数字档案馆这种利用目的会有所改变,但不会改变太大,休闲娱乐的信息不会太多,因而数字档案馆与数字图书馆相比在满足利用者需求方面存在明显差异。

4. 数字档案馆与数字图书馆在关键技术上的差异

尽管数字档案馆与数字图书馆在许多应用技术上具有相似性,但由于两者在信息资源特征、信息来源、开放原则、服务范围等方面存在不同,数字档案馆在对一些关键技术的要求和设计上与数字图书馆存在差异。如在网络安全技术方面,数字档案馆比数字图书馆更强调数字信息的真实性、完整性(不可篡改性)和保密性(权限控制),因此数字档案馆对于采用病毒防治、密钥加密、身份认证、数字签名、数字水印等技术的要求就更高。数字档案馆的网络安全要求明显高于数字图书馆,要求局域网、政务网和互联网"三网"独立,"三网"之间必须进行物理隔离,保证数字档案馆档案信息数据库和信息管理系统的安全。同时,由于档案信息来源于不同的立档单位,形式多样,载体繁杂,数据存在异构现象,所以数字档案馆需要一些特殊的软件和数据库系统来完成数字档案信息的转换和存储。此外,数字档案馆还需要先进的温湿度调控设备、防盗报警设备、安全监控设备、电子信息恢复设备等,为档案信息安全和长久保存提供软硬件支撑。

5. 数字档案馆与数字图书馆在信息安全保障上的差异

档案和图书在信息安全要求上不同。图书作为知识类信息,具有高度开放性,数字图书馆对图书利用需求基本上一视同仁。而档案是人们社会活动的历史记录,具有原始性,一部分涉及国家机密、个人隐私及商业秘密等。同时,档案信息还具有时效性,不到一定时限不能公开利用。档案信息的这些特性会给数字档案馆档案信息管理和开放利用造成"麻烦",因此,数字档案馆要加强对数字档案信息的安全管理,建立健全数字档案信息相关管理制度和备份制度,保障数字档案信息的真实性、完整性、可靠性,保障数字档案信息不被非法更改和破坏,保障数字档案信息的长期保存和有效利用。此外,数字档案馆中的重要档案信息需要实行异质、异地备份,防止地震、海啸等自然灾害和突发事件给承载人类社会记忆的档案造成毁灭性的破坏。

数字档案馆既要保障档案实体不受损坏,也要保障档案内容不泄密;既要保障档案载体的长久保存,又要保障档案信息的长久可读,需要全方位地保障档案的安全。

6. 数字档案馆比数字图书馆建设成本更高

数字档案馆的建设成本远远高于数字图书馆。因为图书期刊有复本,只要一个图书馆对其进行数字化后,其他图书馆都可以购买。而档案馆保存的档案几乎都是孤本,数字化工作量大、费用高。同时,数字档案馆网络管理安全保密要求比数字图书馆高,数字档案馆数字信息存储难度也比数字图书馆大,数字档案馆建设过程和运行过程中所面临的问题相较数字图书馆更为复杂、要求更高。所以,数字档案馆建设和维护成本要远远高于数字图书馆。

第四节　数字档案馆建设

一、我国数字档案馆建设规划

我国有目的、有计划地开展数字档案馆建设起于21世纪伊始,并不断推进。2000年5月,国家档案局将"数字档案馆工程研究与开发"作为该年度全国重点档案科技攻关计划下达给深圳市档案局与国家档案局科技所共同承担,并将其纳入国家档案局的"十五"计划,这也是我国第一个数字档案馆的研究与开发项目。

2000年12月通过的《全国档案事业发展"十五"计划》提出加快档案信息化建设。研究制定电子文件归档和电子档案管理的制度与办法,积极推广国家标准《CAD电子文件光盘存储、归档与档案管理要求》,试点接收电子档案进馆,加快现有档案的数字化进程,在档案利用服务的数字化和网络化方面取得明显进展。明确将档案信息化和电子文件归档管理作为"十五"期间档案事业发展的奋斗目标,并将档案信息化建设作为"十五"期间的具体工作任务之一。在此导向下,地方各级档案主管部门也把档案信息化建设列入各地的档案事业发展计划。

2002年11月印发的《全国档案信息化建设实施纲要》指出,"十五"期间全国档案信息化建设的目标和主要任务是"本着统筹规划、统一标准、分级建设、安全保密的原则,加快档案信息化基础设施建设,加强电子文件归档和电子档案的规范化管理,推动馆藏档案的数字化和数据库建设,在部分中心城市建设示范性数字档案馆,开展公众网上查询档案信息服务,加快推进档案信息化标准体系、安全保障体系和人才队伍建设。到'十五'末,各省、自治区、直辖市档案部门要努力建设并投入使用一批内部局域网,基本实现档案管理现代化和办公自动化;依托当地电子政务建设工程,建立为各级党政机关服务的档案目录信息中心,为逐步构建中国档案文献数据库创造条件;依托公众信息网,建立面向社会、服务公众的档案网站,逐步构建全国档案工作信息网"。该纲要进一步提出"建设示范性数字档案馆。在总结深圳、青岛建设数字档案馆初步经验基础上,进一步在杭州市档案馆、天津开发区档案馆、江苏省电力公司档案馆等开展试点工作"。

《中共中央办公厅、国务院办公厅关于加强信息资源开发利用工作的若干意见》(中办发〔2004〕34 号)和《国家档案局中央档案馆关于加强档案信息资源开发利用工作的意见》(档发〔2005〕1 号)的印发,加快了数字档案馆建设的步伐,促进了数字档案馆建设的开展。

2006 年 12 月印发的《全国档案事业发展"十一五"规划》提出"以国家档案资源建设为核心,以档案信息化建设为重点,以档案法制建设为保障,依托科技、教育和人才建设,加大档案开放力度,优化档案信息资源共享环境,不断提升档案部门服务各项建设事业的能力,促进档案事业与经济社会协调发展"为指导思想;将"建设较大规模的全国性、系统性、分布式、规范化的档案信息资源库群,建立一批电子文件中心和数字档案馆,实现档案信息资源社会共享"等作为总体目标。数字档案馆被首次纳入档案事业发展格局中。

2011 年 1 月发布的《全国档案事业发展"十二五"规划》提出"加快数字档案馆及电子文件(档案)备份中心建设,完成国家数字档案馆建设总体规划的编制工作,对电子档案进行安全有效的管理"的目标;提出将"贯彻落实国家有关电子文件管理、数字档案馆建设的文件精神,加强以计算机网络设备和数据库为主要内容的档案信息化基础建设;根据电子文件管理和数字档案馆建设的功能要求,配备和开发档案数据库管理系统、电子文件归档管理系统、电子档案移交管理系统、数字档案信息发布利用系统等;加快推进传统载体档案数字化、电子文件接收、重要数字信息采集等数字档案资源建设;制定文书类档案长期保存格式标准,研发文书类档案长期保存格式产品和转化工具并组织试点和示范;实施公共档案信息资源共享服务工程项目,打造'一站式'档案信息资源共享和服务平台,为社会提供全方位的档案信息服务;搞好电子文件(档案)备份中心建设,落实电子文件的异质、异地备份制度。各级国家档案馆加快数字档案馆建设步伐,有条件的要完成数字档案馆建设,并提供网络信息服务"作为"十二五"建设的主要任务。

2010年6月,国家档案局发布的《数字档案馆建设指南》,对数字档案馆建设的总体要求、管理系统功能要求、应用系统开发和服务平台构建、数字档案资源建设、保障体系建设等方面提出了明确要求,明确了数字档案馆建设的目标、原则和内容,为数字档案馆建设提供了标准规范和建设依据。

2014年2月,我国成立"国家档案局数字档案馆(室)建设领导小组",全面统筹、规划、审核国家数字档案馆建设工作。2014年8月,国家档案局颁布《数字档案室建设指南》,指导全国基层机关、团体和其他社会组织的数字档案室建设工作。2014年11月,国家档案局发布《数字档案馆系统测试办法》,旨在加强数字档案馆的科学建设、安全运维和绩效管理。

2016年4月颁布的《全国档案事业发展"十三五"规划纲要》提出:持续推进数字档案馆建设。积极响应数字中国建设,加快推进信息技术与档案工作深度融合。到2020年,全国地市级以上国家综合档案馆要全部建设成具有接收立档单位电子档案、覆盖馆藏重要档案数字复制件等功能完善的数字档案馆;全国50%的县建成数字档案馆或启动数字档案馆建设项目;全国省级、地市级和县级国家综合档案馆馆藏永久档案数字化的比例,分别达到30%—60%、40%—75%和25%—50%。编制数字档案馆业务系统功能需求标准;采用大数据、智慧管理、智能楼宇管理等技术,提高档案馆业务信息化和档案信息资源深度开发与服务水平。开展企业示范数字档案馆建设,建成一批具有国际先进水平的企业数字档案馆;适时启动国家级电子(数字)档案馆系统项目建设。

2017年9月,国家档案局办公室印发《企业数字档案馆(室)建设指南》,提出企业数字档案馆(室)建设目标原则、基础设施、管理系统、制度规范、安全保密体系、经费与人才保障等建设要求,规范企业数字档案馆(室)建设工作。

2021年6月,中共中央办公厅、国务院办公厅印发的《"十四五"全国档案事业发展规划》提出:加速数字档案馆(室)建设。推进机关、团体、企业事业单位和其他组织建设与业务系统相互衔接的电子档案管理信息系统。加大机关数字档案室建设力度,新增30家高水平的数字档案室。深入开展企业数字档案馆(室)建设,完成50家企业集团数字档案馆(室)建设试点。各级国家档案馆全面建成档案信息管理系统,大力推进数字档案馆建设,建设中央档案馆数字档案馆,新增150家高水平的数字档案馆。加强大数据、人工智能等新一代信息技术在数字档案馆(室)建设中的应用,推动数字档案馆(室)建设优化升级。加强电子档案长期保存技术和管理研究,创建科学的可信存储与验证体系,保证电子档案真实性、完整性、可用性、安全性。

总体而言，我国数字档案馆建设规划自产生以来正逐步走向成熟。

随着档案信息化建设的深入实施，数字档案馆建设快速推进。自2000年"深圳数字档案馆系统工程的研究与开发""青岛数字档案馆工程"项目立项和建设以来，我国数字档案馆生态系统个体和种群不断增长，呈现出国家综合数字档案馆种群、企业数字档案馆种群、高校数字档案馆种群、专业数字档案馆种群四大种群竞相发展态势。在数字档案馆建设实践中，各地积极探索，相互借鉴，因地制宜，涌现出一批"国家级数字档案馆"和"全国示范数字档案馆"。2015年，青岛市数字档案馆通过"全国示范数字档案馆"测试，被认定为首家"全国示范数字档案馆"。2019年，浙江省档案馆数字档案馆系统成为全国首家通过"全国示范数字档案馆"测试的省级档案馆，"实现'一网查档、百馆联动'，系统建设规范、技术选择合理、整体水平先进，为浙江省电子政务建设和档案现代化管理提供重要支撑，在全国具有示范意义"[1]。据统计，截至2022年年底，全国各级综合档案馆馆藏电子档案2 372.9 TB，其中，数码照片220.0 TB，数字录音、数字录像1 040.0 TB。馆藏档案数字化成果28 069.0 TB。通过省级及以上档案主管部门认证的数字档案馆达328个，"共有56家档案馆被认定为'全国示范数字档案馆'，122家档案馆通过'国家级数字档案馆'测试。档案馆是档案事业主体，一批国家级数字档案馆的建成使用表明我国档案信息化建设取得实质性进展和标志性成果"[2]，有力地推动了国家档案信息化建设发展。

二、数字档案馆建设内容

数字档案馆建设的内容多，涉及范围广，主要有基础设施建设、数字档案信息资源建设、应用系统与服务平台建设、档案网站建设、标准规范体系建设、人才队伍建设等方面。

（一）基础设施建设

数字档案馆具有海量存储、并发用户多和长期接受服务请求等特征，需要稳定可靠、可扩展的运行系统作保障。基础设施建设包括档案基础工作、网络环境建设、硬件环境建设和系统软件建设等。

档案管理基础工作是数字档案馆建设的前提条件。只有加强档案的收集、鉴定、整理、存储与保护、检索等基础工作，开展管理科学、结构合理、运行规范的管理工作，才能为数字档案馆建设提供资源和工作保障。

---

[1] 郑金月：《将数字档案馆纳入政府数字化转型大格局中统筹建设——浙江省档案馆全国示范数字档案馆创建工作综述》，《浙江档案》2019年第10期，第22—24页。

[2] 黄玉明：《深化数字档案馆建设 提升档案工作信息化水平》，《中国档案报》2023年9月4日第1版。

根据用途的不同,数字档案馆网络环境建设可分为三个层次:一是档案馆内部网(局域网),主要用于档案馆内业务活动的开展;二是与政府部门相连的政务网(公务网),主要为政府部门提供档案信息及数字档案信息的收集;三是与互联网相连的公众网,主要为社会各界提供信息查询和档案利用服务。

数字档案馆必须配备必要的硬件设备。硬件设备主要包括计算机设备(服务器、工作站等)、输入输出设备(摄像机、录音机、绘图仪、刻录机、电视机、打印机等)、网络通信设备(传输介质、交换机、路由器、集线器、防火墙等)、数字化加工设备(扫描仪、数码相机和数码录像机等)、海量存储设备(光盘、磁带、光盘塔、磁带库等)、多媒体编辑设备(非线性编辑系统、放像机等)、自动化办公设备(传真机、复印机、投影仪等)。

软件设备是数字档案馆运行的内核和基石。软件设备包括系统软件和应用软件,主要有计算机操作系统、数据库管理系统、编译程序、安全控制软件系统、档案计算机管理软件系统、办公软件、系统开发软件、信息处理软件、数据通信软件等。

(二) 数字档案信息资源建设

数字档案信息资源是数字档案馆建设的核心。数字档案馆突破了传统档案馆纸质档案一统天下的局面,文本、图形、图像、音频、视频等各种数字档案信息资源是数字档案馆馆藏信息的主要形式。运用现代信息技术进行数字档案信息资源的集成和组织管理,为利用者提供远程高效的档案信息利用服务,是数字档案馆建设的重要内容。

数字档案信息资源主要来自四个方面:一是立档单位向数字档案馆移交的电子档案;二是馆藏档案数字化后产生的数字化档案;三是通过网络从政府信息资源库、各行业专业数据库、社会公共信息资源库中采集的数字信息;四是从互联网中捕获的数字档案信息。

(三) 管理系统与服务平台建设

数字档案馆管理系统是一个可根据需求不断扩展的数字档案管理系统,应当具备收集、管理、保存、利用等基本业务功能,以及权限管理、系统日志管理、数据备份与恢复、系统及其数据安全维护等功能。数字档案馆管理系统还应当采取必要措施保证馆藏数字档案信息,特别是由电子文件归档形成的电子(数字)档案信息的可靠和可用。数字档案管理系统可以根据信息化发展和档案管理的要求而有所侧重并不断拓展。数字档案管理系统能够对所接收的各类数字档案信息进行鉴定、整序、比对、分类、存储、保护、著录、检索、利用、编研、传播等操作,使无序信息有序化,并实施有效控制和长久安全保存。数字档案管理系统能够利用网络实现档案查询、信息发布、工作交流和资源共享,提供高效跨库、无缝连接的信息服务。数字档案馆管理系统应具备开放性、稳定性、易用性、安全性、可扩展性和易管理性,是不断发展和完善的信息管理系统。

数字档案馆应根据不同服务对象和现有网络结构,构建三个服务平台,即基于局域网的档案信息服务平台、基于政务网的档案信息服务平台和基于公众网的档案信息服务平台。

(四)档案网站建设

档案网站是数字档案馆面向社会的"窗口",是数字档案馆建设的重要内容之一。档案网站是档案机构在互联网上建立的站点,是发布政府信息、提供档案信息资源集成利用服务的平台。目前,我国档案网站访问率普遍不高,大多属于静态的展示型网站,数字档案信息资源不足,栏目设计缺乏吸引力、互动性不强。为此,数字档案馆应加强档案网站建设,深度挖掘档案信息资源,抓住专业特色和优势,充分发挥档案网站的作用。

档案网站建设力求美观大方、简洁明快、功能便捷、主题鲜明,应具有科学性、知识性和美观性,充分体现档案馆的文化形象,提升档案馆的社会影响力。建立信息发布系统,及时发布档案政策法规、国内外档案工作动态信息,公布开放档案,展示主题档案信息;建立面向公众的档案信息查询系统,设立特色档案资源库,便于公众对档案信息资源进行检索利用;建立交流互动系统,及时收集公众的反馈意见,解答公众的各种问题,增强档案馆与公众之间的联系与互动;建立多媒体档案展示平台,利用多媒体档案内容的真实性、形式的生动性、传播的便捷性、服务的大众性等特点,以声像图文并茂的方式进行展示,提高档案信息资源的利用效率;建立手机档案馆,拓展档案网站服务功能,借助当下流行的大众传媒,方便公众随时随地访问档案网站,接收数字档案信息,拓宽档案信息的服务范围、服务能力和传播效果。

(五)标准规范体系建设

标准与法规是数字档案馆建设的重要保障。数字档案馆建设是一项技术性、开拓性强的新生领域,面对数字档案馆建设的复杂性、多样性,需要在充分调查研究的基础上,结合数字档案馆建设实际,逐步推出相关的标准与法规,确保数字档案信息资源的数据交换、长期保存和安全实用,确保数字档案馆应用系统的实用性、互操作性和可持续性,确保数字档案馆建设的规范、系统、有序。

在制定标准规范体系时应借鉴国内外先进的标准规范,优先采用相关国际标准,吸收、参考相关行业规章制度和技术标准。适时制定国家标准规范和行业标准规范,根据本地区实际情况实时制定相关地方标准,逐步形成数字档案馆建设所需的标准规范体系。数字档案馆标准规范建设的内容,主要包括管理性标准规范、业务性标准规范和技术性标准规范。

(六)人才队伍建设

人才队伍是数字档案馆建设的关键。要通过数字档案馆建设的具体实践,培养一批在档案管理、系统开发与维护、计算机技术与网络技术应用、档案数字化加工与数字档案信息资源管理、标准法规建设与信息安全管理、多媒体档案编研,以及数字档案馆运行与管理等方面具有可持续发展能力的专业人才队伍。

数字档案馆建设需要档案管理专业和相关专业技术知识的人才,其中计算机软硬件技术、网络技术、多媒体技术等方面的人才十分紧缺。为了适应数字档案馆建设,在档案管理人才队伍建设中,既要强调人才队伍结构的优化,配置相应的专业技术人员;又要强调档案人员知识结构的优化,在档案管理人员中尽量培养专才,特别是兼有计算机技术应用能力、网络维护与开发能力、数字档案信息资源集成整合能力的复合型人才。此外,档案管理人员应具有创新思维,解放思想、转变观念,密切关注现代信息技术的发展,充分认识到数字档案馆建设在档案工作中的重要性和紧迫性,在实践中不断探索数字档案馆建设的新模式。

三、我国数字档案馆建设实践

我国数字档案馆建设起步于21世纪。2000年,深圳市档案馆与国家档案局科学技术研究所等合作开展"深圳数字档案馆系统工程的开发与研究"项目,拉开了我国数字档案馆建设的序幕。2000年年底,青岛市档案局提出数字档案馆建设的设想,围绕"数字青岛"工程,建设特色鲜明的大型信息资源数据库,创建数字档案馆。2003年8月,青岛市数字档案馆举行开通仪式,成为我国第一个正式投入运行的数字档案馆。此后,全国各省市纷纷开展数字档案馆规划和建设,推动档案管理现代化转型升级,建成一批功能多样、系统成熟、结构合理、成效突出的数字档案馆,形成数字档案馆生态种群加速融合发展的良好态势。

上海是全国信息化建设的桥头堡,正努力推动城市数字化智慧化转型,打造具有世界影响力的国际数字之都。上海数字档案馆建设的谋划思考和实践探索自2003年上海市档案局印发《上海市档案信息化建设实施意见》开始兴起,立足国家战略和区域发展,对接"一网通办""一网统管",强化数字档案资源建设和整合集成,积极开展"城市数字记忆工程""上海自贸区电子档案'单套制'管理""长三角民生档案跨区域一体化在线查档平台",经过多年努力,2021年"上海的数字档案馆建设取得了阶段性成效:16个区已建成13家数字档案馆,建成率超过80%,其中

'全国示范数字档案馆'2家。"①此外,2022年6月浦东新区档案馆通过系统测试,成为上海地区第三家"全国示范数字档案馆"。2021年,兼具厚重历史感和人文气息的"城市数字记忆空间"——上海市档案馆新馆正式运行,上海"将以此为中心,建立起以数字档案馆为重要节点,以基层数字档案室为支撑底座的一体化网络集群"②,助推上海打造新时代世界一流、国内顶尖的数字档案馆,开创上海档案事业现代化转型发展新局面。

浙江省档案信息化建设位于全国前列,数字档案馆建设成果丰硕。近年来,浙江省政府积极推进政府数字化转型,深化"最多跑一次"改革,打造"整体智治,唯实惟先"的数字政府。浙江省档案部门主动对接政府数字化改革,在全国率先开展政务服务事项电子化归档和省域"异地查档、跨馆服务","以法治档案、智慧档案、民生档案、平安档案、活力档案作为主抓手,以'智慧档案'带动数字档案馆建设,力争与电子政务同部署、同推进"③,努力做好数字记忆的留存利用。"十三五"期间,浙江省数字档案馆(室)创建走在全国前列,各市县数字档案馆(室)实现全覆盖,国家级数字档案馆和全国示范数字档案馆数量位居各省区市第一。省档案馆成功创建全国示范数字档案馆,系首个通过全国测试的省级档案馆。2021年,《浙江省档案事业发展"十四五"规划》提出:到"十四五"末,"各级国家综合档案馆90%建成国家级数字档案馆,全省县(市、区)以上机关和国有企事业单位90%建成省级规范化数字档案室"。浙江省档案馆作为全国首家通过"全国示范数字档案馆"测评的省级档案馆,充分依托经济优势、政策优势与技术优势,主动融入数字政府建设格局,抢抓电子文件单套制转型契机,"全力建设互联开放、以电子档案为增量资源主体、以共享利用为导向、以长久保存为基石的数字档案馆"④。浙江省档案馆数字档案馆系统架构如图11-2所示。

江苏省档案信息化与数字档案馆建设步伐较快。"十三五"期间,江苏省档案部门积极推进数字档案馆(室)建设,拥有国家示范数字档案馆7家,国家示范数字档案室3家,建成全国首个"双示范"数字档案馆(室),数字档案馆(室)建设数量和

---

① 徐未晚:《数字档案馆建设助力上海档案事业开创现代化转型发展新局面》,《中国档案》2021年第12期,第36—37页。
② 徐未晚:《数字档案馆建设助力上海档案事业开创现代化转型发展新局面》,《中国档案》2021年第12期,第36—37页。
③ 王肖波:《数字档案馆建设的创新与发展——以浙江省档案馆创建全国示范数字档案馆为例》,《档案学研究》2021年第1期,第104—109页。
④ 郑金月:《将数字档案馆纳入政府数字化转型大格局中统筹建设——浙江省档案馆全国示范数字档案馆创建工作综述》,《浙江档案》2019年第10期,第22—24页。

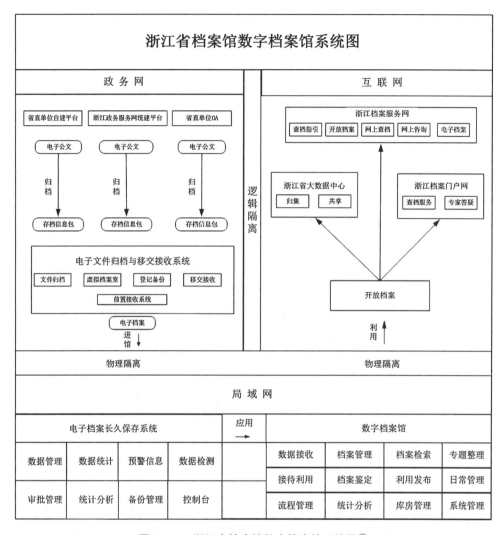

图 11-2 浙江省档案馆数字档案馆系统图①

质量位居全国前列。作为江苏省数字档案馆建设的突出亮点,南京市建邺区档案馆于 2016 年建成"全国示范数字档案馆","2017 年 11 月,顺利通过'全国示范数字档案室'测试,成为全国第一家区域性集中式'全国示范数字档案室'。至此,建邺区档案馆成为全国首家数字档案馆、数字档案室'双示范'单位"②。《江苏省"十四

---

① 郑金月:《建设融入数字政府大格局的新一代数字档案馆——浙江档案馆全国示范数字档案馆创建工作综述》,《中国档案》2020 年第 1 期,第 40—42 页。

② 董海燕、谢晓萍:《把握数字档案脉搏 赋能智慧建邺建设》,《中国档案》2021 年第 12 期,第 40—41 页。

五"档案事业发展规划》提出:"至'十四五'末,全省114家综合档案馆全部完成数字档案馆建设,并实现100%互联互通;推动共享渠道向机关等单位延伸,拓展档案信息资源馆际、馆室共享平台。依托现有资源,建立全省数字档案安全备份中心。"

山东省档案部门以数字档案馆建设为牵引,强化数字赋能,推动山东档案事业高质量发展。青岛市档案馆2003年成为全国第一家正式投入运行的数字档案馆,2015年率先建成国内首家"全国示范数字档案馆",并积极探索智慧档案馆建设。截至2021年,"山东省已创建8家'全国示范数字档案馆'和22家'国家级数字档案馆'"[1]。山东省档案部门充分发挥山东省档案馆、青岛市档案馆、济南市档案馆等"全国示范数字档案馆"的引领带动作用,夯实数字档案资源基础,科学设计数字档案馆系统架构与各项功能,优化档案服务利用,"积极融入全国档案资源共享联动新机制,率先实现与全国档案查询利用服务平台对接,成为首批以平台整体接入方式完成对接的两个省份之一"[2]。启用山东省档案目录中心暨档案查询利用平台,132个综合档案馆实现了档案查询利用"一网通办""掌上查档"。面对大数据时代的汹涌浪潮,山东省档案部门识变应变、锐意创新,强化数据就是档案的意识,推进档案部门与大数据管理部门在资源、技术、业务等方面协作配合,"省档案馆在政府公开信息查阅中心基础上改造升级建成山东省数据大厅,整合共享全省政务信息资源,为各级各部门政务服务应用和辅助决策提供档案信息和大数据支撑,为人民群众查阅和利用政府公开信息提供全新的信息化服务平台,开辟了档案工作与大数据融合发展的新领域"[3]。

云南省将数字化作为档案事业转型发展的战略方向。云南省档案部门抢抓机遇、规划先行、加大投入、注重实效,强化档案数字资源建设与档案信息化平台搭建,加快推进电子档案管理,助推"数字云南"建设。"云南省档案馆、楚雄彝族自治州档案馆先后建成'全国示范数字档案馆',全省馆藏档案数字化总量超过6.38亿页。其中,省档案馆达1.31亿页,数字化率超过87.8%,馆藏照片、声像档案100%数字化,制作档案文件级电子目录1400余万条,采集档案专题数据500余万条,采集征集口述历史、音视频2500小时,构建了规模大、类型多、特色鲜明的档案数字资源。"[4]此外,云南省档案馆将档案数据化作为数字档案馆建设新的突破点,根据档案开发利用的需求,创新档案信息资源服务模式,从馆藏内容中提炼萃取相关档

---

[1] 李世华:《以数字化转型推动山东档案事业高质量发展》,《中国档案》2021年第12期,第38—39页。
[2] 李世华:《以数字化转型推动山东档案事业高质量发展》,《中国档案》2021年第12期,第38—39页。
[3] 刘一枞:《逐梦数字时代 拥抱档案未来——山东省档案馆创建"全国示范数字档案馆"纪实》,《中国档案报》2020年5月4日第1版。
[4] 黄凤平:《数字档案馆建设驱动云南档案事业创新发展》,《中国档案》2022年第2期,第18—19页。

案数据,"先后建立'复转军人''滇军抗战阵亡将士''云南陆军讲武堂师生''云南土司世系'等专题数据库,尤其是试验性地从1个全宗近万卷档案中逐页采集了190万条数据,探索建设'民国档案人名'专题数据库,不但大幅提高档案查找的精准度,并且逐渐明晰了民国时期云南的社会组织结构、民生业态、人物关系,展现了档案资源极高的凭证价值,为档案管理找到了新方向"①。

四、国外数字档案馆建设实践

数字时代的到来,凸显数字化生存方式,世界各国纷纷制定信息化发展战略,推进本国的信息化建设。数字档案馆是信息化建设的重要组成部分,因此各国都在致力于数字档案馆的实践和研究工作。其中,美国、英国、澳大利亚等国家数字档案馆建设开展较早,取得了大量的实践经验和研究成果。因此,了解他们的数字档案馆建设状况和经验,对我国数字档案馆建设的进一步开展具有重要的借鉴意义。

(一) 美国数字档案馆

美国是世界上最早迈入信息化的国家,其数字档案馆建设也走在世界前列。早在1992年美国就在网络上发布了由美国弗吉尼亚大学图书馆负责设计的杰斐逊数字档案馆(Jefferson Digital Archive)。1994年1月,玛格丽特·海兹乔姆在第二届国际人文学者与技术大会上提交了《电子档案馆:网络环境的集成与利用》一文,率先提出了电子档案馆(electronic archives)的概念。美国国家档案与文件署于1998年开始对永久保存电子文件的可能性、保存技术、保存系统的功能需求进行了全面的论证和试验,并启动了电子文件档案馆(ERA)项目。2005年,美国国会同意投入3.08亿美元建设ERA系统,建设周期为6年,其目标在于永久保证联邦政府电子文件的真实,在保护隐私和敏感信息的同时保证公众的利用。ERA建立在6个核心项目上,具体是"OAIS开放档案信息系统,InterPARES永久保护真实的电子文件国际研究计划,DOCT分布式目标计算平台,NPACI全国合作的高级计算机基础设施建设,PERPOS总统电子文件操作系统,Archivist's Workbench Project档案工作平台"②,主要功能是永久保存联邦政府的电子文件,保证电子文件的真实性、凭证性、完整性,保障电子文件的安全,方便利用。

电子文件档案馆的设计、数据库建立过程中与20多家科研机构和IT公司合

---

① 黄凤平:《数字档案馆建设驱动云南档案事业创新发展》,《中国档案》2022年第2期,第18—19页。
② 江涛:《美国电子文件档案馆(ERA)对我国电子文件保存的借鉴意义》,《浙江档案》2006年第5期,第60—61页。

作,已完成数据中心和系统运营中心的建设。2008年6月,建立起联邦政府电子文件基础数据库,共保存联邦政府电子文件1.4 TB;2009年12月接收国会电子文件;2011年建立全面的电子文件档案馆;2014年所有电子文件对用户开放;2018年发布《美国国家档案与文件署2018—2022年战略规划》,提出其愿景是与其他联邦机构、私营部门和公众合作,提供文件、数据、背景等信息,将领导档案和信息行业,确保档案在数字世界中蓬勃发展,并表示未来美国国家档案与文件署将不再接收模拟格式的永久和短期档案。2019年,美国行政管理与预算局、美国国家档案与文件署发布《M-19-21备忘录:向电子记录转型》,提出2022年12月后美国国家档案与文件署将不再接收纸质记录,而是以电子方式管理包括数字化文件在内的所有永久记录,包含电子文件的元数据,从而使联邦机构完全过渡到电子文件,全面推行电子化管理模式,简化文件管理流程,助推政府数字化转型,提高政府工作效率和开放透明度。

(二) 英国数字档案馆

英国是较早拥有国家档案馆网站和开展电子档案研究及远程利用电子档案的国家之一。英国数字档案馆建设的重点是电子文件管理、档案网站建设和数字档案信息的查询利用。

20世纪90年代,为了对电子文件进行保管和提供利用,英国公共档案馆实施了两项计划:一项是办公系统的电子文件计划(Electronic Records in Office System,EROS),主要是为了更好地保护在政府公务活动中产生的具有长期保存价值的电子文件,以提供长期存取。该项计划的主要任务是制定电子文件管理指南、迁移和获取策略以及规范文件处理程序等。另一项是英国国家数字档案馆(数据集合)计划(United Kingdom National Digital Archive〈Datasets〉,UKNDA)。1995年,英国公共档案馆和伦敦大学签订合同实施UKNDA计划,侧重数字馆藏的信息服务,接收、存储、保管政府部门产生并需要永久保存的单一的结构化数据,公众通过访问网站可以查到所需的第一手资料。为了更好地保护国家记忆并满足公众对电子文件的利用需求,2003年4月2日,英国公共档案馆和皇家历史手稿委员会(Royal Commission on Historical Manuscripts)合并成立了英国国家档案馆,使之成为电子政务网络建设及数字化建设的"领头羊"。2007年,英国国家档案馆将过去1000年来的文档实现了网络化,公众可以通过网络对馆藏档案目录和数据库进行查询并订购档案副本。

1995年,为实现UKNDA计划,英国公共档案馆与伦敦大学合作开始建立英国国家数字档案馆(National Digital Archive of Datasets,NDAD)。1998年3月,建立了PRO网站(www.pro.gov.uk),NDAD通过该网站向社会开放并提供服务。

2003年,英国国家档案馆建立了自己的网站(www.nationalarchives.gov.uk),部分实现了数字档案馆的功能。为了更好地满足公众对"电子政务"信息的利用需求,"英国政府从2005年开始实施《信息自由法》,这一法令确立了英国国家档案馆为政府提供电子文件管理和保护的咨询服务的权能,从而有利于中央和地方政府提高工作效率,更好地保护公民的知情权以及政务信息的透明化。正基于此,2006年11月,英国国家档案馆凭借着'国家的档案馆全球搜索''国家档案馆的数字化项目''国家档案馆的学习网站'三项服务一举获得了2006年国家电子政府奖的最终提名,成为当今英国最受欢迎的五大政府网站之一"[①]。

英国档案部门还为政府数据开放平台提供档案数据支持,自2010年起,英国国家档案馆为Data.gov.uk提供了近50条档案数据集供公民下载。2014年,英国国家档案馆(The National Archives)在《国家档案馆2014—2015年度报告》中提出:加强公共部门信息转换计划的监管模式,与开放数据、透明及信息获取方案保持协调一致。2015年,英国国家档案馆在《2015—2019年度业务发展规划》中提出:档案工作者致力于物理的及数字的档案记录保存、历史学科及数据科学的跨学科合作研究,未来5年的目标之一是通过数据的利用,提升服务效率,改善服务水平,进一步推进政府治理的透明度。

(三)澳大利亚数字档案馆

澳大利亚在电子文件研究方面独树一帜,取得了令世人瞩目的成就。如澳大利亚国家档案馆、新南威尔士州档案馆、维多利亚电子文件中心等开展了电子文件保管利用、传统档案数字化、数字档案馆等研究项目。"澳大利亚的档案事业管理体制是一种以档案馆为主体,无档案行政管理机构,分散中有集中,分散与集中相结合的体制。"[②]早在1995年,澳大利亚维多利亚州档案馆(Public Record Office Victoria)就启动了"电子文件管理策略"项目,开始了地方电子文件管理方案的探索;2004年1月开始实施"数字档案馆项目",2005年年底完成,保存维多利亚州数字遗产,主要存储维多利亚州政府产生的符合VERS要求的电子文件和维多利亚州档案馆所收集的纸质文件的数字拷贝。1996年12月,澳大利亚颁布了《文件管理标准》(AS 4390),该标准是澳大利亚第一个文件管理国家标准,也是2001年颁布的国际标准《信息与文献—文件管理》(ISO 15489)的基础。2004年,澳大利亚国家档案馆颁布了《数字文件管理指南》,为澳大利亚政府机构在形成、管理和保存电子文件方面提供指导。

---

① 罗滦:《英国档案事业发展的新趋势》,《北京档案》2010年第3期,第42—44页。
② 黄霄羽:《外国档案事业史》,中国人民大学出版社2004年版,第280页。

澳大利亚国家档案馆自 1992 年开展电子文件项目（Electronic Records Project）以来，逐步发展起功能完善的数字档案馆服务体系，并且引领着各州数字档案馆的发展。1994 年 11 月，主办了"电子文件管理"会议；1995 年 3 月，发布了《管理电子文件——共同责任》（Managing Electronic Records—A Share Responsibility），提出"分布式保管"（distributed custody）模式，即除个别情况外，由联邦机构产生的电子文件不应在国家档案馆集中保存，而应保存在产生这些文件的联邦机构；2000 年年底，开展数字保存项目；2001 年，针对远程利用的需求，引进档案数字化服务；截至 2009 年年底，国家档案馆已经数字化了 2 000 万页的档案记录。澳大利亚国家档案馆网站（www.naa.gov.au）具有在线查询、远程利用、在线展览、在线文件存取、网上购买档案馆的相关资料/书籍等服务功能。

澳大利亚国家档案馆顺应大数据时代发展趋势，推动数字化向数据化转型，成为澳大利亚数据革命的中心。2020 年，澳大利亚国家档案馆公布《建立对公共文件的信任：管理政府和社区信息数据》，这是一项针对政府信息数据治理的全新政策，是澳大利亚文件信息数据转型的里程碑。该政策充分重视数据的价值，认为数据是一种越来越重要的信息，日益成为政府科学决策、公共服务创新、经济高速运行的核心资源，需要从战略高度管理数据资产。通过成立国家数据专员办公室，由其负责制定公共部门数据政策框架，最大限度地实现数据共享和发布，保障数据的真实可靠和完整可用；建立公众对政府数据的信任，优化对公共部门数据的访问和利用流程；构建支持数据使用的技术基础设施，改善公共部门数据的管理架构，以支撑澳大利亚公共服务部门的数据能力改革。

（四）国外数字档案馆建设经验

通过对国外数字档案馆建设状况的介绍，得出以下几点建设经验：

一是确立数字档案馆建设策略。数字档案馆建设是一项复杂的系统工程，需要政府统揽全局、总体规划，降低数字档案馆建设风险，减少不必要的重复建设，提高数字档案馆建设效率。"顶层规划是一种自上而下的设计，是以国家层面为起点，进行整体设计、统一规划、战略部署，构建总体框架，确定国家数字档案馆的发展方向、基本格局和推进步骤，提供数字档案馆建设的基本指针和发展蓝图。"[1]

二是制定数字档案馆建设标准规范。数字档案馆是一个新生事物，为了保障数字档案馆建设健康有序，需要建立健全相关政策法规和标准，全面规范和指导数字档案馆建设。

---

[1] 王芳：《数字档案馆学》，中国人民大学出版社 2010 年版，第 385 页。

三是以项目研究为先导。项目研究的开展为数字档案馆建设积累经验和知识,起到了示范作用,为数字档案馆后续建设提供理论指导和实践方案,推动了数字档案馆建设的开展。

四是注重合作研究。数字档案馆建设应注重在多个部门之间开展合作,加强与政府、高校、图书馆、企业、研究机构等的合作,借鉴相关研究成果和技术,集中优势力量,增强数字档案馆建设活力。

五、数字档案馆建设思考

(一) 数字档案馆建设存在的问题

从20世纪90年代提出并建设数字档案馆以来,我国数字档案馆建设从无到有、从点到面、从框架搭建到数字资源建设再到信息服务,逐步繁育发展起来,出现了深圳、青岛等多个数字档案馆建设经典案例,开辟了我国数字档案馆建设的新里程,建设成效显著。但作为新生事物,数字档案馆的形成和发展与传统档案馆相比、与社会信息化发展的进程相比,还显得较为"稚嫩"。在"轰轰烈烈"的数字档案馆建设背后,还有许多问题值得关注。比如:

在基础理论方面,目前还相对滞后,已有的阶段性成果更多是关于建设意义和发展前景的宏观性描述,没有形成一个完整的理论体系,数字档案馆的发展更多依靠实践推进,理论支撑和指导能力有限,而且在认识和建设方向上还存在分歧。基础理论滞后已成为数字档案馆向更高阶段发展的理论瓶颈。

在数字信息资源建设方面,目前还相当匮乏,与充分满足社会利用的数字档案信息需求量相比,差距较大。数字档案馆的数字档案信息资源建设与开发利用能力普遍滞后于信息基础设施建设。近年来,各地都在加大传统档案数字化数据化进程,以此为突破口,丰富数字档案馆馆藏,但仍急于求成,而且档案信息数字化也缺乏统一的规范、标准,各自为政,能否形成有效"链接"、提供远程利用,有待实践检验。同时,在数字档案馆馆藏中仍然存在结构单一的现象,影响利用成效,要形成覆盖公众的档案资源体系,任重道远。

在技术标准方面,近年来,电子文件管理和数字档案馆建设的标准研制虽然在提速,但还不够完善配套,没有相应的电子文件著录标准、多媒体档案管理标准、全文数据库标准等。"在数字档案馆建设中,标准化是一个体系,是一个系统,因此对于我们来说,如何结合我国实际,迅速建立起一个适合我国数字档案馆建设的标准化体系是摆在我们面前的一个迫切需要解决的新问题"。[①] 没有标

---

① 段荣婷:《我国数字档案馆的研究与建设》,《中国档案》2002年第6期,第24—26页。

准体系,不仅会使数字档案信息资源成为"信息孤岛",而且有可能造成电子信息的永远消失。

在法律法规方面,《档案法》及《档案法实施条例》对数字档案馆作了规定,但相关规定较为笼统,数字档案馆地位、功能、管理、利用等法律制度欠缺,未能明确规定数字档案馆建设的行动路线、管理模式、系统运行等。例如,如何对数字档案、档案数据的著作权、知识产权、隐私权进行保护,并处理好数字档案信息利用与信息共享的关系,在实践中仍是难以平衡的问题。数字档案馆建设中开发和使用的大量专业软件和通用软件,其权利归属、权利保护和权利管理等问题也日益突出。数字档案馆运行、建设中的相关法律法规不是孤立的,需要与电子文件管理问题协同解决,才能更好地保证和促进数字档案馆的良性发展。

在人才队伍建设方面,数字档案馆研发和管理过程中所需要的具有现代信息素养、能在信息技术环境下高效开展工作的人才队伍还未建立起来。面对数字档案馆的快速发展,档案工作者队伍总体上无论是在管理能力、管理经验还是在技术运用和现代服务意识上,都难以跟上社会发展。由传统档案工作者向数字环境下的现代档案工作者转变仍是一个长期的转型过程。

在建设规划方面,国家档案局相继出台《数字档案馆建设指南》《数字档案馆系统测试办法》《企业数字档案馆(室)建设指南》等政策文件,对数字档案馆建设的总体要求、功能要求、系统开发与平台共建、数字资源建设、保障体系建设等方面提出要求,但难以平衡和统筹规划全国范围内数字档案馆建设的布局,数字档案馆建设不平衡、不充分、不协调问题仍较突出,呈现区域差距扩大、城乡差距明显的特征。

在安全保护方面,数字档案馆安全风险问题依然突出,目前虽然采取了异质异地备份等保护措施,加强对数字档案信息和载体的安全保护,但立足于网络档案信息安全和数字档案信息长期保存的数字档案馆安全保障体系还未完全建立起来,各种潜在的技术安全风险和网络攻击风险时刻存在,威胁着数字档案信息的安全。

(二) 数字档案馆建设思路探寻

在信息技术渗透日深、信息化发展不断加快的现代社会,建设数字档案馆是时代的必然。其建设和发展是大势所趋,不可逆转,只会强力推进,不会停滞后退。2024 年,国家档案局局长王绍忠在全国档案工作暨表彰先进会议上强调,"加快推进数字档案馆(室)建设。继续把数字档案馆(室)建设作为当前推进档案信息化工作的重要抓手,分级分类抓好档案馆和机关单位档案信息化工作。完善数字档案馆推进机制,国家档案局负责数字档案馆制度建设和工作统筹,重点抓好副省级市以上数字档案馆建设,省级档案主管部门负责推进本地区市县级数字档案馆建设。加大机关数字档案室推进力度,重点加强尚未建成示范数字档案室相关省份业务指导和试点建设工作,做好中央和国家机关数字档案室建设评价。扎实推进企业集团数字档案馆(室)试点及验收工作,以总部带动下属单位一体化建设。已建成数字档案馆(室)要加强新一代信息技术的研究应用,持续提升数字档案馆(室)建设和应用水平,支撑档案工作数字化转型。"

面对数字档案馆建设和发展中存在的问题,档案学理论研究者和档案实践部门专家都在积极思考、探索、寻求解决问题的"终极之道"。或强调技术优先,或提出系统保障,或要求标准先行,或倡导"顶层设计",各种不同的看法,各种不同的声音,各种不同的观点,汇聚成一股学术潮流,"献计献策",共同开创数字档案馆建设道路。正是在这些实践和理论的探索下,我们才能看到李国庆的《数字档案馆概论》、潘连根的《数字档案馆研究》、朱小怡的《数字档案馆建设理论与实践》、王芳的《数字档案馆学》等一批成果,为数字档案馆的建设和研究提供了理论基础和知识积淀。

随着数字档案馆研究的深入,人们越来越认识到数字档案馆是一个复杂的信息系统和信息空间,包含着资源、管理、技术、制度、环境等多种相互连接、相互作用的要素;越来越认识到单纯依靠技术手段无法解决数字档案馆的协调发展问题,需要寻求一套系统、整体的解决方案;越来越认识到需要从多学科的视角,发现并思考数字档案馆建设中以前未曾关注到的问题,深化数字档案馆研究内涵;也越来越认识到数字档案馆建设问题不单是自身问题,还需要拓宽研究思路和研究视野,将其纳入社会系统中分析和探究与社会环境的协调互动,探索数字档案馆的持续发展。

鉴于此,有必要展开"数字档案馆生态系统研究""数字档案馆生态系统治理研究",将数字档案馆视作一个有机的生态系统,综合运用档案学、管理学、社会学、生态学以及信息技术等方面的知识,深入思考和阐释数字档案馆生态系统的构成、演化、运行、调控和治理中的深层次问题。一方面考察数字档案馆各种要素之间的关系,从整体上思考数字档案馆建设中各要素的相互作用关系,克服技术的单向思维和短板效应,促进数字档案馆协调运行;另一方面考察数字档案馆与社会环境的相互作用关系,把握数字档案馆生态系统在社会系统中的地位和作用,同时协调数字档案馆建设中的技术因素、人文因素、效益因素和制度因素,促进政治、经济、文化、法律、教育等方面的均衡投入、协同发展,为数字档案馆生态系统培育发展和治理现代化提供理论与智力支持。

第五节 数字档案室建设

档案工作是国家档案事业的组成部分,也是机关提高工作效率和工作质量的必要条件。随着档案信息化建设的逐步深入,传统机关档案工作面临着机关办公自动化应用、数字档案馆建设以及多样化需求的严峻挑战,是档案信息化建设中亟须强化的重要节点。各级、各类机关的档案室工作是国家档案事业的重要组成部分,是提高机关工作效率和质量的必要条件,也是档案馆工作的前端和基础。数字档案室是信息化条件下档案室的"升级版",是管理机关档案信息、串联机关办公自动化与数字档案馆建设的关键一环。它对于维护机关电子档案的真实、完整、有效和安全,提升机关行政效率和服务能力,促进数字档案馆建设乃至档案信息化的全面、持续、有效发展具有重要意义。2014 年,国家档案局发布《数字档案室建设指南》提出:"建设符合国家和社会信息化发展要求的数字档案室,有利于提高机关档案工作水平,维护机关档案信息的真实、完整、可用和安全,提升机关行政效率和公共服务能力;有利于促进国家核心信息资源建设,实现信息资源总量增加、质量提高和结构优化,为数字档案馆的最终实现奠定基础,以推动全国档案信息化工作全面、健康、均衡发展。"

一、数字档案室的概念与特征

(一)数字档案室的概念

根据《数字档案室建设指南》,数字档案室"是指机关在履行职能过程中,运用现代信息技术对电子档案和传统载体档案数字副本等数字档案信息进行采集、整理、存储、管理,并通过不同类型网络提供共享利用和有限公共档案信息服务的档案信息集成管理平台"。

该概念包括以下内涵:

一是建设和应用的主体是政府、事业和各类社会组织的机关,目的是更好地履行行政管理职能。

二是技术条件是全面应用现代信息技术,包括数字技术和网络技术。其中,网络系统应包括各种类型的网络平台。

三是管理对象主要是电子档案(即归档电子文件)和数字化档案(即传统载体档案数字副本)的信息。

四是管理的功能包括档案管理的各项业务。主要是满足机关内部职能活动的需要，同时实行有限公共档案信息服务。其"有限"是由机关档案室档案的价值特征和档案工作的职能所决定的，它有别于数字档案馆。

五是建设要求是建立档案信息"集成管理平台"。为此需要强调统一规划，统一建设，统一实施，统一管理，做到数据集成、功能集成、流程集成，协调和处理好档案部门与文书部门、档案工作与业务工作、档案室与档案馆之间的关系，在文件生命周期中发挥好承上启下的信息枢纽港作用。

（二）数字档案室的特征

与传统档案室相比较，数字档案室具有以下特征：

一是档案资源数字化。数字档案室以统一的数字形式存储各种信息，包括文本、图像、声音、视频等，压缩了存储空间，改进了组织形式。信息记录形式的数字化，是数字档案室的基本特征。

二是档案实体虚拟化。通过对纸质档案、缩微胶片、照片、录音、录像等传统载体档案进行数字化加工，实现档案实体虚拟化，使之能够与其他数字档案资源一并进行管理和规范。

三是档案管理系统化。将档案业务流程、标准规范固化在数字档案室应用系统中，实现数字档案资源系统、规范管理。

四是信息传递网络化。数字档案室依附于网络而存在，通过不同类型的网络实现档案收集、管理和移交，利用者不必"登门造访"，就可以利用所需的信息，从而加快信息交流与反馈的速度。

五是档案利用知识化。数字档案室将文书、照片、录音、录像等各类信息载体与信息来源在知识单元的基础上有机组织并联系起来，以动态分布的方式提供服务，实现由档案的提供向知识的提供转变。

二、数字档案室建设原则

（一）资源强档原则

数字档案资源建设要做到"三管齐下"：一是将来源于机关信息化的电子档案收集起来；二是将室藏传统档案的数字化工作开展起来；三是将档案数据库建立起来。数字档案资源是数字档案室的立足之本和利用之源，也是国家档案资源建设的入口和源头。只有从源头上将数字档案资源做大做强，才能做到"上游有水下游满"。所谓"做大"，就是严格按照归档范围，使档案资源应收尽收，门类齐全，内容完整；所谓"做强"，就是要确保数字档案资源的真实、完整、有效和安全，做到配置合理、格式规范、管理有序、特色鲜明。因此，实行机关数字信息的资源化管理应当成为数字档案室建设的永恒目标和基本条件。

（二）标准先行原则

数字档案室建设应统筹协调文件管理与档案管理、业务工作与档案工作、档案室与档案馆之间的关系，确保系统与前端办公自动化系统、后端数字档案馆系统的衔接。为此，应当严格遵循既有的标准和规范，以便在系统设计、建设、运行中能够步调一致、统一规范，真正形成文档一体、馆室一体的档案管理体系。

（三）整体推进原则

数字档案室基础设施、信息资源、制度规范、人才队伍的建设，需要依靠管理体系和行政手段整体推进，特别要将数字档案室建设与机关电子政务和信息化建设密切结合起来，确保这项工作全面、协调、可持续发展。

（四）确保安全原则

数字档案室建设应建立健全与机关整体信息安全管理相匹配的档案信息安全管理制度，按照信息安全等级保护和分级保护要求采取安全保障技术方法，配备必要的软硬件设施，完善灾难恢复应急机制，确保数字档案室建设和运行的安全。

（五）系统集成原则

数字档案室分布点多面广，分头建设必然造成资源浪费和信息孤岛的问题。为此，应在国家统一规划与指导下，研制实用的数字档案室集成系统，采用先进的架构体系（如云平台、B/S架构等）推广应用，使数字档案室系统具备统一规范的功能设置、数据结构、业务流程、性能指标，并做到与数字档案馆资源的无缝对接。

数字档案室是数字档案馆建设的基础，数字档案馆研究与建设已有数十年时间了。而数字档案室建设只是近二十年来才开始的，起步较晚，需要加强研究与对策，需要机关、企事业单位的档案部门、信息化部门、业务部门等共同参与实施，加快数字档案室建设，为数字档案室建设提供支持。上海市金山区档案局2000年进行数字档案室建设实践的创新性探索；2010年与上海大学图书情报档案系、上海中信信息发展股份有限公司等单位联合申报的"集成式机关数字档案室建设的策略研究"课题获得国家档案局立项，开展理论研究和实践探索，以"集成式机关数字档案室管理系统"为统一平台，进行区域内机关数字档案室的集成建设，通过平台实现区域内机关数字档案室的统一管理、共建共享、分级利用。

三、数字档案室建设内容

数字档案室建设是一项系统工程，包括基础设施建设、应用系统建设、数字档案资源建设，需要机关档案部门、信息化部门、业务部门和保密部门共同参与实施。结合数字档案室建设实践，其主要内容包括：

(一）基础设施建设

为确保数字档案资源的安全管理和有效利用，应依托机关信息化建设成果，建设相对独立且稳定、兼容的并能够满足数字档案资源管理和机关共享利用需求的数字档案室基础设施，主要包括网络基础设施、系统硬件、基础软件、安全保障系统、终端及辅助设备等五个部分。基础设施应尽量采用国产产品，尤其是具有自主知识产权的国有品牌产品。用于支撑涉密数字档案资源管理的基础设施建设，应符合国家有关保密工作的规定。

(二）应用系统建设

数字档案室应用系统建设应基于《空间数据和信息传输系统——开放档案信息系统参考模型》(ISO 14721：2012) 设计功能架构，应能集成管理各门类数字档案资源，具备收集、元数据捕获、登记、分类、编目、著录、存储、数字签名、检索、利用、鉴定、统计、处置、格式转换、命名、移交、审计、备份、灾难恢复、用户管理、权限管理等基本功能，为电子档案的真实、完整、可用和安全提供首要保障，并达到灵活扩展、简单易用的基本要求。其具体功能需求可参见《电子文件管理系统通用功能要求》(GB/T 29194—2012)。

(三）数字档案资源建设

数字档案室的数字档案资源应包含文书、声像（照片、录音、录像）、科技、专业等各门类电子档案、传统载体档案数字副本和数字资料等，若条件成熟，公务电子邮件、网页等门类的电子档案也应作为数字档案资源建设内容。要严格遵循标准规范，全面进行传统载体档案数字化转换，积极推进电子文件归档和电子档案管理，全面推进数字档案资源建设。应用先进技术和手段，保证数字档案资源真实、完整、可用和安全，满足各类利用需求。

四、数字档案室保障体系

数字档案室是机关电子政务的核心信息资源中心，其建设、运行和维护是一项长期的系统工程，需建立经费、制度和人才等各方面的保障机制。

经费保障方面：应为数字档案室建设予以经费保障。要将各门类电子（文件）档案的归档管理、纸质档案数字化、数字档案资源备份管理以及数字档案室应用系统的运维、升级费用等纳入本单位预算并给予长期的经费保障。

制度保障方面：根据数字档案室建设要求，修订完善档案工作流程、文件材料以及声像（照片、录音、录像）电子文件归档范围和保管期限表，以及适合电子档案管理、利用、安全保障、应急处置等各项规章制度，明确要求和权限，确保数字档案资源的规范管理，保证数字档案室运行顺畅。应制定保障数字档案室正常运行的各项制度并切实贯彻实施,包括各门类电子文件归档管理制度、人才配备与经费保障制度、数字档案资源备份管理制度、数字档案室应用系统运维和安全管理制度。

人才保障方面:加大人才建设力度,通过培训或引进人才,为数字档案室的建设和运行储备既通晓信息技术,又精通信息资源管理、知识管理的人才。应为数字档案室配备满足工作需要的专职管理人员,条件成熟的,应配备两名以上专职管理人员。专职管理人员应具备档案或信息技术相关专业的对应学历,应具有较好的管理才能和计算机应用技能。应在制度上为专职档案管理人员的发展和晋升予以保障。

思考题

1. 简述数字档案馆的内涵及特征。
2. 简述数字档案馆的发展态势。
3. 简述数字档案馆建设的内容。
4. 谈一谈数字档案馆生态系统的内涵。

参考答案要点

第十二章 电子文件宏观管理

人类社会的每一项活动都是由历史和时代所决定的。电子文件的大量产生,给传统档案管理带来的影响和冲击是全方位的,不仅档案的收集、整理、鉴定、保管、编目、检索、统计、利用等档案工作的各个具体业务环节需要重新设计和组织,而且电子文件管理体制、规范、标准、技术需要重新规划和制定,电子文件的管理机构和管理人员也需要重新定位、布局和培养。只有国家档案主管部门与保管部门承担并履行宏观管理的职能,才能协调电子文件管理的内外关系,发挥档案事业系统的整体功能,加速解决电子文件管理过程中的各种矛盾和问题,全面推进电子文件的管理水平,规范全国的电子文件管理工作,担负起保存人类集体记忆的历史使命。因此,在研究电子文件微观管理的各项具体环节的同时,还要从总体上研究电子文件宏观管理的各项活动。

第一节 电子文件宏观管理概述

电子文件宏观管理是指文件/档案的主管与保管部门以电子文件管理为客体对象,运用法律法规、制度办法、规划标准等对电子文件管理工作加以指导和控制,形成有效的运作机制和管理机制,使电子文件管理工作科学化、规范化和制度化,确保电子文件完整保存的历史责任得以实现。

一、电子文件宏观管理原则

（一）纳入国家档案事业管理体系

档案事业是以管理和开放国家档案信息资源、服务国家各项事业为宗旨的,由档案行政管理工作、档案室工作、档案馆工作等组成的一项事业系统。档案事业管理是从宏观上、整体上管理国家档案事务,不断调解档案事业的内部关系和外部关系,促进档案事业发展,为国民经济和社会发展服务的一项工作。

电子文件虽然有自己的特殊性,但它本质上是一种新型档案,其管理职责也是由档案部门来承担的。因此,档案主管与保管部门要将电子文件纳入工作计划,在档案事业管理的各个方面体现电子文件管理的要求,在承认电子文件管理特殊性的前提下,使电子文件管理与传统档案管理协调发展。

(二)有超前性和预见性

电子文件是技术时代的产物。科学技术日新月异,信息技术在档案工作中不断地更新和发展,往往造成原有的问题还没有得到妥善解决,新的问题又会出现。即使今天所探讨形成的电子文件的一些管理理念和管理方法也会在新的技术条件和环境下加以适当调整和补充。这就要求电子文件的宏观管理必须考虑时代和环境发生的深刻变化,要有前瞻性和预见性,能在一定程度上预测社会和技术的发展方向,并采取积极的措施。要在管理规划上有一定的超前性,使制定的规划、规范和标准等能够在一段相对稳定的时期内实施,而不至于在新技术面前措手不及,疲于应付,步步落后。

在纸质档案的长期管理实践中,人们逐步摸索并形成了一整套科学管理档案的经验和理论,并创立了较为完整的纸质档案管理的制度和方法,同时也走过一些弯路,付出过一定的代价。在电子文件的管理方面,要注重吸收国内外电子文件工作实践经验,做一些前瞻性的规划和研究,尽量少走弯路,少付代价。

(三)贯彻文档一体化原则

电子文件是电子档案的前身。文件处理部门对电子文件保管的责任意识和归档前处理,直接关系到档案部门管理归档电子文件的效能和水平。

根据"前端控制"的思想,档案馆及档案人员应在电子文件形成阶段发挥指导监督作用,而这种指导监督的依据是档案部门制定的各项制度、标准和规范。档案部门在各项标准和规范的制定上,应充分考虑电子文件形成者对电子文件保管的影响,并作出相应的规定,使他们自觉按档案主管部门制定的有关标准和规范形成电子文件,并采取各种有效措施,保证其制作、处理的电子文件真实可靠,各种数据和背景信息完整准确,并能及时归档。在纸质文件时期,要求文书处理人员不能使用圆珠笔和铅笔拟写文件,要求文书人员和领导不能直接在文件上拟写拟办意见和批办意见等等,诸多机关文件处理办法都体现了档案部门的管理要求。在电子文件时代,这些内容要求可能不同,但实质是一致的。总之,电子文件宏观管理应从电子文件生命周期的全过程考虑,对电子文件形成和处理阶段的工作进行相应的管理,体现文档一体化的原则。

二、电子文件宏观管理基本内容

《档案法》第八条以法律形式将档案主管部门的职责固定下来:"国家档案主管部门主管全国的档案工作,负责全国档案事业的统筹规划和组织协调,建立统一制度,实行监督和指导。"电子文件作为档案的一部分,其宏观管理也应遵循这一规定。

本教材的前述章节中也提出在宏观层面上须加强对电子文件的顶层设计、风险管理和制度管理,因此,根据《档案法》对档案主管和保管部门的职能规定,结合上述观点,认为档案主管和保管部门在电子文件宏观管理中应着重做好以下几方面工作:

一是制定电子文件管理规划。制定我国电子文件管理总体建设发展的规划、目标,这些规划、目标要与国家各项事业的发展相协调。

二是建立健全电子文件管理法规制度。建立健全一套科学完整的电子文件管理工作法规、制度和业务标准,以规范全国的电子文件管理,使电子文件管理有章可循、有规可依。

三是创建良好的电子文件运行环境。协调和处理电子文件工作的内外关系,为电子文件管理创建良好的内外环境,形成社会共同关心重视并积极参与、配合管理电子文件的良好局面。

四是依法加强电子文件监督指导。贯彻履行行政管理权和行政执法监督权,做好电子文件管理的业务指导和监督工作;开展调查研究,总结经验,推广典型。

五是打造高素质人才队伍。抓好档案专业教育和职业教育,培养档案专业人才和技术人才,建立一支高素质、适应数字时代电子文件管理需要的复合型人才队伍。

第二节 电子文件管理规划

电子文件管理规划直接关系到国家或组织对电子文件管理的总体思路、发展进程和发展水平。我国已将研究制定电子文件管理规划作为我国档案信息化发展的重点。

一、电子文件管理规划概念

(一)电子文件管理规划的含义

在美国1993年再版的《联邦文件管理术语手册》中,电子文件管理规划的定义是：不论文件载体形式，围绕文件的产生、维护、利用和文件处置而展开的，管理机构记录信息所需的，经计划、协调过的一整套政策、操作程序及活动。其基本要素包括：一是提出最新规划指南；二是设计、实施和分析文件工作计划；三是对规划实施及宣传等工作负有责任的人员进行专门的培训，使其明确职责分工；四是评估规划结果，确保规划的实用、高效、高质。

在澳大利亚出版的《记录未来——电子文件管理的方针和政策》一书中，电子文件管理规划被定义为：以组织网络为基础建立的用于管理文件和文件管理系统的规划。文件管理规划应支持机构的任务及目标，并同其他战略一样，应有自身的目标和行动指南。它应包括在总体规划中，并应有其自身的实施计划，易于操作、检查和修正。

实际上，电子文件管理规划是指以文件档案管理理论及实践经验为指导，运用战略管理、行政管理、社会管理、生态管理、风险管理等相关管理方法手段，制定电子文件战略目标、管理任务和实施方案，保证电子文件管理质量，提高电子文件管理效率，为社会提供优质档案信息服务。电子文件管理规划涉及国家层面、地方层面、机构层面等不同层次的规划。

（二）电子文件管理规划的设计要求

电子文件管理规划是由诸多要素组合而成的，具体情况因机构或活动对象的不同而异，但也有其共同之处：

一是明确电子文件管理目标与管理任务，为电子文件管理提供战略指引。

二是制定电子文件管理组织方案与法规标准，为电子文件管理提供制度保障。

三是加强电子文件管理监督检查，为电子文件过程管理提供行动支撑。

四是优化电子文件管理运行程序，为电子文件管理运行提供方向导航。

五是强化电子文件管理人才队伍建设，为电子文件管理提供智力支持。

电子文件管理规划的实质是以法治化、程序化、制度化、规范化、标准化的科学管理手段强化人们的档案意识和文件工作责任感，将电子文件的形成、积累、保管、利用工作纳入有序化轨道，由此保证电子文件质量和档案工作质量，减少不必要的重复劳动，提高电子文件管理效率。[①]

二、国外电子文件管理规划

（一）戴维·比尔曼的电子文件管理规划思想

20世纪90年代末，美国电子文件研究专家戴维·比尔曼在其所著的《电子证据——当代机构文件管理战略》一书中详细地论述了其电子文件管理规划的思想，

---

① 安颜：《国外电子文件管理规划简介》，《档案与建设》1997年第11期，第48—49页。

并分别从电子文件管理的管理目标、战略重点、实施策略、管理对象、工作方法等方面进行了分析。

1. 管理目标——为机构的职能活动提供凭证

管理文件和档案是机构的日常工作,也是机构开展职能活动的基础。文件和档案工作者的职责就是保存记录机构职能活动、对机构乃至社会具有查考价值的重要文件。文件是"记录下来的业务活动"(也可以叫"业务活动的记录"),是电子文件管理的基础。

2. 战略重点——应用系统

业务的开展和信息的交流当然是由具体的个人来完成的,但值得注意的是,个人是特定系统的成员,系统活动的成果则是可充当凭证的文件。支持机构工作和信息交流的系统有基础系统(infrastructure systems)和应用系统(application systems)之分,电子信息系统也有类似的分类。应用系统一向是传统的文件和档案管理的重心,在电子信息系统中仍然如此。

3. 实施策略——系统管理

对应用系统的管理是有效控制文件与档案的基本策略。当论及电子文件的法律地位时,只有通过良好的系统管理和规范的内部工作程序,才能够确保电子文件的法律效力,这是电子文件如缩微胶片的管理中不曾涉及的问题。当论及电子文件的保管和存储时,没有强调载体的实体保管,而是强调了系统寿命和系统功能特点,这是因为没有计算机软硬件系统的支持,根本无法阅读一份保存好的电子文件。当论及多种信息载体共存的信息系统的管理时,纸质文件和电子文件共存就不是一个反常现象,而是电子信息系统的技术多元化和可存储载体多样性的必然结果。实际上电子文件的管理也就是应用系统的管理。

4. 管理对象——文件内容和背景信息

要使电子文件具有凭证意义就需要用其记录各种相关信息,这些信息可能存在于文件或数据库中,也可能存在于文件和数据库的利用方式中。

如果文件记录的是特定时间的特定信息(特定业务活动的记录)的话,那么数据库系统中只有文件形成者在"当时当事"看到的数据内容方可称为"文件"。因此,只有不惜以数据冗余为代价,将文件形成者看到的信息内容拷贝下来,才能保证该文件是"业务活动的记录"。

获取机构活动的凭证是整个文件和档案管理的最终目的。因此,记录机构利用信息的方式与记录机构信息交流的内容同等重要。

5. 工作方法——文件著录

文件和档案工作者从事信息管理活动,获取、生成文件和文件的背景信息,并在这些信息的基础上决定档案的存毁。这种著录文件的方法是文件和档案管理的重要前提,是完善和发展电子文件管理的首要条件。

建议将数据管理和元数据系统、数据目录系统等的管理方法作为文件管理的首选方法。

6. 智力投资——人员培训

各个部门的工作人员对待文件工作的态度决定了电子文件管理的成败。

7. 倡导电子文件文化

文件和档案工作者可以推动形成机构内部的电子文件文化,可以建立这种文化中的规则和"礼仪",推广成熟的信息技术。例如,文件和档案工作者可以告诉利用者,在电子文件丢失和无法利用时可能会遇到什么问题以及如何处理,这不仅是在帮助别人,同时也是在帮助自己。①

(二)澳大利亚的电子文件管理策略

就国家层面而言,澳大利亚较早就开始对其政府电子文件管理制定规划。1995年3月,澳大利亚国家档案馆出版的《管理电子文件——共同责任》阐述了澳大利亚的电子文件管理策略。澳大利亚电子文件管理策略的出台,为联邦公共部门办公自动化的计算机系统管理者与利用者提供了电子文件文档一体化指导。它覆盖了各类计算机系统形成的文件,无论是在个人计算机环境中形成的文件、分布式网络中形成的文件、主机数据处理环境中形成的文件、空间数据系统中形成的文件,还是其他多媒体系统中形成的文件,均可利用该策略提供的指导进行文档一体化管理。因此,《管理电子文件——共同责任》是澳大利亚政府电子文件管理策略制定中的一个里程碑,是对电子文件管理的一个宏观规划。

1. 电子文件管理策略出台的背景

澳大利亚联邦政府在20世纪末已全面实现了办公自动化,各个部门都以电子方式管理电子文件,并以电子方式向利用者提供信息。传统的办公方式与信息传播管理方法正在让位于电子文件管理方法,因而,技术变革对档案馆工作人员自身的业务素质提出了挑战。在这个不断发展的信息技术环境中,为了对具有持久价值的电子文件提供存储与保存,澳大利亚的档案馆不得不面对层出不穷的新问题。在这种背景下,澳大利亚提出了电子文件管理的策略,以统一电子文件的形成与管理。

---

① [美]戴维·比尔曼,王健等译:《电子证据——当代机构文件管理战略》,中国人民大学出版社2000年版,第73—84页。

2. 电子文件管理策略的主要内容

澳大利亚的档案馆认为,作为一个档案工作者不仅要关心信息技术,更应关心信息技术在档案工作中的应用,以及信息技术在各个部门的文件保存中所起到的作用。作为一个档案工作者,必须站在信息技术之上注视用于证明职能活动的信息系统,并关注新的技术环境中具有凭证价值的文件的形成与保存。

澳大利亚的电子文件管理策略由正文与附录两大部分组成,其内容涉及三个方面:一是与电子文件管理有关的问题;二是电子环境中文件保存与责任;三是电子文件管理与保存的档案政策。

澳大利亚的各级档案馆通过该电子文件管理策略,在以下几个方面为利用者与管理者提供指南:指导各部门识别自己保存的电子文件,是否具有长期或永久价值;确定电子文件的保存期限与可存取的期限,以满足档案管理需要;对于具有长期保存有存取价值的文件,如何识别必须被捕获的信息与元数据,以便以电子方式对永久或长期价值的文件加以维护。

该管理策略的正文部分论述了以下内容:与电子文件管理有关的背景;为解决以上背景而提出电子文件管理策略的基本原理与总体要求;电子文件的形成,电子文件管理中的重要事项;归档的主要策略,即文件价值的决定,与文件有关的必要的元数据与背景信息以及存取电子文件的规定;在特别情况下的迁移政策。

该管理策略的附录部分有以下内容:特别迁移的要求;与档案立法权有关的背景;档案/文件管理与信息技术领域间的术语。

值得指出的是,该策略提出,除个别情况外,由联邦机构产生的电子文件不应集中在国家档案馆内集中保存,而应保存在产生这些文件的联邦机构内,即联邦机构产生的电子文件采用"分布式保管"。认为将电子文件保存在产生它的硬件与软件环境中,可确保电子文件的形成、捕获与长期维护。澳大利亚档案工作者对这种管理方式进行了多方面论证,认为这将比传统的集中管理方式更合理、更经济,并克服了技术淘汰等相关问题。

该策略在许多方面是与档案部门采取的传统管理手段截然不同的,它已经认识到:在电子时代,电子文件的载体保管不再是保护电子文件的重点问题;电子文件管理的关键在于识别、控制与可存取,以及对电子文件价值的维护。[1] 虽然澳大利亚后来放弃了"分布式保管"模式,但其探索价值和启发意义值得肯定。

(三) 各国电子文件管理战略的特点

由于电子文件管理在建设服务政府、责任政府和效能政府,在推行电子政务的

---

[1] 刘家真:《澳大利亚电子文件管理策略》,《档案管理》1998 年第 5 期,第 46 页。

过程中扮演着越来越重要的角色,越来越多的国家如美国、英国、加拿大、新加坡等都非常重视对电子文件管理的规划工作,形成了各具特色的电子文件管理国家战略模式,如英国以搭建政策框架为先导,明确电子文件管理规范体系,并对各机构电子文件管理进行评估;美国以技术研发为驱动,致力于研究电子文件长期保存的软件系统,通过建立满足文件功能需求的文件管理系统来实现电子文件的集中保管;澳大利亚则以档案馆的联合行动为主要线索,国家档案馆等10多个档案馆联合发起"数字化保管动议",建立与推广电子文件形成与管理的统一标准体系等。但是,经过深入分析可以看出,这些国家在电子文件管理战略上具有明显的共性特征。

1. 将电子文件管理纳入国家电子政务建设之中

英国将电子文件管理纳入负责国家信息化工作的"电子特使"(e-Envoy)的职责范围,制定并发布了电子政务环境下电子文件管理的政策框架;新加坡政府要求将电子文件管理作为电子政务建设的有机组成部分;美国将电子文件管理列入首批24个电子政务行动计划;澳大利亚则将电子文件管理作为政府绩效检查与审计的内容与依据。

2. 以保证电子文件的真实可靠、长久保存和公众利用为宗旨

电子文件管理比较先进的国家都在积极探索数字文件永久保存方式。比如荷兰2000年启动了"数字保存试验"项目,针对政府常用的电子文件类型进行了迁移、采用XML格式和仿真三种数字保护方法的试验,评价各种方法的效果、局限性、费用及应用的可能性。美国国家档案与文件署于1998年开始对永久保存电子文件的可能性、保存技术、保存系统的功能需求进行全面的论证和试验,2005年,美国国会批准投入3.08亿美元建设电子文件档案馆(ERA)系统,建设周期为6年,其目标在于永久保证联邦政府电子文件的真实,在保护隐私和敏感信息的同时保证公众的利用。此外,很多国家致力于建设基于信息共享的公众信息服务,通过确定框架、统一标准、创新机制、创新模式,实现文件信息互联互通。比如美国制定了"政府信息资源定位服务系统"(GILS)框架与标准,该标准同样适用于电子文件;澳大利亚基于国际元数据标准(Dublin Core)推出了"澳大利亚政府资源定位服务"(AGLS),文件管理元数据标准与之兼容;英国国家电子文件管理政策框架始终强调数字档案的在线服务等。

3. 规范电子文件管理系统功能需求

电子文件的管理势必采用以软件为中心的系统管理方法,软件功能是否科学、完善,直接关系到电子文件的真实性、完整性与可用性,这是保证电子文件证据作用的关键。为此,很多国家和地区制定并大力推动执行电子文件管理系统的功能

需求标准,如欧盟制定了《电子文件管理模型需求》(MoReq),美国出台了《电子文件管理软件应用设计评价标准》(DoD5015.2-STD),英国颁布了《电子文件管理系统需求》。这些功能需求标准在发布国家或地区得到有效的应用,在国际上也具有广泛的影响。

4. 形成电子文件管理服务网络

作为永久保管政府文件的专门机构,档案馆在电子文件管理链条上具有十分重要的作用。20世纪90年代中期,针对电子文件的最终归宿问题,国际上存在着"集中式"和"分散式"两种模式之争。20世纪末以来,各国的认识逐步趋于一致,集中管理具有永久保存价值的电子文件成为越来越多国家的共识和实践,很多国家的国家级档案馆在集中管理政府各部门电子文件和协调全国电子文件管理系统的互联互通方面发挥了核心和枢纽的作用。如美国ERA系统就旨在使美国国家档案馆捕获并保存联邦政府各部门产生的各种类型、格式的电子文件,并为政府部门及公众提供便捷、有效的利用服务,这个系统还对各州州政府电子文件的管理产生全面的示范效应。英国以电子文件从形成机构生成到通过网络接收进入档案馆的全程、无缝管理为目标,国家档案馆多年来致力于政府机关电子文件的在线捕获和在线服务,还牵头制订和推行"基于互联网的无缝连接数字档案在线服务计划",以促进全国范围电子文件信息的共建共享。澳大利亚从最初的电子文件分散管理模式逐步转向集中管理,国家档案馆已经开始接收和管理联邦政府机关的电子文件。

5. 多层面多维度推进电子文件管理工作

从政策、标准、技术、业务等多层面共同推进电子文件管理,无论侧重点是政策、技术还是标准,都会兼顾其他层面,并将多层面的需求相互集成。比如英国的政策框架中明确了电子文件管理软件的要求,美国的ERA系统、澳大利亚的电子文件管理系统设计与实施规范中同样强调了相关政策、标准的重要性。

6. 借鉴国际经验开展电子文件管理

英国、美国、澳大利亚的电子文件管理战略都基于《信息与文献—文件管理》(ISO 15489)和《空间数据和信息传输系统—开放档案信息系统参考模型》(ISO 14721),并吸纳了世界范围内影响广泛的研究成果,如InterPARES、文件连续体理论、文件生命周期管理理论等,使本国的电子文件管理战略尽可能多地借鉴国际经验,立足国际标准和相关研究成果,推动电子文件管理提质升级。①

三、我国电子文件管理规划

我国在2000年颁布的《全国档案事业发展"十五"计划》中第一次就电子文件

---

① 冯惠玲等:《电子文件管理国家战略刍议》,《档案学通讯》2006年第3期,第4—8页。

管理提出发展规划：

一是围绕电子文件归档和管理，积极吸收、采纳、转化有关电子文件归档和管理的各类标准并制定相应的办法与标准。在有条件的单位实现电子文件即时归档；使用 CAD 的企业，电子文件光盘存储、归档达到齐全、完整、有效。

二是各级机关档案部门要根据档案管理的要求，加强对本单位电子文件积累、著录、归档等工作的监督、指导，保证各级机关产生的有保存价值的电子文件齐全、完整、有效。选择有条件的机关进行电子文件管理的试点，及时总结、推广经验，引导、规范机关电子文件的归档管理。

三是探索档案馆电子文件接收、保管、利用的方法，在北京、上海、广州、深圳等地的国家档案馆开展试点工作。

四是组织力量研究解决电子文件归档管理技术方法、电子文件科学保管技术方法、电子文件远程利用技术方法、电子文件原始凭证等课题。

五是加快现有档案的数字化进程，在北京、天津、辽宁、上海、安徽、陕西、青岛等地开展档案工作应用数字化和网络化技术的试点。建设完善一批内部局域网，有条件的档案馆要实现馆藏开放档案目录的网上查询和浏览服务。

上述五点集中反映了国家档案主管部门对电子文件管理的宏观指导。虽然它不是一项全面、系统的电子文件管理规则，但对我国电子文件归档和管理、利用中最突出的问题提出了未来开展工作的思路，具有实际指导意义，也有力地推动了我国电子文件管理工作的发展。

2006 年，《档案事业发展"十一五"规划》提出了之后五年全国档案事业发展的主要任务。其中之一是进一步加强档案信息化建设，促进档案信息资源共享。该规划进一步提出：尽快建立起以国家档案信息资源网为主体的档案公共服务体系，加大档案信息资源管理力度，规范电子文件归档、电子档案接收与管理工作，有序推进传统载体档案的数字化进程，科学整合各类档案信息资源，促进档案信息资源总量增加、质量提高、结构优化；加强多形式、多层次共享平台建设，推进服务机制创新，全面提升档案信息资源开发利用水平和公共服务能力，促进档案信息资源的共享和再利用；加快优化档案信息资源开发利用工作的保障环境，建立档案信息化的长效发展机制。

《档案事业发展"十一五"规划》列入了"中西部贫困地区县级国家综合档案馆建设投资补助资金项目""全国重点档案抢救与保护专项资金项目""国家数字档案建设与服务工程"三个重大项目。其中"国家数字档案建设与服务工程"项目建设的总体目标是：以 3 127 个国家综合档案馆为建设对象，以分布式档案数据库建设为核心，重点建设涵盖全部馆藏档案的全国性、超大型、分布式、规范化、可共享的档案目录数据库、纸质档案全文数据库和多媒体档案数据库;建立适应国家经济建设和社会发展需要的档案信息资源共享体系;建立适应各级党委政府电子政务建设需要的电子文件归档管理和电子档案接收管理系统。项目的实施,将极大地改变档案基础工作的面貌,全面提高档案信息化水平,使档案事业发展充分适应国家经济建设和社会发展的需要,适应信息资源开发利用、政府信息公开和电子政务建设等各项工作的需要。[1]

2009年,中共中央办公厅、国务院办公厅联合印发了《电子文件管理暂行办法》,规定各级国家综合档案馆负责接收和保管本馆接收范围内各单位形成的具有永久保存价值的电子文件,并依法提供利用。作为中央规范性文件,该办法兼具政策与法规的双重属性,首次在中央文件中确立了电子文件统一管理、全程管理、规范标准、便于利用等原则,并对电子文件管理的全过程予以规范,同时还建立了国家电子文件管理部际联席会议制度,负责组织协调全国电子文件管理工作。《电子文件管理暂行办法》的颁布实施是中国电子文件管理国家战略迈入起步阶段的标志性事件。

2011年,《全国档案事业发展"十二五"规划》对国家电子文件管理进一步提出了相应的规划。其中提出的我国档案事业发展"十二五"的主要目标之一是:加快数字档案馆及电子文件(档案)备份中心建设,完成国家数字档案馆建设总体规划的编制工作,对电子档案进行安全有效的管理。在"档案信息化工作"这一主要任务中明确提出:贯彻落实国家有关电子文件管理、数字档案馆建设的文件精神,加强以计算机网络设备和数据库为主要内容的档案信息化基础建设;根据电子文件管理和数字档案馆建设的功能要求,配备和开发档案数据库管理系统、电子文件归档管理系统、电子档案移交管理系统、数字档案信息发布利用系统等;加快推进传统载体档案数字化、电子文件接收、重要数字信息采集等数字档案资源建设;制定文书类档案长期保存格式标准,研发文书类档案长期保存格式产品和转化工具并组织试点和示范;实施公共档案信息资源共享服务工程项目,打造"一站式"档案信息资源共享和服务平台,为社会提供全方位的档案信息服务;搞好电子文件(档案)备份中心建设,落实电子文件的异质、异地备份制度。各级国家档案馆加快数字档案馆建设步伐,有条件的要完成数字档案馆建设,并提供网络信息服务。同年,电子文件管理部际联席会议牵头起草的《国家电子文件管理工作规划(2011—2015年)》也明确提出2011—2015年我国电子文件管理工作要完成初步规划,实现六个任务:建立健全电子文件管理体制机制;加强电子文件管理法规制度建设;加快制

---

[1] 毛福民:《抓住机遇 开拓创新 把中国特色社会主义档案事业继续推向前进——在全国档案局长馆长会议上的报告》,《中国档案》2006年第1期,第6—15页。

定完善电子文件管理标准规范;规范电子文件管理技术支持系统;开展电子文件管理的认证认可工作;组织电子文件管理理论研究与技术攻关。

2016年,《全国档案事业发展"十三五"规划纲要》对电子文件管理作出进一步规划,提出要加快提升电子档案管理水平：积极参与国家政务信息化工程建设,制订相关标准和规范,明确各类办公系统、业务系统产生的电子文件归档范围和电子档案的构成要求;加强对业务系统电子文件归档管理,通过推进电子会计档案管理促进电子政务和电子商务文件归档管理工作;制定和完善信用、交通、医疗等相关领域的电子数据归档和电子档案管理的标准和规范;在有条件的部门开展电子档案单套制(即电子设备生成的档案仅以电子方式保存)、单轨制(即不再生成纸质档案)管理试点;探索电子档案与大数据行动的融合;研究制定重要网页资源的采集和社交媒体文件的归档管理办法;加强电子档案长期保存技术研究与应用;扶持中西部地区档案信息化建设项目。同年,中共中央办公厅、国务院办公厅联合发布的《国家电子文件管理"十三五"规划》也指出：电子文件是信息时代政府管理、经济运行、社会运转和历史传承的重要工具和载体,是国家的核心战略资源。电子文件管理是新时期国家治理的一项基础性工作。加强国家电子文件管理顶层设计,统筹电子文件管理发展战略、体制机制和标准规范,实行电子文件分级管理、分类指导,提升电子文件管理质效。

2021年,《"十四五"全国档案事业发展规划》对电子文件管理作出更为细致全面的统筹规划：加快档案资源数字转型。加强国家档案数字资源规划管理,逐步建立以档案数字资源为主导的档案资源体系。大力推进"增量电子化",促进各类电子文件应归尽归,电子档案应收尽收,市地级以上国家档案馆全部具备电子档案接收能力,电子档案在档案资源体系中占比明显提升。加强电子文件归档和电子档案移交接收。贯彻落实电子文件归档相关规定,建立健全电子文件归档、电子档案移交相关制度。强化各领域电子文件归档工作,着力推进在业务流程中嵌入电子文件归档要求,在业务系统中同步规划、同步实施电子文件归档功能,保障电子文件归档工作广泛开展,切实推动来源可靠、程序规范、要素合规的电子文件以电子形式单套制归档。大力推进党政机关电子文件单套制归档,深化"互联网＋政务服务"等领域电子文件归档工作,完善政务服务数据归档机制,强化全流程一体化政务服务平台数据归档功能建设要求,切实推进政务服务数据归档,逐步开展其他业务系统电子文件单套制归档。推进企业事业单位电子文件单套制归档从会计系统向管理系统、工程技术系统、科研系统等更广泛领域推广。

这些电子文件管理规划的制定为我国电子文件管理发展指明了方向,对我国电子文件管理发展具有重大指导意义和引领作用。

第三节　电子文件管理法律制度建设

一、加强电子文件管理法律制度建设的必要性

自《档案法》实施以来，档案法律体系逐步建立和完善。从档案法律、档案法规、档案行政规章到机关档案工作各项制度，我国档案法规体系已初具规模，对建立国家规模的档案事业、强化档案的保护和利用等都具有重要意义。随着档案工作向纵深方向发展，在新技术条件下，电子文件数量日益增加，针对电子文件管理的法律制度建设就显得尤为重要。其必要性表现在：

（一）档案工作法律制度建设的需要

电子文件成为国家档案财富的组成部分已不容置疑，因为它同样是人们在各种社会实践活动中的记录物和伴生物，已广泛形成于组织、机构和个人的各种社会活动中，作为真实的历史记录，具有档案的共性，它是国家全部档案的组成部分。《档案法》第二条规定："本法所称档案，是指过去和现在的机关、团体、企业事业单位和其他组织以及个人从事经济、政治、文化、社会、生态文明、军事、外事、科技等方面活动直接形成的对国家和社会具有保存价值的各种文字、图表、声像等不同形式的历史记录。"随着新技术不断发展，电子文件数量比例逐渐增大，电子文件管理的法规、制度是我国档案工作法律体系必不可少的组成部分。目前，我国国家档案管理法规体系已初具规模，正在逐步完善之中，电子文件法律制度建设的时机已经成熟，档案部门应抓住时机，抓紧电子文件法规制度建设，这既是充实我国现有档案法律法制体系的需要，也是整个档案工作法律制度建设的需要。

（二）新技术条件下电子文件管理工作理论与实践发展的需要

电子计算机技术、网络技术的广泛运用，使得档案部门已不可能拒绝电子文件。面对电子文件的发展现状，电子文件管理工作迫切需要理论上的指导，促进其实践发展，避免无章可循的现象。针对电子文件管理，电子文件形成部门与档案部门应共同制定管理办法，档案人员如何进行"前端介入"，如何完善归档组织工作，等等，这些都与传统纸质档案管理有所区别。同时，电子文件对技术环境依赖性很强，电子文件管理是一项极其复杂的技术性工作，迫切需要通过电子文件管理的各项法规制度的建立和实施，以防止有长远保存价值的电子文件在形成、使用、归档过程中遭受损失。在技术环境中进行的电子文件管理工作，不论从理论还是实践

上都需要相应的电子文件管理法规制度的支持。

（三）档案工作现代化与档案事业高质量发展的需要

现代信息技术迅猛发展，政府机关和社会各行各业都在积极创造条件，采用信息技术提高工作效率，加速现代化进程，档案工作也不例外。要促进档案事业高质量发展，必然进行现代化管理，档案部门必须加强对电子文件管理，保障电子文件长期存储与安全利用。为此，需要加强电子文件法制化建设，夯实电子文件法律地位，助力档案事业数字化数据化转型与智能化智慧化升级，促进档案事业创新发展，推动档案工作现代化。

二、国外电子文件管理法律制度建设

为了确保电子文件的完整、准确、安全和电子文件的科学管理，国际档案组织和许多国家的政府、档案部门高度重视电子文件管理法律制度建设，制定专门的电子文件管理规范、指南，或将其纳入相关法律制度政策中。

（一）电子文件管理的法律规范

由于电子文件管理处于发展期，许多国家都在积极寻求解决办法，在有关立法中增加涉及电子文件法律证据价值、安全存储、隐私权、获取权、知识产权等方面的规定。

1. 关于电子文件的法律证据性

英国的《民事证据法》（1968年）规定了计算机输出的文件视作"第一手"传闻证据可以采纳的条件。1984年，英国颁布的《警察刑事证据法》规定：警察可根据计算机中的信息作为证据。1998年，加拿大国会通过了世界上第一部单独为电子证据制定的法律《统一电子证据法》。在美国，1990年，美国司法部发布了关于现有的证据法如何适用于电子文件的白皮书。1992年，由影像和信息管理协会发布的关于电子文件法律可采性的规定对此作了一些论述，对作为法律证据的电子文件提出了三个要求：要有输入和输出文件的书面步骤；要有系统用户的培训规划；要有审查系统。2000年，美国通过了《联邦电子签名法》，明确了电子签名、电子合同、电子记录的法律效力，使得电子签名获得与手写签名平等的法律地位，扫除使用电子技术制定、签署合同，收集和储存文件及发送通知的法律障碍。2019年，美国发布《M-19-21备忘录：向电子记录转型》，提出2022年12月后美国国家档案与文件署将不再接收纸质记录，而是以电子方式管理包括数字化文件在内的所有永久记录，包含电子文件的元数据。

目前，各国都在努力强化电子文件的法律证据效力问题，随着立法的完善，将会普遍认定电子文件的法律证据力。

2. 关于电子文件的安全问题

从 20 世纪 60 年代开始,计算机安全与犯罪问题逐渐引起了人们的重视,各国政府在积极采用技术防范措施的同时,还相继对此建立法律规范。电子文件的安全很大程度上是以计算机系统的安全为基础的。

美国从 1965 年就开始关注这一问题,曾由总统行政办公厅发布内部通知,要求各政府部门采取措施保护计算机安全。1970 年,颁布了《金融秘密权利法》,对一般个人或法人利用银行、保险以及其他金融业的计算机所存储的电子文件信息规定了必要的限制,禁止在一定时间内将有关用户的"消极信息"向第三者转让。1984 年,美国正式通过了《伪造存取手段以及计算机诈骗与滥用法》,其成为专门针对计算机问题的联邦立法。1996 年,美国总统克林顿签署通过了《电信法》,再次对计算机安全问题予以法律规范。

英国有关计算机安全的立法,有 1981 年的《伪造文书及货币法》、1984 年的《资料保护法》及 1984 年的《警察刑事证据法》。前两者为实体法,后者则是规定有关计算机犯罪中所存储电子文件之扣押及其证据能力的程序法。英国政府相继颁布《公共文件法》《公共档案法》《信息自由法》《环境信息法案》《数据保护法案》《个人数据存档指南》等法规条例,对数据信息保护作出详细规定。2017 年,英国出台的《数据保护法案》规定,"如果具有盈利性质的档案机构侵犯了公民的隐私权,最高将处罚其全球营业额的4%"。2020 年,英国数字、文化、媒体和体育部发布《国家数据战略》,明确提出改变政府对数据的使用以提高效率和改善公共服务,确保数据在收集、存储和传输过程中得到充分保护。

瑞典早在 1973 年就颁布了《数据法》,对电子数据的收集、处理、复制、存储、传输、使用、修改、销毁等都作出法律规定。这是世界上第一部保护计算机电子数据的法律,它的原则受到世界各国尤其是欧洲国家的重视。

3. 关于电子文件的隐私权问题

隐私权法是规定政府机关对个人信息的收集、利用和传播必须遵守的规则法律,旨在制止政府机关滥用个人信息及侵犯个人隐私权。美国制定了多项法规以保护电子隐私权。如 1968 年美国国会通过一项保护电子通信隐私权的扩展法案,最初主要是针对电话窃听,1986 年扩展到保护电子通信隐私权;1988 年,制定了《计算机匹配和隐私权保护法》,规定了政府机关对个人信息进行计算机匹配所必须遵守的制度以保护个人隐私权,同时也兼顾政府机关对个人信息进行计算机匹配的需要;1998 年,美国国会正式通过《电子通信隐私法案》,对电子通信中的隐私权加以全面限定。

此外,一些欧洲国家,如奥地利、丹麦、德国、挪威、法国、瑞典等国已经建立了综合性的保密法律,以保护在自动化系统中存储的个人数据。2018年,欧盟出台《通用数据保护条例》(GDPR),对各类数据主体权利进行明确规定,尤其注重个体隐私信息的保护。

4. 关于电子文件的知识产权问题

现代信息技术的发展和广泛应用拓展了信息资源共享的范围,却带来了有关知识产权方面的问题。为了规范社会信息活动,保证一切信息活动正常开展而不致侵扰国家、团体、个人的利益,发达国家研究和制定了一系列的信息法规,包括专利法、商标法、版权法等。输入计算机中的国家档案及个人档案,一般也要保密,它们都受到知识产权法或商业秘密法的保护。如英国是世界公认的最早实行现代专利制度的国家,早在1624年就制定了《垄断法案》。该法被认为是世界上第一部具有现代意义的专利法,其中许多原则和定义一直沿用至今。2011年,英国对《版权法》进行大量修订,以应对数字时代的变化。2014年,英国修订后的《知识产权法案》正式生效并实施,力求在更大程度上对英国知识产权及创新行业进行进一步保护。

(二)电子文件管理的规章制度

电子文件管理的规章制度是指国家或机构为管理电子文件所制定、批准并实施的,人们在从事电子文件工作中必须遵守的政策、指南、规定、程序、准则、方法的总称。

电子文件规章制度和法律规范是两个不同的概念。前者主要是由国家各级行政机关制定和发布的行为准则;后者是国家意志在电子文件领域中的表现,在我国是由全国人民代表大会及其常务委员会或其他立法机构依据国家的立法程序制定的行为规范。两者既有内在联系,也存在一定的区别和差异。

根据电子文件管理制度的作用范围不同,可将其分为综合性规章制度和专项规章制度。

1. 综合性电子文件管理规章制度

综合性电子文件管理规章制度旨在实现电子文件全程管理,较为全面地涉及各方面管理要求的制度。其范围可以是一个机构、一个地区、一个国家甚至是国际性的,其内容既有宏观的原则性要求,也有比较具体的操作性规定。这种制度对于一定范围内电子文件管理的全面协调发展与规范化具有指导作用。

在1992年召开的国际档案大会上,成立了专门的电子文件委员会(Committee on Electronic Records),该委员会在四年的时间里出了三份电子文件管理的规范性文本,它们分别是《电子文件项目:1994—1995调查报告》《电子文件:文献评述》和《电子文件管理指南》。其中以《电子文件管理指南》最具影响力,该指南明确提出：支配档案的法律和策略应包括允许档案馆在电子文件领域中起干预作用，档案馆管理电子文件应视为所有物质形态的文件一体化的一个组成部分。严格说来，这三本出版物并不属于制度的范畴，但事实上它们成为许多国家和地区制定电子文件管理制度的重要依据和参考。

20世纪90年代以来，许多国家根据本国的实际情况，制定了各种形式的电子文件管理制度。1994年，美国国家档案与文件署发布了《电子文件管理规范》；2012年，美国行政管理与预算局和美国国家档案与文件署联合发布了给联邦机构负责人的备忘录《管理政府文件指令》；1996年6月，澳大利亚新南威尔士州颁布了《作为文件的电子信息政策》；1996年12月，澳大利亚政府颁布了《电子消息文件管理政策与实施细则》；2001年，澳大利亚经修订再次推出了《联邦政府网络文件管理准则》，内容涉及联邦政府的联机环境及其文件管理、公共网站文件的保管、联邦网站包含和产生的文件及其保存、对联邦网络资源业务风险的评估等作出的规定或说明；2013年，澳大利亚国家档案馆发布了《政府数字转型政策》，以应对数字信息与文件管理的危机；2015年，澳大利亚国家档案馆发布《2020数字连续性政策》，目的是将信息管理整合进政府部门的业务流程，以此来保证政府项目和服务实现最佳效果，确保信息能被重复利用，创造经济和社会效益，同时保障澳大利亚公民的权益。

2. 专项电子文件管理规章制度

专项电子文件管理规章制度是依照有关的法律法规和综合性电子文件管理制度的精神，针对电子文件及其管理的某一方面内容而制定的制度。这类制度主要涉及电子文件的管理程序、方法、技术等，内容一般比较具体、详细且具有可操作性，如针对电子文件管理的工作环节制定相应的电子文件归档制度、长期存取制度、鉴定制度、利用制度等。这类制度的制定和配套对于提高电子文件管理规范化程度是十分有效的。

在这些具体制度中，电子文件的长期存取制度可以说是世界各国普遍关注的领域。怎样才能保证电子文件的长期存取，以避免数字时代人类记忆的丢失，是当今国际档案界研究的重点课题，如北欧五国的《电子文件保护与存取》，澳大利亚的《澳大利亚数字载体存取与保护的原则》《联邦政府网络文件管理准则》，美国的《国家战略：制定与贯彻联邦政府电子文件的产生、传输、存储与长期保存的标准》等。其中，美国的这项标准是美国国家档案与文件署和国家标准局共同进行合作研究的结果，论及了数据管理政策、数据转换政策、文件传送政策及标准的发展等问题。

2000年，新加坡国家档案馆制定了《电子邮件类公文归档程序与规则》，后来又制定了《政府电子文件的保管与处置》，对政府电子文件的定义、电子文件的鉴定和保管期限、政府电子文件移交国家档案馆、没有永久保存价值的电子文件的暂存和处置、电子文件的开放和利用等都作出了明确规定。2013年,美国国家档案与文件署发布了《邮件文件管理新方法指南》,对政府电子邮件文件管理过程作出规定和指导。[1]

三、我国电子文件管理法律制度建设

(一) 电子文件管理法律制度建设进展

近年来,我国颁布和修订了一系列与电子档案管理相关的法律法规,如《计算机信息系统安全保护条例》《中华人民共和国著作权法》《中华人民共和国标准化法》《中华人民共和国知识产权保护条例》《档案法》《数据安全法》《中华人民共和国个人信息保护法》《中华人民共和国网络安全法》《档案法实施条例》《中华人民共和国保守国家秘密法》等,为电子文件管理提供法制保障。

1996年9月,我国成立了电子文件归档与电子档案管理研究领导小组,并组织多方力量共同对电子文件归档及电子档案管理进行研究,编写了《电子文件归档与电子档案管理概论》等,对电子文件管理提出了一些规范性要求。国家档案局以及部分地区单位根据国家标准和相关政策制定并发布了一些电子文件管理办法,如国家档案局2003年公布了《电子公文归档管理暂行办法》等;上海市档案局1999年发布了《上海市电子文件归档管理暂行办法》,2005年制定了《上海市电子公文归档管理实施办法(暂行)》,2023年颁布了《上海市电子公文归档和电子档案管理实施细则》;北京市档案局2004年公布了《北京市电子文件归档与管理暂行规定》,2007年制定了《北京市国家机关电子文件归档工作规定(试行)》,2019年印发了《北京市政务服务"一网通办"电子文件归档与电子档案管理办法》,2021年发布了《北京市电子文件归档与电子档案管理办法》等。

2009年,《电子文件管理暂行办法》正式颁布实施。该暂行办法的主要目的是规范电子文件管理,确保电子文件的真实、完整、可用和安全,保存国家历史记录,促进信息资源开发利用,推动国家信息化建设健康发展。2012年,《电子档案移交与接收办法》实施,推动电子档案有序移交和接收管理,确保电子档案真实、完整、可用和安全,促进档案信息资源开发利用。2015年,《企业电子文件归档和电子档案管理指南》发布,为企业科学开展电子文件归档和电子档案管理提供行动参考。2016,《建设项目电子文件归档和电子档案管理暂行办法》实施,旨在加强建设项目档案工作,规范建设项目电子文件归档和电子档案管理,使档案工作更好地服务国

---

[1] 冯惠玲、刘越男等:《电子文件管理教程》(第二版),中国人民大学出版社2017年版,第76—84页。

家建设项目的建设、运行和管理。2023年,国务院办公厅印发《政务服务电子文件归档和电子档案管理办法》,从国家层面推进和规范政务服务电子文件归档和电子档案管理工作。

这些政策、制度和办法的制定,为电子文件管理全程规范化提供了重要依据和法律保障。

(二)电子文件管理法律制度建设原则

1. 立足国情原则

电子文件管理法律制度建设必须与国家的总体发展战略、社会经济状况、文化背景及信息化发展水平等相互协调,既不能使之落后于社会信息化发展的实际需求,成为国家发展与社会进步的羁绊;也不能盲目"超前",完全照搬发达国家的电子文件管理法律制度建设模式,导致其与国家总体发展战略相背离,与国家经济基础、社会生产力发展水平相脱离,与公众信息意识和信息价值观念相分离。电子文件管理法律制度建设应当立足国情,反映国家电子文件管理发展的现实需要,突出现阶段电子文件管理发展的重点和薄弱环节,为推动电子文件管理服务。同时,电子文件管理法律制度建设要立足档案工作实践,符合档案信息化发展现实需求,建立针对性的电子文件管理法律制度体系。

2. 前瞻性原则

电子文件管理法律制度建设还应该充分考虑信息技术的前沿发展和信息社会日新月异的变化趋向,使电子文件管理法律制度具有前瞻性、动态性与容纳性,以便当前已有的电子文件管理法律制度能在既定的信息政策法规体系框架内根据环境的变化和事态的发展得以及时补充和修改,也能对今后的电子文件管理法律制度建设起到导向和预示作用。

3. 衔接性原则

电子文件管理法律制度的建立,是为了给电子文件管理提供科学指导和参考依据。在电子文件管理法律制度建设过程中,要以原有法律法规建设成果为基础,充分吸收现行法律法规中的合理成分,综合考虑电子文件管理法律制度的执行和实施习惯,并以可持续发展思想为指导,注重保持随着信息化发展不断颁布或修订的新的电子文件管理法律制度与原有法律法规保持衔接连贯。

4. 协调性原则

电子文件管理法律制度是整个国家政策法规体系的有机组成部分,与经济、科技、文化等其他领域的国家政策法规间保持着密切联系,因此在设计电子文件管理法律体系时,应该充分考虑其各方面的协调性。首先,电子文件管理法律制度应该与经济、科技、文化等其他领域的国家政策法规相互协调、互相促进,共同为国家整体战略目标的实现提供服务。其次,电子文件管理各法律制度之间要保持协调性、相辅相成、避免冲突,形成内容互相支持、映射和关联的整体。

5. 国际化原则

随着国家信息化的发展,其国际化、全球化趋势日渐突显,信息网络的国际互联、电子商务的全球开展、数据信息的跨国传送等,使社会信息活动逐渐超越国界,向全球范围拓展。与国家信息化发展的国际化特征相适应,电子文件管理法律制度也应该具有良好的国际兼容性、开放性,与国际信息规则充分接轨。因此,电子文件管理法律制度建设还要以人类命运共同体观念作为指导,确保电子文件管理法律制度的国际兼容性,引导和促进电子文件管理法律制度建设与国际接轨。

第四节　电子文件管理标准化建设

一、电子文件管理标准化建设的必要性

国际标准化组织(International Standard Organization,ISO)1983 年 7 月发布的 ISO 第二号指南第四版规定,所谓标准是"由有关各方根据科学技术成就与先进经验,共同合作起草,一致或基本上同意的技术规范或其他公开文件,其目的在于促进最佳的公共利益,并由标准化团体批准"。我国国家标准《标准化基本术语》曾将标准界定为:"对重复性事物和概念所做的统一规定。它以科学、技术和实践的综合成果为基础,经有关方面协商一致,由主管机关批准,以特定形式发布作为共同遵守的准则和依据"。根据这些指导性的规定,人们将档案工作标准定义为:"是档案工作领域各有关方面需要共同遵守的行为准则和依据。"[①]

就本质而言,档案工作标准是一种"统一规定",是各有关方面需要"共同遵守"的行为准则和依据。与档案工作法规相比,它们之间既有共同点,也有一定的区别。其相同之处在于:它们都是由国家权威机构发布的,均是档案事业建设中各有关方面需要共同遵守的行为准则;强制性标准与法规一样,也需要借助国家的强制力来保证其实施。人们有时将标准与法规、制度统称为"规范"。但档案工作标准和法规在产生的基础、性质、强制力、内容等方面,是有所不同的。

档案工作标准是以科学、技术以及普遍性的档案工作经验的综合成果为基础,

[①] 冯惠玲:《档案学概论》(第三版),中国人民大学出版社 2023 年版,第 147 页。

在有关各方面协商一致的前提下制定并实施;档案法规却往往是统治阶级利益的反映,有利于维护统治阶级社会关系和社会秩序。

依据《中华人民共和国标准化法》的规定与精神,档案工作标准大多数是推荐性标准,这类标准是国家鼓励自愿采用的具有指导作用的行为准则;而档案法规在法定范围内是强制执行的行为规范。

档案工作标准的主要对象与内容侧重于业务性、技术性领域,是注重操作性、技术性行为的统一规范;档案法规的对象与内容则侧重较宏观的方面,原则性和稳定性较强。①

档案工作标准化有宏观和微观两层含义。就其宏观含义而言,档案工作标准是一项系统工程,它不仅包括档案工作标准的制定、实施等工作内容,还包括标准制定前的调查研究工作,标准的补充、完善、修订、废止等管理与维护工作,以及标准化体系的设计、标准执行情况反馈信息的搜集与处理等具体工作活动。就其微观含义而言,档案工作标准化是通过制定标准和实施标准,对档案和档案管理实行统一、简化、协调和优选等有序化管理控制,以便获得最佳档案管理效益的活动。

档案工作标准和标准化,"是档案管理的重要手段之一,是实现档案管理现代化的重要前提和基础"②。在信息社会中,由于社会文化和经济建设的高速发展,人们对标准和标准化的要求越来越迫切。世界各国政府和有关国际组织对标准和标准化工作也因为其巨大的社会效益和经济效益而日益受到重视。档案事业作为人类各项社会建设活动的有机组成部分,必须选择标准化的发展道路,这也是社会发展对档案工作的基本要求。

随着电子文件的大量涌现,电子文件工作标准化也提上了议事日程,成为中外档案工作者普遍关注的一个问题。戴维·比尔曼在《电子证据——当代机构文件管理战略》一书中指出:"要想保管新的技术手段生成的大量信息,尽量采用并参与制定信息系统的标准无疑是必由之路。"③"档案工作者应设法通过各种途径和手段参与推动标准的进程,力促机构保管其活动的证据"。④ 法国的诺加雷女士在第十三届国际档案大会第四次全体会议所作的主报告《信息技术对档案和档案工作的影响》中也指出机读档案的问世并不要求更改档案学的原则,而是要更加注重标

---

① 冯惠玲、张辑哲:《档案学概论》,中国人民大学出版社 2001 年版,第 145—146 页。
② 国家档案局综合科教司法规标准化处:《档案工作标准汇编》第 1 册,中国人民大学出版社 1991 年版,前言。
③ [美]戴维·比尔曼,王健等译:《电子证据——当代机构文件管理战略》,中国人民大学出版社 2000 年版,第 166 页。
④ [美]戴维·比尔曼,王健等译:《电子证据——当代机构文件管理战略》,中国人民大学出版社 2000 年版,第 173 页。

准和规章,"国际档案理事会的工作应优先转向标准化,无论是在机读档案方面,还是在计算机技术应用于档案方面。形成档案的标准、在开放系统和计算机数据交换情况下交换格式的标准、对各类档案业务监督的补充著录标准,所有这些标准都是必不可少的"[①]。诺加雷女士强调"注重标准和规章"的思路在第十四届国际档案大会平行会议的报告《标准化——评估和展望》中得到了进一步论证和重申。南非国家档案馆维思·哈里斯的辅助报告《电子文件法律状况的比较研究》中有相似的论述。哈里斯指出:"对于许多档案工作者来说,最感兴趣的方面就是形成一种机制,建立一种标准,从而使电子形成的信息能够被法律所接受,这些机制和标准包括电子文件的有效性、电子签名的使用、电子文件的传输和数据的保护等。"[②]

上述对电子文件标准的强调性论述,充分显示了电子文件管理标准与标准化建设的必要性和紧迫性。

二、国际电子文件管理标准

国际电子文件管理标准主要有以下几方面:

(一) 文件管理国际标准

采纳 ISO 国际标准已成为文件管理标准建设(包括电子文件管理标准建设)的主流方向。如《信息与文献—文件管理 第 1 部分:通则》(ISO 15489.1:2001)、《信息与文献—文件管理 第 2 部分:指南》(ISO 15489.2:2001)、《信息与文献—文件管理过程—文件元数据 第 1 部分:原则》(ISO 23081.1:2006)、《信息与文献—标准中关于文件管理要求的标准起草指南》(ISO 22310:2006)、《信息与文献—用于文件的工作过程分析》(ISO/TR 26122:2008)、《信息与文献—文件管理过程—文件元数据 第 2 部分:概念与实施问题》(ISO 23081.2:2009)、《文档管理—信息存储电子化真实性和可靠性》(ISO/TR 15801:2009)、《信息与文献—文件数字化实施指南》(ISO/TR 13028:2010)、《信息与文献—电子办公环境中文件管理原则与功能要求 第 1 部分:概述与原则综述》(ISO 16175.1:2010)等。其中,《信息与文献—文件管理》(ISO 15489)是现今最知名的电子文件管理标准,由国际标准化组织于 2001 年发布。该标准分为两部分:第一部分称为"通则",提供用于文件保存的顶层架构。第二部分称为"指南",针对第一部分描述的框架提供更为详尽的指导。

(二) 功能需求标准

电子文件管理功能需求的国际标准主要包括《文档管理—电子文档管理系统

[①] 国家档案局、中央档案馆:《第十三届国际档案大会文件报告集》,中国档案出版社 1997 年版,第 227 页。

[②] 王宇晖、姚湘征:《两届国际档案大会求同比较》,《档案管理》2001 年第 1 期,第 41—42 页。

(EDMS)的分析、鉴选和实施》(ISO/TR 22957：2009)、《信息与文献—电子办公环境中文件管理原则与功能要求 第 3 部分：业务系统中文件管理指南与功能要求》(1SO 16175.3：2010)、《信息与文献—电子办公环境中文件管理原则与功能要求 第 2 部分：电子文件管理系统指南与功能要求》(1SO 16175.2：2011)、《文档管理—成功电子文档系统(EDMS)实施的变革管理》(ISO/TR 14105：2011)等。

此外，美国国防部于 1997 年发布的《电子文件管理软件应用设计评价标准》(DoD5015.2)，2002 年升级后，命名为 DoD5015.2 - STD。该标准阐述了用于美国国防部的文件管理应用软件的功能需求，包括对系统接口的需求和文件管理应用必须支持的搜索条件，描述了文件管理最低限度的要求，也就是必须遵照执行美国国家档案与文件署的规定。DoD 标准并没有集中于综合性的文件管理规范，而是具体提出选用电子文件管理软件必须遵守而又合乎需要的功能需求。因此，该指南特别专注于计算机化的文件保管环境。欧盟的《电子文件管理模型需求》(MoReq)出版于 2001 年，描述了用于管理电子文件的合适要求。2008 年，MoReq 升级为 MoReq2，主要关注电子文件管理系统应当能够实现的功能，以体现电子文件的真实证据价值。MoReq2 要求任一被选用的软件都能够履行若干重要文件管理功能。为了确保电子文件的真实可靠性，文件管理机构必须能够履行这些要求。与美国 DoD 标准不同，MoReq2 并非仅仅关注计算机系统的操作方面，还描述了电子文件管理操作时应该遵循的基本要求，目的是确保电子文件能够妥善管理，不管何时均能保证存取，然后妥善处置。

（三）数字保存标准

电子文件长期保存的国际标准主要包括《基于文件的电子信息的长期保存》(ISO/TR 18492：2005)、《文档管理—长期保存的电子文档文件格式 第 1 部分：使用 PDF1.4》(ISO 19005.1：2005)、《文档管理—电子内容/文档管理(CDM)数据交换格式》(ISO 22938：2008)、《文档管理—长期保存的电子文档文件格式 第 2 部分：使用 ISO 32000.1》(ISO 19005.2：2011)、《信息与文献—文件管理过程—文件元数据 第 3 部分：自我评估方法》(ISO/TR 23081.3：2011)、《信息与文献—数字文件转换和迁移过程》(ISO 13008：2012)、《信息与文献—数字文件第三方可信数字仓储》(ISO/TR 17068：2012)、《文档管理—长期保存的电子文档文件格式 第 3 部分：支持嵌入式文件的 ISO 32000.1 的使用》(ISO 19005.3：2012)等。

用于数字保存的最重要的规范是 OAIS，即《空间数据和信息传输系统—开放档案信息系统参考模型》，起初由美国空间数据系统咨询委员会(CCSDS)制定，目的是为电子档案馆的组织和管理提供通用框架。此后，该模型被国际信息管理共同体用作数字保存的有效方法。OAIS 模型提出了全方位的档案功能，包括捕获、存储、管理和访问文件。OAIS 进一步发展为国际标准《空间数据和信息传输系统—开放档案信息系统参考模型》(ISO 14721：2012)，其术语和概念已被档案和信息专业人士广泛接受。

三、我国电子文件管理标准

改革开放以来,我国档案标准化工作受到高度重视。1983 年,国家档案局正式成立了全国档案标准化领导小组,负责组织和管理全国档案标准化工作。1986 年,国家档案局所属事业单位档案科学技术研究所建立了标准化研究室,其任务是进行标准化工作的研究并承担部分标准的研制,同时也作为全国档案工作标准化领导小组办公室,承担对标准化工作进行协调、组织、管理的职责。1989 年,国家档案局在机构改革中,成立了综合科技司法规标准化处,承担全国档案工作标准的行政管理工作,并负责组织制定档案工作标准并监督标准实施。1991 年,经国家档案局批准,全国档案工作标准化技术委员会成立,该委员会主要任务是受国家档案局委托,对档案工作国家标准、行业标准的研究立项进行评议审核。档案工作标准化领导机构的成立,使我国档案工作标准化建设有了统一的领导,为有计划、有步骤地开展档案工作标准化建设提供了重要保障。

在档案工作标准化建设中,我国档案界从社会发展现实需求出发及时将触角延伸到新型载体档案的形成和管理之中,加强对新型载体档案形成和管理标准的研制。1996 年,国家档案局发布了《磁性载体档案管理与保护规范》(DA/T 15—1995),作为行业标准加以实施。该标准根据当时的技术水平,规定了计算机磁带、软磁盘、录像带、录音带等磁性载体文件积累、归档以及归档后的管理与保护要求。它的发布与实施,是我国电子文件标准化工作的开始,对促进我国电子文件标准化工作的开展有重要意义。此后,在现代信息技术普及和电子文件大量涌现的背景下,我国档案界参照和引用电子信息管理标准和计算机软件开发、测试等方面标准,研制和发布了一系列电子文件管理国家标准和行业标准。

国家标准主要有：《CAD 电子文件光盘存储、归档与档案管理要求 第一部分：电子文件归档与档案管理》(GB/T 17678.1—1999)、《CAD 电子文件光盘存储、归档与档案管理要求 第二部分：光盘信息组织结构》(GB/T 17678.2—1999)、《CAD 电子文件光盘存储归档一致性测试》(GB/T 17679—1999)、《CAD 电子文件管理》(GB/T 17825—1999)、《基于 XML 的电子公文格式规范 第 1 部分：总则》(GB/T 19667.1—2005)、《基于 XML 的电子公文格式规范 第 2 部分：公文体》(GB/T 19667.2—2005)、《基于文件的电子信息的长期保存》(GB/Z 23283—2009)、《文献管理 长期保存的电子文档文件格式 第 1 部分》(GB/T 23286.1—2009)、《信息与文献——文件管理——文件元数据 第1部分：原则》(GB/T 26163.1—2010)、《信息与文献——文件(档案)管理元数据 第2部分：概念化及实施》(GB/T 26163.2—2023)、《党政机关公文格式》(GB/T 9704—2012)、《电子文件管理系统通用功能要求》(GB/T 29194—2012)、《电子文件归档与电子档案管理规范》(GB/T 18894—2016)、《党政机关电子公文归档规范》(GB/T 39362—2020)、《电子档案管理系统通用功能要求》(GB/T 39784—2021)、《政务服务事项电子文件归档规范》(GB/T 42727—2023)等。

档案行业标准主要有：《文书类电子文件元数据方案》(DA/T 46—2009)、《版式电子文件长期保存格式需求》(DA/T 47—2009)、《基于 XML 的电子文件封装规范》(DA/T 48—2009)、《照片类电子档案元数据方案》(DA/T 54—2014)、《档案关系型数据库转换为 XML 文件的技术规范》(DA/T 57—2014)、《电子档案管理基本术语》(DA/T 58—2014)、《纸质档案数字化规范》(DA/T 31—2017)、《录音录像类电子档案元数据方案》(DA/T 63—2017)、《文书类电子档案检测一般要求》(DA/T 70—2018)、《电子档案存储用可录类蓝光光盘(BD-R)技术要求和应用规范》(DA/T 74—2019)、《档案数据硬磁盘离线存储管理规范》(DA/T 75—2019)、《政府网站网页归档指南》(DA/T 80—2019)、《基于文档型非关系型数据库的档案数据存储规范》(DA/T 82—2019)、《档案数据存储用 LTO 磁带应用规范》(DA/T 83—2019)、《公务电子邮件归档管理规则》(DA/T 32—2021)、《产品数据管理(PDM)系统电子文件归档与电子档案管理规范》(DA/T 88—2021)、《电子档案单套管理一般要求》(DA/T 92—2022)、《电子档案移交接收操作规程》(DA/T 93—2022)、《电子会计档案管理规范》(DA/T 94—2022)、《电子档案证据效力维护规范》(DA/T 97—2023)等。

除上述国家标准和行业标准外，有些地区还制定了适用本地区电子文件管理的地方标准。另外，中国核工、石油、航天、航空、银行、电信、电力、钢铁等重要行业的一些大中型企业也制定了一些与电子文件管理有关的企业标准。如中国石油天然气集团公司制定了本企业的《电子文件元数据规范》《档案数字化技术规范》和《归档电子文件格式规范》等。

四、电子文件管理标准体系构成及其建设思考

（一）电子文件管理标准体系构成

电子文件管理标准建设的最终目标是要形成一个科学、合理的标准体系。根据电子文件管理实际，我国电子文件管理标准体系可由以下三部分组成：

一是国家标准。其包括电子文件管理通用原则、电子文件通用元数据标准、电

子文件管理基本术语标准、电子文件归档管理规范、电子文件移交格式、电子文件著录规则、电子文件分类方案、电子文件长期保存指南等。

二是行业标准。其包括电子文件鉴定工作规范、电子文件保管期限表、电子文件销毁程序、电子文件利用合理规范、电子文件统计管理规范、电子文件管理安全指南、电子文件唯一标识符应用规范等。

三是指导性文件。其包括电子文件管理元数据设计原则、电子文件管理流程通用规范、电子文件数字签名原理、电子文件长久保存格式标准、电子文件迁移指南等。

（二）电子文件管理标准化建设思考

目前，我国在电子文件管理标准的制定和实施上还处于建设发展阶段，同时随着现代信息技术发展，现在实施的标准今后也需要不断进行修订，因此电子文件管理标准化建设将是一个漫长复杂的过程。在这一过程中，应注意以下几个方面：

1. 制定电子文件管理急需的标准

建立和完善电子文件管理标准体系不是一朝一夕所能解决的，它是一项规模宏大的系统工程。在构建这一工程时，首先要分清轻重缓急，科学把握哪些标准最为重要、影响力最大，优先建立电子文件管理迫切需要的标准。

2. 与整个档案工作标准相衔接

电子文件管理标准是档案工作标准的组成部分，在制定过程中，应考虑与档案工作其他标准的衔接问题，避免发生矛盾，以维护档案工作标准的系统性。

制定电子文件管理标准的过程中应该充分考虑电子文件的特殊性，同时考虑与纸质文件和档案管理标准相衔接、相配套的问题。但又不能一味地迁就纸质环境下的档案工作标准。毕竟电子文件作为一种崭新的文件（档案）门类，有别于传统档案管理方式与方法，管理中会出现很多新情况、新问题，要求制定的标准要有突破原有管理模式的创新之处，具有前瞻性，能跟上科技发展的步伐。

3. 适时制定修订标准

任何标准都是实践经验的总结，反过来又用于指导实践。事物的发展是复杂的，每一项标准的制定都应该在最能促使事物发展的最佳时间进行。电子文件是现代信息技术的产物，电子文件管理技术依赖性强，技术设备要求高。然而，电子计算机技术更新速度快，每次技术环境的更新，都会对原工作标准产生影响。所以当一个标准制定过后，就应根据技术环境变化，适时地修订标准，避免给新的工作环境带来困难，造成人力、资源的浪费，乃至造成管理落后的尴尬局面。

4. 吸收借鉴相关行业标准

根据标准化协调原则，在制定电子文件管理标准时，还应注意与其他有关专业领域标准相协调,使形成的电子文件管理标准体系成为全国文献标准体系的有机组成部分,以适应图书、情报、档案工作一体化发展的需要。此外,还应参与有关文书工作标准的制定工作,使档案工作和文书工作在标准化方面衔接一致。① 吸收借鉴有关信息技术标准,推动电子文件管理标准信息化、现代化。

5. 适当采用国际标准

认真研究、积极采用国际标准,已成为我国标准化工作的一项基本政策。虽然每个国家的档案和档案工作各具特色,但在电子文件管理方面有许多共性的问题。国外对电子文件的研究成果可以为我们制定电子文件管理标准提供参考。适当采用国际标准,有助于加快我国电子文件管理标准化建设速度,提高我国电子文件管理标准化建设质量,便于接入国际发展轨道,加强与国际档案界的交流与合作,更好地推进我国电子文件管理学术研究和实践发展。

思考题

1. 简述电子文件管理国家战略的主要思想。
2. 简述加强电子文件管理法律制度建设的必要性。
3. 谈一谈对于电子文件管理标准化建设的思考。

参考答案要点

---

① 吴宝康:《档案学概论》,中国人民大学出版社 1988 年版,第 153 页。

第十三章 电子文件管理实践

电子文件的出现,带给人们的是一场信息技术的革命。长期以来,以纸质档案的运行、保管、利用规律为基础建立的管理模式和理论方法、思维方式等难以适应这种变革,"档案事业正处于一个完全被重新塑造和重新接受的时代"。这个时代不仅需要技术,更需要新的理论、方法和实践,以便建立起数智时代电子文件管理的新机制、新模式、新路径。为此,中外档案界积极迎接挑战,进行广泛的探索和实践。

第一节 电子文件管理理论与方法探索

一、国外对电子文件管理理论与方法的探索

国际档案界注意到计算机对档案工作的影响可以追溯到 60 年前。1965 年,在伦敦举行的第九次国际档案圆桌会议上,将数据自动化处理列入会议的议程。1968 年,在马德里召开的第六届国际档案大会上有人呼吁:档案人员要准备迎接计算机时代的到来。1971 年,第十三次国际档案圆桌会议上,秘书长鲍梯埃强调到了确定档案部门应用计算机政策的时候了,否则各行政机关的电脑室将自行保管现代文献资料,各研究中心和各大学也将设置新型检索机构,取代档案部门。"如果档案人员对技术的发展漠然置之,将会导致档案职业的衰败。"此后,由于计算机技术应用的影响,国际档案界对管理电子文件的呼声虽有所减弱,但并未平息下来。20 世纪 70 年代至 80 年代初,已有一些国家对电子文件(此时更多地称为"机读档案")的管理开始重视,并采取了一定措施,收集和管理电子文件。如加拿大公共档案馆于 1973 年成立机读档案处,收集和保管由联邦政府各部门和各机构

产生的有历史价值的电子文件；每个文件有两份录制在高质量磁带上的拷贝，分别储存在温度、湿度受到控制的两个不同存放地；工作人员通过自动管理系统对电子文件进行监督；电子文件向公众提供服务，研究者可获得数据资料。美国国家档案馆较早研究了机读档案的管理与保存，20世纪80年代初已经保存有1 000卷数据磁带。法国国家档案馆从20世纪70年代就研究档案馆查阅自动化，于80年代初建立了5个数据库，其中，授勋人员数据库存储了35万多名授勋人员的档案材料，可随时提供这些人的出生地点、出生年月、授勋种类、简历等信息。与此同时，一些国家对电子文件管理制定必要的法规。如1983年1月1日生效的芬兰新档案法规定磁带与纸质文件具有同等效力。芬兰国家档案馆依据档案法就数据资料的保存、登记、移交、提供利用等问题，向政府机构和公共团体作出具体规定。加拿大公共档案馆为联邦政府制订信息化文件管理计划，政府各部门、各机构进行信息化文件的清理和编目，并将它们的信息化文件存储在公共档案馆的数据库内。此外，在国外还出现了一些以自动化部门的数据库为基础的档案服务部门。

20世纪80年代末，随着计算机存储技术、运算速度及网络技术的突破以及个人计算机的普及，电子文件开始真正崛起。电子文件及其归档电子文件作为新生事物，其管理理论与方法的探索受到了更为广泛的重视。1988年，第十一届国际档案大会将"新型档案材料"作为中心议题。1989年，第二届欧洲档案会议得出结论，必须研究信息技术对档案原则和档案实践的影响。国际档案理事会1993年成立电子文件委员会。此后，各国文件与档案管理行政部门、档案保管机构、档案学术与教育机构纷纷启动和实施研究计划，探讨电子文件的性质和特征，研究电子文件及其管理理论和方法，制定电子文件政策标准。如加拿大不列颠哥伦比亚大学的"电子文件完整性保护"(The Preservation of the Integrity of Electronic Records)及InterPARES项目。前者旨在探索确保电子文件可靠性和真实性的特殊手段以及有关真实可靠文件维护和保存的管理问题；后者在前者的基础上进一步研究并构建以数字形式形成或保存的真实文件的长期保存所必需的知识体系，为确保这些文件的长期保存所制定的标准、政策、策略等提供理论基础。美国匹兹堡大学的"文献保存中数据的功能要求"(Functional Requirements for Evidence in Record Keeping)项目，其主要目的是要建立一套精确定义的文件保存的功能要求，满足某个特殊机构各类法律的、行政的及其他种种需要。美国、澳大利亚、英国、丹麦、新加坡等国均制定了有关电子文件管理的政策、规定、标准及实施办法，并付诸实施。如加拿大国家档案馆1995年制定了《在电子环境中管理电子文件》(Managing Electronic Records in an Electronic Work Environment)，这份文件被认为是加拿大国家电子文件管理的开端。美国、澳大利亚、加拿大、英国等国的电子文件倡导者和研究者,如戴维·比尔曼、玛格丽特·海兹乔姆、特里·库克、露西娅娜·杜兰蒂、伊恩·麦克莱恩、佛兰克·厄普沃德等发表了大量有影响的电子文件管理研究的论著。进入 21 世纪以来,电子文件管理理论研究与实践探索不断推进,从国际档案大会、国际档案圆桌会议、国际档案大会地区分会、地区档案会议,到各国文件与档案管理机构、档案学术与教育机构乃至个人,都掀起了针对电子文件的探索热潮,推动着电子文件管理理论的发展以及电子文件管理实践的开展。

二、我国对电子文件管理理论与方法的探索

我国对电子文件管理理论与方法的探索大约发起于 20 世纪 80 年代末,至 90 年代末才趋于全方位广泛地展开,这既是计算机在我国社会各领域广泛、深入应用的结果,又是国外电子文件管理理论与方法探索带动的结果。在一定意义上说,国内电子文件研究早期主要源自对国外研究成果的引入和参鉴。

我国档案管理部门从 20 世纪 80 年代中期开始将计算机应用于档案管理实践。至 1986 年 5 月,全国有 24 个档案馆共配置 30 多台电子计算机,从事应用研究、软件开发和前处理工作。这时的计算机使用范围还仅局限于对传统纸质档案的辅助管理,即在建立档案文件机读目录的基础上,实现档案文件目录的一次输入与多种方式输出,完成对档案辅助检索、统计和编制各种专题目录的功能。

1989 年,由邓绍兴、和宝荣主编的《档案管理学》中开创性地增设了"机读档案"一章,较为全面地介绍了机读文件和机读档案的管理,分七节:机读档案产生的历史条件、机读文件、机读文件的归档、机读档案的整理、机读档案的保管、机读档案的利用和机读档案管理体系。可以说,《档案管理学》是我国对电子文件管理理论与方法进行探索的里程碑。

20 世纪 90 年代以后,随着电子计算机应用的普及、办公自动化的深入发展以及 CAD、CAM 的广泛应用,电子文件这一信息技术的产物已经成为不容忽视的客观事实,如何有效地对电子文件加以管理已成为突出的社会问题,摆到了档案界面前。同时,国外电子文件管理理论的引入也开阔了人们的眼界。由此人们对电子文件管理的关注日益增强,在档案管理部门、档案学术研究领域及其社会相关领域形成一股社会合力,共同掀起了对电子文件管理探讨的热潮。

在档案管理部门,电子文件归档管理得到了我国政府的高度重视。国家档案局于 1996 年 9 月 18 日成立电子文件归档与电子档案管理研究领导小组,下设《电子文件归档与电子档案管理概论》《CAD 电子文件光盘存储、归档与档案管理要求》《电子文件归档与电子档案管理规范》三个文本的研制小组。经过三年多的努力,国家档案局电子文件归档与电子档案管理研究领导小组于 1999 年完成了国家

标准《CAD电子文件光盘存储、归档与档案管理要求》(GB/T 17678—1999)、国家行业标准《电子文件归档与电子档案管理规范》(报批稿)两份指导性文件,并出版了《电子文件归档与电子档案管理概论》一书。在广泛研究和实践的基础上又陆续制定了一批有关电子文件归档、电子档案管理、电子文件管理系统通用功能要求等方面的国家标准和行业标准。2009年颁布实施的《电子文件管理暂行办法》为我国电子文件管理提供了重要指导,依此办法成立的国家电子文件管理部际联席会议制度成为我国电子文件管理工作的重要协调和部署机构。2016年修订颁布的国家标准《电子文件归档与电子档案管理规范》(GB/T 18894—2016)对电子文件归档移交和电子档案管理过程作出系统规定,对科学指导电子文件全流程管控具有重要意义。

在档案学理论研究方面,以中国人民大学为代表的高等学校承担起电子文件管理理论建设的主要任务。对电子文件与电子档案管理的探索成为20世纪90年代以来档案学理论研究中最具活力、成果最多的一个研究领域和学术增长点。1996年9月在北京召开的第十三届国际档案大会是20世纪末国际档案界的一次盛会,也是一次具有科学和人文精神的大会,会上充分表现出对电子文件管理的关注,深刻分析了现代信息技术对传统档案管理理论和方法的冲击,提出了许多富有创新见解的观点,对我国档案学研究产生了强烈持久的影响,给我国档案学界带来了生机和活力。1998年,《档案学通讯》以连载的方式刊载了中国人民大学档案学专业首届博士毕业生冯惠玲撰写的《拥有新记忆——电子文件管理研究》博士论文摘要,分"认识电子文件""无纸收藏""电子文件的双重鉴定""保证电子文件的长久性""电子文件利用的障碍与对策""电子文件时代新思维"六个部分,深入浅出地介绍了电子文件及其管理思想,是对中外电子文件管理理论的一次中国化普及,意义深远。因此,可以说第十三届国际档案大会和冯惠玲博士论文的发表是我国对电子文件管理理论与方法探索的又一里程碑。随着信息技术在社会各个领域的广泛运用,电子文件管理工作的展开和电子文件管理研究前期理论积累影响的加深,我国电子文件/电子档案管理理论和方法的探索现已呈现出多层次、多领域性,形成多股研究力量,研究范围在不断拓宽,研究内容在不断加深,且与数字图书馆、电子商务、电子政务等遥相呼应,取得了许多理论成果,不仅在档案学期刊上每期都能见到相关文章,也出版了多部著作:如中国人民大学冯惠玲的《电子文件管理教程》《政府电子文件管理》《电子文件管理国家战略》《电子文件风险管理》和《中国电子文件管理:问题与对策》,中国人民大学刘越男的《建立新秩序——电子文件管理流程研究》,武汉大学刘家真的《电子文件管理导论》《电子文件管理理论与实践》和《电子文件管理——电子文件与证据保留》,上海市档案局董永昌的《电子文件与档案管理》、吉林大学王萍的《电子档案管理基础》、辽宁大学丁海斌的《电子文件与电子档案管理》《电子文件管理基础》和《电子文件管理基础教程》,广西民族大学麻新纯的《基于理性思维的电子文件管理》,浙江大学何嘉荪的《办公自动化系统与电子档案管理》,武汉大学周耀林的《电子文件管理概论》,山东大学许晓彤的《组织机构电子文件证据效力保障研究》,国家档案局丁德胜的《电子档案管理理论与实务》等。这些论著对我国电子文件管理理论与方法的研究和探索起到了推进作用,也反映出我国电子文件管理的研究正在蓬勃展开。

国内外对电子文件管理研究的热切关注和倾情投入,并不意味着电子文件管理理论与方法探索的终结。相反,从历史角度看,在该领域的研究还只是开始,还有更多的未知世界有待我们去探求深耕。通过目前的研究,中外档案界取得了许多电子文件管理理论成果与实践经验,拓展了更为广阔的研究空间,为进一步推动电子文件管理深入发展提供基础。

第二节　国外电子文件管理实践

现代信息技术革命起源于欧美地区,同时现代文件与档案管理理论、实践的许多方面也源于欧洲和北美洲。因此了解欧美地区电子文件管理状况和经验,对我国进一步开展电子文件管理工作具有借鉴作用。

一、美国电子文件管理实践

美国是计算机应用最早的国家,档案现代化管理走在世界前列,其电子文件管理状况可归纳为以下几方面:

(一) 把握发展机遇,制定电子文件管理政策和规划

1993年,美国政府提出了"国家信息基础设施建设计划"(National Information Infrastruction Program,NII),即"信息高速公路计划",旨在为信息化社会奠定基础。此举得到了图书馆界和档案界的广泛而迅速响应。

为适应国家信息基础设施计划和配合数字时代的到来,美国档案工作者协会(SAA)于1995年出版了《电子形式存贮的信息所引起的档案问题》。同年出版的《国家信息基础设施发展和实施过程中主要的档案关注点及兴趣点》指出:档案资源是指政府、机构和团体的记录、手稿和私人文件,这些资源可能是直接数字化产生的或者是以其他媒体形式存在的记录的数字化复本;档案资源也应包括描述记

录和限定它们的载体;国家信息基础设施应该采用长期保存记录过程中档案人员积累起来的专门知识以确保下一代能够获得今天的电子记录;电子时代,在记录产生的同时,处理好记录的长期保护和检索是非常重要的,否则一旦停止直接使用这些记录,国家将出现无法检索或丢失这些记录的危险。

根据这些研究涉及的问题,美国档案工作者协会理事会在 1996—1999 年三年时间内,先后出台了《美国档案工作者的反应:数字化影像的教育公平使用准则》(1996 年)、《一宗起诉案所引起的档案问题从而对通用保管期限表 20(GRS20)构成的挑战的声明》(1997 年)、《数字化复制品的保护问题的声明》和《数字化环境下档案机构的版权保护问题的建议》(1997 年)、《数字化环境下知识产权管理基本原则》(1997 年)等。[①]

为更好地留存数字记忆、支持业务活动开展,2011—2023 年美国联邦政府发布了四份备忘录,积极推动文件管理数字转型,其转型历程分为三个阶段。一是正式转型阶段(2011—2018 年),时任美国总统奥巴马于 2011 年签署了《总统备忘录:管理政府文件》,旨在建立 21 世纪的文件管理框架,要求行政管理与预算局(Office of Management and Budget,OMB)和美国国家档案与文件署出台指令,推动纸质文件管理转向电子文件管理。这是美国历史上第一份以文件管理为主题的总统备忘录,正式拉开了美国联邦政府文件管理数字转型的序幕。根据总统备忘录的要求,行政管理与预算局和美国国家档案与文件署于 2012 年联合发布《M-12-18 备忘录:管理政府文件指令》,要求联邦机构最大限度地消除纸质文件,转向电子文件管理。二是全面转型阶段(2018—2022 年),行政管理与预算局于 2018 年发布《提供 21 世纪的政府解决方案:改革计划与重组建议》,要求推动联邦机构业务流程和文件管理全面转向电子环境,在 2022 年 12 月 31 日后,美国国家档案与文件署不再接收纸质文件。行政管理与预算局和美国国家档案与文件署于 2019 年发布《M-19-21 备忘录:向电子文件转型》,在延续前一阶段电子文件管理的同时增加纸质文件数字化转型要求,强化制度供给和人员队伍建设,全面推动文件管理数字转型。三是深化转型阶段(2023 年至今),行政管理与预算局和美国国家档案与文件署于 2022 年对 M-19-21 备忘录进行了更新与拓展,发布《M-23-07 备忘录:向电子文件转型的更新》。M-23-07 备忘录在强化政策法规和解决方案供给的同时,将任务完成时间点推迟至 2024 年 6 月 30 日,并进一步明确了数字转型的"例外情况",即哪些情况下传统载体文件可不以数字化形式管

[①] 刘静一:《美国档案工作者协会关于〈国家信息基础设施的发展和实施过程中的有关重要档案利益问题的声明〉的历史背景、由来及其内容概述》,《航空档案》1999 年第 6 期,第 34—37 页。

理和移交。

在联邦政府系列电子文件政策影响下,美国国家档案与文件署从1997年开始通常每四年制订一份"战略计划",用于确定美国国家档案与文件署发展方向,作为文件档案管理重点任务调整与资源分配的指南。截至目前,美国国家档案与文件署已发布了《1997—2008年战略计划》《2006—2016年战略计划》《2014—2018年战略计划》《2018—2022年战略计划》。2022年,发布了最新的《2022—2026年战略计划》,提出美国国家档案与文件署的战略目标:实现电子文件广泛利用、与利用者密切互动、发挥美国国家档案与文件署对国家的价值、建设多元化员工队伍。在数字档案资源保存方面,2017年,美国国家档案与文件署发布首个《数字档案资源长期保存策略》,突破了传统长期保存战略存在的局限,专门针对数字档案资源的长期保存制定了战略规划。2022年,美国国家档案与文件署在此基础上发布《数字保存战略2022—2026》,该文件增加了最新指南和标准参考,提出了八项关键性战略来确保数字资产的长期保存和有效访问。上述政策规划的出台适应了数字化转型需求,为电子文件管理提供了行动指南,提升了电子文件管理效率效能。

(二)加强管理立法,完善电子文件管理法制环境

美国电子文件立法和个人信息保护在实践中取得良好成效,为数字环境中的电子文件管理提供了有力的法律保障。1966年,美国发布了《信息自由法》。这部关于联邦政府信息公开化的法律提出联邦政府的记录和档案原则上向所有人开放,但是有九类政府情报可免于公开。之后国会对《信息自由法》进行了多次修订,并制定了《隐私权法》和《阳光下的政府法》。随着计算机技术的发展,政府机构开始以电子形式保存信息,同步带来云环境中的电子文件管理问题。为此,1996年,美国国会通过了《电子信息自由法修正案》,这是《信息自由法》历史上的一次重大修改,该修正案主要是为应对电子信息公开问题和政府机构处理信息申请迟缓的问题。2002年,美国发布《电子政务法》,旨在通过设立联邦首席信息官并建立配套的措施框架,改进电子政务服务流程。2014年,美国国会众议院通过《联邦文件问责法(2014)》,它强调运用信息技术创新电子文件管理,规定了对电子文件管理中渎职、违规行为的问责和处罚。同年,奥巴马签署了《总统与联邦文件法修正案》,该法案聚焦电子文件管理,提出美国国家档案与文件署与行政管理与预算局应加强协作,推动《总统备忘录》的实施。

目前,美国在电子文件管理领域已发布多部法律,包括《犹他数字签名法》《电子防伪法案》《数字签名指南》《联邦电子签名法》《数据隐私和保护法》等。联邦政府对其他法典中关于机构文件、档案运行职责的有关规定也相继进行了修订,形成了更加合乎现实要求的电子文件法规体系,确保联邦机构电子文件管理政策和实践改革有法可依、有据可循。

(三) 制定规范标准,加强政府电子文件管理

为了加强对政府电子文件的管理,美国国家档案馆制定并颁布了《电子文件管理规则》《电子文件管理指南》《电子文件持续性格式指南》《电子文件移交指南》等。2002年,美国政府启动了"电子文件管理动议"(Electronic Records Management Initiative),旨在为需要管理电子文件的联邦机构提供管理工具及指南,并能使联邦机构的各种数据类型及格式的电子文件转移至美国国家档案与文件署,以便这些电子文件能得以保存,将来提供给政府及公众利用。该动议涉及四大项目,每个项目都指定一个负责机构:一是机构范围的电子文件管理。该项目由环境保护局负责,为联邦机构在开发及运行电子文件管理系统时提供相应的工具。二是电子信息管理标准。该项目由国防部负责,促进政府范围内对 DoD5015.2 - STD 的采用。三是将永久保存的电子文件移交给美国国家档案与文件署。解决拓展美国国家档案与文件署所能接收的电子文件格式,以及联邦机构在移交具有永久保存价值的电子文件时所能使用的媒介和技术问题。四是文件管理服务。确定并定义文件管理要素及文件管理各要素的功能需求。后两个项目均由美国国家档案与文件署负责。此外,2004年,美国国家档案与文件署还开展了"电子文件项目",该项目强调联邦机构需迎接电子文件大量产生所带来的电子文件鉴定、保管期限划分、安全保管等方面的挑战。该项目通过美国国家档案与文件署的文件管理人员和联邦机构的一起努力,对按保管期限表中应该被捕获的电子文件进行鉴定,以便联邦机构在2009年9月前对所有现存的电子文件划分保管期限。

随着文件管理数字化转型进程加快,美国国家档案与文件署的制度规范日益完善、管理要求逐步细化:一是出台元数据指南。直至2015年,美国国家档案与文件署才正式发布《移交永久电子文件的元数据指南》,构建了元数据元素集。二是出台格式指南。为解决电子文件长期可用问题,美国国家档案与文件署于2014年发布、2018年更新《移交永久电子文件的格式指南》。该指南附录提供了格式清单,按照优先级划分了移交格式的类别,并详细描述了每种格式的名称、版本、规范说明等。三是全面修订保管期限表。2015年,美国国家档案与文件署发布《通用文件保管期限表》,将文件系列(类)组成更合适的聚合单元,扩大通用文件保管期限表涵盖的文件范围,并保持动态更新。四是强化特殊技术环境下相关制度规范和管理要求供给,以增强规范要求的针对性和适用性。涉及业务包括电子邮件管理、传统载体文件数字化、云环境中的文件管理、电子消息管理、协作平台的文件管理等,并于2013年和2014年先后发布了《邮件文件管理新方法指南》《电子邮件管理指南》等。

（四）采取对策措施，保障电子文件长期存取

为了保证政府电子文件的长期存取，美国国家档案与文件署制定了《国家战略：制定与贯彻联邦政府电子文件的产生、传输、存储与长期保存的标准》，并于1998年启动了电子文件档案馆（ERA）项目。ERA实质上是一个用于保存及管理美国国家档案与文件署的电子文件，并对纸质文件及其他馆藏整个生命周期进行管理，接收所有的联邦文件，并提供这些电子文件供公众获取的系统。美国国家档案与文件署希望ERA能够保存联邦政府不断增长的重要电子文件，并提供长久利用，因此，ERA的目标便是让利用者在50年或100年后能利用最好的技术查找并获取电子文件，而不论这些电子文件当初是在什么样的软件和硬件中生成的。

ERA项目是以开放档案信息系统OAIS为参考模型而建立的面向服务的系统架构，它包括四个功能模块：提交模块，联邦政府机构使用这一模块将文件及元数据移交给ERA；元数据模块，用于保存关于文件的数据；存储模块，用于存储具有永久保存价值的电子文件；获取模块，用于获取文件及文件的数据。这些功能模块通过程序接口或其他中间设备相互联系，形成基于档案生命周期完整的工作流管理，从而能够有效地获取来自机构、国会、总统及捐赠者的信息记录，并经过一系列处理之后提供给公众、企业、联邦政府及各个部门使用。在ERA项目的基础上，美国于2005年构建了联邦机构文件管理框架。该框架以联邦机构架构为基础，首次将文件管理（尤其是电子文件管理），延伸到了文件生命周期管理的形成阶段，系统地将文件管理活动与机构业务活动集成在一起，初步实现了电子文件前端控制的管理理念，这一框架的出现对于全球电子文件管理的发展具有重要意义。

2010年，美国国家档案与文件署已经建成了数据中心（Data Center）和系统操作中心（System Operation Center），并建成联邦记录实例、总统行政办公室实例、国会记录实例、联机公共检索系统、档案数据库检索系统等。2011年，ERA的设计开发阶段结束，进入操作与运营阶段。在此阶段，美国国家档案与文件署制定了《ERA运营与维护工作草案》，针对开发商在该阶段的任务进行了部署。同时，ERA系统正式全线投入使用，大部分美国联邦机构工作人员被要求使用ERA系统对文件和档案进行管理与移交。2012年，美国国家档案与文件署发布了《ERA机构用户手册（第二版）》，详细描述了联邦政府部门的工作人员如何使用ERA系统确定电子文件的保管期限和移交电子文件范围。而公众则可以通过联机公众检索系统对ERA收录的电子文件进行在线访问与检索。至2015年，美国所有联邦机构均部署了电子文件管理系统，全面采用电子方式管理公务电子邮件。历经20余年发展，2022年，ERA进入了二期研发阶段，ERA2.0基于云的架构允许美国国家档案与文件署将其数字馆藏存储在众多物理位置，并采用多样化措施来满足联邦机构对文件完整性、安全性和可用性的要求。

（五）加强档案数字化建设，实现电子文件在线获取

美国政府重视电子政府建设和政府信息公开。早在小布什执政时期就发布了一系列电子政府政策，包括在该届政府成立之初的电子政府计划、2002年出台的《电子政府法》，以及建立跨部门的电子政府服务门户网站"FirstGov"等，将"通过IT应用提升行政效率与国民便捷性"作为重点。2008年，奥巴马政府将以往电子政府政策的方针转变为应用最新网站技术积极公开政府信息以及促进公众参与政府决策过程的"开放政府政策"。2009年，公布了以实现开放政府"透明性、公众参与、官民合作"等原则为核心的"开放政府指令"。从此，以联邦政府为主，在各个政府机构内都开通了相应网站、制订了开放政府计划。

为响应"开放政府"国家计划，美国国家档案与文件署将文件、档案管理与开放政府联系起来，先后出台了一系列基于"开放政府原则根植在美国国家档案与文件署（文件管理）使命之中"理念的计划，公民有权查看和了解记录政府活动的档案文件。美国国家档案与文件署在开放政府背景下积极转型，认为在数字时代，档案工作者有机会以全新的方式，更高效有力地履行职责和进行沟通。如今，美国国家档案与文件署已经在开放政府建设中稳占其位，其社会功能得到全新定位和拓展，在《2016财政年度执行计划及2014财政年度年度绩效报告》中将公众利用作为其核心职能，重申其使命是"通过公众对于具有高价值的政府文件的访问来推动开放，促进参与并且强化国家民主"。

除了对原生的电子文件加强管理外，美国还开展将实态档案数字化并通过网络提供在线利用。美国国家档案与文件署在2007年就制定了"2007—2016数字化档案材料供公众获取战略"，以期通过馆藏档案数字化使公众可获取重要的历史馆藏。目前，公众可通过美国国家档案与文件署网站上的网上展览等多种途径获取部分数字化的档案及原生电子文件。

二、澳大利亚电子文件管理实践

澳大利亚在电子文件管理问题上一直持积极的态度。一些机构如澳大利亚国家档案馆、新南威尔士州档案馆、维多利亚州档案馆等一直在进行有关政策框架的研究。

澳大利亚国家档案馆在1995年发布了《管理电子文件——共同责任》(Managing Electronic Records—A Share Responsibility)，提出"分布式保管"模式。1996年，澳大利亚政府又颁布了《电子消息文件管理政策与实施细则》(Managing Electronic Message as Records)，规定只要联邦政府与社会有需要，就应尽可能长久地保留这类具有文件价值的电子消息。同年,澳大利亚的第一个有关文件管理的国家标准《文件管理》(AS 4390—1996)获得通过,作为一项在实践中自愿执行的法则,该标准由六个部分组成:总则、责任、策略、控制、评价和处理保存。虽然这项标准并不仅仅针对电子文件,但对这一领域仍有其深远意义。

近年来,澳大利亚又制定了一系列国家标准以指导包括电子文件内的文件管理,其中主要有:一是 AS/ISO 15489,即《文件管理》。该标准为制定澳大利亚文件政策、程序、系统和过程以支持各种形式的文件管理提供指南。二是 AS 5090,即《文件管理工作流程分析》。该标准是 AS/ISO 15489 的补充标准,以帮助组织机构理解他们的工作流程以便他们能确定他们文件管理的需求。三是 AS 5044—2010,即《AGLS 元数据国家标准》。该标准用于指导在线资源著录,提高在线资源的可获取性。

澳大利亚联邦政府自 2010 年起致力于实施开放政府计划,重点关注信息公开和数字化转型。随着数字转型政策的发布,国家档案馆被指定为引领机构,负责制订数字连续性行动计划,并监控转型进展。澳大利亚国家档案馆在推动政府机构数字转型方面取得了显著成效,越来越多的机构在政策引领下开始以数字方式管理文件。

在数字转型的进程中,澳大利亚国家档案馆对收集、创建、治理、存储、互操作和处置等核心领域的数据给予了特别的关注,积极参与标准制定与推广,以确保转型高效进行。特别值得一提的是,澳大利亚国家档案馆的"电子文件管理系统设计和实施方法"(Design and Implement of Record-keeping System,DIRKS)项目,其提出的"职能—活动—事务分析方法"为前端业务系统文件的梳理提供了有效工具。这一方法不仅在国内得到了广泛应用,而且其理念和实践经验被进一步提炼和发展,最终衍生出了国际标准《信息与文献 文件管理工作流分析》(ISO 26122:2012),为全球文件管理工作流分析提供了重要的参考和指导。

为了进一步深化数字转型,澳大利亚国家档案馆在 2014 年制定了"数字连续性 2020"政策,旨在推动数字信息管理的规范化与标准化。为落实这一政策,澳大利亚国家档案馆出台了一系列业务标准和指南,包括 2015 年发布的《政府文件管理元数据标准》《政府文件管理元数据标准实施指南》等,这些文件不仅规范了数字信息管理实践,而且推动了国家标准向国际标准的转化。

2016 年,澳大利亚联邦政府为提升政府信息的透明度和高效性,要求所有机构将其数字信息以数字格式进行管理。为确保政策的高效执行,澳大利亚国家档案馆积极与多方机构展开深入合作,构建了一个协同高效的多机构合作机制。在此合作框架下,澳大利亚国家档案馆与国家审计办公室、政府信息管理办公室、信息专员办公室等重要机构紧密协作，共同推动文件管理标准化的进程。通过资源共享、经验交流，他们结合澳大利亚的实际情况，制定了一系列切实可行的文件管理标准和规范，为各机构提供了清晰明确的管理指引，有力促进了文件管理工作的规范化与高效化。同时，为了进一步提升机构人员在数字化管理和标准化文件管理方面的能力，澳大利亚档案馆发布了"数字信息和文件管理能力矩阵"（Digital Information and Records Management Capability Matrix）。这一矩阵详细列出了所有政府职员、通信技术专家以及文件档案管理人员应具备的能力，并根据公共部门职务层级将这些能力划分为四级。每一级都采用了近二十项能力指标，以便更准确地衡量文件档案管理人员的专业水平。

作为信息管理领域的佼佼者，澳大利亚国家档案馆始终站在技术前沿，积极探索新技术在数字档案管理中的应用。2019年，澳大利亚国家档案馆积极向政府申请资助，旨在挖掘人工智能和机器学习在数字档案管理中的巨大潜力。通过成功获得资助，澳大利亚国家档案馆期望吸引人工智能与机器学习领域的专家，在自动筛选数字档案资源、为政府机构提供销毁数字信息的建议以及支持机构自动化实施等方面提供有力支持。随着时间的推移，澳大利亚国家档案馆在数字档案管理的道路上不断迈进。2021年澳大利亚国家档案馆启动建设全新的数字化中心用于馆藏大规模数字化，配备修复易损历史档案等材料的专门设备，并由数字化团队与第三方供应商合作开展多项大规模数字化项目。这一目前仍在实施的计划将进一步提升澳大利亚国家档案馆在数字档案管理方面的能力和水平，为保护和利用历史档案提供更强大的支持。

新南威尔士州在1960年通过了它的第一部档案法，并按照档案法的规定建立了州的档案机构和档案工作制度。其档案工作一直走在各州前列。20世纪90年代，新南威尔士档案署的电子文件研究与管理成效显著，相继出台了几份有影响的文件。1995年公布的《归档未来》（Documenting the Future）为新南威尔士公共部门的电子文件保存制定了政策和策略，为其在这一领域的一些开创性工作提供了框架。1997年出版的《驶向未来：新南威尔士的电子文件管理》（Steering into the Future：Electronic Record Keeping New South Wales）面向高级管理者，希望在涉及电子文件管理方面获得理解，在为新南威尔士政府推行统一的管理策略方面寻求支持。[①]

1996年，澳大利亚文件管理标准AS 4390颁布不久，新南威尔士州与澳大利亚国家档案馆联合开发了新的文件管理方法手册，称为"文件管理系统设计和应用手册"（以下简称DIRKS手册）。该手册为持续有效地产生、捕获和维护电子文件

---

① 谢春枝：《国外电子文件研究进展》，《档案与建设》2000年第6期，第20—23页。

提供必要的工具和支持,它能够保证电子文件在第一时间被产生和捕获,并且以电子文件形式被维护和使用。现在澳大利亚政府和新南威尔士州州政府的许多部门都在采用 DIRKS 手册的方法。美国、英国和法国的一些政府部门和私人组织也采用了 DIRKS 手册,效果令人满意。

澳大利亚维多利亚州档案馆在电子文件管理方面也取得了举世瞩目的成就。早在 1995 年,澳大利亚维多利亚州档案馆就启动了"电子文件管理策略"项目,该项目是一个关于维多利亚州公共机构电子文件管理标准、指导、培训、咨询以及项目实施的整体框架,其核心目标是确保该州公共机构形成和管理的电子文件的可靠性和真实性,从而提高政府公开度和责任感,有效保存数字遗产。VERS 项目经历了前期论证、标准制定、试验演示、推广平台和深化发展五个阶段。2015 年发布 VERS 的第三版标准,对封装策略、元数据规范、长期保存格式标准和数字签名机制等进行了更新,使得电子文件及其元数据的交换和复用更为便捷。2023 年更新的 VERS 相较于之前,展现出更高的灵活性。

此外,澳大利亚联合新西兰共同提出了"澳大拉西亚数字文件保存动议"（Australasian Digital Recordkeeping Initiative,ADRI）,该动议的愿景是澳大利亚和新西兰的所有政府机构在数字文件生成、保存和利用方面采用统一的途径,以确保重要文化遗产的问责和长期保护。这种统一性旨在提高参与者的效率、效益和互操作性。ADRI 成员在数字文件生成和管理、数字文件保存、数字文件向档案馆移交、数字文件利用等方面都遵守统一的公共标准,包括 OAIS 参考模型（ISO 14721）、文件管理标准（ISO 15489）、可扩展标记语言（XML）等。此外,ADRI 成员以文件连续体管理思想为指导,统一使用文件管理标准、元数据标准和分类方案,并在数字文件长期保存动议的实施层制定具体的实施办法,并统一了 XML 封装、行业用品平台、开放文件格式、迁移最小化要求、来源和真实性机制等。

三、欧洲国家电子文件管理实践

（一）英国

英国国家档案馆在 20 世纪末实施了两项计划：其一是办公系统的电子文件计划（Electronic Records in Office System,EROS）,其目标是确保政府公共事务中产生的有长期保存价值的电子文件能够实现长期存取。该计划在各部门电子文件管理指南、文件处理程序及长期迁移和获取策略三个领域展开。其二是英国国家数字档案馆（数据集合）计划（United Kingdom National Digital Archive〈Datasets〉,UKNDA）,该计划是针对已组织好的数据集合,如一些调查文件和数据库等进行保存和提供利用。该计划由伦敦大学具体负责执行,英国公共文件署要求伦敦大学必须履行接收由政府各部门及公共文件署从数据集合中选取的具有长期保存价值的文件,并提供安全存储和保护的职责,同时负责向公众提供广泛的服务。

1996年,英国国家档案馆对106个部委和大单位的办公自动化情况进行了一次大型调查,获取了大量的数据,摸清了机关档案人员与信息技术部门的关系、文件档案管理在办公自动化系统中的地位、电子文件的应用、信息技术与文件管理的远景规划等一些重要情况。国家档案馆的研究人员认为,英国政府部门产生的电子文件呈现指数曲线增长的势头,电子文件将逐步成为馆藏中现代档案的主流成分,如果不及时抓好电子文件管理工作,将会形成一个可怕的"黑洞"。为此由该馆馆长牵头成立了一个由政府主要机关信息技术部门负责人参加的跨部委性质的领导小组,负责对电子文件管理工作的整体组织协调,研究制定电子文件管理指南、电子文件鉴定、接收和保管办法,电子文件接收和利用的长期战略等,并于1998年推出《电子文件管理指南》。该指南由方针政策、技术要求、管理办法和组织保证等方面内容组成,以供各部委"对照检查"的形式推行。[1]

ISO 15489也被英国采纳为国家标准,2001年英国还专门针对电子文件管理颁布了《电子文件管理的电子政府政策框架》,明确提出政府部门要对电子文件的归档进行全面控制与全程管理,各级政府机构必须制定方案建立起电子文件管理系统,确保电子文件归档管理的有效实施。

2002年,英国国家档案馆启动了Pronom项目。该项目致力于构建描述、识别和管理电子文件格式的标准与工具,从而保障电子文件的长期妥善保存和高效便捷访问。最初,该项目主要服务于内部需求,但自2005年Pronom项目更新后,其融入了Droid软件并提供Web网络接口,成为首个具备可操作性的电子文件格式管理系统。英国国家档案馆在Pronom项目基础上,创新性地引入了标识符Puid作为文件格式的身份标识。Puid,即Pronom持久唯一标识符,是配合文件格式识别工具Droid一同使用的。它通过对特定类型的技术信息条目进行编码,为每种文件赋予了一个清晰、稳定的"身份证号码",从而实现了数字对象的长期保存。

2003年,英国国家档案馆联合大英图书馆、威尔士国家图书馆、威康图书馆等五家机构成立了英国网络存档联盟(UK Web Archiving Consortium,UKWAC)并于2005年启动"英国网络档案馆"(UK Web Archive)项目。该档案馆不仅收集英国政府网页,还扩展到社交媒体平台,如Youtube、Twitter和Instagram等,从而更全面地保存和展示英国政府的网络资源信息。

2007年,英国在全球率先启动并实施数字连续性项目,旨在科学管控政府信

---

[1] 王良城:《英国公共档案馆的电子文件管理工作》,《中国档案》1998年第1期,第40—41页。

息资产,推动核心业务数字化运行,确保数字信息长期可用性。该项目明确提出了数字连续性的概念,并着重强调了其三大核心特征:可用性、可取性和完整性。英国国家档案馆通过为政府部门提供数字连续性政策相关的配套工具、实施方案及咨询服务,积极支持公共部门的问责制实施,显著提升了政府透明度、工作效率与信息治理效能。

2011年,英国政府在"政府云战略"中明确规定,政府部门的信息化产品采购应优先采用云服务,英国国会档案馆成为首个应用 G-Cloud 框架存储电子文件的部门。同年,英国国家档案馆发布《数字保存政策指南》,从宏观层面明确了数字档案长期保存的关键要素。

2015年,英国国家档案馆要求各政府部门实现95%的业务活动数字化运行,并在次年完成了数字连续性信息管理能力评估。同年,英国国家档案馆颁布全局性管理战略《档案激励计划(2015—2019)》,旨在通过多种方式强化国家档案馆的管理工作。

2017年,英国国家档案馆相继发布《理解数字连续性》(Understand Digital Continuity)和《数字战略》(Digital Strategy)等文件,为战略目标的实现提供坚实指导。同年,创新性提出"数字连续性管理"(managing digital continuity)概念,从信息与档案管理视角推动社会数字转型,并配套制定相关指南。

随着时间的推移,英国数字资源迅速积累。2018年,政府数据规模已相当庞大,面对庞大、复杂零散的电子文件,英国国家档案馆开始研究人工智能在电子文件管理中的应用。通过 AI for Selection 项目,研究和测试了多种人工智能工具,为政府部门提供电子文件鉴定策略。同时,还利用 AI 技术开发智能检索系统,精准满足查询需求。在技术创新方面,英国国家档案馆始终走在前列,英国国家档案馆运用区块链技术进行档案管理,这标志着档案管理领域的一大突破,展现了英国国家档案馆在数字转型和创新方面的坚定决心与强大实力。

2023年,英国国家档案馆发布《档案为人人 2023—2027》(Archives for Everyone 2023-27)战略计划。该计划紧扣档案价值这一主线,围绕档案价值的树立、创造和维系三个维度,明确了未来四年档案馆工作的愿景,即实现国家档案馆面向21世纪的全新转型。这一愿景的提出,延续了档案馆在数字能力建设方面的努力,并强调了档案工作的未来发展方向。

(二)法国

法国国家档案馆当代档案中心主任米切尔·康承女士曾提出:一项关于保管一般电子文件和特殊数据库的"康斯坦司"计划早在1978年就已制订,但直到1982年才开始真正执行,该中心到1992年已接收了5 230个数据库,大约450万盘磁带，每五年重新复制一次。"康斯坦司"计划坚守的核心原则是：确保档案即便脱离其原生系统，依然保持可查阅性，从而让利用者能够随时随地使用这些档案，且计划存档的数据主要为统计调查结果。随着时代的发展，数字信息的多样性和数量均呈现爆炸式增长，给法国国家档案馆的存档工作带来了前所未有的挑战。

2000年以来，信息技术的迅猛发展促使政府数字信息的生产方式与形态发生巨大变革。数字信息呈现出多样、庞大且丰富的特点，为了提升工作效率并顺应时代发展潮流，法国政府积极推行电子行政。与此同时，法国国家档案馆自2000年起便启动了纸质、图片及音像文件的数字化工作，逐渐以数字化方式取代缩微胶卷复制，以更高效的方式保存和传承历史文化。

截至2020年，法国国家档案馆馆藏电子档案高达74.75 TB。面对如此庞大的数字存档，简单的数据存储和备份已无法满足需求。如何有效、可持续地管理和保存这些海量数据，成为法国国家档案馆在数字时代面临的巨大挑战。为应对这一挑战，法国国家档案馆积极寻求解决方案，采取了一系列创新举措。

一是开辟数字存储新馆舍。1990年代以来，位于巴黎和枫丹白露的法国国家档案馆的两个中心一直面临着空间饱和的困难。为解决该问题，法国国家档案馆早在1995年便计划建造第三个地点。经过多方考量，2004年选定皮埃尔菲特作为新馆地点。2013年，法国总统奥朗德为这座新建筑正式揭幕。如今，巴黎、皮埃尔菲特和枫丹白露三大中心共同构成了法国国家档案馆的运营体系，确保了机构内部的横向协调与整体高效运作。2013年后，法国国家档案馆所藏数据资料已超过34 TB。

二是构建一体化档案管理系统。为进一步提升档案管理和公众服务效率，法国国家档案馆于2005年启动档案信息系统SIA项目（Le Système d'Information Archivistique）。2011年，首个版本（SIA-V1）投入运行，并逐步推广至枫丹白露、皮埃尔菲特和巴黎三地。这一版本集档案管理、保护空间管理、条目管理、通信及在线服务于一体，极大地提升了服务便捷性和可追溯性。2011—2012年，数据顺利地从旧系统迁移至新系统，新档案信息系统的功能逐步生成并完善。2017年，虚拟库存室新界面上线，严格遵循Web标准，大幅提升了利用体验。利用者通过主页访问栏即可轻松搜索、浏览库存内容，使数字档案更加易于查找和使用。

三是实施推进Vitam计划。2011年，法国国家档案馆发起了一项名为Vitam的协作项目，核心目标是开发一款专用于管理公共电子文件的软件。Vitam计划明确设定了三个主要目标，并通过五个项目来支撑这些目标实现。经过两年精心筹备与部际间协同合作，Vitam计划在2013年取得显著进展。同年7月1日，Vitam项目团队向法国档案部际委员会递交了实验成果及Vitam解决方案的概念模型，并获得积极反馈。9月13日，文化部部长奥雷利·菲利佩蒂特别强调了

Vitam 计划作为部际间合作典范的重要性,并指出该计划已提升至国家最高层面的实施阶段。

四是实施 Adamant 项目。为进一步推进电子文件归档管理的跨部门协作,法国国家档案馆携手文化部共同启动了 Adamant 项目,将其作为 Vitam 计划的补充。该项目旨在在国家档案馆内安装 Vitam 软件,并与国家档案信息系统(SIA)实现无缝对接。2017 年,Adamant 项目正式实施,标志着法国国家档案馆数字化新时代的开启。2018 年,Adamant 计划成功开发出首个可操作的电子归档平台版本。同时,在文化部数字部门的支持下,法国国家档案馆在多地建立了新数据托管基础设施,并计划构建冷存储服务,以提升数据可靠性和安全性。Adamant 计划的核心在于基于 Vitam 软件的数字数据存档平台,整合各部委、公共运营商及私人档案馆的数字档案,形成多元化馆藏,丰富档案内容,提升档案管理能力,为公众提供便捷的查询服务。2021 年,Adamant 项目圆满完成,为公众提供本地数字档案查询服务,并推动了数字档案与音像档案管理职责的转移。

(三)德国

德国对电子文件的管理主要依据 DOMEA 标准。该标准是为无纸化办公编制的德国政府机关和事业单位电子文件管理和归档的推荐性标准,用于指导电子文件的流转和归档。DOMEA 由三个部分组成:一是《组织大纲 2.1——计算机辅助公文处理和电子归档》,规定了在政府和企事业单位中电子文件和电子档案管理的原则性内容,是政府机关和单位电子文件处理、传输和归档的基石;二是扩充标准,共计 11 个,详细规范了电子文件管理的方方面面;三是《要求目录 2.0》,是从事档案管理软件认证的基础。DOMEA 规范了电子文件从形成、流转、传输、利用电子信箱发送、接收、转发给相关员工、办理、立卷、向电子档案室归档、移交档案馆的过程,电子案卷立卷类目的定义,在电子文件中电子签名的使用,电子文件格式的转换,电子信箱管理等,以满足电子文件管理的完整性、真实性、合法性要求。经过多年的修改和完善,DOMEA 已成为欧洲国家重要的电子文件和电子档案管理标准。[①]

近年来,德国电子文件管理实践取得了长足进步,这得益于其在多个层面的全面努力和创新实践。首先,德国档案馆在档案数字化及其在线呈现方面不断取得突破。早在 2007 年秋季,德国联邦档案馆便制定了数字化战略,明确以利用者为中心,致力于扩大在线服务范围,并确保电子文件资料的长久保存。同年,联邦档案馆还在联邦总理府成功推出数字图像档案馆。为配合后续工作开展,2012 年,在第 115 次联邦和州政府档案发言人会议上,决定成立七个常设专家机构,负责监

---

① 穆林:《德国电子文件管理和归档标准——DOMEA》,《档案学研究》2007 年第 3 期,第 57—60 页。

测事态发展、分析问题,并为各自领域提供解决方案、建议和工具。此后,该会议改为每年举行两次,并实行主席轮换制,以确保工作连续性和创新性。这些举措共同推动了德国电子文件管理实践的深入发展。

2014年,德国联邦档案馆推出了名为Invenio的先进研究系统,逐步替代了原有的ARGUS应用程序,显著提升了公众、学术界和研究人员获取档案信息的便捷度和效率。2023年,借助Invenio系统,利用者已可访问总计266万份文件及近5400万张图像,极大地丰富了档案资源的获取渠道。联邦档案馆不仅满足于文字档案的数字化,更致力于录音档案的数字化工作,旨在保护珍贵的原始音频文档并使其内容得以广泛利用。目前,通过外部服务的支持,已成功将超过4.6万份录音转化为数字媒体,充实了存档数据库。

第三节　我国电子文件管理实践

信息技术的应用迅速发展,我国政府机关和社会各行各业都在积极创造条件,采用现代信息技术提高工作效率,加速现代化进程。面对日益增多的电子文件和电子档案,我国档案部门在积极进行理论探讨的同时也在采取措施,推动电子文件管理实践发展。

一、我国电子文件管理成就

在国家档案主管部门指导以及社会各方面支持参与下,我国电子文件管理实践持续开展,主要表现在:

(一) 电子文件管理工作在全国开展

电子文件管理工作已经在全国范围内开展。早在国家档案局电子文件归档与电子档案管理领导小组在制定和实施《CAD光盘存储、归档与档案管理要求》《电子文件归档与电子档案管理规范》过程中,就已有计划、有组织地选择一批先进企事业单位开展试点工作,总结经验,推广提高。

之后,《国家电子文件管理"十三五"规划》以及我国档案事业发展"十五"计划、"十一五"规划、"十二五"规划、"十三五"规划、"十四五"规划都对电子文件管理进行了宏观规划,同时颁布实施了一系列电子文件管理标准及法规制度,为我国电子文件管理全面开展提供重要指导。目前,各省、市在档案事业发展计划中都将"电子文件归档管理、电子档案移交与接收"作为工作的重要内容,并制定电子文件归档及管理的制度、办法,开展电子文件/电子档案的接收与管理工作。

(二)传统档案数字化建设速度加快

档案数字化是指利用数据库技术、数据压缩技术、高速扫描技术等技术手段,将纸质文件、声像文件等传统介质的文件和已归档保存的电子文件,系统组织成具有有序结构的信息库,以满足利用需求。传统档案信息数字化是档案信息化建设的一项重要内容,也是运用先进技术手段管理档案信息资源的开始。早在 2002 年,国家档案局、中央档案馆印发的《全国档案信息化建设实施纲要》中就明确提出要积极推进档案数字化进程,并提出首先在中央档案馆、中国第一历史档案馆、中国第二历史档案馆,以及北京、天津、辽宁、上海、江苏、安徽、广东、重庆、陕西、青岛、杭州等省、市档案馆开展档案数字化工作试点,实现馆藏重要全宗纸质档案和照片、录音、录像档案的数字化,在馆内建设数字化综合应用平台。其他有条件的档案馆也要进行这方面的研究和探索。2006 年,《档案事业发展"十一五"规划》中明确提出要根据"统一领导、标准先行、利用优先、分步实施"的原则,有序推进传统载体档案数字化进程。2011 年,《全国档案事业发展"十二五"规划》中提出将"加快推进传统载体档案数字化、电子文件接收、重要数字信息采集等数字档案资源建设"作为主要任务。2016 年,《全国档案事业发展"十三五"规划纲要》提出积极响应数字中国建设,"全国省级、地市级和县级国家综合档案馆馆藏永久档案数字化的比例,分别达到 30%—60%、40%—75%和 25%—50%"。2021 年,《"十四五"全国档案事业发展规划》进一步指出,"继续做好'存量数字化',中央和国家机关传统载体档案数字化率达到 80%,中央企业总部传统载体档案数字化率达到 90%,全国县级以上综合档案馆应数字化档案数字化率达到 80%。加快推进对重要档案数字化成果进行文字识别和语音识别"。

近年来,各地档案馆都将馆藏档案数字化作为一项重要工作来抓,并取得了显著成效。

(三)档案馆网站建设全面铺开

我国档案网站建设始于 20 世纪 90 年代中期。早在 1996 年,我国就已有部分档案馆开始建立自己的网站,如北京市档案馆和安徽省档案馆等。1999 年,随着政府办公网络化、自动化、电子化趋势的加剧,由中国电信和国家经贸委经济信息中心主办、四十多家部委的信息主管部门共同倡议发起的"政府上网工程"在北京召开了启动大会,揭开了"政府上网年"的序幕。政府机构开始有组织、有计划地建设网站,档案网站建设由此大量开始建设。

2002 年 11 月,国家档案局、中央档案馆印发《全国档案信息化建设实施纲要》,明确提出:各省、自治区、直辖市档案局馆都要建设和完善局域网,并且与当地政务网联通。到"十五"末,各省、自治区、直辖市及主要中心城市档案局馆力争全部建立局域网;省以下档案局馆的局域网建设以北京市、天津市、江苏省为试点,80%的区县市档案局馆建立局域网并与当地政务网联通。该文件对我国档案网站建设起了积极促进作用。2002年12月,国家档案局网站正式开通,这是我国档案事业发展中的一件大事,对我国档案网站建设起到了积极促进作用;2003年,内蒙古自治区、安徽省、广东省、重庆市、大连市、长春市档案网站建成;2004年,厦门市、沈阳市、济南市、武汉市、西安市档案网站建成。2004年年底,第一历史档案馆和第二历史档案馆网站开通;2005年,山西省、江西省、河南省、湖南省、广西壮族自治区、贵州省、西藏自治区、甘肃省、青海省、宁夏回族自治区、新疆维吾尔自治区档案网站建成。目前,各省级档案馆均已建立档案门户网站。

(四)积极开展机关数字档案室建设

随着我国基层档案工作规范化推进和社会信息化整体进程加快,数字档案室已成为城镇、社区和机关单位档案信息化建设的重要目标。

2004年,青岛市档案局率先制发了《青岛市数字档案室建设标准》,确定了市委办公厅等24家机关档案室为试点单位,要求各试点单位将机关数字档案室建设纳入机关信息化建设的总体框架。2007年,上海市金山区、青浦区、松江区等在上海市档案局的规划和指导下,对本区下属的一级指导机关进行数字档案室的全面推进和建设,在数字档案室管理系统普及和电子文件在线指导归档等方面积累了经验。2009年,《浙江省机关数字档案室建设规范》试行,浙江省档案局在全省范围内大力推动数字档案室建设进程。

2011年,我国制定的《全国档案事业发展"十二五"规划》要求:在试点基础上推动机关电子文件管理工作,加强对在办公区域相对集中的机关事业单位建立文件档案管理中心。2014年,国家档案局在总结山东、江苏、浙江等地经验基础上,颁布《数字档案室建设指南》,提出了数字档案室的概念、原则、建设内容和要求,为全面推动数字档案室建设提供了依据和基础,有力推动全国数字档案室建设发展。

(五)数字档案馆建设全面铺开

数字档案馆建设已引起档案界高度重视,有关方面在积极推进和实施。2000年,被誉为我国"第一个数字档案馆"的深圳数字档案馆建设正式立项,由深圳市档案局、国家档案局科研所和北京世纪怡科公司共同承担。2003年,青岛市数字档案馆率先投入运行,成为我国第一个正式开通的数字档案馆。2010年,国家档局发布《数字档案馆建设指南》,从总体要求、管理系统功能要求、应用系统开发和服务平台构建、数字档案资源建设、保障体系建设等五个方面对数字档案馆建设进行了阐释,为数字档案馆规范建设提供了重要依据。2011年,数字档案馆建设被列入《全国档案事业发展"十二五"规划》的发展目标。2014年,成立"国家档案局数字档案馆(室)建设领导小组",全面统筹、规划、审核国家数字档案馆建设工作。同年,国家档案局发布《数字档案馆系统测试办法》,旨在加强数字档案馆的科学建设、安全运维和绩效管理。2016年,《全国档案事业发展"十三五"规划纲要》提出积极响应数字中国建设,持续推进数字档案馆建设发展。2017年,国家档案局办公室印发《企业数字档案馆(室)建设指南》,规范企业数字档案馆(室)建设工作。2021年,《"十四五"全国档案事业发展规划》提出进一步加速数字档案馆(室)建设,加强大数据、人工智能等新一代信息技术在数字档案馆(室)建设中的应用,推动数字档案馆(室)建设优化升级。

在数字档案馆建设实践中,各地积极探索,相互借鉴,因地制宜,涌现出一批"国家级数字档案馆"和"全国示范数字档案馆"。据统计,截至2022年年底,通过省级及以上档案主管部门认证的数字档案馆328个,其中有56家被认定为"全国示范数字档案馆",122家被认定为"国家级数字档案馆"。档案馆是档案事业主体,一批国家级数字档案馆的建成使用表明我国档案信息化建设取得实质性进展和标志性成果,有力地推动了国家档案信息化建设发展。

(六) 大力推进电子文件(档案)备份中心建设

为了确保电子文件/电子档案的安全及长期可读,国家档案局2008年就要求各级档案馆通过建立异地备份库等形式,对本级重要档案及电子文件实行异地备份,并对重要电子文件/电子档案实行异质备份。2009年颁布实施的《电子文件管理暂行办法》提出:有条件的各级国家综合档案馆应当根据国家灾害备份的要求,建立本地电子文件备份中心或者异地备份库。同年,浙江省率先开展了电子文件和数字档案登记备份工作,建立了档案与电子文件登记备份中心,以保证现行电子文件和数字档案的安全。该备份中心建设为全国各地档案部门电子文件/电子档案备份中心建设提供了参考借鉴。2011年,《全国档案事业发展"十二五"规划》中明确提出要加快电子文件(档案)备份中心建设,落实电子文件异质、异地备份制度。2021年,《"十四五"全国档案事业发展规划》提出实施国家电子档案战略备份中心建设项目。扎实做好重要电子档案备份工作,建设能够支撑各级国家档案馆开展重要电子档案异地异质备份的专业化备份环境,对离线备份载体根据技术特性进行系统化监测及管理,保证电子档案安全备份。

上述几方面是我国电子文件管理发展的主要实践成就,除此之外,档案界在大数据环境中电子文件与电子档案一体化管理、电子档案单套制管理、新一代信息技术应用、电子档案长期安全保存、档案信息资源共享利用、档案数字资源管理、档案数据治理、电子文件管理人员培养等方面取得显著成效。

二、我国电子文件管理存在的问题

虽然我国电子文件管理取得了一些成绩,但仍存在一些问题:

(一)电子文件管理长远规划不足

我国电子文件管理举措大多着眼于眼前业务需要,忙于补缺、堵漏,欠缺面向未来的整体设计和长远规划。这使得我国电子文件管理一直定位为一项事务性工作,而不是一项战略资源配置工作,与电子文件国家战略地位与要素角色不匹配。在宏观层面,虽然出台了一些政策法规标准,但从各个业务领域的平均数量来看则相对不足,规范措施也不配套,造成许多控制点的真空。在微观层面,对电子文件管理大多是在信息化业务系统中进行,未能实施全程管理和全面防控,电子文件单套制管理任重道远。

电子文件管理长远规划不足,也导致了各地区、各机关电子文件管理工作具有明显的自发性和分散性特征,缺少国家层面的整体设计、统一规划、战略部署与方法指导。电子文件管理实践需要采取自上而下的方针政策,指导电子文件管理具体实施。目前,我国电子文件管理正处于实践阶段,亟待出台成体系的政策制度、标准规范、行动指南,推动电子文件管理有序开展。

(二)电子文件资源流失

人类历史文化和社会记忆的传承,相当程度上依赖于文件的归档和档案的留存。中华文明连绵五千年从未中断,就得益于保管文献、收藏档案、记录历史的优良传统。目前,我国在电子文件管理方面规范不够,电子档案单套制管理未能全面实施,电子文件的真实性、完整性、可用性存在较大隐患,甚至有一部分电子文件流失,造成数字记忆失忆。

中国人民大学信息资源管理学院2007年对中央机构的调查显示,在已经产生电子文件的单位中,18.4%的单位没有留存任何电子文件;79.6%的机构没有采用任何措施存留数据库、电子邮件、多媒体文件、网页文件等类型的电子文件。2010年,在对省一级档案馆的调查中显示,我国省一级档案馆已有过半的档案馆开始接收电子文件,但这些进馆的电子文件以行政文书类为主,且格式多种多样,各地差异较大,大多数档案馆接收的电子文件元数据不完整,有近一半的档案馆遭遇过文件信息不完整、不可读情况,有23.1%的档案馆曾发生查找不到文件,19.2%的档案馆曾遭遇文件内容不可信,7.7%的档案馆曾发生电子文件的丢失。[①] 2021年,

---

[①] 刘越男、杨程婕、熊瑶、张喜波:《我国省级、副省级档案馆电子文件移交进馆及管理情况调查分析》,《档案学通讯》2011年第4期,第7—12页。

中国人民大学信息资源管理学院课题组对全国各级综合档案馆的电子档案移交接收工作进行了调研,发现各级档案馆的电子档案移交接收都面临质量问题。电子公文、数码照片、音视频占据移交接收的主体,面临不完整、不可读、不真实的质量风险。省级档案馆面临的问题按存在的普遍性高低排序包括不完整(缺文件、附件等)(72.73%)、未移交特定格式电子档案的相应软件平台(27.27%)、无法确认真实性(18.18%)、无法读出(18.18%)、压缩文件受损(18.18%)、加密文件无法解密(9.09%)。市县级档案馆面临的问题依次是不完整(57.14%)、未移交特定格式电子档案的相应软件平台(40%)、存在无法确认真实性(28.57%)、无法读出和压缩文件受损(22.86%)、加密文件无法解密(8.57%)。两个层级的调查结果高度一致。另外,分别有9.09%的省级档案馆和28.57%的市县档案馆表示不会同时接收元数据。[1]

电子文件的完整保存与长久可读,关系到国家文化遗产的留存和文化软实力的提升,关系到民族历史记忆和社会数字记忆的延续。电子文件收管不足与资源流失将给国家和民族的历史文化造成重大损失。

(三)电子文件安全问题堪忧

国家许多核心部门的电子文件具有政治性、秘密性、机密性,一旦泄露将严重损害国家利益、威胁国家安全。

管理漏洞、黑客攻击、网络病毒、算法黑箱、技术宰制等问题给我国电子文件管理带来一系列安全风险。如一些单位由于没有规范电子文件管理措施,造成工作人员可从单位信息系统上查阅、拷贝电子文件,并将其擅自带出单位,易造成秘密文件被有意或无意地泄露;在档案数字化过程中,缺乏安全监管,出现档案信息泄露、档案实体损坏等现象发生。

(四)电子文件信息资源开发利用能力较低

开发利用电子文件资源,让公众享受成本低廉、质量上乘的信息服务,是新时期加强政府服务能力建设的重要途径。许多国家以各种形式加强政府信息资源的开发利用,充分挖掘和发挥电子文件信息资源和数据要素价值。

我国档案事业现代信息技术应用尚比较薄弱,技术型专业人才较为匮乏,电子文件开发利用效率较低,电子文件开发利用的深度、广度有限,档案网站电子档案数量较少、形式单一,难以满足社会公众日益丰富多元的信息需求。此外,部门藩篱、体制壁垒、条块分割、系统异构阻碍了电子文件互联互通与共建共享,掣肘了电

---

[1] 孙昊:《我国电子档案移交接收工作亟待突破——访中国人民大学信息资源管理学院院长刘越男》,《中国档案报》2023年12月11日第1版。

子文件要素价值的发挥。电子文件开发利用水平低下,不仅降低了信息资源的价值,也削弱了政府高效服务的根基,制约了服务型政府的构建。①

第四节 电子文件管理国际合作

电子文件管理涉及许多方面,如果对其研究仅局限于某一个部门、某一个行业、某一个地区,可能会得出片面的或支离破碎的结论,难以全面地解决电子文件的管理问题。在这种情况下,通过国际会议、国际组织、国际合作项目,相互交流经验,进行广泛的国际合作交流,营建电子文件管理国际合作圈与共同体,其意义十分重要。"全球范围内成文信息及人员的交流,数字网络的建立,以及相互提供利用的深化,不仅是专业共同的事情,而且也是为使这个星球适应生存而做出的重大贡献。"②

一、国际档案大会对电子文件管理的关注

科学技术的迅速发展不仅为档案工作现代化提供了技术保证,而且对档案工作本身造成了影响,产生了许多新型的档案材料。对此,自20世纪中期以来,历次国际档案大会都十分关注电子文件管理,已成为探讨电子文件现象和电子文件管理的国际阵地。

1972年,在莫斯科召开的第七届国际档案大会,重点研讨了新技术在档案馆中的应用。这届大会从理论和实践两个方面探讨了档案工作现代化的必然性和实现途径。

1976年,在华盛顿召开的第八届国际档案大会,着重研讨了"档案工作中的技术进步"。就机读文件、档案计算机管理、档案保护技术现代化等一系列问题展开讨论和交流。

1984年,在波恩召开的第十届国际档案大会,探讨了新形势下各国档案馆共同面临的新挑战以及应对挑战的有效办法。面对档案馆承担的任务日益繁重与档案馆人力、物力和财力资源有限的矛盾,一致认为现代技术应用是解决矛盾挑战的

---

① 冯惠玲、赵国俊等:《中国电子文件管理:问题与对策》,中国人民大学出版社2009年版,第13—24页。

② 国家档案局、中央档案馆:《第十三届国际档案大会文件报告集》,中国档案出版社1997年版,第65页。

重要方法之一。这表明国际档案界充分认识到现代技术对档案工作发展所具有的重要价值和现实意义。①

上述几届档案大会着重研讨的是档案工作中现代技术的使用,到1988年,在巴黎召开的第十一届国际档案大会开始将现代技术应用于档案工作的结果——"新型档案材料"作为中心议题。这届大会全面探讨了有关新型档案的所有问题:首先,在明确新型档案定义、类型和共同特点的基础上,归纳了新型档案的收集原则、范围和方法;其次,在系统论述新型档案保护要求、设备和技术手段的同时,补充介绍了新型档案保管人员的培训形式和方法;最后,在肯定新型档案对档案开发和利用具有积极影响的前提下,客观分析了新型档案在开发和利用中存在的现实困难。通过研讨,达成如下共识:各国应增进对新型档案的了解,努力实现新型档案的安全保管和有效利用;各国档案教育应增加新型档案的内容,提高档案人员适应新型档案管理需要的能力和素质;在新型档案管理上加强国际合作,设法制定有关国际标准,推动各国新型档案管理的协调和标准化。这些共识体现了国际档案界对新型档案及其对档案工作的影响有着深刻认识。②

1992年,在蒙特利尔召开的第十二届国际档案大会,中心议题是"信息时代的档案工作者职业"。档案工作者的主要任务是根据久经考验的档案原则,保障电子载体信息的完整可靠。会议指出:信息时代给现代社会带来了许多机会,但也对档案工作者的职业发出了挑战。该职业面临着在大量现存信息体系中寻找其定位的任务,所有机关、企业单位凭借这些信息体系取得了成功,但在现代社会中,档案人员必须寻找各种方法以确保其职业存在的意义。

1996年,在北京召开的第十三届国际档案大会,围绕"本世纪末的档案工作——回顾与展望"这一主题进行了深入广泛的研讨,将"信息技术对档案和档案工作的影响"作为中心议题之一。会议对发达国家在档案实践中管理机读档案的特点,以及对档案馆各个层面的挑战都做了论述,并提出诸如"后保管模式""新来源观"等富有创新见解的思想。大会还设了电子文件分会场,对电子文件的产生、定义、特点及归档管理等问题进行了探讨。

2000年,在塞维利亚召开的第十四届国际档案大会,主题是"新千年与信息社会中的档案"。大会第一次全体会议以电子文件为议题,交流了一篇主报告、四篇辅助报告。第一次全体会议主题报告是西班牙塞维利亚档案馆 M. C. 阿诺斯所作

---

① 黄霄羽:《国际档案大会关于现代技术和新型档案的研讨》,《中国档案》1996年第6期,第24—25页。
② 王德俊:《第1~12届国际档案大会学术讨论概述》,《档案学研究》1996年第1期,第37—39页;第2期,第65—67页。

的《全球化背景下电子文件的管理与利用》，报告对有档案性质的电子文件的概念和范围界定、电子文件生命周期内档案工作者的作用和职责、电子文件的保护及对具有档案性质的电子文件提供利用的方法进行了论述。[①]

2004年，在维也纳召开的第十五届国际档案大会，主题是"档案、记忆和知识"。大会围绕这一主题，共组织了三个方面的议题研讨：第一方面的议题是"档案与记忆"；第二方面的议题是"档案与知识"；第三方面的议题是"档案与社会"。此次大会上还颁布了标准《电子文件管理业务指南》、国际标准《文件管理》（ISO 15489）以及电子文件元数据管理标准等，由此可见，电子文件标准化已得到了国际档案界的普遍重视。

2008年，在吉隆坡召开的第十六届国际档案大会，主题为"档案，治理及发展：描绘未来社会"，其中"档案"部分的会议议题就包括电子文件从生成到鉴定的管理及电子文件保管。各国学者分别对不同国家电子文件管理的策划及执行问题、电子文件管理培训问题及马来西亚国家档案馆电子文件管理的情况进行了介绍和分享。

2012年，在布里斯班召开的第十七届国际档案大会，主题为"变化的环境"，下分"可持续性""信任""身份认同"三个分主题。这些分主题深刻阐述了档案工作在信息时代受到一波又一波技术浪潮的冲击下，必须保持可持续发展和与时俱进；档案在数字时代要得以延续，档案工作者必须有所作为，彰显出他们在这个瞬息万变的时代里的重要价值。

2016年，在首尔召开第十八届国际档案大会，主题为"档案、和谐和友谊"，主要议题有：数字时代的档案文件管理；档案行业内外的合作；利用档案文件维护公正、宣传正义、实现和解；全球档案界的和谐与友谊；档案文化和社会多样性与和谐；韩国档案文件管理工作；新入职档案工作者以及2012年以来国际档案理事会的成就等。时任国家档案局局长李明华作题为《中国的数字档案资源建设》的主旨报告。报告从"把数字档案资源建设纳入国家档案事业发展规划""制定有关数字档案资源建设的管理规范和技术标准""实施'存量数字化''增量电子化'战略积累数字档案资源"三个方面向世界各国档案同行介绍了数字时代中国档案管理部门的经验和做法。

2023年，在阿布扎比举办的第十九届国际档案大会，主题为"赋能知识社会"，设置五个分主题，分别为"和平与包容""新兴技术：电子文件和电子解决方案""可

---

① 李海英：《研究什么，讨论什么——第十四届国家档案大会主题概述》，《中国档案》2000年第4期，第42—43页。

持续知识、可持续地球：档案、文件和气候变化""信任与证据""提供利用与记忆"。建设面向未来的档案资源体系，实现档案工作职能的多维进阶成为国际共识。具体而言，一是提供趋于规范的数据化档案信息资源，更好地适应多样化的利用场景。二是档案工作者应尽快具备灵活应对的意识与能力，寻找到可靠的技术伙伴。三是传统非结构化档案资源要向系统化、专题化的结构化档案数据资源转变，并更好地满足日益增长的档案知识资源需求。在知识社会的大背景下，传统形态的档案资源仅通过人工梳理或整合的方式已远不能满足公众知识需求，档案工作转型升级逐渐成为档案界的主基调。

除了国际档案大会以外，国际档案大会地区分会、国际档案圆桌会议、各个国家召开的国际档案学论坛等，近年来都将电子文件管理作为研讨和交流的重点之一。各种国际性会议关于现代信息技术和电子文档管理研讨取得的成果，对推动国际档案界在该领域的交流合作、协调发展、加快各国档案工作现代化步伐具有深远意义。

二、国际档案理事会对电子文件管理的规划

国际档案理事会（ICA）是非政府间的国际档案专业组织，是世界范围内档案发展方面唯一的咨询机构。国际档案理事会于1950年8月在法国巴黎成立，它鼓励在国际会议和研讨会上开展理论探索，支持在发展中国家组织培训，通过规划协调促进世界档案事业发展。

国际档案理事会较早关注电子文件，制定了具有普遍指导意义的管理规范。联合国教科文组织与国际档案理事会实施的大型研究项目"文件与档案管理规划"（RAMP）将视角投向电子文件研究，在1984年就发表了其调查试点成果报告《机读文件的档案鉴定：RAMP研究与准则》（RGI/84/WS/27）。1992年，在第十二届国际档案大会上，ICA成立了专门的电子文件委员会。电子文件委员会在四年的时间里出版了三本管理规范性质的出版物。第一本是《电子文件规划：1994—1995调查报告》，旨在促进信息共享并强调委员会应关注的问题。报告介绍了电子文件方案的组织与法律框架、方案结构、技术规范、所含信息和利用规则等；第二本是《电子文件：文献评述》；第三本是《电子文件管理指南》，是电子文件委员会的重要成果。[1]

1995年，ICA在我国广州召开了一次执行委员会会议。会议一致同意，国际档案理事会有必要制订一个战略计划，以便为该组织所进行的各项主要活动提供

---

[1] 牛金芳：《论电子文件管理的基本框架》，《上海档案》2001年第2期，第17—19页。

一个框架,更有效地使用其有限的资金,使 ICA 的全体会员和有关人员了解其工作目标和如何达到这个工作目标,以及为 1996 年新上任的 ICA 主席提供帮助。此后经过多次研讨,1996 年在第十三届国际档案大会上通过了《国际档案理事会 1996—2006 年期间的战略计划》(AG/96/10),该战略计划包括序言、任务说明、对 ICA 的分析、ICA 进行活动的环境、展望。[①]

ICA 主动迎接数字化变革,积极参与全球档案治理进程,强调数字文件、档案数据的治理利用。在 2016 年第十八届国际档案大会上,ICA 通过其发布的《首尔公报》向全球档案工作者提出数字转型的行动倡议,号召各国制定数字文件管理方针,采取有力措施开展数字保存,并通过数字技术提升档案利用的契机,为数字时代的社会做出更为有力的贡献。ICA 将其 2018 年年会的主题定为"治理、记忆和遗产",立足档案的社会功能和文化价值,讨论负责任、透明有效和可持续的档案治理活动,探索在数字技术迅速发展背景下日益增多、转瞬即逝的数字信息和证据的生成、管理和保护。

2020 年国际档案理事会和国际信息专员会议发表联合声明《新冠疫情昭示:危机时刻记录职责愈发重要不能停摆》,围绕应急状态下的决策记录、数据保存和提供利用,提出文件与数据应在所有机构得到安全保护和妥善保存,应以可保存、可访问的方式生成和捕获文件与数据,确保相关记录和数据的准确性的倡议。

2020 年,ICA 发布《赋能档案事业和档案职业——国际档案理事会 2021 年至 2024 年战略规划》,指出档案与档案工作者、文件管理专业人员对于实现善治、提高公信力与透明度、发展文化事业都至关重要,应积极探索建立新的伙伴关系,如数据和计算机科学领域,以适应数据化趋势,实现档案善治的目标。[②]

三、国际档案界电子文件管理合作项目——InterPARES

InterPARES 是一项大型的跨国合作研究项目,该项目是电子文件管理领域跨国研究的代表性项目。

(一) InterPARES 项目的由来

InterPARES 项目是在"保存电子文件完整性"研究项目(Preservation of the Integrity of Electronic Records,1994—1997)的基础上发展而来的。该项目由加拿大不列颠哥伦比亚大学(UBC)图书档案与信息学院承担,项目分为两个子课题,

---

[①] 国家档案局、中央档案馆:《第十三届国际档案大会文件及报告集》,中国档案出版社 1997 年,第 274—283 页。

[②] 刘双成:《国际档案理事会发布 2021 年至 2024 年战略规划》,《中国档案报》2020 年 5 月 11 日第 1 版。

一个针对现行电子文件的管理,另一个针对非现行电子文件的管理。前者为研究的第一期工程,后者为第二期工程。现行电子文件的管理课题是对怎样保证现行电子文件形成的可靠性,如何在保存这类电子文件过程中维护其真实性、完整性的理论与方法进行探讨。非现行电子文件课题的研究对象是那些并非在每天业务工作中都需要它,但由于它具有管理价值、法律凭证价值与史料价值而必须加以保存的电子文件,实际上就是我们认为的已归档的电子文件——电子档案。

1998年6月,在美国国家档案与文件署资助下,当研究人员聚集在华盛顿进行第二期工程的课题研究时,他们认识到当前的合作不能满足课题要求,合作还要扩大,需要吸收更多的国家共同对这一问题进行攻关;同时为了更明确地表达他们的研究目的,他们将项目改名为InterPARES项目。因而,华盛顿会议也就成了InterPARES项目的第一次会议。1998年10月,在意大利卡利亚召开了InterPARES项目的工作计划会议,决定于1999年1月正式启动该项目。该项目从启动至今共包括五个阶段,分别为InterPARES 1、InterPARES 2、InterPARES 3、InterPARES 4、InterPARES 5,前四个阶段的研究已经完成,2021年第五个阶段即InterPARES 5正式启动。

(二) InterPARES项目的研究目标

InterPARES项目的负责人认为,无论是新媒体还是电子文件,从档案学观点看,鉴定文件真实性与完整性的原则是不会改变的。仅靠技术是不能完全解决真实电子文件的长期保存的,长期保存真实电子文件的理论与方法还必须以文件自身性质与存在意义为主。因而,这就要求档案工作与其他学科的研究者合作,在非技术领域(如人文科学、数字图书馆等),对许多有关案例进行观察与分析,以制定长期保存电子文件的策略、政策与标准。

因而,InterPARES项目的目标是以档案学为工具,对以电子方式形成的文件的长期保存展开理论研究与技术方法的探讨。在此研究基础上,论述长期保存电子文件真实性的策略、政策与规范,并对其长期保存方法进行指导。可见InterPARES项目响应了档案界对真实电子文件持久保存的理论与方法的研究要求。[1]

(三) 项目研究现状:InterPARES 5情况简介

InterPARES 5全称为"Archives 4.0:artificial intelligence in archival trust",即"档案4.0:档案信任中的人工智能"(2021—2026年)。该项目又名"I Trust AI",是InterPARES项目的第五阶段。

---

[1] 刘家真:《保存电子文件的国际合作》,《档案管理》2000年第1期,第42—43页。

研究特点：与之前四个项目不同，InterPARES 5 不关注特定技术产生的记录，而是旨在利用人工智能履行档案职能，对任何介质、任何时代的所有记录进行长期控制，并确保记录的可信度得到保护和验证，同时确保工具和流程透明、公正、公平、包容、负责和可持续。

研究目标：InterPARES 5 致力于研究"能否在利用人工智能技术承担档案职能的同时，尊重文件的本质属性并确保其长期可信"这一关键问题，即注重使用人工智能技术实现"保障数字文件可靠性"和"以可靠数字手段创建、保存所有媒介和形式的数字文件"两个目标。在人工智能技术席卷而来的背景下，InterPARES 项目组发现了 AI 技术背后的机遇与挑战。从总体研究目标来看，"I Trust AI"项目希望设计、开发和利用人工智能技术来支撑对可信公共文件持续的可用性和可获取性要求。为此，需要形成一个可持续的协作机制来开展原创性研究、培训学生和其他高素质人才，并在学术界、档案机构、政府文件专业人士之间形成良性互动机制，以加强各方的知识和能力。

具体而言，InterPARES 5 旨在实现以下目标：通过特定的 AI 技术应对关键的文件和档案工作挑战；确定在文件和档案中使用 AI 技术的风险和收益；明确档案的概念与原则如何影响负责任的 AI 技术开发应用；通过案例研究和示范试验验证结果。

研究方法：项目组计划采用"短期-长期"双管齐下的方法解决问题。从短期看，项目组应尽快识别对文件档案作用发挥影响较大的问题和障碍，并找到应用人工智能解决这些问题、障碍的方法；建立文件与档案专家学者和人工智能领域专家学者的联系。从长期看，项目组应确定未来能够在文件和档案领域使用的人工智能工具，且这种工具应具备应对快速变化的灵活性，能为决策提供支持并能以较快速度实施基于人工智能的解决方案。

项目共分为五个阶段，各阶段的研究目标和研究内容包括：

第一阶段（2021—2022 年），通过特定的 AI 技术解决关键的文件和档案挑战。研究内容：确定 AI 应对的关键挑战，开展对技术的初步调查；确定每个关键挑战中的具体因素和 AI 如何应对这些因素；确定候选 AI 技术并设计其雏形；为应对文件和档案挑战的 AI 解决方案创建初始评估标准，包括针对特定问题的各种挑战数据集。

第二阶段（2022—2023 年），确定在文件和档案中使用 AI 技术的风险和收益。研究内容：对比 AI 技术能力确定公共文件管理的需求；确定每个潜在 AI 解决方案的局限性；制定威胁和漏洞列表；迭代验证标准，例如创建新版本的挑战数据集，以解决通过威胁和漏洞分析发现的所有重要问题。

第三阶段(2023—2024年),确定档案的概念与原则以影响AI工具的发展。研究内容:建立指导AI开发的档案原则;基于这些原则开发和改进AI工具;识别并减少训练数据集和模型中存在的偏差;确定基于档案原则的AI是否更符合档案需求。

第四阶段(2024—2025年),通过案例研究和示范演示验证第三阶段的成果。研究内容:部署档案AI工具;根据第一阶段和第二阶段的成果衡量AI解决方案;检查AI解决方案中的可行性、可持续性、偏差、透明度、可推广性和对AI背景信息的保存;为考虑实施AI的机构提供开发和验证工具,包括评估框架和机构清单。

第五阶段(2025—2026年),完成输出成果。研究内容:发布最终成果;形成套装软件。

项目预期成果:在公共文件管理领域中形成与AI使用相关的新知识;改进现有工具并创建新的AI工具来满足档案工作需要;为全方位应用AI工具制定最佳实践、标准和指南;通过相关学科的学者和从业者之间的知识交流和应用,丰富研究成果,促进多个学科的知识共享与创造;培养一大批未来的学者和专业人士。

(四) InterPARES项目的合作与研究意义

InterPARES项目是一个重要的国际研究创举,是多学科、多国的合作研究。为开展在电子系统中形成的真实电子文件的长期保存理论与方法研究,国际上的档案学者、计算机工程学者、国家档案馆及私人产业的代表将长期开展合作;同时,该项目还吸收了投资机构、政府部门、协作部门与学术机构。无论是社会团体还是个人都可以成为该项目的研究成员,共同围绕电子文件问题以全面协作方式开展研究。

加拿大社会科学与人文科学研究会、美国国家历史出版物与文件委员会、美国国家档案与文件署、意大利国家研究会以及其他许多国家档案馆共同承担了对这一研究项目的资助。InterPARES研究群体由加拿大研究组、美国研究组、欧洲研究组、意大利研究组、亚洲研究组与CENSA研究组组成。加拿大、美国、意大利、荷兰、瑞典、芬兰、德国、法国、葡萄牙、英国、爱尔兰、澳大利亚、中国等分别以研究组的方式参加该项目的研究,并分别承担各自的研究任务。

InterPARES项目在调研和数据分析过程中积累了宝贵的经验财富,主要体现在:所收集信息的丰富性,用于收集数据、分析数据以及从数据中提取知识的方法的合理性,跨学科的、国际方法的丰富性和深入性。在文件保管过程中,必须记录文件的基础结构和上层结构所发生的重大变化,InterPARES项目提供了记录这些变化的方法并且探讨了这些变化对保管真实电子文件的意义。

InterPARES如同人类基因工程、上层空间大气研究工程一样,是人类针对全球共同关注的重大问题的研究,其实际意义是巨大的。它的成就主要体现在三个方面:一是设计了可靠的文件管理系统;二是为保证文件从形成到终结整个过程的真实性,制定了严格的安全措施和控制程序;三是为克服现有系统过时指明了可靠方法。随着研究的深入,该项目将继续证明这样一种观点:不采取全程管理就不可能保管真实完整、安全可用的电子文件。

 思考题

1. 简述我国电子文件管理的成就。
2. 谈一谈智慧档案战略建设路径思考。
3. 谈一谈 InterPARES 项目的研究意义。

参考答案要点

后　记

　　20世纪中叶以来，以计算机技术为核心的现代信息技术革命浪潮席卷全球，特别是20世纪90年代以来，信息技术发展日新月异，呈现出信息传递交换的数字化、网络化、多媒体化，信息存储的大容量化，信息处理的实时化与智能化等趋势，大数据、人工智能、云计算、区块链、移动互联、大模型等数智技术已成为当今信息技术发展的时代引擎。同时，信息技术的影响和应用也愈加深入广泛，渗透到人类活动的各领域，推动着人们的工作方式、生活方式、思维方式发生深刻变革。信息技术的迅猛发展和广泛应用驱动着信息资源管理空间的全方位变革，不仅改变了档案管理方式手段，而且为档案工作提供了新的资源形态和管理对象——电子文件。作为现代信息技术影响下的管理革命和记录革命的产物，电子文件这一新生事物以其无可争议的生命力成为记录社会、传递信息、留存记忆的重要工具和未来文件的主导形态，在数字中国建设中发挥着基础性支撑作用和战略性要素价值。电子文件管理也因此成为档案界无法回避的时代问题和紧迫任务。

　　习近平总书记指出，"档案工作存史资政育人，是一项利国利民、惠及千秋万代的崇高事业"。面对现代信息技术发展所带来的新型资源形态，档案工作者责无旁贷，"必须经受这一巨大变革所带来的关于社会记录利用能力、管理能力和保存能力的严峻考验"；必须担当起对社会数字记忆的管理职责，使人类活动的真实记录在数智时代得以延续，从而构筑覆盖人民群众的数字记忆全景图。档案工作者只有迎接挑战，加强对电子文件形成积累、捕获归档、鉴定留存、整序处置、存储保护、开发利用等方面管理理论、方法与技术的学习，深刻领会管理对象变化所导致的管理方法、管理模式和管理思想的变革，充分掌握电子文件形成机理、运动规律和发展态势，才能驾驭电子文件，重塑数智时代的档案职业形象。

　　电子文件管理的理论研究和实践探索一直是档案学领域的学术增长点、事业促进点、工作着力点，它汇聚了档案学者和档案工作者的聪明智慧，已凝结成档案学专业的一门分支学科。这门学科以电子文件/电子档案为研究对象和管理场域，探讨电子文件/电子档案的运动规律,及其组织管理的理论、方法和技术,具有综合性、应用性的特点。

本教材是在金波、丁华东编著的普通高等教育"十一五"国家级规划教材《电子文件管理学》(2007)和金波、丁华东主编的"十二五"普通高等教育本科国家级规划教材《电子文件管理学》(2015)的基础上修订完成的,旨在系统阐述电子文件及其管理的基本理论、基本方法与相关技术。修订中,我们在保持"十一五""十二五"国家级规划教材整体结构的基础上,对教材内容作了进一步更新、充实、调整和完善,以适应新时期国家信息化发展步伐和档案治理现代化要求,助推档案事业数字化数据化转型与智能化智慧化升级。

一是在编写理念上,突出课程的基础性、战略性和前沿性地位。我们充分认识到在信息技术迅猛发展背景下,电子文件成为数字中国建设的基础性信息资源和战略性管理要素,电子文件管理理论与实践知识已成为档案学专业教学内容的重中之重,它不仅关系到数字记忆的保护与传承,也关系到数字时代档案学科的建设与发展,更关系到档案学专业人才培养的转型与突破。因此,从基础性、战略性和前沿性立场思考电子文件管理学的引领作用,探索并组织教材的编写,是本教材的基本思路和立足点。

二是在体例设计上,精心安排,努力建构系统的电子文件管理学理论体系。本次修订,在调整整合"十一五""十二五"国家级规划教材部分章节的同时,根据电子文件特点质性与管理实践,进行内容更新、知识重组与结构优化,不仅使教材内容更加丰富,也使教材内容体系更加完备。本教材由绪论和十三章组成,紧扣电子文件运行特点和管理规律,强调各环节之间的内在联系及知识内容的循序渐进,强化宏观与微观的有机结合,创建系统完善的电子文件管理理论体系、知识体系与学术体系。

三是在内容组织上,充分吸收融合电子文件管理的前沿成果,保持教材内容的时代性。在系统梳理、吸收20世纪90年代以来中外档案界电子文件管理理论研究和实践探索最新成果的基础上,本教材以国家电子文件管理规范和政策标准为依据,对接网络强国、数字中国、智慧社会等国家信息化发展战略,结合电子文件管理实际与档案信息化发展态势,对电子文件管理的基本理论、方法和技术进行系统阐释,融入数据科学、数据管理、信息技术等领域的新思想、新理论、新实践、新方法、新知识,注重传统档案管理与电子文件管理、管理理论与实践操作、理论研究与实践经验、纸质阅读与数字传播的有机结合,以增强教材的现实指导力。在编写方式上,融知识整理与知识创新于一体,依托互联网、新媒体等数字工具,完善数字资源配套建设,建立数字学习阅览空间,动态更新数字资源内容,努力提高教材的创新价值、学术底蕴、应用场景和展演方式,使教材的学术性与实践性相得益彰。

  本教材在普通高等教育"十一五"国家级规划教材和"十二五"普通高等教育本科国家级规划教材基础上修订完成,由金波、丁华东、杨鹏撰写审核,孙尧、刘娟娟、赵子瑜、方华为教材编写查阅了相关文献资料。于英香、连志英、杨智勇、张茜参与了"十二五"普通高等教育本科国家级规划教材的撰写,为本教材修订奠定了基础。"十一五""十二五"国家级规划教材《电子文件管理学》出版后,被全国多所高校采用,得到档案界同仁的肯定和好评,也对教材提出一些建设性意见,为教材修订完善提供了思路;教材撰写修订中,作者参阅并引用了中外电子文件管理研究的诸多文献和成果,为教材内容的丰富深化奠定了理论和实践基础,注入了思想活力和创新源泉;教材出版中,得到了上海大学出版社的大力支持。付梓之际,一并致谢!欢迎读者批评指正,以期今后进一步修订完善。

金波

2024 年 2 月 1 日